대한예수교장로회총회

헌 법

한국장로출판사

서 문

본 대한예수교장로회 헌법은, 1907년 예수교장로회 대한노회(속칭 독 노회)가 조직되면서 신경과 정치를 대략으로 제정하여 임시로 채용해 사용하다가, 1915년 조선예수교장로회 제4회 총회에서 '정치편집위원'을 조직하여 정치를 개정하기로 하고, 다음 해 제5회 총회에서 총회 정치부원과 합동으로 헌법 편찬에 착수하였다. 수년간의 연구 끝에 1921년 제10회 총회에서 완비한 "조선장로회 헌법"을 채택하였는데, 당시에는 신경, 소 요리, 정치, 권징, 예배 등 5법으로 되어 있었다. 이후 헌법은 시대와 상황의 변화에 따라 부분 또는 전면 개정을 거듭하였다.

특히, 2003년 제88회 총회에서 헌법 중 정치 일부와 권징의 전면 개정에 대한 필요성이 인정되어, 헌법개정위원을 선임하고, 3년간의 연구와 수차례의 전국 순회공청회를 거쳐, 2006년 제91회 총회에서 만장일치로 가결하여 노회에서 수의하게 하였는데, 모든 조항이 가결되어 2007년 5월 15일 총회에서 공포, 시행하게 되었다.

또한 개정헌법 부칙에 따라 헌법조례는 헌법시행규정으로 대체하게 되었으므로, 헌법개정위원회는 헌법개정작업과 병행하여 수년간 헌법시행규정안을 작성하여 오던 중, 헌법공포 후 수차례 전국에서 공청회를 거쳐 총회(임원회)에서 2007년 6월 28일 제정, 공포하여 시행하게 되었다.

제91회 총회(2006년 9월)에서 개정되어 2007년에 공포된 개정헌법에서 정치편은 총 103개 조문 중 30개 조문이 신설 혹은 개정되었고, 권징편은 모든 골격을 새로 세워 92개 조문 대신 171개 조문 전부를 신설하였으며, 헌법조례 77개 조문을 폐지하고 헌법시행규정 97개 조문을 신설 및 제정하는 등, 참으로 방대한 작업이었다. 이것은 오직 하나님의 은혜와 총회 총대들과 전국 노회원들의 적극적인 참여, 그리고 2년 혹은 4년간 수고한 헌법개정위원들의 노고가 합하여진 작품이었다.

내용을 살펴보면, 개정된 정치편은 지교회의 설립 조건을 완화하였고, 조기은퇴 조항을 마련하였으며, 목사의 청빙절차를 간소화하였고, 항존 직원의 권고사임 시는 당사자의 자필 사임서를 제출해야 효력이 발생하도록 하였으며, 장로선택 및 임직 시의 규정을 보완하였고, 목사안수 시의 전도사 경력을 구체적으로 정리하였으며, 서리집사 임명기간을 정리하였고, 교회와 노회의 수습전권위원회를 규정하였으며, 당회폐지 요건을 강화하였고, 시찰위원회의 권한을 규정하였으며, 공동의회 소집을 상회의 지시로 할 수 있게 하였고, 헌법시행규정의 제정 근거를 마련하는 등 여러 가지로 보완하였다.

권징편에서는, 권징의 죄과가 되는 사유를 보완하였고, 책벌의 재판절차와 기소절차를 전반적으로 상세히 알기 쉽도록 하였으며, 책벌의 종류와 내용에서는 교인과 직원에게 과하는 벌에 대한 의미와 내용을 쉽게 이해하고 적용할 수 있도록 하였다. 무기책벌을 못하도록 여러 부분에서 유기책벌로 바꾸었으며, 직할판결을 삭제하는 대신 원고의 항고 및 재항고 제도를 상세히 규정하였고, 피고의 권리구제를 위하여 재심제도를 보완하였으며, 증거와 증인에 대하여 구체적으로 규정하였고, 행정쟁송 부분을 보완하였으며, 위탁재판은 당회에서 노회에까지만 허용하여 총회 재판국의 업무를 충실히 하도록 하였고, 총회장에 대한 쟁송의 남발을 방지하였으며, 선거에 관한 소송에 대해서도 규정하였다.

헌법시행규정 편에서는, 헌법에서 위임된 사항과 그 집행에 필요한 사항을 규정하고 보완함으로써 타당한 법해석과 시행을 돕도록 하였다. 법규 적용의 순서를 규정하였고, 애매한 부분을 분명하게, 어려운 부분을 쉽게, 각종 서식을 누구나 편리하게 사용할 수 있게 하였다. 특히 부칙 부분에서는, 헌법과 헌법시행규정에 회의 시 재석수 계수로 인한 시간을 대폭 절약할 수 있게 하였다. 개정된 조항에 대해서는 처음 3년간은 전국에서 사용해 보고 충분한 의견수렴 과정을 거친 후에라야 개정할 수 있고, 매년 개정할 수 없게 하여 법의 안정성과 융통성을 동시에 추구하였다. 더욱 중요한 것은 역대 총회에서 3분의 2 이상이 찬성하고 노회수의 시 과반수로 통과된 헌법(헌법시행규정 포함)에 대해서는 총회의 결의나 법원의 판결, 명령으로도 시행유보, 효력정지 등을 못하게 할 뿐만 아니라, 헌법 조문에 구체적인 근거 조문이 없으면 법을 초월하거나 위반하는 결의도 무효가 되게 하였다. 그 좋은 예로 2006년 제91회 총회에서 특별사면이 결의되었으나 시행하지 못하고 해벌 권고로 처리하여 헌법의 권위와 엄중함을 깨닫게 하였다.

이와 같이 개정된 헌법을 사용해 오던 중 미비점을 보완하고 상황에 따라 필요한 것을 반영하거나 개선해야 할 부분이 발견되어, 2010년 제95회 총회에서 전면 개정하기로 하고 헌법개정위원을 선임하여 3년간의 연구와 전국에서 수차례 공청회를 거쳐 2012년 제97회 총회에서 개정안을 만장일치로 가결하였다. 법규에 의거 헌법시행규정 개정안은 즉시(2012. 9. 20.) 공포, 시행하고, 정치와 권징 조항은 전국 65개 노회에서 수의하게 하였는데, 모든 조항이 평균 99% 찬성으로 가결되어 2012년 11월 16일 총회장이 공포하여 시행하게 되었다.

2012년 개정 내용을 살펴보면, 정치 부분에서는 타국 시민권자는 3가지 경우 외에는 직원이 될 수 없으며, 임시목사 칭호를 담임목사로 바꾸고, 전도목사는 사회복지시설에도 파송할 수 있게 되었으며, 유학목사와 군종목사를 명문화하였고, 장로 2인 당회에서 담임목사 연임투표 시, 가부 동수일 경우 공동의회의 결의로 의결할 수 있게 하였으며, 은퇴목사, 집사, 권사의 언권을 회복시켰고, 집사와 권사의 피택 연령을 35세로 상향하였으며, 노회 총대로 파송되는 장로수를 세례교인 401명부터 1명씩 증원할 수 있게 하였고, 해외 선교 노회의 설치근거를 마련하였으며, 헌법의 미비한 부분은 헌법시행규정으로 보완할 수 있게 하였다. 법규와 총회결의의 적용순서를 분명하게 명시하였으며, 교인의 자격정지 기준을 정하였고, 치리회가 정상적으로 개회될 때까지 임원의 임기는 자동 연장되도록 하였으며, 해외한인 교단의 직영대학원 졸업자를 청목으로 받을 경우 신학교와 수학 연한을 분명히 하도록 하였고, 당회에서 협동 장로, 명예 집사와 명예 권사를 세울 수 있으나, 치리회원인 목사, 장로는 명예직을 세울 수 없도록 하였다. 당회폐지 전까지 장로 1명의 상회 총대권을 인정하였으며, 수습전권위원회의 정지처분 기간을 3개월 더 연장하였다.

개정된 권징의 주요 내용은, 재판의 원칙과 책벌의 원칙에 대한 조문 배열 및 정리, 당회의 간이재판제도 신설, 고소인(고발인)의 제한적 상소권 보장, 항소재판국과 상고재판국의 조문 배열 재정리, 항소재판국의 파기자판의 원칙 확립, 상고재판국의 파기환송의 원칙 확립, 재심사유 확대, 재심재판국의 한시적 구성 및 권한 강화, 총회특별재심청원의 절차 간소화와 청원인의 진술권 보장 및 청원권자 확대, 선거소송을 제외한 행정쟁송의 재심청구와 총회특별재심청원의 명문화, 행정소송 중 무효 확인의 소의 소제기 기간제한 신설, 결의무효 확인의 소의 소제기 기간제한 신설, 총회결의와 총회장의 행정처분의 효력 강화를 위한 보장책, 서식 사용 편의를 위한 보강 등이다.

2013년 제98회 총회에서는, 헌법위원회의 청원과 정치부 보고 시 헌법개정위원회를 구성해 헌법 개정을 연구하여 차기 총회 시 보고하도록 결의했고, 그 후 2014년 제99회 총회에서 헌법개정안을 가결하였다. 개정안에는 소위 목회세습제한 조항인 정치 제28조 6항을 신설 개정하였고, 정치 제95조(재산의 보존) 3항을 삭제하였으며, 권징 부분은 제3조 죄과와 제5조 책벌을 세분화하였다. 헌법시행규정의 정치와 권징 부분을 일부 개정하여 법규에 따라 헌법시행규정 개정안은 즉시(2014. 9. 25.) 공포, 시행하고, 정치 제28조 6항, 제95조 등과 권징 제3조, 제5조 등의 조항은 전국 65개 노회에서 수의하고 모든 조항이 가결되어 2014년 12월 8일 총회장이 공포하여 시행하게 되었다.

2015년 제100회 총회는, 헌법개정위원회가 1년간 연구하여 상정한 헌법 제1편 교리 개정안(제3부 요리문답, 제4부 웨스트민스터 신앙고백 개정안)과 헌법 제3편 권징 개정(안)에 대하여 만장일치로 헌법 개정을 가결하였다. 이는 제3부 요리문답에 대한 일부 개정과 제4부 웨스트민스터 신앙고백에 대한 전면개정이 포함되었다. 권징 부분에서는 총회기소위원회를 신설하는 내용이 중요사항이었는데, 헌법시행규정에 총회기소위원회 신설에 따른 후속 조항을 신설, 개정하여, 법규에 따라 헌법시행규정 개정안은 즉시(2015. 9. 17.) 공포, 시행하였고, 헌법 제1편 교리 개정안(제3부 요리문답, 제4부 웨스트민스터 신앙고백 개정안)과 헌법 제3편 권징 개정(안)은 전국 66개 노회에서 수의하고 모든 조항이 가결되어 2015년 12월 8일 총회장이 헌법(권징)이 개정됨과 교리 개정 부분은 헌법에 근거하여 차기 총회(제101회 총회)에 보고 후 공포, 시행함을 공포하였다. 2017년 제102회 총회에서는, 제101회 총회 결의로 헌법개정위원회가 1년간 연구하여 상정한 헌법개정안 중의 중요내용이, 권징 부분에서는 총회특별재심제도의 삭제이며, 헌법시행규정의 정치 부분에서는 다른 교단 소속의 목사청빙 절차의 강화였다. 권징 부분은 재심 재판국 제도를 삭제하여 관련 조항을 보완한 헌법개정(안)에 대하여 만장일치로 개정할 것을 가결하였다. 헌법시행규정 개정안은 즉시(2017. 9. 21.) 공포, 시행하고, 헌법 권징 개정(안)은 전국 67개 노회에서 수의하고 모든 조항이 가결되어 2017년 12월 19일 총회장이 공포하여 시행하게 되었다.

2018년 제103회 총회는, 제102회 총회 결의로 헌법개정위원회가 1년간 연구하여 상정한 헌법개정안 중, 정치 및 권징 부분과 헌법시행규정 개정안에 대하여 일부를 만장일치로 개정안을 가결하였는데, 개정안 내용은 정치 부분에서는 교육목사를 조문으로 신설하였고, 권징 부분에서는 총회 기소위원회 조문을 삭제하였으며, 헌법시행규정의 정치 부분에서는 목사 청빙과 연임청원 시, 총회 연금 계속 납입증을 첨부하도록 강화하였고, 총회산하기관에 대구애락원과 전주예수병원을 추가 삽입하기로 개정하였다. 헌법시행규정 개정안은 즉시(2018. 9. 13.) 공포, 시행하고, 헌법 권징 개정(안)은 전국 67개 노회에서 수의하고 모든 조항이 가결되어 2018년 12월 20일 총회장이 공포하여 시행하게 되었다.

2019년 제104회 총회는 제103회 총회 결의로 헌법개정위원회가 1년간 연구하여 상정한 헌법개정안 중, 성범죄로 처벌된자의 복직 불가, 교회재산의 보존 조항 강화 등의 정치 부분 4개 조항과 죄과 항목 보완, 가중처벌 책벌 삭제, 재판국원 자격 보완, 재심사유 및 재심청구권자 보완, 재재심 절차 삭제 등의 권징 부분 11개 조항과 헌법시행규정의 재판비용 상향 조정, 재심절차 보완 등 5개 조항 개정안에 대하여 만장일치로 헌법개정안을 가결하였다. 헌법시행규정 개정안은 즉시(2019. 9. 26.) 공포, 시행하고, 헌법 정치 및 권징 개정(안)은 전국 68개 노회에서 수의하고 모든 조항이 가결되어 2019년 12월 19일 총회장이 공포하여 시행하게 되었다.

2021년 제106회 총회는 제105회 총회 결의로 헌법개정위원회가 1년간 연구하여 상정한 헌법개정안 중, 아동세례교인 구분, 전도목사, 군종목사 규정, 노회원 자격 조정 등의 정치 부분 6개 조항과 사문화 조항 삭제 등 권징 부분 5개 조항과 헌법시행규정의 교육목사 지위, 타 교단 목사 청빙 절차 보완, 총회 직영신학대학교의 총회 산하기관 삽입, 총회 결의와 총회장의 행정처분 위반 처벌절차 강화 등 6개 조항 개정안에 대하여 만장일치로 헌법개정안을 가결하였다. 헌법시행규정 개정안은 즉시(2021. 9. 28.) 공포, 시행하고, 헌법 정치 및 권징 개정(안)은 전국 69개 노회에서 수의하고 모든 조항이 가결되어 2021년 11월 29일 총회장이 공포하여 시행하게 되었다.

올해 2022년 제107회 총회는 제106회 총회 결의로 헌법개정위원회가 1년간 연구하여 상정한 헌법개정안 중, 집사를 안수집사로, 서리집사를 집사로의 호칭 변경, 온라인 총회 회집 규정 등의 정치 부분 12개 조항과 총회재판국원 자격 강화, 총회재판국의 화해조정 역할 강조 등의 권징 부분 5개 조항과 헌법시행규정의 집사, 서리집사 호칭 변경, 부정, 재정 비리 행위자 처벌절차 간소화 등 6개 조항 개정안에 대하여 만장일치로 헌법개정안을 가결하였다. 헌법시행규정 개정안은 즉시(2022. 9. 21.) 공포, 시행하고, 헌법 정치 및 권징 개정(안)은 전국 69개 노회에서 수의하고 모든 조항이 가결되어 2022년 11월 17일 총회장이 공포하여 시행하게 되었다.

전국 노회의 수의과정을 마치고 헌법책을 다시 제작하기까지 적극적으로 참여하고 수고한 제107회기 총회 헌법개정위원 명단은 다음과 같다.

위원장 : 이명덕 목사(용천노회)
서　기 : 김기용 목사(영등포노회)　　회 계 : 주길성 장로(평북노회)
위　원 : (목사, 장로 / 노회순)
　　　　김민수 목사(서울강북노회), 황상호 목사(서울동남노회)
　　　　강무순 목사(군산노회),　　　김휘동 목사(포항남노회)

　　　　　남형우 목사(평남노회),　　오경남 목사(함해노회)
　　　　　황영철 장로(서울북노회),　정구호 장로(제주노회)
　　　　　정찬덕 장로(부천노회),　　김창만 장로(인천동노회)
　　　　　김성신 장로(순서노회),　　손태원 장로(경남노회)
　전문위원 : 이성주 목사(서울동노회),　김성철 목사(서울서북노회)

　위에서 열거한 바와 같이 이렇게 여러 차례 총회 헌법 조항들을 개정 및 신설하여 교단 헌법의 미비점을 보완하려 애썼다. 그러나 환경은 변화하기 때문에 수백 명의 국회의원들과 법률 전문가들이 수천 페이지의 법조문을 만들어도 시대와 상황에 따라 미비점을 보완해야 할 수밖에 없는 것에 비교한다면, 우리 총회의 헌법은 정치 108개 조문과 권징 164개 조문과 헌법시행규정 98개 조문 모두를 합하여도 총 370개 조문밖에 되지 않으니, 이것으로는 부족함이 많을 것이다. 부족한 부분은 총회헌법위원회의 유권해석으로 일정 보완할 수 있을 것이라고 본다.

　이번에 출판하는 헌법 책은 2007년도에 헌법이 전면 개정된 이후, 2012년부터 개정된 각 조항에 개정 일자를 표시하여, 각 조항의 개정 연혁을 알 수 있도록 안내하였다. 그러나 개정된 조항과 연관된 다른 조항들의 추가개정이 필요하므로 이에 대한 연구신행이 요청된다.

　법보다는 사랑과 화해를 우선하여 각 치리회와 총회 산하기관 및 단체의 만사를 처리하기를 바라고, 질서를 세우기 위해 부득이할 때에는 총회 헌법을 사용하기를 바라며, 헌법과 헌법시행규정이 총회, 노회, 교회, 산하기관 및 단체와 모든 이들에게 올바른 신앙과 치리의 지침이 되기를 바란다.

2023년 2월
대한예수교장로회총회
총회장 이 순 창 목사
헌법개정위원장 이 명 덕 목사

차 례

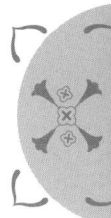

제 1 편   교 리
제 2 편   정 치
제 3 편   권 징
            헌법시행규정(서식 포함)
제 4 편   예배와 예식
참고사항 / 헌법개정연혁

 제1편 교리

제1부 사도신경 / 41
제2부 신조 / 45
제3부 요리문답 / 51
제4부 21세기 대한예수교장로회 교리문답 / 83
  서문 ·· 84
  제1장 성경에 대하여 ·· 87
  제2장 사도신경에 대하여 ································ 90
  제3장 십계명에 대하여 ···································· 97
  제4장 예배와 성례에 대하여 ······················· 106
  제5장 주기도문에 대하여 ······························ 112
  제6장 교회의 선교에 대하여 ······················· 118
제5부 웨스트민스터 신앙고백 / 121
  제1장 성경에 관하여 ···································· 122
  제2장 하나님과 성 삼위일체에 관하여 ······ 127
  제3장 하나님의 영원한 결정에 관하여 ······ 129
  제4장 창조에 관하여 ···································· 131
  제5장 섭리에 관하여 ···································· 132
  제6장 인간의 타락과 죄와 형벌에 관하여 ··· 135
  제7장 사람과 맺은 하나님의 언약에 관하여 ··· 137
  제8장 중보자이신 그리스도에 관하여 ······· 139
  제9장 자유의지에 관하여 ···························· 143
  제10장 실제적 부르심에 관하여 ················· 144

제11장 칭의에 관하여 ·· 146
제12장 양자 삼으심에 관하여 ······································ 148
제13장 성화에 관하여 ·· 149
제14장 구원에 이르게 하는 믿음에 관하여 ················ 150
제15장 생명에 이르는 회개에 관하여 ························· 151
제16장 선행에 관하여 ·· 153
제17장 성도들의 궁극적 구원에 관하여 ····················· 156
제18장 은혜와 구원의 확실성에 관하여 ····················· 157
제19장 하나님의 율법에 관하여 ·································· 160
제20장 신자의 자유와 양심의 자유에 관하여 ············ 163
제21장 예배와 안식일에 관하여 ·································· 165
제22장 합당한 맹세와 서원에 관하여 ························· 169
제23장 공직에 관하여 ·· 171
제24장 결혼과 이혼에 관하여 ······································ 174
제25장 교회에 관하여 ·· 176
제26장 성도의 교제에 관하여 ······································ 178
제27장 성례전에 관하여 ··· 179
제28장 세례에 관하여 ·· 180
제29장 주의 만찬에 관하여 ··· 182
제30장 교회의 권징에 관하여 ······································ 185
제31장 각 급 회의에 관하여 ·· 186
제32장 사람의 사후상태와 부활에 관하여 ················· 188
제33장 최후의 심판에 관하여 ······································ 189
제34장 성령에 관하여 ·· 190

제35장 하나님의 사랑의 복음과 선교에 관하여 ········· 192
선언문 ·· 193

제6부 대한예수교장로회 신앙고백서 / 195

머리말 ·· 197
서　문 ·· 199
제1장 성경 ··· 201
제2장 하나님 ·· 203
제3장 예수 그리스도 ································ 205
제4장 성령 ··· 207
제5장 인간 ··· 209
제6장 구원 ··· 211
제7장 교회 ··· 214
제8장 국가 ··· 216
제9장 선교 ··· 218
제10장 종말 ·· 219

제7부 21세기 대한예수교장로회 신앙고백서 / 221

머리말 ·· 223
제1장 21세기 대한예수교장로회 신앙고백서(예배용) ········· 225
제2장 21세기 대한예수교장로회 신앙고백서 ········· 226
제3장 니케아 - 콘스탄티노플 신조(381) ············· 232

 제2편 정치

제1장 원리 / 237
- 제1조 양심의 자유 ………………………………… 237
- 제2조 교회의 자유 ………………………………… 237
- 제3조 진리와 행위 ………………………………… 237
- 제4조 교회의 직원 ………………………………… 237
- 제5조 치리권 ……………………………………… 238
- 제6조 권징 ………………………………………… 238

제2장 교회 / 238
- 제7조 교회의 정의 ………………………………… 238
- 제8조 교회의 구별 ………………………………… 238
- 제9조 지교회 ……………………………………… 238
- 제10조 지교회의 설립 ……………………………… 239
- 제11조 지교회의 분립, 합병 ……………………… 239
- 제12조 지교회의 폐지 ……………………………… 239

제3장 교인 / 240
- 제13조 교인의 정의 ………………………………… 240
- 제14조 교인의 구분 ………………………………… 240
- 제15조 교인의 의무 ………………………………… 240
- 제16조 교인의 권리 ………………………………… 240
- 제17조 교인의 이명 ………………………………… 241
- 제18조 교인의 출타신고 …………………………… 241

차례 17

제19조 교인의 자격정지 ·· 241
제20조 교인의 복권 ·· 241
제4장 교회의 직원 / 242
제21조 교회의 직원의 구분 ··· 242
제22조 항존직 ·· 242
제23조 임시직 ·· 242
제5장 목사 / 243
제24조 목사의 의의 ·· 243
제25조 목사의 직무 ·· 243
제26조 목사의 자격 ·· 243
제27조 목사의 칭호 ·· 244
제28조 목사의 청빙과 연임청원 ···································· 246
제29조 청빙의 승인 ·· 248
제30조 다른 노회 목사의 청빙 ······································ 248
제31조 다른 교단 목사의 청빙 ······································ 248
제32조 목사의 임직 ·· 249
제33조 목사의 임직식과 위임식 ··································· 249
제34조 목사의 전임 ·· 249
제35조 목사의 사임 및 사직 ··· 249
제36조 목사의 휴무 ·· 250
제37조 목사의 복직 ·· 250
제38조 목사후보생 ··· 250
제6장 장로 / 251
제39조 장로의 직무 ·· 251

제40조 장로의 자격 ········· 251
제41조 장로의 선택 ········· 251
제42조 장로의 임직 ········· 251
제43조 장로의 사임 및 사직 ········· 252
제44조 원로장로 ········· 252
제45조 은퇴장로 ········· 252
제46조 장로의 휴무 ········· 252
제47조 장로의 복직 ········· 252

제7장 전도사 / 253

제48조 전도사의 직무 ········· 253
제49조 전도사의 자격 ········· 253

제8장 안수집사 및 권사 / 254

제50조 안수집사의 직무 ········· 254
제51조 안수집사의 자격 ········· 254
제52조 권사의 직무 ········· 254
제53조 권사의 자격 ········· 254
제54조 안수집사, 권사의 선택 ········· 254
제55조 안수집사 및 권사의 임직 ········· 255
제56조 안수집사 및 권사의 사임과 사직 ········· 255
제57조 은퇴안수집사, 은퇴권사 ········· 255
제58조 안수집사, 권사의 휴무 및 복직 ········· 255
제59조 집사의 임명 ········· 256

제9장 치리회 / 256

제60조 치리회의 구분 ········· 256

제61조 치리회의 구성 ·· 256
제62조 치리회의 관할 ·· 256
제63조 치리회의 권한 ·· 257

제10장 당회 / 258

제64조 당회의 조직 ·· 258
제65조 당회의 폐지 ·· 258
제66조 당회의 개회성수 ······································ 258
제67조 당회장 ·· 258
제68조 당회의 직무 ·· 259
제69조 당회의 회집 ·· 260
제70조 당회록 ·· 260
제71조 당회가 비치할 명부 ································· 260

제11장 노회 / 261

제72조 노회의 의의 ·· 261
제73조 노회의 조직 ·· 261
제74조 노회원의 자격 ··· 262
제75조 노회 임원선출 ··· 262
제76조 노회의 개회성수 ······································ 262
제77조 노회의 직무 ·· 262
제78조 노회의 회집 ·· 263
제79조 노회록 ·· 264
제80조 노회가 비치할 명부 ································· 264
제81조 시찰회와 시찰위원회 ······························· 265
제82조 노회의 분립, 합병 및 폐지 ······················ 265

제12장 총회 / 266

- 제83조 총회의 의의 ······ 266
- 제84조 총회의 조직 ······ 266
- 제85조 총회 임원선출 ······ 266
- 제86조 총회의 개회성수 ······ 266
- 제87조 총회의 직무 ······ 266
- 제88조 총회의 회집 및 회원권 ······ 267
- 제89조 개회 및 폐회 ······ 268

제13장 회의 및 기관, 단체 / 268

- 제90조 공동의회 ······ 268
- 제91조 제직회 ······ 269
- 제92조 소속 기관 및 단체, 연합당회 및 연합제직회 ······ 270

제14장 재산 / 271

- 제93조 총회의 재산 ······ 271
- 제94조 노회의 재산 ······ 271
- 제95조 재산의 보존 ······ 271
- 제96조 재산 관리 및 용도 ······ 272
- 제97조 재단법인에 편입되지 않은 재산 ······ 272

제15장 선교 동역자 / 273

- 제98조 선교 동역자의 자격 ······ 273
- 제99조 총회와 관계된 선교 동역자 ······ 273
- 제100조 선교 동역자의 임무 ······ 273
- 제101조 기타 선교 관계 ······ 274

제16장 헌법개정 / 274

제102조 정치, 권징, 예배와 예식의 개정 ·················· 274
제103조 교리 개정 ························· 274
제104조 헌법 개정위원 ························· 275
부 칙 / 275

제3편 권징

제1장 총칙 / 279
제1조 권징의 뜻 ························· 279
제2조 권징의 목적 ························· 279
제3조 권징의 사유가 되는 죄과 ················· 279
제4조 재판의 원칙 ························· 281
제5조 책벌의 종류와 내용 ···················· 281
제6조 책벌의 원칙 ························· 282

제2장 재판국 / 283

제1절 통칙 / 283
제7조 재판국의 설치 및 재판관할 ··············· 283
제8조 재판국원의 제척, 기피, 회피 ············· 283
제9조 상급심 재판의 기속력 ·················· 284

제2절 총회 재판국 / 285
제10조 구성 및 자격 ························· 285
제11조의 1 국원의 임기 및 보선 ··············· 285
제11조의 2 재판부의 설치 및 구성 ············· 285
제12조 임원의 선임 및 직무 ·················· 286

제13조 의결방법 ……………………………………… 287
　　제14조 심판사항 ……………………………………… 287
　　제15조 전문위원 ……………………………………… 288
　제3절 노회 재판국 / 288
　　제16조 구성 …………………………………………… 288
　　제17조 국원의 임기 및 보선 ………………………… 289
　　제18조 임원의 선임 및 직무 ………………………… 289
　　제19조 의결방법 ……………………………………… 289
　　제20조 심판사항 ……………………………………… 289
　　제21조 전문위원 ……………………………………… 289
　　제22조 겸임금지 ……………………………………… 289
　제4절 당회 재판국 / 290
　　제23조 구성 …………………………………………… 290
　　제24조 임원의 선임 및 직무 ………………………… 290
　　제25조 의결방법 ……………………………………… 290
　　제26조 심판사항 ……………………………………… 290
　제3장 일반소송절차 / 291
　　제27조 당사자 능력 …………………………………… 291
　　제28조 재판비용의 예납 ……………………………… 291
　　제29조 변론 …………………………………………… 291
　　제30조 변호인의 자격 등 …………………………… 291
　　제31조 당사자 일방의 불출석 ……………………… 292
　　제32조 판결 선고기간 ………………………………… 292
　　제33조 재판서의 기재사항 …………………………… 292

제34조 판결의 확정 ······································ 292

제35조 재판의 선고, 고지의 방식 ····················· 293

제36조 재판 송달의 기일 ································ 293

제37조 판결의 정정 ······································ 293

제38조 재판서의 등본·초본의 청구 ··················· 293

제39조 재판조서의 작성 ································· 293

제40조 재판정에서의 속기·녹취 ······················· 294

제41조 송달의 원칙 ······································ 294

제42조 기간의 계산 ······································ 295

제43조 피고인의 소환 ···································· 295

제44조 증인의 의무 ······································ 295

제45조 증인의 선서 ······································ 295

제46조 증인신문의 방식 ································· 296

제47조 화해의 종용 및 조정 ···························· 296

제4장 제1심 소송절차 / 296
제1절 고소 및 고발 / 296

제48조 고소권자 ·· 296

제49조 고소기간 ·· 297

제50조 고소의 취하 ······································ 297

제51조 고발 ·· 297

제52조 고발기간과 취하 ································· 297

제53조 고소 및 고발의 형식 ···························· 298

제54조의 1 고소 및 고발과 조치 ······················ 298

제54조의 2 기소의뢰 ····································· 298

제54조의 3 고소(고발) 및 기소의뢰의 제한 ·················· 299
　　제55조 당회 기소위원회의 구성 ······························· 299
　　제56조 노회 기소위원회의 구성 ······························· 299
　　제57조의 1 고소(고발)인의 조사 및 피의자 신문 ············· 300
　　제57조의 2 의결방법 ··· 300

제2절 기소 / 300

　　제58조의 1 기소의 제기 ··· 300
　　제58조의 2 기소제기의 시효 ···································· 300
　　제58조의 3 기소권자 및 피고인 ································ 301
　　제59조 기소제기의 방식과 기소장 ······························ 301
　　제60조 기소의 취소 ··· 301
　　제61조 고소 및 고발에 의한 사건의 처리 ····················· 301
　　제62조 고소인 및 고발인에 결정통지 ·························· 301
　　제63조 고소인 및 고발인에 기소부제기 이유통지 ············· 302
　　제64조 항고 및 재항고 ·· 302
　　제65조 재판국의 결정 ··· 303

제3절 재판 / 303

　　제66조 기소장부본의 송달 ······································· 303
　　제67조 재판기일의 지정 및 변경 ······························· 303
　　제68조 불출석 사유자료의 제출 ································ 304
　　제69조 피고인 또는 기소위원의 불출석 ······················· 304
　　제70조 당사자의 재판기일 전의 증거제출 ····················· 304
　　제71조 피고인의 무죄추정 ······································· 304
　　제72조 인정신문 ·· 304

제73조 기소위원장의 모두진술 … 304
제74조 피고인의 진술권 … 305
제75조 피고인 신문의 방식 … 305
제76조 피해자의 진술권 … 305
제77조 기소장의 변경 … 305
제78조 불필요한 변론 등의 제한 … 305
제79조 증거재판주의 … 306
제80조 자유심증주의 … 306
제81조 당연히 증거능력 있는 서류 … 306
제82조 증거조사의 방식 … 306
제83조 증거조사 후의 기소위원장 및 피고인의 의견진술 … 306
제84조 책벌의 선고 … 307
제85조 책벌판결에 명시될 이유 … 307
제86조 상소에 대한 고지 … 307
제87조 무죄의 판결 … 307
제88조 기소기각의 판결 … 307
제89조 기소기각의 결정 … 308

제5장 상소 / 308

제1절 통칙 / 308

제90조 상소권자 … 308
제91조 일부상소 … 309
제92조 상소의 포기, 취하 … 309

제2절 항소 / 309

제93조 항소할 수 있는 판결 … 309

제94조 항소의 방식 및 제기기간 ····································· 309
제95조 소송기록과 증거물의 송부 ··································· 310
제96조 소송기록 접수와 통지 ··· 310
제97조 항소이유서와 답변서 ·· 310
제98조 항소기각의 결정 ·· 310
제99조 항소이유 ··· 310
제100조 항소재판국의 심판 ·· 311
제101조 원심재판국에의 환송 ··· 312
제102조 관할재판국에의 이송 ··· 312
제103조 불이익변경의 금지 ·· 312
제104조 판결서의 기재방식 ·· 312
제105조 준용규정 ·· 312

제3절 상고 / 313

제106조 상고할 수 있는 판결 ··· 313
제107조 상고의 방식 및 제기기간 ··································· 313
제108조 소송기록과 증거물의 송부 ································· 313
제109조 소송기록 접수와 통지 ······································· 313
제110소 상고이유서와 답변서 ·· 313
제111조 상고기각의 결정 ··· 313
제112조 상고이유 ·· 313
제113조 상고재판국의 심판 ·· 313
제114조 기소기각과 환송의 판결 ···································· 314
제115조 관할인정과 이송의 판결 ···································· 314
제116조 관할위반과 환송의 판결 ···································· 314

제117조 파기자판 ································· 314
제118조 파기환송 ································· 315
제119조 집행과 종국판결 ························ 315

제6장 특별소송절차 등 / 315

제1절 위탁재판 / 315

제120조 위탁재판의 청원 ······················ 315
제121조 위탁재판청원의 처리 ·················· 316
제122조 준용규정 ································· 316

제2절 재심 / 316

제123조 재심사유 ································· 316
제124조 재심의 관할 ····························· 317
제125조 재심의 청구절차 ························ 317
제126조 재심청구의 기간 ························ 317
제127조 재심청구권자 ····························· 318
제128조 재심에 대한 심판 ····················· 318
제129조 재심의 심판기간과 공고 ············· 318
제130조 준용규정 ································· 319

제7장 시벌 및 해벌 / 319

제131조 시벌 치리회 ····························· 319
제132조 시벌방법 ································· 319
제133조 가중시벌 ································· 320
제134조 해벌과 청빙 ····························· 320
제135조 출교의 해벌 ····························· 320
제136조 면직의 해벌 ····························· 320

제137조 해벌 치리회 ································· 320
제8장 행정쟁송 / 321
제1절 통칙 / 321
　제138조 행정쟁송의 종류 ····························· 321
　제139조 재판국원의 제척, 기피, 회피 ···················· 321
　제140조의 1 행정소송과 재심 ························· 321
　제140조의 2 준용규정 ······························· 322
제2절 행정소송 / 322
　제141조 행정소송의 대상 ····························· 322
　제142조 행정소송의 종류 ····························· 322
　제143조 재판관할 ··································· 323
　제144조 원고적격 ··································· 323
　제145조 피고적격 및 경정 ···························· 324
　제146조 제3자의 소송참가 ··························· 324
　제147조 소의 제기 및 제기기간 ······················· 324
　제148조 소장의 기재사항 ···························· 325
　제149조 청구의 변경 ································ 325
　제150조 소의 취하 ·································· 325
　제151조 직권심리 ··································· 325
　제152조 취소판결 등의 기속력 ······················· 326
제3절 결의 취소 등의 소송 / 326
　제153조 결의 취소의 소 ····························· 326
　제154조 결의 무효확인의 소 ························· 326
제4절 치리회 간의 소송 / 327

제155조 치리회 간의 소송 ··· 327
제156조 소송위원 선정 ·· 327
제5절 선거무효소송과 당선무효소송 / 327
제157조 선거무효소송 ·· 327
제158조 당선무효소송 ·· 328
제159조 선거무효 및 당선무효의 판결 등 ························· 328
제160조 소송의 처리 ·· 328
제161조 증거조사 ··· 328
부 칙 / 329
헌법시행규정 / 331
제1장 총칙 / 332
제1조 목적 ··· 332
제2조 용어 ··· 332
제3조 적용범위 ·· 332
제2장 정치 / 333
제4조 교회의 설립과 가입 ·· 333
제5조 교회의 분립과 합병청원 ······································· 333
제6조 교회의 설립, 분립과 합병, 폐지 청원의 처리 ··········· 334
제7조 기도처의 합병 ·· 335
제8조 세례 ··· 335
제9조 경유 ··· 335
제10조 타 교단 교인 및 직원의 이명 접수 ······················· 335
제11조 교인 및 직원의 이명 및 확인 ······························· 336
제12조 이명과 직원 ··· 336

제13조 교인의 복적 ⋯⋯⋯⋯⋯⋯⋯⋯⋯⋯⋯⋯⋯⋯⋯⋯⋯ 337
제14조 교인의 자격정지 및 복권 ⋯⋯⋯⋯⋯⋯⋯⋯⋯⋯ 337
제15조 교회의 직원과 유급종사자, 은퇴자 ⋯⋯⋯⋯⋯ 337
제16조의 1 시무목사 청빙과 연임청원 ⋯⋯⋯⋯⋯⋯⋯ 338
제16조의 2 전도목사 청빙 ⋯⋯⋯⋯⋯⋯⋯⋯⋯⋯⋯⋯⋯ 338
제16조의 3 시무목사 청빙 승인 ⋯⋯⋯⋯⋯⋯⋯⋯⋯⋯ 338
제16조의 4 목사의 자격과 안수 ⋯⋯⋯⋯⋯⋯⋯⋯⋯⋯ 339
제16조의 5 미조직교회의 목사 청빙 ⋯⋯⋯⋯⋯⋯⋯⋯ 339
제16조의 6 노회 폐회 시 목사 청빙 승인 ⋯⋯⋯⋯⋯ 339
제16조의 7 당회장 결원 시 임시당회장 및 위임(담임)목사 청빙 339
제16조의 8 당회장 유고 시 대리당회장 ⋯⋯⋯⋯⋯⋯ 340
제16조의 9 재판계류 중의 당회장권 ⋯⋯⋯⋯⋯⋯⋯⋯ 341
제16조의 10 유기책벌과 당회장권 ⋯⋯⋯⋯⋯⋯⋯⋯⋯ 341
제16조의 11 유기책벌과 직무와의 관계 ⋯⋯⋯⋯⋯⋯ 342
제16조의 12 정직과 직무와의 관계 ⋯⋯⋯⋯⋯⋯⋯⋯ 342
제16조의 13 면직 및 출교와 직무와의 관계 ⋯⋯⋯⋯ 342
제17조 위임식 ⋯⋯⋯⋯⋯⋯⋯⋯⋯⋯⋯⋯⋯⋯⋯⋯⋯⋯⋯ 343
제18조 부목사, 전도사의 연임청원 ⋯⋯⋯⋯⋯⋯⋯⋯⋯ 343
제19조 무임목사 처리 ⋯⋯⋯⋯⋯⋯⋯⋯⋯⋯⋯⋯⋯⋯⋯ 344
제20조의 1 기관목사 ⋯⋯⋯⋯⋯⋯⋯⋯⋯⋯⋯⋯⋯⋯⋯ 344
제20조의 2 교육목사 ⋯⋯⋯⋯⋯⋯⋯⋯⋯⋯⋯⋯⋯⋯⋯ 344
제21조 원로목사 ⋯⋯⋯⋯⋯⋯⋯⋯⋯⋯⋯⋯⋯⋯⋯⋯⋯ 345
제22조 겸직과 무임의 범위 ⋯⋯⋯⋯⋯⋯⋯⋯⋯⋯⋯⋯ 345
제23조 다른 교단의 목사청빙 ⋯⋯⋯⋯⋯⋯⋯⋯⋯⋯⋯ 345

제24조 직원의 전임과 사임 ················· 348
제25조 목사, 장로의 휴무 ················· 348
제26조 직원 선택 ························· 349
제27조 무흠의 기산과 적용 ··············· 351
제28조 목사후보생 ······················· 351
제29조 목사후보생의 이명 ················ 352
제30조 임시당회장과 대리당회장의 권한 ······ 352
제31조 당회 폐지와 치리권 ··············· 353
제32조 노회의 분립, 합병 ················ 353
제33조 교회 및 노회 수습 ················ 353
제34조 재산 ······························ 356
제35조의 1 헌법개정안의 노회수의 ········ 356
제35조의 2 총회 및 노회 개회 ············ 357
제36조 헌법위원회의 구성, 권한, 질의해석, 헌법개정 ······ 357
제37조 산하기관, 유관기관, 연합기관 ········ 359

제3장 권징 / 361

제38조 제척·기피·회피 ··················· 361
제39조 해명권·질문요청권 ················ 362
제40조 소송지휘권 ······················· 363
제41조 재판국원의 합의방법 ·············· 363
제42조 전문위원 ························· 363
제43조 재판비용 ························· 363
제44조 변호인 선임서 ···················· 365
제45조 답변서·준비서면 ·················· 366

제46조 재판서 ·· 366
제47조 판결정정 ··· 366
제48조 재판조서 ··· 367
제49조 속기록과 녹취기록 ································ 368
제50조 피고인 소환 ··· 368
제51조 증인적격의 제한 ··································· 368
제52조 증언거부 ··· 368
제53조 증인소환 ··· 369
제54조 선서의 절차 ··· 369
제55조 증인신문 참여 통지 ······························· 369
제56조 증인의 재판정 외 신문 ·························· 370
제57조 증인신문사항의 서면제출 명령 ················ 370
제58조 증인의 인정신문 ··································· 370
제59조 증인의 퇴정 ··· 370
제60조 고발인의 자격, 방식, 취하, 송달과 화해 ······ 370
제61조 기소위원의 임기와 보선 및 제척, 기피, 회피 ······ 372
제62조 피의자 신문 ··· 372
제63조 이단적 행위와 적극적 동조행위의 기소 제한 ······ 373
제64조 기소제기의 방식 ··································· 3/3
제65조 기소사실의 기재 ··································· 373
제66조 기소취소와 재기소 ································ 373
제67조 불기소처분 ··· 374
제68조 증거조사 ··· 376
제69조 기소장의 변경 ······································ 376

제70조 변론의 분리·병합·재개 ················· 377
제71조 상소 ································· 377
제72조 위탁재판의 청원·책벌(권징) 적용과 범위 ············ 377
제73조 재심청구 ································· 380
제74조 행정소송의 대상범위 ························· 383
제75조 행정소송의 방식과 판결 ······················· 384
제76조 총회 특별심판위원회의 구성 ···················· 384
제77조 행정소송의 피고의 경정 ······················· 386
제78조 행정소송의 제3자의 소송참가 ··················· 386
제79조 취소소송의 제기기간 ························· 387
제80조 행정쟁송과 소제기, 재심 ······················ 387
제81조 행정소송의 선정대표자 ······················· 388
제82조 행정소송의 청구변경 ························· 389
제83조 행정소송과 집행부정지 및 집행정지 ··············· 389
제84조 행정소송의 소 취하 ·························· 390
제85조 준용규정 ································· 390
제86조 집행과 종국판결 및 시벌 ······················ 390
제87조 재판계류와 교단탈퇴 ························· 391
제88조 총회결의와 총회장의 행정처분의 효력 ············· 392
제89조 서식 ··································· 393
제90조 총회결의와 총회장의 행정처분 및 조치의 적용 범위 ····· 393

제4장 부칙 / 394
서식목록(정치) 서식목록(권징) / 397
서식목록(정치)(헌법시행규정 제89조) / 398

(정치 제1호 서식) 교회 설립(가입) 신청서 ·············· 399
(정치 제2호 서식) 교회 분립(합병) 청원서 ············ 400
(정치 제3호 서식) 교인 이명증서 ···················· 401
(정치 제4호 서식) 이명 접수 통지서 ·················· 402
(정치 제5-1호 서식) (위임, 담임, 부)목사 청빙청원서 ·········· 403
(정치 제5-2호 서식) 청빙서 ························ 404
(정치 제5-3호 서식) 전임전도사 경력확인서 ············ 405
(정치 제6-1호 서식) 전도목사 파송요청서 ·············· 406
(정치 제6-2호 서식) 전도목사 청빙서 ·················· 407
(정치 제7-1호 서식) 기관목사 청빙청원서 ·············· 408
(정치 제7-2호 서식) 기관목사 청빙서 ·················· 409
(정치 제8호 서식) 원로목사 추대청원서 ················ 410
(정치 제9호 서식) 노회 가입 청원서 ·················· 411
(정치 제10호 서식) 추천서 ························· 412
(정치 제11-1호 서식) 목사(목사후보생) 이명 청원서 ·········· 413
(정치 제11-2호 서식) 목사(목사후보생) 이명 확인서 ·········· 414
(정치 제11-3호 서식) 사임서 ························ 415
(정치 제12호 서식) 목사(장로)휴무 청원서 ·············· 416
(정치 제13호 서식) 노회 분립(합병) 청원서 ············ 417
(정치 별첨 1 서식) 교세통계 ························ 418
(정치 별첨 2 서식) 소속 교회 및 당회장 명단 ·········· 419
(정치 별첨 3 서식) 합의서 ·························· 420
(정치 별첨 4 서식) ○○교회 부동산 대장(예) ·········· 421
서식목록(권징)(헌법시행규정 제89조) / 422

(권징 제1호 서식) 재판국원(기소위원) 기피신청서 ·················· 424
(권징 제2호 서식) 변호인 선임서 ······························· 425
(권징 제3-1호 서식) 소환장(피고인, 피고, 원고용) ················ 426
(권징 제3-2호 서식) 출석요구서(피의자용) ······················ 427
(권징 제4-1호 서식) 고소(고발)장(권징책벌용) ·················· 428
(권징 제4-2호 서식) 고소(고발) 취하서(권징책벌용) ··············· 429
(권징 제5-1호 서식) 소장(행정소송용) ·························· 430
(권징 제5-2호 서식) 소장(결의취소 등 소송용) ··················· 431
(권징 제5-3호 서식) 소장(치리회 간의 소송용) ··················· 432
(권징 제5-4호 서식) 소장(선거소송용) ·························· 433
(권징 제5-5호 서식) 청구변경 신청서(행정쟁송용) ················ 434
(권징 제5-6호 서식) 소취하서(행정쟁송용) ······················ 435
(권징 제6-1호 서식) 불기소처분 결정 및 통지서 ················· 436
(권징 제6-2호 서식) 불기소처분 이유 통지서 ···················· 437
(권징 제6-3호 서식) 항고장(당회 기소위원회 불기소처분 불복용) 438
(권징 제6-4호 서식) 재항고장(항고 기각결정 불복용) ············ 439
(권징 제6-5호 서식) 재항고장(노회 기소위원회 불기소처분 불복용) 440
(권징 제7-1호 서식) 기소장 ··································· 441
(권징 제7-2호 서식) 기소통지서 ······························· 442
(권징 제7-3호 서식) 답변서(권징책벌 피고인용) ················· 443
(권징 제7-4호 서식) 답변서(행정쟁송 피고용) ··················· 444
(권징 제7-5호 서식) 준비서면(권징책벌 기소위원회용) ············ 445
(권징 제7-6호 서식) 준비서면(행정쟁송 원고용) ················· 446
(권징 제7-7호 서식) 기소장 변경 허가 신청서 ··················· 447

(권징 제7-8호 서식) 기소취소서 ·················· 448
(권징 제7-9호 서식) 기소취소통지서 ·············· 449
(권징 제8-1호 서식) 판결문(권징책벌용) ··········· 450
(권징 제8-2호 서식) 판결문(행정쟁송용) ··········· 451
(권징 제8-3호 서식) 결정문(권징책벌용·재심용) ······ 452
(권징 제8-4호 서식) 결정문(총회특별심판위원회 행정쟁송용) ··· 453
(권징 제8-5호 서식) 판결집행문 ················· 454
(권징 제9-1호 서식) 항소(상고)장 ················ 455
(권징 제9-2호 서식) 항소(상고) 취하(포기)서 ········ 456
(권징 제9-3호 서식) 항소(상고)이유서 ············· 457
(권징 제9-4호 서식) 답변서(항소·상고용) ·········· 458
(권징 제10-1호 서식) 위탁재판 청원서 ············ 459
(권징 제10-2호 서식) 재심청구서 ················ 460

제4편 예배와 예식

제1장 교회와 예배 / 462
1-1. 예배공동체로서의 교회 ····················· 462
1-2. 예배 ································ 463
1-3. 예배의 시간 ··························· 463
1-4. 예배의 장소 ··························· 466
1-5. 예배의 교육 ··························· 467

제2장 예배의 기본 요소 / 468
2-1. 말씀의 예전 ··························· 468

2-2. 성례전 ·· 473
제3장 예배의 배열 / 478
제4장 예배의 분류 / 480
제5장 교회예식 / 482
   5-1. 임직예식 ·· 483
   5-2. 봉헌예식 ·· 483
   5-3. 결혼예식 ·· 484
   5-4. 장례예식 ·· 484
제6장 예배와 목회 / 485
   6-1. 예배와 선교 ··· 485
   6-2. 예배와 화해 ··· 486
   6-3. 예배와 목회적 돌봄 ································ 487
   6-4. 예배와 경건 ··· 487

참고사항/헌법개정연혁 / 489

제1편

교 리

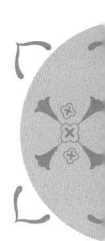

제1부

사도신경

개정(2007. 9. 10. 제92회 총회 시 공포)

나는 전능하신 아버지 하나님, 천지의 창조주를 믿습니다.
나는 그의 유일하신 아들, 우리 주 예수 그리스도를 믿습니다.
그는 성령으로 잉태되어
동정녀 마리아에게서 나시고,
본디오 빌라도에게 고난을 받아
십자가에 못 박혀 죽으시고,
장사된 지 사흘 만에
죽은 자 가운데서 다시 살아나셨으며,
하늘에 오르시어 전능하신 아버지 하나님 우편에 앉아 계시다가,
거기로부터 살아 있는 자와 죽은 자를 심판하러 오십니다.
나는 성령을 믿으며,
거룩한 공교회와
성도의 교제와
죄를 용서받는 것과
몸의 부활과
영생을 믿습니다. 아멘

제2부

신 조

신 조

대한예수교장로회 신조는 다음과 같다.

1. 신구약성경은 하나님의 말씀이니 신앙과 행위에 대하여 정확 무오한 유일의 법칙이다.

2. 하나님은 한 분뿐이시니 오직 그만 경배할 것이다. 하나님은 신이시니 스스로 계시고, 아니 계신 곳이 없으시며 다른 신과 모든 물질과 구별하시며, 그의 존재와 지혜와 권능과 거룩하심과 공의와 인자하심과 사랑하심에 대하여 무한하시며 무궁하시며 변치 아니하신다.

3. 하나님의 본체에 삼위가 계시니, 성부, 성자, 성령이시다. 이 삼위는 한 하나님이시다. 본체는 하나요 권능과 영광이 동등이시다.

4. 하나님은 모든 유형물과 무형물을 그 권능의 말씀으로 창조하사 보전하시고 주장하시나 결코 죄를 내신 이는 아니시다. 모든 것을 자기 뜻의 계획대로 행하시며 만유는 다 하나님의 선하시고 지혜로우시고 거룩하신 목적을 성취하도록 역사하신다.

5. 하나님이 사람을 지으시되 자기의 형상대로 지식과 의와 거룩하심으로 지으사 생물을 주관하게 하셨으니, 세상 모든 사람이 한

근원에서 났은즉 다 동포요 형제다.

6. 우리의 시조가 선악 간에 택할 자유가 있었는데 시험을 받아 하나님께 범죄하였다. 아담으로부터 보통 생육법에 의하여 출생하는 모든 사람들이 그의 안에서 그의 범죄에 참여하여 타락하였으니 사람의 원죄와 부패한 성품 외에 범죄할 가능성이 있는 자가 고의로 범죄하는 죄도 있은즉 모든 사람이 금세와 내세에 하나님의 공평한 진노와 형벌을 받는 것이 마땅하다.

7. 하나님이 인류의 죄와 부패함과 죄의 형벌에서 구원하시고 영생을 주시고자 하셔서 무한하신 사랑으로 그의 영원하신 독생자 주 예수 그리스도를 세상에 보내셨으니 그로만 하나님이 육신을 이루셨고 또 그로만 사람이 구원을 얻을 수 있다. 그 영원한 아들이 참사람이 되어 그 후로 한 위에 특수한 두 성품이 있으니 영원토록 참하나님이시며 참사람이시다. 성령의 권능으로 잉태하셔서 동정녀 마리아에게 났으되 오직 죄는 없는 분이시다. 죄인을 대신하여 하나님의 법을 완전히 복종하시고 몸을 드려 참되고 온전한 제물이 되어 하나님의 공의를 만족하게 하시며 사람으로 하여금 하나님과 화목하게 하시려고 십자가에 죽으시고 장사한 바 되었다가 주검에서 삼 일 만에 부활하사 하나님 우편에 앉아 계시고 그 백성을 위하여 기도하시다가 그곳으로부터 죽은 자를 다시 살리시고 세상을 심판하기 위하여 재림하신다.

8. 성부와 성자로부터 오신 성령이 사람으로 하여금 구원에 참여

하게 하신다. 사람으로 하여금 죄와 비참을 깨닫게 하시며, 그의 마음을 밝혀 그리스도를 알게 하시고, 그 의지를 새롭게 하시고, 권하시며, 권능을 주셔서 복음을 값없이 주시겠다고 하신 예수 그리스도를 받게 하시며, 또 그 안에서 역사하여 모든 의의 열매를 맺게 하신다.

9. 하나님이 세상을 창조하시기 전에 그리스도 안에서 자기 백성을 택하셔서 사랑하시므로 그 앞에서 거룩하고 흠이 없게 하시고 그 기쁘신 뜻대로 저희를 미리 작정하셔서 예수 그리스도로 말미암아 자기의 아들을 삼으셨다. 그러므로 그 사랑하시는 아들 안에서 저희에게 후하게 주시는 은혜의 영광을 찬미하게 하려는 것이다. 그렇지만 오직 세상 모든 사람에게 대하여는 온전한 구원을 값없이 주시려고 명하시기를, 너희의 죄를 회개하고 주 예수 그리스도를 자기의 구주로 믿고 의지하여 본받으며 하나님의 나타내신 뜻을 복종하여 겸손하고 거룩하게 행하라 하셨으니 그리스도를 믿고 복종하는 자는 구원을 얻는다. 저희가 받은 바 특별한 유익은 의가 있게 하심과 양자가 되어 하나님의 자녀가 되게 하심과 성령의 감화로 거룩하게 하심과 영원한 영광이니 믿는 자는 이 세상에서도 구원얻는 것을 확실히 알 수 있고 기뻐할 것이다. 성령이 직분을 행하실 때에 은혜를 베푸시는 방도는 특별히 성경과 성례와 기도이다.

10. 그리스도가 세우신 성례는 세례와 성찬이다. 세례는 물을 가지고 성부와 성자와 성령의 이름으로 씻음이니 우리가 그리

스도와 합하는 표적과 인침인데 성령으로 거듭남과 새롭게 하심과 주께 속한 것임을 약속하는 것이다. 세례는 그리스도 안에서 신앙을 고백하는 자와 그들의 자녀들에게 베푸는 것이요, 성찬은 그리스도의 죽으심을 기념하여 떡과 잔에 참여하는 것이다. 이는 믿는 자와 그의 죽으심으로 인하여 얻은 유익을 인쳐 증거하는 표이다. 성찬은 주께서 오실 때까지 주의 백성이 행할 것이니 주를 믿고 그 속죄제를 의지함과 이로 인하여 나오는 유익을 받음과 더욱 주를 섬기기로 언약함과 주와 및 여러 교우로 더불어 교통하는 표이다. 성례의 유익은 성례 자체로 말미암음도 아니요, 성례를 베푸는 자의 덕으로 말미암음도 아니다. 다만 그리스도의 복 주심과 믿음으로써 성례를 받는 자 가운데 계신 성령의 역사하심에 있다.

11. 모든 신자의 본분은 입교하여 서로 교제하며, 그리스도의 성례와 기타 법례를 지키며, 주의 법을 복종하며, 항상 기도하며, 주일을 거룩하게 지키며, 주를 경배하기 위하여 함께 모여 주의 말씀으로 설교함을 자세히 들으며, 하나님이 저희로 하여금 풍성하게 하심을 따라 헌금하며, 그리스도의 마음과 동일한 마음을 서로 나타내며, 또한 일반 인류에게도 그와 같이 할 것이요, 그리스도의 나라가 온 세계에 확장하기 위하여 힘쓰며, 주께서 영광 가운데서 나타나심을 바라고 기다릴 것이다.

12. 죽은 자가 마지막 날에 부활함을 얻고 그리스도의 심판하시는

보좌 앞에서 이 세상에서 선악 간에 행한 바를 따라 보응을 받을 것이다. 그리스도를 믿고 복종한 자는 현저히 사함을 얻고 영광 중에 영접을 받을 것이다.

제3부

요리문답

요리문답

문 1. 사람의 제일되는 목적은 무엇입니까?
답 사람의 제일되는 목적은 하나님을 영화롭게 하고 영원토록 그를 즐거워하는 것입니다.
-고전 10 : 31, 롬 11 : 36, 시 73 : 24-26, 요 17 : 22

문 2. 우리가 어떻게 하나님을 영화롭게 하며 그를 즐거워할 것인가를 지시하시기 위해 주신 법칙이 무엇입니까?
답 신구약성경에 간직된 하나님의 말씀은 우리가 어떻게 하나님을 영화롭게 하며 그를 즐거워할 것인가를 우리에게 지시해 주는 유일한 법칙입니다.
-딤후 3 : 15-17

문 3. 성경이 주로 가르치는 것이 무엇입니까?
답 성경은 주로 사람이 하나님께 대하여 어떻게 믿어야 하며, 하나님이 사람에게 요구하는 의무가 무엇인가 하는 것을 가르칩니다.
-요 20 : 31, 시 119 : 105, 미 6 : 8

문 4. 하나님은 어떤 분이십니까?
답 하나님은 그의 존재, 지혜, 능력, 거룩, 공의, 선하심, 그리고 진리에 있어서 무한하시고 영원 불변하시는 영이십니다.

-요 4 : 24, 시 139 : 7-13, 렘 23 : 4, 히 4 : 13, 시 139 : 1-4, 히 13 : 8, 시 102 : 27, 말 3 : 6, 왕상 8 : 27, 딤후 2 : 13, 출 34 : 6-7

문 5. 하나님은 한 분 외에 더 많은 신들이 있습니까?
답 하나님은 오직 한 분이시며 살아 계신 참하나님이십니다.

-고전 8 : 4, 신 4 : 35, 39, 6 : 4, 렘 10 : 10

문 6. 하나님의 신격에는 몇 위가 계십니까?
답 하나님에게는 성부, 성자, 성령의 삼위가 있는데 이 셋이 한 하나님이며 본질이 같고, 능력과 영광이 동등합니다.

-마 3 : 16-17, 28 : 19, 빌 2 : 6

문 7. 하나님의 예정이란 무엇입니까?
답 하나님의 예정이란 그가 뜻하시는 바를 따라 정하신 그의 영원한 목적이며, 이 목적에 의하여 하나님은 자기의 영광을 위하여서 장차 일어날 모든 것을 미리 정해 놓으신 것입니다.

-엡 1 : 4-5, 9, 롬 9 : 22-23

문 8. 하나님이 그 예정을 어떻게 실행하십니까?
답 하나님께서 그 예정을 실행하시는 것은 창조와 섭리의 일로 하십니다.

-계 4 : 11, 사 40 : 26, 롬 11 : 36, 히 11 : 3

문 9. 창조하시는 일이란 무엇입니까?
답 창조하시는 일이란 하나님이 그의 능력의 말씀에 의하여 엿새 동안에 아무 것도 없는 중에서 만물을 지으신 것인데 매우 좋게 지으신 것입니다.
-히 1 : 3, 시 33 : 9, 창 1 : 21

문 10. 하나님이 사람을 어떻게 창조하셨습니까?
답 하나님께서 자기의 형상대로 남자와 여자를 창조하셨고 지식과 거룩함이 있게 하사 피조물들을 다스리게 하셨습니다.
-창 1 : 27-28, 9 : 2

문 11. 하나님의 섭리하시는 일이란 무엇입니까?
답 하나님의 섭리하시는 일이란 그의 모든 피조물과 그들의 활동을 지극히 거룩하고 지혜롭고 능력 있게 보존하고 다스리는 것입니다.
-시 145 : 9, 17, 103 : 19, 104 : 24, 계 11 : 17-18, 히 1 : 3

문 12. 사람이 창조함을 받아 타고난 신분을 그대로 가지고 있을 때 하나님은 그에게 어떤 특수한 섭리를 행하셨습니까?
답 하나님이 사람을 창조하셨을 때 완전한 순종을 조건으로 그와 더불어 생명의 언약을 세우시며, 선악과를 먹지 말도록 금하셨고, 먹으면 죽음의 고통이 있을 것이라고 하셨습니다.
-창 2 : 16-17, 롬 5 : 12-14, 10 : 5, 눅 10 : 25-28

문 13. 우리의 처음 시조가 창조 때 타고난 신분을 계속 유지했습니까?

답 우리들의 처음 시조는 자기들 자신의 의지의 자유를 가졌으며 하나님께 죄를 범함으로써 그들의 창조 때 타고난 신분에서 타락했습니다.

-창 3 : 6-8, 3 : 22-23, 고후 11 : 3

문 14. 죄가 무엇입니까?

답 죄는 하나님의 법을 순종함에 부족한 것이나 그것을 범하는 것입니다.

-요 16 : 9, 롬 14 : 23, 약 4 : 17, 요일 3 : 4, 5 : 17

문 15. 우리의 처음 시조가 창조함을 받았을 때의 타고난 신분에서 타락한 원인이 되는 죄가 무엇입니까?

답 우리의 처음 시조가 그들의 창조함을 받았을 때의 타고난 신분에서 타락한 원인이 되는 죄는 그들이 그 금지된 열매를 먹은 일입니다.

-창 3 : 6

문 16. 모든 인류가 아담의 처음 범죄 때 함께 타락했습니까?

답 아담과 맺어진 언약은 그 자신만을 위한 것이 아니라 그의 후손도 위한 것이기 때문에, 그에게로부터 정상적인 생육법에 의하여 내려온 모든 인류는 그가 처음 범죄할 때 그의 안에서 죄를 지었고 그와 함께 타락하였습니다.

-시 51 : 5, 행 17 : 25-26, 롬 5 : 12-20, 고전 15 : 21-22

문 17. 그 타락은 인류를 어떠한 상태에 빠뜨렸습니까?

답 그 타락은 인류를 죄와 비참의 상태에 빠뜨렸습니다.

-롬 5 : 5, 갈 3 : 10, 엡 2 : 3

문 18. 사람이 타락하여 빠져들어간 그 상태의 죄성은 무엇입니까?

답 사람이 타락하여 빠져들어간 그 상태의 죄성은 아담의 첫 죄의 허물, 원래 가졌던 의의 결핍, 그의 본 성품 전체의 부패, 곧 일반적으로 원죄라고 부르는 것과 또 그것으로부터 나오는 모든 실제적 범죄 등입니다.

-엡 2 : 1, 고전 15 : 22, 마 15 : 19, 약 1 : 14-15

문 19. 사람이 타락하여 빠져들어간 상태의 비참이란 무엇입니까?

답 모든 인류는 그들의 타락으로 말미암아 하나님과의 교제를 잃었으며, 그의 진노와 저주 아래 있으며, 따라서 이생을 온갖 비참 속에서 지내며, 죽게 되며, 그리고 지옥의 영원한 고통을 당해야만 하는 것입니다.

-창 3 : 8, 엡 2 : 2, 롬 5 : 14, 창 2 : 17, 마 25 : 41

문 20. 하나님이 모든 인류가 죄와 비참한 상태에서 멸망하도록 버려두셨습니까?

답 하나님께서 오직 그 선하신 뜻대로 영원 전부터 어떤 이들을 영생에로 택하셔서 은혜의 계약으로 들어가게 하셨습니다. 그것은 그들을 한 구속자에 의하여 죄와 비참의 상태에서 건져 내어 구원의 상태로 이끌어 들이려는 것입니다.
-엡 1 : 4-7, 딤전 1 : 14-15, 딛 3 : 4-7, 롬 3 : 20-22

문 21. 하나님께서 선택하신 이의 구속자가 누구이십니까?

답 하나님이 택하신 이의 유일한 구속자는 주 예수 그리스도이십니다. 그는 하나님의 영원한 아들로서 사람이 되셨으며, 그러므로 그는 과거와 미래에 계속하여 하나님이시요, 사람이시며, 두 가지의 특유한 성품을 지니면서도 한 인격이십니다.
-요 1 : 1, 14, 딤전 2 : 5, 롬 9 : 5, 골 2 : 9

문 22. 그리스도가 하나님의 아들이신데 어떻게 사람이 되셨습니까?

답 하나님의 아들이신 그리스도는 참 육신과 영혼을 취하심으로써 사람이 되셨습니다. 그는 성령의 능력에 의하여 동정녀 마리아의 몸에 잉태되어 그에게서 나셨으나 죄는 없으십니다.
-마 26 : 38, 눅 1 : 27-31, 히 2 : 14, 4 : 15, 7 : 26, 요 1 : 14

문 23. 그리스도가 우리의 구속자로서 하시는 직무가 무엇입니까?

답 우리의 구속자이신 그리스도는 그의 낮아지시고 높아지신 두 상태에 있어 예언자와 제사장과 왕의 직무를 수행하십니다.
-행 3 : 22, 눅 4 : 18, 21, 히 4 : 14-15, 5 : 5, 요 18 : 36-37, 빌 2 : 6-8,

10, 계 19 : 16

문 24. 그리스도가 예언자의 직무를 어떻게 수행하십니까?
답 그리스도가 예언자의 직무를 수행하심은 그의 말씀과 성령에 의하여 우리의 구원을 위한 하나님의 뜻을 우리에게 계시함으로써 하십니다.

-사 54 : 13, 요 6 : 63, 15 : 15, 눅 4 : 18-21

문 25. 그리스도가 제사장의 직무를 어떻게 수행하십니까?
답 그리스도가 제사장의 직무를 수행하심은 하나님의 공의를 만족시키시고, 우리를 하나님과 화해시키시기 위하여 단번에 자신을 희생의 제물로 바치신 일과 우리를 위하여 계속 중재하심으로써 하십니다.

-히 9 : 26-28, 7 : 25, 27, 10 : 10, 7 : 26-27, 10 : 14, 9 : 14, 엡 2 : 16, 롬 3 : 26, 8 : 34, 10 : 4, 요일 2 : 1, 히 9 : 25, 2 : 17

문 26. 그리스도가 왕의 직무를 어떻게 수행하십니까?
답 그리스도가 왕의 직무를 수행하심은 그가 우리를 자기에게 복종케 하는 일과 우리를 다스리시고 지켜 주시는 일과 그와 우리의 모든 원수들을 제재하고 정복하심으로써 하십니다.

-마 28 : 20, 18 : 17-18, 사 63 : 9, 고전 15 : 55-57

문 27. 그리스도의 낮아지신 내용은 무엇입니까?
답 그리스도의 낮아지신 것은 그가 비천한 상태에 태어나시고 율법 아래 있으며, 이 세상의 비참과 하나님의 진노와 십자가의 저주의 죽음을 당하신 것과 매장되어 얼마 동안 죽음의 권세 아래 남아 있었던 것입니다.
-눅 1 : 31, 고후 8 : 9, 빌 2 : 6-9, 마 27 : 46

문 28. 그리스도의 높아지심의 내용은 무엇입니까?

답 그리스도의 높아지심은 사흘 만에 죽은 자들 가운데서 다시 살아나신 것과 하늘에 오르신 것과 하나님 아버지의 우편에 앉으신 것과 마지막 날에 세상을 심판하러 오시는 것입니다.
-고전 15 : 4, 요 20 : 19-23, 막 16 : 19, 눅 24 : 51, 행 1 : 9, 엡 1 : 19-20, 롬 8 : 34, 행 1 : 11, 17 : 31, 딤후 4 : 1

문 29. 우리는 어떻게 그리스도가 값 주고 사신 그 구속에 참여자가 됩니까?

답 우리가 그리스도께서 값 주고 사신 구속에 참여자가 되는 것은 그의 성령이 효과적으로 우리에게 적용하심으로써입니다.
-요 1 : 12-13, 16 : 7-8, 딛 3 : 5-6

문 30. 성령께서 그리스도께서 값 주고 사신 구속을 어떻게 우리에게 적용하십니까?

답 성령께서 그리스도께서 값 주고 사신 구속을 우리에게 적용하심은 우리 안에 믿음을 일으키시고 또 우리를 효과적으로 불러 그리스도와 하나가 되게 하심으로써 하십니다.
-엡 2 : 8, 2 : 18-20, 요 6 : 37-39

문 31. 효과적인 부르심이란 무엇입니까?

답 효과적인 부르심이란 하나님의 영의 사역인 바, 우리의 죄와 비참을 확실히 알게 하시고, 그리스도에 대한 지식으로 우리의 마음을 밝게 하시며, 우리의 뜻을 새롭게 하십니다. 그는 복음 안에서 우리에게 값없이 주신 예수 그리스도를 받아들이도록 우리를 설복하시며 또한 그렇게 할 힘을 주십니다.

-요 16 : 8, 엡 1 : 18, 계 3 : 17-18, 행 26 : 18, 겔 11 : 19, 빌 2 : 13

문 32. 효과적으로 부르심을 받은 자들이 이 세상에서 누리는 혜택이 무엇입니까?

답 효과적으로 부르심을 받은 자들은 이 세상에서 의롭다 하심과 양자로 삼으심과 거룩하게 하심과 그리고 이 세상에서 이것들을 곁따르거나 또는 이것들로부터 나오는 여러 가지 혜택을 누립니다.

-롬 3 : 24, 8 : 30, 엡 1 : 5, 롬 8 : 14-15, 살전 5 : 23, 고전 1 : 30

문 33. 의롭다 하심이 무엇입니까?

답 의롭다 하심은 하나님이 값없이 주시는 은혜의 행동으로서 하나님께서 우리의 모든 죄를 용서하시고 그가 보시기에 의로운 자로 우리를 받아 주시는 것을 말합니다. 그것은 오직 그리스도의 의를 우리에게 덧입혀 주시기 때문이고 그리고 오직 그것을 믿음으로 받아들임으로 이루어지는 것입니다.

-롬 3 : 22-24, 행 10 : 43, 고후 5 : 19, 롬 3 : 26, 5 : 19-21, 5 : 1

문 34. 양자로 삼으심이란 무엇입니까?

답 양자로 삼으심이란 하나님이 값없이 주시는 은혜로서 하나님께서 우리를 그의 자녀들의 수효 속에 받아 주시며, 그의 모든 특권을 우리에게 주시는 것입니다.

-요일 3 : 1, 요 1 : 12, 사 44 : 2, 롬 8 : 17

문 35. 거룩하게 하심이란 무엇입니까?

답 거룩하게 하심은 하나님이 값없이 주시는 은혜의 사역으로서 우리의 영육 전체가 하나님의 형상을 따라서 새로워지며, 점점 더 죄에 대하여 죽고 의에 대하여 살 수 있게 하시는 것입니다.

-엡 1 : 4, 6, 4 : 23-24, 고전 15 : 31, 롬 6 : 11

문 36. 이 세상에 있어서 의롭다 하심과 양자로 삼으심과 거룩하게 하심과 그리고 이 세상에서 이것들을 곁따르거나 그것으로부터 나오는 혜택들은 무엇입니까?

답 이 세상에 있어서 의롭다 하심과 양자로 삼으심과 거룩하게 하심과 그리고 이 세상에서 이것들을 곁따르거나 그것들로부터 나오는 혜택들은 하나님의 사랑에 대한 확신과 양심의 평온과 성령 안에서의 기쁨과 은혜의 증진과 또 은혜 안에서 끝까지 굳게 견디는 것입니다.

-롬 8 : 36, 39, 마 11 : 29, 갈 5 : 22, 벧후 3 : 18, 약 1 : 12

문 37. 신자들이 죽을 때 그리스도로부터 받는 혜택들이 무엇입니까?

답 신자들은 죽을 때 그들의 영혼은 완전히 거룩하여지며 그 즉시로 영광에 들어가고, 그들의 육체는 그리스도와 연합된 그대로 부활 때까지 무덤에서 쉬게 되는 것입니다.
-요일 3 : 2, 엡 5 : 27, 눅 23 : 43, 살전 4 : 14

문 38. 신자들이 부활 때에 그리스도로부터 받는 혜택들은 무엇입니까?

답 부활 때에 신자들은 영광 중에 일으킴을 받아서 심판날에 신자임을 공적으로 인정을 받고 무죄 선고를 받으며, 영원토록 하나님을 흡족하게 즐기는 완전한 축복을 받게 되는 것입니다.
-살전 4 : 16, 요 5 : 28, 고전 15 : 42-44, 마 10 : 32, 25 : 33-34, 시 16 : 11, 살전 4 : 17

문 39. 하나님께서 사람에게 요구하시는 의무가 무엇입니까?

답 하나님께서 사람에게 요구하시는 의무는 그의 계시된 뜻에 복종하는 일입니다.
-신 29 : 26, 마 28 : 20, 미 6 : 8

문 40. 하나님께서 사람의 복종의 법으로 처음 계시하신 것이 무엇입니까?

답 하나님께서 사람에게 복종의 법칙으로 처음 계시하신 것은 도덕법이었습니다.
-롬 2 : 14-15, 10 : 5, 창 2 : 17

문 41. 그 도덕법이 요약되어 담겨 있는 곳이 어디입니까?
답 그 도덕법은 십계명 속에 담겨 있습니다.
  -출 20 : 3-17, 마 19 : 17-19

문 42. 십계명의 요지는 무엇입니까?
답 십계명의 요지는 우리의 온 마음과 온 영혼과 온 힘과 온 뜻을 다하여 주 우리 하나님을 사랑하고, 또 이웃을 우리 자신처럼 사랑하라는 것입니다.
  -마 22 : 37-40, 신 6 : 5

문 43. 십계명의 머리말은 어떤 것입니까?
답 십계명의 머리말은 이러합니다. "나는 너를 애굽 땅, 종 되었던 집에서 인도하여 낸 네 하나님 여호와니라"
  -출 20 : 2

문 44. 십계명의 머리말이 우리에게 가르치는 것이 무엇입니까?
답 십계명의 머리말이 우리에게 가르치는 것은 하나님은 주님이시며, 또 우리 하나님이시요, 구속자이시므로 우리는 그의 모든 계명을 지켜야 한다는 것입니다.
  -엡 1 : 2, 롬 3 : 29, 사 43 : 11, 레 18 : 30, 신 11 : 1

문 45. 첫째 계명이 무엇입니까?
답 첫째 계명은 "너는 나 외에는 다른 신들을 네게 두지 말라" 하는 것입니다.

-출 20 : 3

문 46. 첫째 계명에서 요구하는 것이 무엇입니까?
답 첫째 계명에서 우리에게 요구하는 것은 하나님을 유일하신 참 하나님과 우리의 하나님으로 알고 인정하며, 그럼으로써 그를 예배하고 영화롭게 하는 것입니다.
-사 43 : 10, 렘 32 : 37, 마 4 : 10

문 47. 첫째 계명에서 금한 것이 무엇입니까?
답 첫째 계명에서 금한 것은 참하나님이시며 또 우리의 하나님이신 것을 부인하거나 그를 예배하며 영화롭게 하지 않는 것이며, 또한 하나님께만 드려야 할 예배와 영광을 다른 신에게 드리는 것입니다.
-시 14 : 1, 렘 2 : 27-28, 단 5 : 23, 신 8 : 8-18

문 48. 첫째 계명에 있는 "나 외에는"이라는 말이 우리에게 가르치는 것은 무엇입니까?
답 첫째 계명에 있는 "나 외에는"이라는 말이 우리에게 특별히 가르치는 것은 모든 것을 보시는 하나님께서 다른 신을 섬기는 죄를 주목하시며, 또 그것을 매우 불쾌하게 여기신다는 것입니다.
-시 44 : 20-21, 대상 28 : 9

문 49. 둘째 계명이 무엇입니까?
답 둘째 계명은 "너를 위하여 새긴 우상을 만들지 말고 또 위로 하늘에 있는 것이나 아래로 땅에 있는 것이나 땅 아래 물 속에 있는 것의 어떤 형상도 만들지 말며 그것들에게 절하지 말며 그것들을 섬기지 말라. 나 네 하나님 여호와는 질투하는 하나님인즉 나를 미워하는 자의 죄를 갚되 아버지로부터 아들에게로 삼사 대까지 이르게 하거니와 나를 사랑하고 내 계명을 지키는 자에게는 천 대까지 은혜를 베푸느니라" 하는 것입니다.
―출 20 : 4-6

문 50. 둘째 계명에서 요구하는 것이 무엇입니까?
답 둘째 계명에서 요구하는 것은, 하나님께서 그의 말씀 가운데서 지정하신 종교적 예배와 법령을 순수하게, 그리고 전부 받아들이고 행하고 지키는 것입니다.
―신 32 : 46, 요 4 : 24, 고전 15 : 34, 딤전 6 : 13-14

문 51. 둘째 계명에서 금한 것이 무엇입니까?
답 둘째 계명에서 금한 것은 우상을 통하거나 하나님의 말씀에 지정되어 있지 않은 어떤 다른 방법에 의하여 하나님께 예배드리는 일입니다.
―신 13 : 6-8, 4 : 15-16, 삼하 6 : 7, 레 10 : 1

문 52. 둘째 계명에 첨부된 이유들이 무엇입니까?
답 둘째 계명에 첨부된 이유들은 우리에 대한 하나님의 주권과 그의 점유권과 그가 받으시는 예배에 대한 그의 열의(熱意)입니다.
―계 15 : 3-4, 롬 1 : 6, 출 34 : 14

문 53. 셋째 계명이 무엇입니까?
답 셋째 계명은 "너는 네 하나님 여호와의 이름을 망령되게 부르지 말라. 여호와는 그의 이름을 망령되게 부르는 자를 죄 없다 하지 아니하리라"입니다.
—출 20 : 7

문 54. 셋째 계명에서 요구하는 것이 무엇입니까?
답 셋째 계명에서 요구하는 것은 하나님의 이름과 칭호와 속성과 법령과 말씀과 사역을 거룩하게, 그리고 존경심을 가지고 사용하는 것입니다.
—히 12 : 28-29, 계 15 : 3-4, 말 1 : 6-10

문 55. 셋째 계명에서 금하는 것이 무엇입니까?
답 셋째 계명에서 금하는 것은 하나님께서 자기를 알게 하시는 데 쓰시는 것은 어떤 것이라도 그것을 모독하거나 남용하는 일입니다.
—출 5 : 2, 막 7 : 11, 말 2 : 2

문 56. 셋째 계명에서 첨부된 이유는 무엇입니까?
답 셋째 계명에 첨부된 이유는 이 계명을 어기는 자들이 어떻게 해서든지 사람들에게서 벌을 피한다 하더라도 주 우리 하나님은 그들이 그의 의로운 심판을 피하도록 버려두시지 않으리라는 것입니다.
—삼상 2 : 12, 히 4 : 13

문 57. 넷째 계명이 무엇입니까?

답 넷째 계명은 "안식일을 기억하여 거룩하게 지키라 엿새 동안은 힘써 네 모든 일을 행할 것이나 일곱째 날은 네 하나님 여호와의 안식일인즉 너나 네 아들이나 네 딸이나 네 남종이나 네 여종이나 네 가축이나 네 문안에 머무는 객이라도 아무 일도 하지 말라 이는 엿새 동안에 나 여호와가 하늘과 땅과 바다와 그 가운데 모든 것을 만들고 일곱째 날에 쉬었음이라 그러므로 나 여호와가 안식일을 복되게 하여 그 날을 거룩하게 하였느니라" 하는 것입니다.

-출 20 : 8-11

문 58. 넷째 계명에서 요구하는 것이 무엇입니까?

답 넷째 계명에서 요구하는 것은 하나님께서 그의 말씀으로 지정하신 바와 같은 그러한 일정한 때들을 하나님 앞에서 거룩하게 지키고 특별히 이레 중 한 날을 온전히 하나님의 거룩한 안식일로 삼으라는 것입니다.

-창 2 : 3, 출 16 : 25-29, 신 5 : 12, 사 56 : 2

문 59. 이레 중 어느 날을 하나님께서 정하셔서 매 주간에 안식일을 삼으셨습니까?

답 세상 처음부터 그리스도의 부활까지 하나님께서 한 주간의 일곱째 날을 정하여 매 주간의 안식일을 삼으셨으며 그 후부터 세상 마지막까지는 한 주간의 첫날을 안식일로 삼으셨습니다. 이 날은 그리스도인의 안식일입니다.

-창 2 : 3, 눅 23 : 56, 고전 16 : 1-2, 마 12 : 8, 행 20 : 7, 요 20 : 19-26

문 60. 안식일을 거룩하게 하는 방법이 무엇입니까?

답 안식일을 거룩하게 하려면 다른 날에 할 수 있는 모든 세상의 업무와 오락까지도 끊고, 그 날을 종일 거룩하게 쉬며, 공적으로나 사적으로 하나님께 예배를 드리는 일로 그 모든 시간을 보내야 합니다. 다만 부득이한 일이나 자비를 베푸는 일에 드려야 할 시간만큼은 예외입니다.

-렘 17 : 21-22, 사 58 : 13-14, 마 12 : 1-14, 출 31 : 12-17, 20 : 8-10

문 61. 넷째 계명에서 금하는 것이 무엇입니까?

답 넷째 계명에서 금하는 것은 필요로 하는 의무들을 생략하거나 소홀히 이행하는 일과 게으름으로써, 또는 본질적으로 죄가 되는 일을 행하거나 우리의 세상 업무나 오락에 관하여 필요치 않은 생각이나 말이나 일을 함으로써 그 날을 더럽히는 일입니다.

-겔 22 : 26, 23 : 38, 말 1 : 13, 사 58 : 13

문 62. 넷째 계명에 첨부된 이유들이 무엇입니까?

답 넷째 계명에 첨부된 이유들은 하나님께서 우리 자신의 업무를 위하여 한 주간 중 엿새를 우리에게 허락하신 일과 그가 일곱째 날에 대한 특별한 소유권을 요구하시는 일과 자기 자신이 보이신 본보기와 그가 안식일을 축복하신 일입니다.

—출 31 : 15-17, 20 : 11, 레 23 : 3

문 63. 다섯째 계명이 무엇입니까?

답 다섯째 계명은 "네 부모를 공경하라 그리하면 네 하나님 여호와가 네게 준 땅에서 네 생명이 길리라" 하는 것입니다.

—출 20 : 12

문 64. 다섯째 계명에서 요구하는 것이 무엇입니까?

답 다섯째 계명에서 요구하는 것은 윗사람에게나 아랫사람에게나 동등한 사람에게 여러 가지 위치와 관계에 있는 각 사람에게 마땅히 드릴 존경을 드리고 의무를 수행하는 것입니다.

—엡 6 : 5

문 65. 다섯째 계명에서 금하는 것이 무엇입니까?

답 다섯째 계명에서 금하는 것은 여러 가지 지위와 관계에 있는 각 사람에게 마땅히 드릴 존경과 의무를 소홀히 하거나 그것에 배치되는 일을 하는 것입니다.

—마 15 : 4-6

문 66. 다섯째 계명에 첨부된 이유가 무엇입니까?

답 다섯째 계명에 첨부된 이유는 이 계명을 지키는 모든 사람들에게 장수(長壽)와 번영이 있으리라는(이 약속이 하나님께는 영광이 되고 그들 자신에게는 선이 되는 한에서) 약속입니다.

—신 5 : 16, 엡 6 : 3

문 67. 여섯째 계명이 무엇입니까?
답 여섯째 계명은 "살인하지 말라" 하는 것입니다.
 -출 20 : 13

문 68. 여섯째 계명에서 요구하는 것이 무엇입니까?
답 여섯째 계명에서 요구하는 것은 우리가 정당한 노력을 다해서 우리 자신의 생명과 다른 사람들의 생명을 보존하는 일입니다.
 -엡 5 : 29, 마 5 : 21

문 69. 여섯째 계명에서 금하는 것이 무엇입니까?
답 여섯째 계명에서 금하는 것은 우리 자신의 생명이나 우리 이웃의 생명을 부당하게 끊거나, 또는 그러한 결과로 이끄는 모든 일입니다.
 -행 1 : 8, 왕상 21 : 9-10

문 70. 일곱째 계명이 무엇입니까?
답 일곱째 계명은 "간음하지 말라" 하는 것입니다.
 -출 20 : 14

문 71. 일곱째 계명에서 요구하는 것이 무엇입니까?
답 일곱째 계명에서 요구하는 것은, 마음과 말과 행위에 있어서 우리 자신과 우리 이웃의 정절을 보존하는 일입니다.
 -마 5 : 27-32

문 72. 일곱째 계명에서 금하는 것이 무엇입니까?
답 일곱째 계명에서 금하는 것은 모든 정숙하지 못한 생각과 말과 행동입니다.
-엡 4 : 29, 5 : 3-4

문 73. 여덟째 계명이 무엇입니까?
답 여덟째 계명은 "도둑질하지 말라" 하는 것입니다.
-출 20 : 15

문 74. 여덟째 계명에서 요구하는 것이 무엇입니까?
답 여덟째 계명에서 요구하는 것은 우리 자신과 남들의 재산과 신분을 정당하게 얻고 또 증진시키는 일입니다.
-잠 10 : 4, 12 : 27, 23 : 21, 레 6 : 4-6, 살후 3 : 10-12

문 75. 여덟째 계명에서 금하는 것이 무엇입니까?
답 여덟째 계명에서 금하는 것은 우리 자신이나, 우리 이웃의 재산이나, 신분을 부당하게 방해하는 일이나, 또는 방해할지도 모르는 일들입니다.
-엡 4 : 28, 겔 22 : 29, 렘 52 : 17, 말 3 : 9, 살후 3 : 7-10

문 76. 아홉째 계명이 무엇입니까?
답 아홉째 계명은 "네 이웃에 대하여 거짓 증거하지 말라" 하는 것입니다.
-출 20 : 16

문 77. 아홉째 계명에서 요구하는 것이 무엇입니까?
답 아홉째 계명에서 요구하는 것은 사람과 사람 사이의 진실과 우리 자신과 우리 이웃 간의 좋은 평판을 유지하고 증진시키는 일입니다. 특히 증언하는 일에 있어서 그렇게 하라는 것입니다.
-엡 4 : 25, 롬 1 : 8, 고전 13 : 4-5, 잠 22 : 1, 빌 4 : 8, 슥 8 : 16, 벧전 3 : 16, 행 25 : 10

문 78. 아홉째 계명에서 금하는 것이 무엇입니까?
답 아홉째 계명에서 금하는 것은 진실에 어긋나는 일이나 우리 자신이나 우리 이웃의 좋은 평판을 해치는 모든 일입니다.
-레 19 : 15, 벧후 2 : 2, 빌 3 : 18-19, 잠 19 : 5

문 79. 열째 계명이 무엇입니까?
답 열째 계명은 "네 이웃의 집을 탐내지 말라. 네 이웃의 아내나, 그의 남종이나, 그의 여종이나, 그의 소나 그의 나귀나, 무릇 네 이웃의 소유를 탐내지 말라" 하는 것입니다.
-출 20 : 17

문 80. 열째 계명에서 요구하는 것이 무엇입니까?
답 열째 계명에서 요구하는 것은 우리 이웃과 그에게 속한 모든 것에 대하여 옳고 사랑하는 마음을 가지면서 우리 자신의 처지에 대하여는 완전히 만족을 느끼는 일입니다.
-히 13 : 5, 딤전 6 : 6, 빌 2 : 4, 딤전 1 : 5

문 81. 열째 계명에서 금하는 것이 무엇입니까?

답 열째 계명에서 금하는 것은 우리 이웃의 잘 되는 것을 시기하고 싫어하면서 우리 자신의 처지에 불만을 가지는 일과 이웃의 소유에 대하여 부당한 행동을 하거나 탐욕을 가지는 모든 것입니다.

-고전 10 : 10, 갈 5 : 26, 약 3 : 14-16, 롬 7 : 7, 골 3 : 5

문 82. 사람이 하나님의 계명을 완전히 지킬 수 있습니까?

답 인간이 타락한 이래로 이 세상에서 하나님의 계명을 완전히 지킬 수 있는 사람은 하나도 없습니다. 오히려 생각과 말과 행위에 있어서 날마다 계명들을 어깁니다.

-전 7 : 20, 요일 1 : 8, 창 8 : 21, 약 1 : 14, 3 : 2-8, 시 19 : 1-12, 왕상 8 : 46

문 83. 법을 어기는 일이 모두 하나같이 흉악합니까?

답 어떤 죄는 본질적으로 악하고, 또는 여러 가지 더 무서운 죄로 발전하기 때문에 하나님 보시기에 다른 것들보다 더 흉악한 것입니다.

-히 2 : 2-3, 요 19 : 11, 시 19 : 13

문 84. 모든 죄가 마땅히 받을 보응이 무엇입니까?

답 모든 죄가 마땅히 받을 보응은 이 세상에서와 또 오는 세상에서 하나님의 진노와 저주를 받는 일입니다.

-롬 6 : 23, 마 25 : 41, 롬 1 : 18, 신 28 : 15

문 85. 죄 때문에 마땅히 당할 하나님의 진노와 저주를 피하게 하시려고 하나님이 우리에게 요구하시는 것이 무엇입니까?

답 죄 때문에 마땅히 당할 하나님의 진노와 저주를 피하게 하시려고 하나님께서 우리에게 요구하시는 것은 그리스도께서 구속의 혜택을 우리에게 전달하는 데 사용하시는 모든 외형적 방법을 우리가 힘써 사용하면서 예수 그리스도를 믿고 생명에 이르는 회개를 하는 일입니다.

-요 3 : 16-18, 막 1 : 15, 눅 13 : 34, 마 28 : 20

문 86. 예수 그리스도를 믿는다는 것이 무엇입니까?

답 예수 그리스도를 믿는다는 것은 일종의 구원의 은총입니다. 그것에 의하여 우리는 복음에서 우리에게 제시된 대로의 그분만을 받아들이고 의지하여 구원을 얻는 것입니다.

-요 1 : 11-12, 6 : 40, 잠 3 : 5, 히 10 : 39

문 87. 생명에 이르는 회개란 무엇입니까?

답 생명에 이르는 회개는 일종의 구원의 은총입니다. 그것에 의하여 죄인이 자기의 죄에 대한 참된 의식을 가지고 그리스도 안에서 베푸신 하나님의 자비를 이해하는 가운데 자기 죄를 슬퍼하고 미워하며 그의 죄에서 돌이켜 하나님을 향하고 새로운 복종을 최고의 목적으로 삼고 또 그것을 위하여 노력하는 것입니다.

-딤전 2 : 15, 행 2 : 37, 11 : 18, 26 : 18, 눅 18 : 13, 렘 14 : 7, 삼상 7 : 2, 고후 7 : 10-11

문 88. 그리스도께서 구속의 혜택을 우리에게 전달하시는 데 쓰시는 외형적인 방법들은 무엇입니까?

답 그리스도께서 구속의 혜택을 우리에게 전달하시는 데 쓰시는 외형적인 통상적 방편은 그의 법령들, 특히 말씀과 성례와 기도이며, 이것들은 모두 택함을 받은 자들을 구원에 이르게 하는 데 효력이 있습니다.

-딤후 3 : 16-17, 요 6 : 53-57, 마 28 : 19-20

문 89. 말씀이 어떻게 효력이 되어 구원을 얻게 합니까?

답 하나님의 영께서 말씀의 낭독, 특히 말씀의 설교를 하나의 효과적 방편으로 삼으셔서 죄인들에게 죄를 깨닫게 하시고 회개케 하시며, 또 거룩함과 위안으로써 그들을 튼튼하게 하십니다. 이것은 믿음을 통하여 이루어지며 마침내 구원에 이르게 하는 것입니다.

-요 5 : 39, 17 : 3, 행 2 : 37, 약 2 : 23, 요 4 : 22, 시 19 : 7, 119 : 130, 살전 1 : 6

문 90. 말씀이 우리를 구원에 이르게 하는 효과있는 것이 되게 하려면 우리가 말씀을 어떻게 읽고 들어야 합니까?

답 말씀이 우리를 구원에 이르게 하는 효과있는 것이 되게 하려면 우리가 부지런함과 준비와 기도로써 거기에 열중하고 믿음과 사랑으로 받아들이고 우리 마음에 간직하며 우리 생활에서 그것을 실천해야 합니다.

-(잠 8 : 34, 눅 8 : 18, 벧전 2 : 1-2, 히 4 : 2) 딤전 4 : 13, 시 119 : 18,

91, 사 66 : 2, 약 1 : 21-22

문 91. 성례가 어떻게 구원의 효과적 방편이 됩니까?

답 성례가 구원의 효과적 방편이 되는 것은 성례 자체가 가지는 어떤 효능이나 그것들을 집례하는 사람이 가진 어떤 덕에서 오는 것이 아니라, 그리스도의 축복과 또 성례를 믿음으로 받아들이는 사람들 속에서 활동하시는 그의 성령의 사역에 의한 것입니다.
-고전 3 : 7, 6 : 11, 12 : 13, 벧전 3 : 21, 행 8 : 13, 23

문 92. 성례가 무엇입니까?

답 성례는 그리스도께서 세우신 거룩한 예식입니다. 이 예식에 있어서 사람이 지각할 수 있는 표적들에 의하여 그리스도와 또 새 언약의 혜택들이 신자들에게 표시되고 보증되고 적용되는 것입니다.
-마 28 : 19, 26 : 26-28, 눅 22 : 20, 롬 4 : 11

문 93. 신약성경이 말하는 성례는 어느 것들입니까?

답 신약성경이 말하는 성례는 세례와 성찬입니다.
-마 28 : 19-20, 막 14 : 22-25, 고전 11 : 23-26

문 94. 세례가 무엇입니까?

답 세례는 성례의 하나로서 성부와 성자와 성령의 이름으로 물을 가지고 씻는 예식입니다. 그것은 우리가 그리스도께 접붙임을 받음과 은혜의 언약의 혜택들에 참여함과 우리가 주님의 것이 된다는 약속을 표시하고 확증하는 것입니다.
-마 28 : 19, 롬 6 : 3, 계 1 : 5, 갈 3 : 26-27

문 95. 세례는 누구에게 베풀 수 있습니까?
답 세례를 보이는 교회 밖에 있는 사람에게 베풀어서는 안 됩니다. 그들이 그리스도께 대한 자기의 믿음과 복종을 고백한 이후이어야 세례를 받을 수 있습니다. 그러나 보이는 교회의 회원과 같은 사람들의 아기들은 세례를 받을 수 있습니다.
-행 2 : 41, 2 : 38-39, 고전 7 : 14, 갈 3 : 27-28

문 96. 성찬이 무엇입니까?
답 성찬은 성례의 하나로서 그리스도께서 정하신 대로 떡과 포도주를 주고받음으로써 그리스도의 죽으심을 나타내 보이는 예식입니다. 그것을 합당하게 받는 자들은 육체적이고 육욕적인 방식을 따르는 자가 아니라 믿음에 의한 자로서, 그리스도의 몸과 피에 참여하는 자가 되며 그의 모든 혜택을 받고 은혜 가운데서 영적인 양육과 성장을 얻게 되는 것입니다.
-눅 22 : 15, 고전 11 : 26-28, 10 : 16, 요 6 : 55-56, 마 26 : 26-27, 엡 3 : 17

문 97. 성찬을 합당하게 받으려면 무엇을 필요로 합니까?
답 성찬에 합당하게 참여하고자 하는 자들에게 요구되는 것은 주님의 몸을 분간하는 지식에 대해서, 그리스도를 먹고 마시는 그들의 믿음에 대해서, 그리고 그들의 회개와 사랑과 새 복종에 대해서 스스로를 살피는 것입니다. 성찬 때 합당치 않게 참여하다가 결국 자신에게 임하는 심판을 먹고 마셔서는 안 되겠습니다.
-고전 11 : 27-29, 요 6 : 55-56, 롬 6 : 4

문 98. 기도가 무엇입니까?

답 기도는 우리의 소원을 하나님께 아뢰는 일입니다. 우리의 죄를 고백하며 그리스도의 자비를 감사한 마음으로 인정하면서 하나님의 뜻에 맞는 것들을 그리스도의 이름으로 아뢰는 것입니다.
-요 6 : 38, 14 : 13-14, 16 : 23-24, 마 26 : 39-42, 요일 5 : 14, 눅 18 : 13, 빌 4 : 6, 마 21 : 22

문 99. 하나님께서 우리의 기도의 지침이 되게 하시려고 주신 법칙이 무엇입니까?

답 하나님의 말씀 전체가 우리의 기도의 지침이 됩니다. 그러나 그리스도께서 그의 제자들에게 가르치신 기도의 형식, 곧 보통으로 "주님의 기도"라고 부르는 그 형식이 기도의 특수한 지침입니다.
-마 6 : 9-13, 요일 5 : 14, 딤후 3 : 16-17

문 100. 주님의 기도의 머리말이 우리에게 가르치는 것이 무엇입니까?

답 주님의 기도의 머리말, 곧 "하늘에 계신 우리 아버지여"가 우리에게 가르치는 것은 자식들이 아버지에게 하는 것처럼 우리를 도울 수 있고, 또 언제나 도울 뜻을 가지고 계시는 하나님께 거룩한 존경심과 확신을 가지고 가까이 가라는 것이며, 또 우리는 남들과 함께, 그리고 남을 위해서 기도를 해야 한다는 것입니다.
-사 57 : 15, 눅 11 : 13, 15 : 20, 10 : 12, 사 43 : 1, 64 : 9, 말 1 : 6, 슥 8 : 21, 엡 6 : 18, 롬 8 : 15

문 101. 첫째 간구에서 우리가 기도하는 것이 무엇입니까?

답 "이름이 거룩히 여김을 받으시오며"라는 첫 간구에서 우리가 기도하는 것은 하나님께서 자기를 알게 하시는 데 방편으로 쓰시는 모든 일에 있어서 우리와 또 남들에게 그를 영화롭게 할 수 있도록 하게 하시며, 또 모든 일을 그 자신의 영광을 위하여 처리하시라는 것입니다.

-롬 11 : 36, 마 5 : 16, 빌 2 : 11-20, 롬 11 : 33, 고후 3 : 5, 사 64 : 1-2, 시 67 : 1-3, 145편

문 102. 둘째 간구에서 우리가 기도하는 것이 무엇입니까?

답 "나라가 임하시오며"라는 둘째 간구에서 우리가 기도하는 것은 사단의 왕국이 파괴되는 것과 은혜의 왕국이 발전되어 우리들과 또 남들이 그리로 인도되어 그 안에 있게 되는 것과 영광의 왕국이 하루속히 임하는 것입니다.

-시 68 : 1-2, 마 6 : 33, 슥 14 : 20, 계 22 : 20

문 103. 셋째 간구에서 우리가 기도하는 것이 무엇입니까?

답 "뜻이 하늘에서 이루어진 것같이 땅에서도 이루어지이다"라는 셋째 간구에서 우리가 기도하는 것은 하나님께서 그의 은혜로써 우리에게 능력과 기쁜 마음을 주서서 천사들이 하늘에서 하

는 것처럼 모든 일에 있어서 하나님의 뜻을 알고 그것에 복종하도록 하여 달라는 것입니다.

-히 12 : 28, 시 119 : 35, 103 : 20-22, 단 7 : 10

문 104. 넷째 간구에서 우리가 기도하는 것이 무엇입니까?

답 "오늘 우리에게 일용할 양식을 주시옵고" 하는 넷째 간구에서 우리가 기도하는 것은 하나님께서 거저 주시는 선물 가운데서 우리가 이 세상에서 좋은 것들을 충분히 받고 그것들과 아울러 하나님의 축복을 즐기는 것입니다.

-잠 30 : 8-9, 10 : 22, 창 28 : 20-21, 딤전 4 : 4-5

문 105. 다섯째 간구에서 우리가 기도하는 것이 무엇입니까?

답 "우리가 우리에게 죄 지은 자를 사하여 준 것같이 우리 죄를 사하여 주시옵고"라는 다섯째 간구에서 기도하는 것은 하나님께서 그리스도를 보시고 우리의 모든 죄를 거저 용서해 주시옵고 하는 것입니다. 그의 은혜에 의해서 우리가 진심으로 남들을 용서할 수 있게 되었기에 우리가 격려를 받아 이런 간구를 하게 된 것입니다.

-눅 11 : 4, 마 18 : 35, 행 7 : 60, 롬 3 : 24-25

문 106. 여섯째 간구에서 우리가 기도하는 것이 무엇입니까?

답 "우리를 시험에 들게 하지 마시옵고, 다만 악에서 구하시옵소서"라는 여섯째 간구에서 우리가 기도하는 것은 우리가 유혹을 당하려고 할 때 하나님께서 우리를 막아 죄를 짓지 않도록 하시거나, 우리가 이미 유혹을 당할 때에는 우리를 붙들어 구출해 주시옵소서 하는 것입니다.
-마 26 : 41, 시 51 : 10-12, 살전 5 : 23, 고전 10 : 13

문 107. 주님의 기도의 맺는 말이 우리에게 가르치는 것은 무엇입니까?

답 주님의 기도의 맺는 말, 곧 "나라와 권세와 영광이 아버지께 영원히 있사옵나이다 아멘"이 우리에게 가르치는 것은 우리가 오직 하나님께로부터만 기도의 용기를 얻을 것과 우리의 기도에 있어서 왕국과 능력과 영광을 하나님께 돌리며 그를 찬양해야 한다는 것입니다. 우리의 소원을 아뢰며 그것을 하나님께서 들어 주시리라고 확신하면서 우리가 "아멘" 하고 말하는 것입니다.
-신 32 : 43, 시 104 : 24, 대상 29 : 10-13, 롬 11 : 36, 고전 14 : 16, 계 22 : 20-21

제4부

21세기 대한예수교장로회 교리문답

21세기 대한예수교장로회 교리문답

서문

2016년 제101회 대한예수교장로회 총회는 교단 헌법에 포함되어 있는 교리 부분의 「요리문답」을 개정하기로 하고 '요리문답개정연구위원회'를 설치했습니다. 이후 연구와 검토를 거쳐 제106회 총회는 2021년 9월 28일 본 「21세기 대한예수교장로회 교리문답」을 우리 교단의 교리 중 하나로 채택할 것을 결의하였으며, 이후 노회 수의과정을 통해서 가결한 후, 2021년 11월 29일 실시할 것을 선포 및 공고하였고, 2022년 9월 21일 제107회 총회에 보고하여 실시하기로 하였습니다.

본 교단은 그간 1647년 영국에서 만들어진 「웨스트민스터 소요리문답」을 입교와 세례 시의 문답으로 상당히 오랜 기간 동안 사용하여 왔습니다. 종교개혁자들은 개신교의 교리를 대중들에게 쉽게 가르치기 위해 문답형식의 요리문답을 만들었는데, 개혁교회의 요리문답 중 중요한 것으로 1541년의 칼뱅이 주도하여 만든 「제네바교회 요리문답」, 1563년 당시 독일의 팔츠를 다스리던 선제후 프리드리히 3세 시대에 개혁자 불링거와 칼뱅 등의 신학에 근거하여 만들어진 「하이델베르크 요리문답」, 그리고 1647년 영국에서 제정된 「웨스트민스터 요리문답」 등을 들 수 있습니다. 종교개혁자 칼뱅에 의해서 시발된 개혁신학의 5대 표어는 오직 성경(Sola Scriptura), 오직 그리스도(Solus Christus), 오직 믿음(Sola Fide), 오직 은혜(Sola Gratia), 오직 하나님께 영광(Soli Deo Gloria)으로서 본 교리문답은 이에 기초하고 있습니다.

　위원회는 여러 번의 회의를 통해 개정을 위한 몇 가지의 핵심지침들을 정했습니다. 먼저 본 위원회는 기존 「웨스트민스터 소요리문답」의 기본 정신과 내용을 벗어나지 않도록 각별한 유의해야 한다는 원칙을 세웠으며, '요리문답'이란 용어가 일반 대중에게 생소하므로 그 이름을 '요리문답'에서 '교리문답'으로 변경하기로 하였습니다. 아울러 본 위원회는 이번 발간되는 「21세기 대한예수교장로회 교리문답」이 교리지침서의 역할뿐 아니라, 세상에서의 삶과 교회생활에 직접 도움을 줄 수 있는 내용으로 만들 것을 논의했습니다. 교리문답이 경직된 교리의 전수로 끝나서는 안 되며, 우리의 인격과 삶을 변화시키며 아울러 공공생활과 사회를 새롭게 하는 신앙고백이 되었으면 하는 바람에서였습니다.

　금번 개정된 「21세기 대한예수교장로회 교리문답」은 이전의 본 교단 신앙고백들과 1986년의 「대한예수교장로회 신앙고백서」, 2001년에 제정된 「21세기 대한예수교장로회 신앙고백서」들을 바탕으로 하여, "제1장 성경에 대하여 제2장 사도신경에 대하여 제3장 십계명에 대하여 제4장 예배와 성례에 대하여 제5장 주기도문에 대하여 제6장 교회의 선교에 대하여"라는 목차로 구성되었습니다.

　전통적으로 개혁교회의 요리문답들은 기독교의 세 보배인 사도신경, 십계명, 주기도문의 내용을 담고 있습니다. 이에 위원회는 기독교 구원의 도리와 믿음을 요약하고 있는 사도신경, 하나님께서 요구하시는 신자들의 윤리생활과 삶의 지침을 요약한 십계명, 하나님 나라에 대한 희망과 그것의 구현을 보여주는 은혜의 수단으로서의 주기도문을 기본 틀로 하여 본 문답집을 작성하였습니다. 또한 전통적인 요리문답 속에 있는 예배와 성례에 대한 부분과 교회의 선교에 대한 내용들을 포함시켰습니다.

위원회는 금번 교리문답을 새롭게 작성하며 두 기둥을 강조했습니다. 사도신경, 십계명, 주기도문과 세례 및 성찬에 나타난 하나님 사랑과 이웃 사랑의 두 측면입니다(마 22 : 35-40). 수직적 영성과 수평적 영성, 복음전도와 하나님 나라의 구현, 그리고 하나님과의 코이노니아와 이웃과의 코이노니아의 양 측면을 교리문답 속에 함축시키려 한 것입니다(요 17 : 21, 요일 4 : 20).

우리 총회는 이번 새롭게 단장한 「21세기 대한예수교장로회 교리문답」이 초신자들을 포함한 일반 교인들의 신앙생활을 위해 널리 사용될 것을 바라고 있으며, 이것을 기반으로 세례자 교육의 방법들이 다양하게 개발될 것을 기대하고 있습니다. 우리 교단뿐 아니라 한국교회의 많은 신자들이 기존의 「웨스트민스터 소요리문답」과 함께 새로운 「21세기 대한예수교장로회 교리문답」을 적극 활용하여 즐거운 신앙생활을 하게 되길 소망합니다.

<제101회기 총회 요리문답개정연구위원회>

위 원 장: 노영상 목사, 서 기: 안광덕 목사, 회 계: 박수열 장로
감수위원: 김명용 목사, 이형기 목사, 정장복 목사, 황승룡 목사
위   원: 강대운 목사, 김경호 목사, 김광재 목사, 김치성 목사,
         민영란 목사, 서현천 목사, 정성진 목사
전문위원: 김인주 목사, 임희국 목사, 조용선 목사

Ⅰ. 성경에 대하여

문 1. 성경은 사람의 제일 되는 목적을 무엇이라 가르칩니까?

답 성경은 사람의 제일 되는 목적을 하나님을 영화롭게 하고 그를 영원토록 즐거워하는 것이라 합니다(사 43 : 21, 롬 11 : 36, 고전 10 : 31, 엡 1 : 6).

문 2. 기독교의 정경으로서 성경은 어떤 책입니까?

답 기독교의 정경인 성경은 구약 39권과 신약 27권을 합한 66권으로 되어 있습니다. 하나님의 말씀인 성경은 하나님의 영감으로 기록된 책으로(딤후 3 : 16-17, 벧후 1 : 21), 성경을 바로 이해하기 위해서는 성령님의 조명이 필요합니다.

문 3. 구약과 신약의 차이점과 연속성은 무엇입니까?

답 구약은 옛 언약을 뜻하며 신약은 새 언약을 의미합니다. 구약은 완전한 계시인 신약의 예수 그리스도를 바라보게 하며(히 12 : 24, 요 5 : 39, 46), 신약은 구약의 약속된 말씀을 회상하면서(사 42 : 6, 49 : 8) 장차 오실 예수 그리스도와 새 하늘과 새 땅을 바라보게 합니다(계 21 : 1-8).

문 4. 성경의 주된 가르침은 무엇입니까?

답 성경의 중심 메시지는 예수 그리스도입니다. 성경은 우리에게 삼위일체 되시는 하나님과 그의 말씀이신 예수 그리스도에 대한 믿음의 길(요 3 : 16)과 하나님께서 우리에게 요구하시는 의무(미 6 : 8)에 대하여 가르칩니다. 성경은 불순종으로 타락하여 비참하게 된 인간들(창 3 : 8, 19, 마 25 : 41)이 예수 그리스도를 믿음으로 죄가 사해져 구원받게 되며(행 16 : 31), 이 구원으로 말미암아 온 세상과 피조물이 새롭게 됨을 가르치는 책입니다(요 20 : 31). 우리는 성경 말씀을 통해 예수 그리스도의 복음 전파와 하나님 나라 구현의 사명을 깨닫게 됩니다(막 1 : 15). 이에 있어 사도신경은 우리에게 구원과 믿음의 길에 대해 설명하며, 십계명은 하나님께서 우리에게 요구하시는 의무들을 지킬 것을 말합니다. 우리는 믿음 안에서 은혜의 수단이 되는 말씀과 기도와 성례를 통해 주님의 명령을 준행할 힘을 얻게 되는 것입니다.

문 5. 성경 66권을 분류하십시오.

답 성경 66권은 다음과 같이 분류됩니다.

구분	분류		권수	책명
구약	율법서		5	창, 출, 레, 민, 신
	역사서		12	수, 삿, 룻, 삼상, 삼하, 왕상, 왕하, 대상, 대하, 스, 느, 에
	성문서(시가서)		5	욥, 시, 잠, 전, 아
	예언서	대예언서	5	사, 렘, 애, 겔, 단
		소예언서	12	호, 욜, 암, 옵, 욘, 미, 나, 합, 습, 학, 슥, 말

신약		복음서		4	마, 막, 눅, 요
		역사서		1	행
	서신서	바울서신	교리서신	6	롬, 고전, 고후, 갈, 살전, 살후
			옥중서신	4	엡, 빌, 골, 몬
			목회서신	3	딤전, 딤후, 딛
		공동서신		8	히, 약, 벧전, 벧후, 요일, 요이, 요삼, 유
	예언서(묵시서)			1	계

문 6. 구원을 얻게 함에 있어 말씀을 효력 있게 하는 방편은 무엇입니까?

답 성경은 하나님의 말씀이신 예수 그리스도를 우리에게 증언합니다. 성령님께서는 성경을 읽는 것과 이것에 근거한 설교를 하나의 효과적인 방편으로 삼으셔서(요 5 : 39, 롬 10 : 13-15), 죄를 깨닫게 하시고 회심하게 하시며(행 2 : 37), 또한 거룩함과 위로로써 우리를 세우셔서 구원에 이르게 하십니다(롬 10 : 10-13, 엡 2 : 8-9, 살전 1 : 6).

문 7. 말씀이 구원에 이르는 데에 효력 있게 하려면 우리는 어떻게 말씀을 읽고 들어야만 합니까?

답 우리는 기도로 성실하게 준비하여 집중해서 말씀을 읽어야 하며(신 6 : 5-9, 벧전 2 : 1-2), 성령님의 조명을 통해(요 14 : 26) 믿음과 사랑으로 받아들이고(히 4 : 2), 우리의 마음속에 간직함으로, 삶의 현장에서 그 말씀을 실천해야 합니다(약 1 : 21-22, 요일 4 : 20-21).

Ⅱ. 사도신경에 대하여

문 8. 사도신경의 내용은 무엇입니까?
답 나는 전능하신 아버지 하나님, 천지의 창조주를 믿습니다. 나는 그의 유일하신 아들, 우리 주 예수 그리스도를 믿습니다. 그는 성령으로 잉태되어 동정녀 마리아에게서 나시고, 본디오 빌라도에게 고난을 받아 십자가에 못 박혀 죽으시고, 장사된 지 사흘 만에 죽은 자 가운데서 다시 살아나셨으며, 하늘에 오르시어 전능하신 아버지 하나님 우편에 앉아 계시다가, 거기로부터 살아있는 자와 죽은 자를 심판하러 오십니다. 나는 성령을 믿으며 거룩한 공교회와 성도의 교제와 죄를 용서받는 것과 몸의 부활과 영생을 믿습니다. 아멘.

문 9. 사도신경의 형성과정에 대해 설명하십시오.
답 헬라어를 쓴 동방교회는 니케아-콘스탄티노플 신조를 콘스탄티노플에서 열린 제2차 에큐메니칼 공의회에서 결의하여 제정하였습니다. 반면 사도신경은 라틴어를 쓴 서방교회의 신조로서 오랜 기간에 걸쳐 형성된 신앙고백입니다. 사도신경은 여러 과정을 거쳐 지금의 프랑스 지역에서 보편화 되어 8세기경에 '공인된 문서'가 되었습니다.

문 10. 사도신경의 전체적 구조는 무엇입니까?
답 사도신경은 기독교 교리의 요약입니다. 초대교회의 신앙고백은 두 종류로, 기독론적 신앙고백(마 16 : 16)과 삼위일체적 신앙고백이 있었습니다(고후 13 : 13). 사도신경은 삼위일체란 표현은 하지 않지만 삼위일체적 신앙고백으로서, 창조주 하나님 아버지, 구속자이신 아들 예수 그리스도, 그리고 구원자 성령님에 대해 고백합니다. 인간의 타락으로 단절된 하나님과 인간 사이의 관계가 그리스도와 성령님을 통한 구원으로 말미암아 화해되었고(고후 5 : 18-19), 하나님과 인간과 온 피조물들이 서로 간의 교제를 회복하여 하나님 나라를 이루게 됨을 사도신경은 고백합니다(골 1 : 20).

문 11. "나는 전능하신 아버지 하나님, 천지의 창조주를 믿습니다."는 무엇을 의미합니까?

답 신앙고백은 교회가 공동으로 고백하는 것이면서 또한 내가 고백해야 합니다(히 12 : 1). 사도신경의 첫 단락은 먼저 하나님을 전능하신 우리의 아버지로 고백합니다(고후 6 : 18). 하나님께서는 하늘 위에 계셔서 온 우주 만물을 주관하시는 분이시며, 우리의 아바 아버지(막 14 : 36, 갈 4 : 6)로서 우리 곁에 계시고 만유 안에 그리고 만유를 통하여 현존하시는 분이십니다(엡 1 : 23, 4 : 6). 하나님께서는 태초에 엿새 동안 온 우주를 무로부터 말씀으로 창조하셨을(창 1 : 1, 요 1 : 3) 뿐만 아니라, 그의 형상에 따라 사람을 창조하셨습니다(창 1 : 26). 그 하나님은 우리를 부르셔서 구원으로 예정한 분이시며(엡 1 : 4-5), 아직도 이 우주를 다스리시고 섭리하시는 분이십니다(시 103 : 19).

**문 12. "나는 그의 유일하신 아들, 우리 주 예수 그리스도를 믿습니다."는 무엇을 의미합니까?

답 사도신경의 두 번째 단락은 예수 그리스도께서 참 하나님이시며 참 인간으로서 우리의 중보자가 되심을 말합니다. 그분은 영원 전에 아버지 하나님으로부터 태어나신 하나님의 유일한 아들이십니다. 그분은 예언자, 왕, 제사장의 중보자적 직분을 가지시고(딤전 2 : 5, 히 9 : 15) 인류와 우주만물(골 1 : 20, 엡 1 : 10)을 하나님과 화목하게 하셨습니다(롬 5 : 1, 11).

문 13. "그는 성령으로 잉태되어 동정녀 마리아에게서 나시고"는 무엇을 의미합니까?

답 예수 그리스도께서는 우리와 교제하기 위해 동정녀 마리아에게서 태어나신 분으로 하나님의 아들로서 참 인간의 모습으로 이 땅 위에 오셨습니다(빌 2 : 7-8). 예수 그리스도께서 성령으로 잉태되셨다는(마 1 : 20) 고백은 죄가 없으신(히 4 : 15) 영원한 하나님의 아들이심을 드러냅니다(마 3 : 17). 예수님께서 우리에게 오시지 않았다면 우리는 그분과 교제할 수 없습니다.

문 14. "본디오 빌라도에게 고난을 받아 십자가에 못박혀 죽으시고"는 무엇을 의미합니까?

답 예수 그리스도께서는 본디오 빌라도에 의해 고난 받으셨으며(마 27 : 24), 인류의 죄를 대속하기 위해 십자가를 지셨습니다. 우리를 향한 하나님의 진노를 대신하신 그리스도의 희생을 통해, 인류와 우주만물(골 1 : 20, 엡 1 : 10)은 하나님과 화해케 되었습니다(벧전 2 : 24, 고후 5 : 18-19). 예수 그리스도의 십자가는 죄와 죽음의 권세를 깨뜨리신 하나님의 놀라운 사랑과 속죄의 은총을 나타냅니다(롬 3 : 19-31, 고후 5 : 17-21, 고전 15 : 24).

문 15. "장사된 지 사흘 만에 죽은 자 가운데서 다시 살아나셨으며"는 무엇을 의미합니까?

답 그의 십자가의 죽음이 우리 죄의 대속인 것처럼, 그의 부활은 우리의 새로운 삶의 시작이 됩니다(고전 15 : 20). 우리의 옛 자아가 십자가에서 함께 죽으므로, 그리스도로 말미암아 새 자아로 거듭나게 됩니다(골 2 : 12). 우리는 그리스도와 연합하여 죽음에서 벗어나 영생의 삶을 누리게 됩니다(갈 2 : 20).

그분은 하나님이셨지만 낮고 천한 이 땅 위에 오셔서 고난을 당하시고 결국에는 십자가에 달리시는 연약한 모습을 보이셨습니다(막 15 : 25). 그러나 우리는 인자로서의 예수님의 고난과 연약함에서 하나님의 아들로서의 능력과 영광과 존귀함을 바라보게 됩니다(막 8 : 29-31, 9 : 7-9). 예수 그리스도께서는 인간과의 교제를 위해 높은 하늘 위에서 이 땅으로 내려오신 분입니다.

문 16. "하늘에 오르사 전능하신 하나님 우편에 앉아 계시다가, 기기로부터 살아있는 자와 죽은 자를 심판하러 오십니다."는 무엇을 의미합니까?

답 예수 그리스도께서는 자신을 낮추시어 이 땅에 연약한 모습으로 오셨습니다. 그러나 하나님께서는 그를 지극히 높여 하나님 아버지의 보좌 우편에 앉도록 하셨습니다(막 16 : 19, 빌

2 : 8-10). 예수 그리스도께서는 마지막 때에 인간을 심판하러 오시는 재림주로서(행 1 : 11) 인간의 모든 행위를 심판하십니다(고후 5 : 10).

문 17. "나는 성령을 믿으며"는 무엇을 의미합니까?

답 사도신경의 세 번째 단락은 성령 하나님에 대한 고백입니다. 성부와 성자와 함께 영원한 하나님이 되시는 성령님께서는 (고전 2 : 14) 우리에게 믿음과 생명을 주시며(고전 12 : 3), 우리를 성화시키시고(고전 6 : 11), 각종 은사들을 후히 주시며, 몸의 부활과 영생을 주십니다(고전 12 : 8-11). 성령님께서는 인간과 온 피조세계에 그리스도의 구원 사역을 구체적으로 적용시키시는 분입니다(엡 1 : 13).

문 18. "거룩한 공교회와"는 무엇을 의미합니까?

답 교회는 죄악과 죽음의 세상으로부터 부름 받은 하나님 백성들의 모임이며(행 2 : 37-47, 16 : 5, 딤전 3 : 15), 세상을 향하여 파송 받아 흩어지는 공동체입니다(요 20 : 21). 교회는 인간의 구원과 창조세계의 회복을 위한 하나님 은혜의 수단이며 통로입니다(고전 1 : 2-3). 우리 눈에 보이는 교회가 불완전하며 외형적으로는 분열된 모습으로 나타나기도 하지만, 우리는 교회를 성령님의 전(고전 3 : 16)이고, 그리스도의 몸(고전 12 : 12-27)이며, 하나님의 백성(벧전 2 : 9)으로서 하나의, 거룩한, 보편적, 사도적 교회로 고백합니다(엡 4 : 4-6, 5 : 27). 세계 역사상의 모든 교회는 예수 그리스도를 머리로 하여 주 안에서 한 몸(엡 1 : 33)

을 이루는 보편적인 공교회입니다.

문 19. "성도의 교제와"는 무엇을 의미합니까?

답 성부 성자 성령의 삼위일체적 교제는 하나님과 인간의 교제로 확장되며, 또한 인간과 인간 사이의 교제로 이어집니다(요 17 : 21-24). 성령님께서는 우리를 복음 설교와 세례를 통하여 거듭나게 하셔서 하나님 나라의 구성원이 되게 하시며, 그리스도의 몸에 속한 지체들이 되게 하십니다(고전 12 : 12-27). 이와 같이 삼위일체 하나님의 공동체에 참여한 성도들은 하나님의 은혜 안에서 영육 간의 무거운 짐들을 함께 나누면서, 이웃 사랑과 하나 됨의 삶을 살아야 합니다(시 133 : 1-3).

문 20. "죄를 용서받는 것과"는 무엇을 의미합니까?

답 하나님께서는 인간을 하나님의 형상에 따라 선하게 창조하셨지만(창 1 : 27), 아담을 비롯한 인류는 하나님의 뜻을 저버리고 죄에 빠져 타락하게 되었습니다(창 3 : 6). 우리 모두 하나님의 명령을 지킬 수 없는 죽을 수밖에 없는 죄인들이 되었습니다(롬 3 : 9-18). 이런 죄된 인간을 위해 하나님께서는 독생자 예수 그리스도를 보내셨습니다(요 3 : 16). 예수 그리스노께서는 우리를 위해 십자가에서 돌아가신 후 사흘 만에 부활하셨습니다(행 10 : 39-41). 우리는 이 같은 주님의 은혜에 의해 믿음을 통하여(롬 1 : 17) 죄에서 구원받아 죽음으로부터 벗어나게 되며, 성령님 안에서 중생한 존재들로 성화됩니다(롬 8 : 1-6, 요 3 : 3). 죄로부터 구원받은 인간은 하나님 앞에서 죄인임에도 불구하고 의인인 존재들입니다.

문 21. "몸의 부활과"는 무엇을 의미합니까?

답 우리는 몸의 부활을 소망합니다. 예수 그리스도께서 영광스런 몸으로 부활하신 것같이 우리도 영광된 몸으로 부활하게 됩니다. 몸의 부활은 타종교에는 없는 교리로 예수 그리스도를 통해 계시된 신자들만의 감격스런 소망입니다. 우리는 변화산에서 아름다운 모습으로 변화하신(막 9 : 2-3) 예수 그리스도처럼 변화되게 됩니다. 예수 그리스도를 믿는다는 것은 이 영광스러운 부활의 삶이 시작되는 것을 의미합니다. 우리는 죽어도 죽지 않습니다. 왜냐하면 예수 그리스도를 믿는 사람들은 "죽어도 살고 살아서 믿는 자들은 영원히 죽지 않기"(요 11 : 25-26) 때문입니다. 이 땅에서 우리가 갖고 있는 몸은 약하고 천한 몸이지만, 장차 우리는 강하고 썩지 않는 영광스러운 몸(고전 15 : 42-44)으로 다시 살게 됩니다.

문 22. "영생을 믿습니다."는 무엇을 의미합니까?

답 신자들은 장차 부활체로 변형되어(막 9 : 2-9) 영광의 하늘나라에서 영원히 살게 됩니다(요 6 : 58, 14 : 3, 시 23 : 6). 우리는 그곳에서 성부 성자 성령과의 영원한 교제에 들어가며, 하나님과 인간, 인간과 인간, 그리고 인간과 모든 피조물이 새 하늘과 새 땅에서 함께 어우러져(계 21 : 1), 하나님을 예배하며 영원한 교제를 이루는 축복과 생명의 나라에 참여하게 됩니다(계 7 : 15-17, 22 : 3-5). 이러한 종말의 사건은 우리에게 아직 완성되지 않은 미래의 일임과 동시, 예수 그리스도의 처음 오심과 함께 이미 역사 안에서 선취된 일입니다(마 12 : 28, 요 3 : 18-21, 11 : 26).

III. 십계명에 대하여

문 23. 출애굽기 20장 1절부터 17절까지의 십계명의 내용은 무엇입니까?
답 우리는 그 내용을 아래와 같이 간추릴 수 있습니다.

하나님이 이 모든 말씀으로 말씀하여 이르시되 나는 너를 애굽 땅, 종 되었던 집에서 인도하여 낸 네 하나님 여호와니라.
제1계명
너는 나 외에는 다른 신들을 네게 두지 말라.
제2계명
너를 위하여 새긴 우상을 만들지 말고, 또 위로 하늘에 있는 것이나, 아래로 땅에 있는 것이나, 땅 아래 물속에 있는 것의 어떤 형상도 만들지 말며, 그것들에게 절하지 말며, 그것들을 섬기지 말라.
제3계명
너는 네 하나님 여호와의 이름을 망령되게 부르지 말라.
제4계명
안식일을 기억하여 거룩하게 지키라.
제5계명
네 부모를 공경하라.

제6계명
살인하지 말라.
제7계명
간음하지 말라.
제8계명
도둑질하지 말라.
제9계명
네 이웃에 대하여 거짓 증거하지 말라.
제10계명
네 이웃의 집을 탐내지 말라. 네 이웃의 아내나 그의 남종이나 그의 여종이나, 그의 소나 그의 나귀나, 무릇 네 이웃의 소유를 탐내지 말라.

문 24. 십계명의 주된 내용은 무엇입니까?
답 십계명의 앞부분의 네 계명들은 우리의 온 마음과 영혼과 뜻과 힘을 다하여 하나님을 사랑할 것을 명하고 있으며(신 6 : 5, 막 12 : 30), 뒷부분 여섯 계명들은 우리가 우리의 이웃들에게 어떤 의무를 가지고 있으며 어떻게 사랑해야 하는지 가르칩니다(마 22 : 37-39).

문 25. 출애굽기 20장 2절에 기록된 십계명의 머리말은 무엇이며, 그것은 어떤 의미를 갖습니까?
답 "나는 너를 애굽 땅, 종 되었던 집에서 인도하여 낸 네 하나님 여호와니라"이며, 그 의미는 하나님께서 우리의 주님이시며 구원자이시며 해방자이시므로(사 43 : 11), 우리는 하나님의 모든 계명들을 지켜야 한다는 것입니다(신 4 : 39-40).

문 26. 처음 돌비에 적힌 네 계명은 무엇입니까?

답 전반부의 네 계명은 하나님을 사랑하고 하나님께만 예배드려야 함을 강조합니다. 제1계명은 하나님께만 예배드릴 것을 말하며(왕하 17 : 36), 제2-4계명은 그 하나님께 예배드리는 방법에 대해 언급합니다(신 6 : 4-5). 하나님 대신 우상을 숭배해서는 안 되며, 하나님의 이름을 망령되게 곧 헛되거나 함부로 불러서도 안 되고, 안식일을 기억하여 거룩히 지켜야 합니다.

문 27. 나머지 여섯 계명은 무엇을 의미합니까?

답 나머지 여섯 계명은 이웃에 대한 의무사항들입니다. 이 여섯 계명들은 이웃 사랑을 강조하는 명령들로, 사적이며 공적인 차원에서 정의와 평화를 실천해야 함을 강조합니다. 제10계명은 앞의 계명들을 요약하고 있습니다. "네 이웃의 집을 탐내지 말라"고 명하시면서, 제6-9계명에서 언급된 욕심내지 말아야 할 것들을 열거합니다(약 1:15). 이웃의 생명과 아내와 재산과 명예입니다(마 5 : 27-37).

야고보서 1장 15절에는 "욕심이 잉태한즉 죄를 낳고 죄가 장성한즉 사망을 낳느니라"라는 말씀이 있습니다. 마음의 욕심이 우리로 죄를 짓게 하며(마 15 : 19), 죄의 결과 온갖 불행과 파멸이 인간에게 오게 됩니다. 반면 마음의 덕은 우리로 하여금 선을 행하게 하며, 그러한 선은 우리에게 행복을 가져다줍니다. 우리는 이런 욕심과 죄로부터 자유롭기 위해 하늘의 지혜를 구해야 하며(약 3 : 17), 성령님 안에서 거듭난 사람이 되어야 합니다(갈 5 : 16-26).

문 28. "너는 나 외에는 다른 신들을 네게 두지 말라."는 제1계명은 무엇을 요구하거나 금합니까?

답 제1계명이 요구하는 것은 만유를 창조하시고 인간을 해방하신 하나님만을 참 신으로 알고 영화롭게 하라는 것이며(사 42 : 8, 마 4 : 10), 이 계명이 금하는 것은 다른 신을 숭배하거나 하나님의 영광을 한 부분이라도 다른 대상에게 돌리는 일입니다.

문 29. "너를 위하여 새긴 우상을 만들지 말고, 또 위로 하늘에 있는 것이나, 아래로 땅에 있는 것이나, 땅 아래 물속에 있는 것의 어떤 형상도 만들지 말며, 그것들에게 절하지 말며, 그것들을 섬기지 말라."는 제2계명은 무엇을 요구하거나 금합니까?

답 제2계명은 우상숭배하지 말 것을 명합니다. 이 계명은 우리 신자들이 눈에 보이는 우상을 통해서가 아니라 신령으로, 곧 영적으로 예배드릴 것을 요구합니다(신 32 : 46, 요 4 : 24). 제2계명은 이 세상의 자연물을 하나님으로 섬기며 인간의 손이나 생각으로 만든 형상을 섬김의 대상으로 여기는 것과 하나님께서 명령하신 방식이 아닌 다른 방법을 통해 하나님께 예배드리는 것을 금합니다(삼상 15 : 23, 마 15 : 9).

문 30. "너는 네 하나님 여호와의 이름을 망령되게 부르지 말라."는

제3계명은 무엇을 요구하거나 금합니까?

답 제3계명은 하나님의 이름(시 29 : 2)과 속성(계 15 : 3-4)과 말씀(시 138 : 2)과 사역(시 107 : 21-22)을 거룩하게 여기고 존경할 것을 요구합니다. 이 계명이 금하는 것은 하나님을 모독하거나 하나님의 이름을 아무 의미 없이 함부로 부르는 것입니다. 우리는 우리의 정신을 모아 진정으로 주님을 경배해야 합니다(요 4 : 24). 신자는 개인적이든 공적이든 우리의 삶 전체를 통하여 하나님께 영광을 돌리며 그의 이름이 거룩히 여김을 받게 해야 할 책무가 있습니다.

문 31. "안식일을 기억하여 거룩하게 지키라."는 제4계명은 무엇을 요구하거나 금합니까?

답 제4계명은 안식일을 기억하여 온 힘을 다해 예배에 집중할 것을 말합니다. 구약은 한 주간의 제7일을 안식일로 정하고 있지만, 그리스도께서 부활하신 후부터는 한 주간의 첫째 날을 '주님의 날'로 정하고 있습니다(계 1 : 10). '주님의 날' 곧 주일은 하나님께서 독생자 예수 그리스도를 죽은 자들 가운데서 부활시키신 새 창조의 첫날이기 때문입니다(마 28 : 1-6). 이 계명이 금하는 것은 예배의 의무를 소홀히 하여, 우리의 힘을 세상 임무나 오락에 사용함으로써 주일의 의미를 훼손하는 것입니다(사 58 : 13). 이에 우리는 온 힘과 몸을 바쳐 주께 예배해야 합니다(신 6 : 5, 막 12 : 30, 롬 12 : 1-2).

문 32. "네 부모를 공경하라."는 제5계명은 무엇을 요구하거나 금

합니까?

답 제5계명은 삼위일체 하나님을 사랑하는 자는 부모를 포함한 모든 이웃을 사랑하고 존중하여야 함을 요구합니다(엡 6 : 1-4, 벧전 2 : 17). 하나님에 대한 사랑은 부모에 대한 공경으로 이어지고, 부모에 대한 공경은 교회와 사회와 국가 등의 선한 권위와 질서에 대한 순종을 가능케 합니다. 가족 간의 관계는 모든 관계의 기본이 되는 것으로 이 관계가 바로 되지 않으면 이웃들과 자연과의 관계도 어그러지게 됩니다.

문 33. "살인하지 말라."는 제6계명은 무엇을 요구하거나 금합니까?

답 제6계명은 힘써 인간과 온 피조물의 생명을 존중하고 보존할 것을 요구합니다(엡 5 : 29). 이 계명이 금하는 것은 자신의 생명이나 다른 사람의 생명을 부당하게 끊음입니다. 다른 사람에 대한 마음속의 분노와 미움, 파괴적인 욕망은 우리로 하여금 이웃에게 폭력을 가하고 살인까지 하게 합니다(마 5 : 21-26). 우리는 우리에게 잘 해 주는 사람뿐 아니라 원수도 사랑해야 할 것입니다(마 5 : 43-47).

문 34. "간음하지 말라."는 제7계명은 무엇을 요구하거나 금합니까?

답 제7계명은 우리의 몸이 성령님의 전(고전 3 : 16, 고후 6 : 16)이므로 마음과 말과 행동에 있어서 정절을 보존할 것을 요구합니다. 이 계명이 금하는 것은 이성과의 관계와 결혼생활에 있어 정숙하지 못한 생각과 말과 행동입니다(마 5 : 27-28, 엡 4 : 29). 욕심이 잉태하면 죄를 낳기 마련으로(약 1 : 15), 마음에 음욕을 품는 자는 결국 간음에 이르게 됩니다(마 5 : 27-28).

문 35. "도둑질하지 말라."는 제8계명은 무엇을 요구하거나 금합니까?

답 제8계명은 유형, 무형의 재산을 정당하게 다루며 획득할 것을 요구합니다(레 6 : 1-7, 잠 10 : 4). 이 계명은 이웃의 정당한 몫을 정의롭지 못한 방법으로 탈취하는 행위와 불의한 사회구조를 경계합니다. 재물에 대한 욕심은 우상숭배로서(골 3 : 5, 마 6 : 24), 우리로 하여금 도둑질을 야기하게 합니다.

문 36. "네 이웃에 대하여 거짓 증거하지 말라."는 제9계명은 무엇을 요구하거나 금합니까?

답 제9계명은 우리 자신과 이웃과의 진실한 관계를 유지하며 그리스도인답게 살아갈 것을 요구합니다(슥 8 : 16-17). 특히 법정에서의 증언하는 일에 있어 진실해야 합니다. 이 계명이 금하는 것은 잘못된 의심과 불의한 판단으로 인해 다른 사람들을 거짓으로 고발하거나, 악한 말과 비방으로 남들의 명예를 해치는 행위입니다(레 19 : 15-16, 마 5 : 33-37). 우리는 사적이든 공적이든 이웃을 헐뜯거나 중상하거나 나쁘게 이야기하는 모든 언행을 삼갈 필요가 있습니다. 우리는 이웃에게 희망과 용기를 주는 말을 하려고 노력해야 합니다.

문 37. "네 이웃의 집을 탐내지 말라. 네 이웃의 아내나 그의 남종이나 그의 여종이나, 그의 소나 그의 나귀나, 무릇 네 이웃의 소유를 탐내지 말라."는 제10계명은 무엇을 요구하거나 금합니까?

답 제10계명은 하나님께서 우리에게 주신 복에 감사하며, 다른 사람들의 소유에 대해 바르며 우호적인 마음을 가질 것을 요구합니다(시 1 : 1-6, 딤전 6 : 6). 이 계명이 금하는 것은 자기가 받은 하나님의 은혜를 깨닫지 못하고 불평하는 것이며, 탐욕으로 인해 다른 사람의 소유에 대해 부당하게 행동함입니다(갈 5 : 26). 욕심이 잉태한즉 죄를 낳고 죄가 장성한즉 사망을 낳습니다(약 1 : 15).

문 38. 십계명을 위시한 구약의 율법이 우리에게 주는 유익은 무엇입니까?

답 율법은 우리로 하여금 죄를 깨닫게 해 주며(롬 7 : 7, 13), 우리에게 선행을 권장하는 역할을 합니다(마 5 : 17, 롬 3 : 31). 율법으로 우리가 구원받는 것은 아니지만, 율법은 우리를 그리스도에 대한 믿음으로 인도하게 합니다(갈 3 : 23-25). 십계명의 제6계명부터 10계명은 이웃에게 고통 주는 행동을 하지 말 것을 말합니다. 그러나 우리는 이에서 더 나가 이웃에 행복을 주는 사랑의 행동을 하기 위해 노력해야 합니다(마 7 : 12, 마 19 : 20-22, 롬 13 : 10).

문 39. 십계명을 위시한 구약 율법의 국가법으로서의 기본 정신은 무엇입니까?

답 모세오경에 나타난 구약의 율법은 이스라엘 백성들에게 하나님의 백성으로서 하나님을 바로 섬겨야 하며 지켜야 할 의무가 있음을 강조합니다(신 7 : 6-11). 구약의 율법은 국가와 공동체를 유지하기 위한 두 가지의 법적 정신에 대해 강조하는데, 그것은 공정한 재판(신 16 : 18-19)과 약자 보호(신 15 : 11, 24 : 19-21)의 정신입니다. 법치국가와 복지국가를 세우는 것을 구약의 율법은 강조합니다.

문 40. 사람은 십계명을 완전히 지킬 수 있습니까?

답 인간이 타락한 이래로 하나님의 계명을 온전히 지킬 수 있는 사람은 아무도 없습니다(전 7 : 20, 약 1 : 14, 요일 1 : 8). 십계명은 인간이 얼마나 부족한 죄인인가를 보여 주는 거울입니다. 중생 후에도 선을 행할 수 있는 힘은 그들 자신에게서 나온 것이 아니며 전적으로 성령님께로부터 비롯됩니다(빌 2 : 13, 4 : 13). 그러나 우리는 선행을 위해 노력해야 하며 하나님께서는 그런 성실하심을 용납하시며 기뻐하십니다(히 6 : 10, 마 25 : 20-23).

문 41. 그러면 오늘날 기독교인들은 어떻게 살아야 합니까?

답 우리 죄를 회개하고 예수 그리스도를 믿어 참 생명에 이르는 것이 먼저입니다(요 3 : 16-18, 행 11 : 18). 이와 함께 하나님을 사랑하고 바르게 예배하며, 이웃을 사랑하여 작은 자를 섬기며 살 것을 성경 말씀은 명령하고 있습니다(마 25 : 40, 막 12 : 30-31, 눅 10 : 26-27).

Ⅳ. 예배와 성례에 대하여

문 42. 구원을 베푸시는 하나님의 은혜가 우리에게 전해지는 외적인 수단이나 통로는 하나님 말씀과 성례 그리고 기도인데, 그것은 무엇을 의미합니까?

답 예수 그리스도께서 "아버지와 아들과 성령의 이름으로 세례를 베풀고 내가 너희에게 분부한 모든 것을 가르쳐 지키게 하라."고 하셨습니다(마 28 : 19-20). 구원의 하나님 은혜가 예수 그리스도에 의해 세상에 선포되었습니다. 그리스도께서 선포하신 은혜의 말씀이, 성령님의 역사를 통해 항상 새롭게 전달되는 수단들이 있는데(행 20 : 32), 말씀 선포로서의 설교와 세례(행 2 : 38-42)와 성찬(고전 11 : 23-26)으로서의 성례와 기도입니다(요 16 : 23-24). 우리는 주님의 교회를 통해 하나님의 은혜를 전달받게 되는바, 설교와 성찬과 기도를 포함하는 예배가 은혜를 전달하며 영성을 훈련하는 핵심 수단입니다. 말씀의 선포와 성례가 바르게 집행되는 곳이 교회로서 이 둘은 진정된 교회의 표지입니다. 이러한 하나님의 은혜가 전달되는 외적 수단들은 택함을 입은 자들에게 그리스도에 대한 믿음을 불러일으켜(요 3 : 5, 요일 5 : 7-12), 구원에 이르게 하는 효력이 있습니다.

문 43. 하나님의 은혜가 전달되는 수단으로서 예배는 무엇입니까?

답 우리 삶의 목적은 하나님을 기뻐하며 그분을 경배하고 찬양하는 데 있습니다. 이에 우리에게 예배보다 더 중요한 것은 없습니다. 예배는 삼위일체 하나님께서 베푸신 창조와 구원의 은총과 사역에 감격하여 감사함으로 우리의 삶을 다해 응답하는 산제사(롬 12 : 1)로서, 하나님의 은혜가 전달되는 주요한 통로입니다.

문 44. 예배의 두 측면은 무엇입니까?

답 예배에는 하늘의 하나님께 드리는 찬송과 순종의 제사와 사람을 사랑하여 섬기며 온 피조물들을 보전하는 것으로서의 두 측면이 게재되어 있습니다(히 13 : 15-16, 고후 9 : 13). 예배를 통해 우리는 예수 그리스도께서 주신 두 계명인 '하나님 사랑과 이웃 사랑'(마 22 : 37-40)을 실천하며, 이와 더불어 구약의 율법과 선지자의 강령에 순종하게 됩니다. 예배 행위의 우선은 하나님을 경외하면서(잠 1 : 7) 그분 앞에 엎드려 드리는 경배로서, 그것은 이웃을 섬기고 세상의 공적인 유익을 위한 봉사로 이어집니다. 우리는 예배를 통해 먼저 하나님의 영광이 빛나도록 자기를 쳐서 복종시키는 자기부정을 보여야 하며, 또한 하나님의 선하시고 기뻐하시고 온전한 뜻을 이웃을 섬기는 삶 속에서 나타내야 합니다(롬 12 : 1-2, 마 5 : 23-24, 약 1 : 26-27, 마 25 : 37-40).

문 45. 예배는 어떤 순서로 진행됩니까?

답 예배는 하나님의 부르심에 대한 응답과 경배의 찬송, 신앙고백과 참회의 기도, 성경봉독과 말씀의 선포, 봉헌과 감사의 응답, 성찬성례전, 위탁의 말씀과 강복선언 곧 축도로 진행됩니다. 이러한 예배 요소들 중 하나인 기도의 모범은 예수 그리스도께서 가르쳐주신 주기도문(마 6 : 9-13)입니다. 봉헌은 하나님께 바치는 감사의 제물로서 하나님의 뜻을 이룩하는 데 사용되어야 합니다. 예배는 하나님께 경배하고 순종함과 동시, 이웃을 사랑하며 하나님의 의가 실현되는 사회를 구현하는 것을 목적으로 합니다.

문 46. 예배에서 설교와 성찬은 어떤 위치를 갖습니까?

답 하나님의 말씀선포와 성찬예식은 예배의 중심입니다. 말씀 선포에서는 봉독한 성경말씀을 새롭게 선포하며 해석하고 회중들의 삶에 적용합니다. 성찬예식은 주님께서 제정하신 그 뜻대로 주님의 살과 보혈을 우리가 받아먹음으로 주님이 내 안에 거하시고 내가 주님 안에 거하게 되는 의미를 내포하고 있습니다. 성찬예식을 통해 성도는 몸으로 우리를 대속하신 십자가의 희생과 부활하신 예수 그리스도에게 접붙여 있음을 확신하게 되며(롬 11 : 17, 24), 몸 된 교회의 지체가 됨을 확인하게 됩니다(롬 12 : 5, 고전 12 : 27).

문 47. 성례는 무엇입니까?

답 성례는 예수 그리스도께서 제정하신 거룩한 예식으로서 세례 성례전과 성찬 성례전이 있습니다(마 26 : 26-28, 28 : 19, 눅 22 : 19-20). 신자들이 믿음으로 성례전에 참여함으로써, 그리스도의 새 언약의 은택이 그들에게 드러나게 되며 각인되고 적용됩니다. 성례의 효력은 집행하는 사람의 능력이나 뜻에 좌우되는 것이 아니며, 언약의 축복에 따른 성령님의 역사에 의거합니다(마 28 : 19).

문 48. 세례는 무엇입니까?

답 세례는 십자가에 달리시고 부활하신 예수 그리스도께서 성취한 구원 역사를 믿음으로 받아들임으로써, 십자가와 함께 옛사람이 장사되고 부활과 함께 새 사람으로 일으켜져서, 우리가 부활하신 그리스도의 지체로 접붙여졌음을 나타내는 성례입니다(행 18 : 8, 롬 6 : 3-4, 갈 3 : 27, 골 2 : 12, 벧전 3 : 21). 세례는 성부와 성자와 성령의 이름으로 물을 사용하여 행해지는 성례(마 28 : 19, 행 8 : 36-38)로서, 물은 죄 씻음의 표징입니다(행 22 : 16). 세례 성례전은 세례 받은 성도가 다른 성도들과 함께 그리스도의 몸 된 교회를 이루는 입교 예식이기도 합니다(고전 12 : 13, 엡 4 : 3-6).

문 49. 어떤 사람이 세례를 받을 수 있습니까?

답 예수님을 메시야와 하나님의 아들로 믿고 순종을 고백한 사람이 세례받을 수 있습니다(마 16 : 16). 그는 신앙공동체인 교회 안에 있는 사람이어야 히며, 세례 후에는 교회의 정식 회원으로 받아들여지게 됩니다. 또한 세례교인의 어린 자녀들도 부모의 신앙고백에 따라 유아세례를 받을 수 있습니다(창 17 : 7, 행 2 : 38-39, 16 : 32-33).

문 50. 세례의 공동체적 의미는 무엇입니까?

답 세례 받아 그리스도의 지체가 된 성도는 성령님의 역사 속에서 다른 여러 지체들과 조화와 일치를 이루며 그리스도의 몸을 형성하여 교회를 이루게 됩니다(고전 12 : 12-13). 교회의 다양한 지체들은 성령님의 각종 은사를 받아 각기 맡은 역할과 기능을 수행함으로써, 교회는 자라고 성장하는 유기적 생명체가 됩니다(고전 12 : 14-27). 세례 공동체인 교회는 마치 '겨자씨'처럼(마 13 : 31-32) 자라고 성장하며 또 '누룩'처럼(마 13 : 33) 확산되는데, 이를 통하여 정의와 평화와 생명의 하나님 나라가 교회뿐 아니라 세상 속에서 성취되고 성장합니다(마 6 : 10).

문 51. 성찬은 무엇입니까?

답 성찬은 예수 그리스도께서 제정하신 성례입니다. 성찬은 떡이나 빵과 포도주를 먹고 마심으로써, 신자가 그리스도의 살과 피에 참여함으로 서로 하나 되는 성례입니다. 떡과 포도주는 예수 그리스도의 살과 피의 표징으로서, 그가 세우신 새 언약에 따른 것입니다(막 14 : 22-25, 눅 22 : 19-20). 성찬식은 먼저 말씀이 육신이 되신 예수 그리스도를 기념하는 것으로, 사람이 떡으로만 사는 것이 아니요 하나님의 모든 말씀으로 사는 것임을 알게 하려는 것입니다(요 1 : 14, 6 : 35, 신 8 : 3, 마 4 : 4). 다음으로 성찬식은 죄 사함을 얻게 하기 위하여 예수 그리스도께서 흘리신 피를 기념하는 예식입니다(마 26 : 28, 렘 31 : 33-34, 히 10 : 17). 우리는 이 성찬을 통해 장차 하늘나라에서 있을 주님의 잔치를 미리 맛보는 즐거움을 갖게 되는 것입니다(눅 13 : 29, 22 : 30). 성찬 시 떡과 포도주는 그리스도의 살과 피로 변화되는 것이 아니며, 떡과 포도주에 그리스도의 살과 피가 실재하는 것도 아닙니다(요 6 : 53-57, 63). 부활하신 그리스도는 하나님의 보좌 우편에 계시며, 그리스도의 영인 성령님께서 성찬의 떡과 포도주에 임하실 뿐 아니라 성찬에 참여한 신자들의 마음속에 임하심으로, 그리스도께서 그 떡과 포도주에 실재하심과 똑같은 효력을 갖습니다. 우리는 성령님의 역사 속에서 믿음으로 성찬에 참여하여, 감사함으로 생명의 떡과 포도주를 받게 됩니다.

문 52. 성찬을 합당하게 받기 위하여 요구되는 것은 무엇입니까?

답 이와 같이 성찬식은 예수 그리스도의 살과 피에 대한 신앙고백으로서, 말씀에 순종하여 이웃을 사랑하고 용서함을 결단하는 믿음의 예식입니다. 이에 성찬을 합당하게 받기 위해서는 성찬상에 주님의 살과 피가 성령님 안에서 임재하였는지를 분별하는 영적 지식이 필요하며(고전 10 : 21), 떡과 포도주를 먹고 마시는 동안 주님의 살과 피를 영적으로 체험하는 믿음이 요구됩니다(고전 11 : 27-32). 그리고 성찬 참여를 통하여 하나님 사랑과 이웃 사랑이 이전보다 더욱 깊고 넓어지면서 이웃과 하나님 나라를 위해 십자가를 지고 그리스도의 남은 고난에 동참하려는 행함이 있는 믿음의 결단이 요청됩니다. 성찬에서 우리는 성령임재 기도를 통해 부활하신 예수 그리스도의 메시야적 삶과 사역을 다시 기억하고 경험하게 됩니다(눅 22 : 19-20). 이로 인해 신자들은 그리스도의 구원 사역을 인간의 역사와 창조 세계 속에서 재현하게 되는 것입니다(사 65 : 17-25, 계 21 : 5).

문 53. 성찬이 가지는 공동체적 의미는 무엇입니까?

답 성찬은 주님의 살과 피의 표징인 떡과 포도주를 함께 나눔으로써 그리스도의 희생을 기념하며, 성도들이 한 몸을 이루는 유기적 신앙공동체가 되고, 또한 이들이 하나님의 백성으로서 그리스도의 몸인 교회를 이룸을 확인하는 예식입니다(고전 11 : 18-22). 성찬은 영적 밥상공동체로서 식탁에 함께 둘러앉은 하나님의 백성 모두는 평등한 관계 속에서 떡과 포도주를 나누고 즐기게 됩니다(사 25 : 6, 계 22 : 17). 성찬 식탁에 놓인 떡과 포도주에는 하나님께서 베푸신 햇볕과 바람과 구름과 비와 눈 등이 스며있으며 농부의 땀과 수고도 함께 녹아져 있습니다. 성찬은 장차 올 하나님의 우주적 공동체를 미리 축하합니다(눅 22 : 30).

Ⅴ. 주기도문에 대하여

문 54. 주기도문의 내용은 무엇입니까?
답 하늘에 계신 우리 아버지
아버지의 이름을 거룩하게 하시며, 아버지의 나라가 오게 하시며, 아버지의 뜻이 하늘에서와 같이 땅에서도 이루어지게 하소서.
오늘 우리에게 일용할 양식을 주시고, 우리가 우리에게 잘못한 사람을 용서하여 준 것같이 우리 죄를 용서하여 주시고, 우리를 시험에 빠지지 않게 하시고 악에서 구하소서.
나라와 권능과 영광이 영원히 아버지의 것입니다. 아멘. (마 6 : 9-13)

문 55. 기도란 무엇입니까?

답 기도란 하나님과의 교통 곧 생명이신 하나님과 친밀한 관계를 갖고(시 63 : 1-8, 73 : 25-26, 눅 6 : 12, 요일 1 : 3, 계 3 : 20), 하나님의 위대하심과 선하심을 찬양하고(눅 2 : 28-32) 감사하며 그에게 순종하는 신앙 행위입니다. 기도는 하나님의 은혜와 자비에 근거해 하나님께 소원을 아뢰고, 충성과 헌신을 다짐하며(시 103편), 죄에 빠진 인간이 자신의 불순종을 인정하는 고백입니다(시 51편). 기도는 자비하신 아버지의 응답을 바라보는 기쁨의 시간으로 우리는 기도를 통해 인간과 세상과 역사를 주님의 뜻 안에서 변화시키게 됩니다. 기도는 우리 자신의 변화뿐 아니라 하나님 나라와 그의 의가 펼쳐질 온 세상의 정의와 평화와 창조의 보전을 위해 기원하며(롬 9 : 1-2, 10 : 1) 실천하는 행위입니다.

문 56. 주기도문의 전체적 구조에 대해 설명하십시오.

답 주기도문은 전체적으로 네 부분으로 나눌 수 있습니다. 하나님의 이름에 대한 부분, 당신 곧 '아버지'란 단어가 자주 나오는 2인칭 단수 부분, 그리고 '우리'라는 단어가 자주 나오는 1인칭 복수 부분(마 6 : 11-13)과 마지막 송영 부분입니다. 주기도문은 수직적으로는 하나님 나라와 그 뜻을, 수평적으로는 우리의 필요와 우리의 뜻을 찾는 두 부분으로 구성되어 있습니다.

주기도문의 주요 몸체는 두 번째와 세 번째의 단락인데, 이 두 단락들을 연결하는 위치에 "하늘에서와 같이 땅에서도"라는 부사구가 있습니다. 이 부사구는 두 번째 단락의 하늘을 향한 기도와 세 번째 단락의 땅을 향한 기도를 묶는 기능을 하면서, 하나님 사랑과 이웃 사랑을 연결합니다(마 22 : 36-40). 그리고 마지막 부분은 송영으로 하나님에 대한 찬양입니다(대상 29 : 11-12).

문 57. "하늘에 계신 우리 아버지"라는 기도의 부름이 의미하는 것은 무엇입니까?

답 이 간구는 '하늘에 계신', '우리', '아버지'의 세 가지 구성요소로 되어있습니다. 기도의 대상이 되시는 하나님께서는 하늘에 계심과 동시(시 57 : 5), 우리의 아버지가 되신 분입니다(롬 8 : 15, 고후 6 : 18). 우리 인간들을 초월하여 하늘에 계시며, 아버지로서 우리보다 우리 존재에 더 가까이 내재하여 계신 분이 하나님이십니다(엡 4 : 6). 또한 하나님께서는 '우리'의 아버지가 되십니다. 나만의 아버지가 아니라 나와 너의 아버지입니다. 그와 같이 우리라는 공동체로서의 교회를 통해서 신자는 하나님께 기도할 수 있게 됩니다(마 18 : 19-20). 교회는 만민이 기도하는 집입니다(막 11 : 17).

문 58. "아버지의 이름을 거룩하게 하시며"는 무엇을 의미합니까?

답 '거룩하게 하다'라는 말은 히브리어로 '구별하다'라는 뜻입니다(출 15 : 11). 이 기도는 하나님의 이름을 거룩히 구별하는 것, 무한하신 하나님을 유한한 존재들과 구별하는 것을 강조합니다. 하나님을 다른 것들과 구별하여 그분을 정확히 아는 것이 먼저입니다. 삼위일체 하나님의 이름을 거룩하게 하며 그에게 영광을 돌리는 것이 우리 성도들의 우선적 책무입니다(왕상 8 : 11, 시 8 : 1).

문 59. "아버지의 나라가 오게 하시며"는 무엇을 의미합니까?

답 하나님의 나라를 이 땅 위에 성취하는 것에 대한 기도입니다. 예수 그리스도 사역의 동기와 중심 목적은 모두 하나님 나라에 있었습니다. 요단강에서 세례를 받으시며 메시야 직분을 수여받으신 후, 예수 그리스도께서는 "때가 찼고 하나님의 나라가 가까이 왔으니 회개하고 복음을 믿으라 하시더라."(막 1 : 15)라고 선포하셨습니다. 이 말씀과 같이 하나님의 나라는 그의 모든 말씀과 행동의 대전제였습니다. 이에 우리의 기도는 하나님 나라의 도래와 하나님 나라의 확장을 간구하는 것이 되어야 합니다(눅 4 : 43).

문 60. "아버지의 뜻이 하늘에서와 같이 땅에서도 이루어지게 하소서."는 무엇을 의미합니까?

답 주님의 말씀에 순종함으로 주님의 거룩한 뜻을 이 땅 위에 성취하고자 하는 성도들의 간구입니다(마 6 : 33). 주님의 말씀을 준행함으로 자기 스스로 복을 누릴 뿐 아니라, 세상 모든 사람들에게 복을 전달하는 통로가 되는 것이 우리를 향한 하나님의 뜻입니다(창 12 : 1-3, 22 : 17-18).

문 61. "오늘 우리에게 일용할 양식을 주시고"는 무엇을 의미합니까?

답 일용할 양식을 주되 '우리'에게 달라고 기도자는 간구합니다. '나의' 양식만이 아니라 '우리' 모두의 양식이 관심입니다(요

6 : 9-13). 우리는 양식뿐 아니라 우리의 모든 것들을 이웃과 나누는 마음으로 살아야 합니다(마 19 : 21). 자원을 아껴 쓰며 정의로운 사회를 만들기 위해 노력하고 나눔을 실천하여야 합니다.

문 62. "우리가 우리에게 잘못한 사람을 용서하여 준 것같이 우리 죄를 용서하여 주시고"는 무엇을 의미합니까?

답 이 간구에서도 '나의' 죄뿐만 아니라 '우리' 모두의 죄가 강조됩니다(요일 1 : 9). 예수 그리스도께서는 자신의 죄 때문에 십자가에 달리신 것이 아닙니다(눅 23 : 47, 롬 5 : 8). 그는 인류의 죄 곧 우리의 죄를 대신 지시고 십자가에 달리셨습니다(히 7 : 26-28). 남의 허물을 함께 지는 데에서 하나님의 구원과 용서의 빛이 비춰집니다(눅 23 : 34, 요 1 : 29, 고후 2 : 10).

문 63. "우리를 시험에 빠지지 않게 하시고, 악에서 구하소서"는 무엇을 의미합니까?

답 시험에 들면 죄와 악을 행하게 되며, 그러한 죄는 결국 우리를 불행으로 인도합니다(약 1 : 15). 이 간구는 나를 죄와 파멸로부터 건져 달라고 언급함과 동시에 '우리' 모두를 건져 달라고 기도합니다(마 7 : 7). 우리는 보통 나만 불행에서 피하면 된다는 생각을 할 때가 많습니다. 그러나 나의 행복만큼 남의 행복도 중요합니다. 이 간구는 나를 포함한 우리 모두를 죄와 파멸과 사탄의 권세로부터 구해달라는 기도입니다.

문 64. "나라와 권능과 영광이 영원히 아버지의 것입니다."는 무엇

을 의미합니까?

답 주기도문의 후렴으로서 송영 부분입니다(대상 29 : 11-12). 하늘에서 출발하여 땅으로 내려왔던 간구는 다시 하늘에 이르러 마무리됩니다. 그것은 하나의 거대한 순환입니다. 땅의 물이 햇빛을 받아 하늘로 올라 구름이 되며 다시 그 구름이 땅을 적시는 비가 되듯, 우리의 기독교 영성은 하나의 순환구조로 되어 있습니다. 그와 같이 하나님 사랑과 이웃 사랑은 동전의 양면과 같은 것으로 서로 순환적입니다. 하늘의 하나님의 영광이 이 창조세계를 적시며, 다시 그 영광이 하늘로 올려지게 됩니다(요 14 : 13, 시 115 : 1). 그 하나님께서는 영광을 받으실 우리의 영원한 통치자이십니다.

문 65. "아멘."은 무엇을 의미합니까?

답 '아멘'은 아람어로서 '진실로' 또는 '그렇게 될지어다'라는 뜻의 감탄사입니다. 유대인들은 회당에서 예배 드리며, 기도 인도자나 찬양대가 '하나님은 복되시다.'고 말하면 회중들은 "아멘"으로 화답하였습니다(대상 16 : 36, 느 8 : 6). 오늘날 우리는 "예수님의 이름으로 기도합니다."라는 말로 기도를 마치며, 이 말 뒤에 모두가 함께 아멘으로 화답합니다(고후 1 : 20). 중보자 되시는 예수 그리스도로 말미암아 우리는 하나님께 기도를 드릴 수 있습니다(딤전 2 : 5). 예수 그리스도께서는 하나님의 말씀으로서 우리의 '아멘'이 되시는 분이시기 때문입니다(계 3 : 14).

문 66. 마지막으로 우리는 하나님의 나라와 그의 의를 이 땅 위에

실현하기 위하여 무엇을 해야 합니까?

답 마태복음 6장 31절과 33절은 다음과 같이 언급합니다. "그러므로 염려하여 이르기를 무엇을 먹을까 무엇을 마실까 무엇을 입을까 하지 말라 …… 너희는 먼저 그의 나라와 그의 의를 구하라 그리하면 이 모든 것을 너희에게 더하시리라." 세계와 인류를 위해 그리고 온 생태계를 포함한 우주와 하나님의 영광, 곧 그의 나라와 그의 의를 위해 일할 때, 주님께서는 우리에게 필요한 모든 것을 주시리라 믿습니다. 성경은 개인적인 간구를 금하지 않습니다. 다만 '먼저' 곧 첫 번째로 하나님의 나라와 그의 의를 구하라고 합니다. 우리가 이웃을 위해 기도하므로 우리 개인의 모든 문제들도 하나님 앞에서 해결되리라 믿습니다. 이웃을 사랑하여 그들에게 복음을 전하며 하나님 나라의 구현을 위해 일할 때 하나님께서는 기뻐하십니다.

VI. 교회의 선교에 대하여

문 67. 교회의 선교란 무엇입니까?

답 선교는 하나님으로부터 특별한 사명을 위해 부르심을 입은 사람들이 이 세상으로 보내심을 받는 것을 뜻합니다(요 20 : 21, 행 1 : 8). 선교는 '복음 전도'와 '하나님 나라의 구현'을 목적으로 하는 것으로(마 9 : 35, 막 1 : 15), 믿지 않는 사람들에게 복음을 전하여 그들의 영혼을 구원할 뿐 아니라, 이 세상의 모든 인간과 피조물들을 하나님과 화해케 하며(골 1 : 15-20), 정의와 평화와 창조보전을 이 세상 속에 구현하는 것을 목적으로 합니다(사 11 : 1-9, 52 : 7, 시 85 : 9-10).

문 68. 복음전도와 하나님 나라 구현의 관계는 무엇입니까?
답 기독교의 선교는 복음 선포로서 전도를 중심으로 하며, 사회봉사, 양육, 교제 등을 포괄합니다(마 9 : 35). 이와 같이 선교가 전도보다 더 넓은 개념이긴 하지만 서로 이분화되어선 안 됩니다. 개인 구원은 그 개인이 처한 사회적 환경과 분리될 수 없으므로 기독교는 그 구원의 내용 속에 개인 영혼의 구원과 함께(롬 5 : 5-11) 하나님의 나라를 이 땅 위에 구현하는 것을 포괄하고 있습니다(요삼 1 : 2, 눅 4 : 43). 복음전도를 통해 믿고 회개하여 세례를 받은 사람들은, 주님의 복음을 전파함과 동시에 온 세상을 아름답게 변화시킬 선교의 책임을 갖습니다.

문 69. 교회의 선교가 성령님의 사역이란 말의 의미는 무엇입니까?
답 예수 그리스도께서는 부활하신 후 제자들에게 오셔서 숨을 내쉬며 성령을 받으라고 하시면서, 아버지께서 그를 보내신 것같이 그도 제자들을 보내심을 말씀하셨습니다(요 20 : 21-23). 이 말씀은 그리스도께서 신자들을 보내시는 선교의 일에 성령님의 역사가 중요함을 언급합니다. 또한 사도행전 1장 8절의 말씀은 "오직 성령이 너희에게 임하시면 너희가 권능을 받고 예루살렘과 온 유대와 사마리아와 땅끝까지 이르러 내 증인이 되리라"라고 말합니다. 이 말씀 또한 선교에 있어 성령님의 역사를 강조하는 말씀으로, 우리는 사도행전에서 사도들의 선교 사역에 함께 하셨던 성령님을 확인하게 됩니다(행 2 : 4, 4 : 8-9, 4 : 31,

8 : 17, 8 : 29, 10 : 19, 10 : 44, 11 : 12, 13 : 2, 16 : 6).

문 70. 증인으로서 선교자의 사명이란 무엇입니까?

답 선교의 주체는 교회가 아니며 하나님이십니다(요 20 : 21, 사 43 : 11). 온 세상에 구원과 샬롬을 성취하시는 분은 하나님으로서(사 9 : 6), 선교자는 역사와 창조세계 안에서 하나님 나라를 구현하시는 삼위일체 하나님의 선교를 증거할 뿐입니다(사 43 : 10, 44 : 1-2). 내가 앞서 일하는 것이 아니라 그리스도께서 일하시게 함으로써(갈 2 : 20), 우리는 하나님의 선교에 동참하게 됩니다.

제5부

웨스트민스터 신앙고백

웨스트민스터 신앙고백[1]

제1장 성경에 관하여

1. 비록 자연의 빛과 창조의 업적과 섭리의 역사가 하나님의 선과 지혜와 권능을 항상 나타내기에 사람이 핑계하지 못할 정도가 된다고 하더라도(롬 1 : 19-20, 2 : 14-15, 1 : 32, 2 : 1, 시 19 : 1-3), 그것들은 구원에 필수적인 하나님 지식과 그의 뜻에 관한 지식을 주기에 충분치 못하였다(고전 1 : 21, 2 : 13-14). 그러므로 주님은 여러 기회에 여러 가지 방법으로 자신을 계시하고 교회에게 자기의 뜻을 선포하기를 기뻐하셨다(히 1 : 1). 나중에는 진리를 더 잘 보존하고 전파하시기 위하여, 그리고 육신의 부패 및 사단과 세상의 악에 맞서서 교회를 더 견고하게 건설하고 또한 위안하시기 위하여 그 모든 것을 기록해 두기를 기뻐하셨다(잠 22 : 19-21, 눅 1 : 3-4, 롬 15 : 4, 마 4 : 4, 10, 사 8 : 19-20). 이것이 성경이 가장 필요하게 된 원인이다(딤후 3 : 15, 벧후 1 : 19). 그러나 하나님이 자기의 뜻을 자기 백성에게 계시해 주시던 이전 방법들은 현재 중지되었다(히 1 : 1-2).

---

[1] 웨스트민스터 신앙고백과 소요리문답은 1643년 영국의 "장기의회"에 의해서 소집된 신학자 총회에서 작성된 것이다. 이 총회의 고백서는 1648년의 의회에서 공인한 것이다. 이에 앞서 1647년에 스코틀랜드 의회에서 준비되었다. 1967년도의 미국판 웨스트민스터 신앙고백에는 성구가 인용되어 있지 않으나 이 번역은 독자의 편의를 돕기 위하여 1647년 판에서 성구를 인용했음을 밝힌다.

2. 성경 또는 기록된 하나님 말씀이라는 명칭 하에 현재 신구약성경의 모든 책이 포함되어 있다. 그 책은 다음과 같다 :

구약

창 세 기	열왕기상	전 도 서	오 바 댜
출애굽기	열왕기하	아 가	요 나
레 위 기	역 대 상	이 사 야	미 가
민 수 기	역 대 하	예레미야	나 훔
신 명 기	에 스 라	예레미야 애가	하 박 국
여호수아	느헤미야	에 스 겔	스 바 냐
사 사 기	에 스 더	다 니 엘	학 개
룻 기	욥 기	호 세 아	스 가 랴
사무엘상	시 편	요 엘	말 라 기
사무엘하	잠 언	아 모 스	

신약

마 태 복 음	고린도후서	디모데전서	베드로후서
마 가 복 음	갈라디아서	디모데후서	요 한 1 서
누 가 복 음	에 베 소 서	디 도 서	요 한 2 서
요 한 복 음	빌 립 보 서	빌 레 몬 서	요 한 3 서
사 도 행 전	골 로 새 서	히 브 리 서	유 다 서

로 마 서	데살로니가전서	야 고 보 서	[요한2)]계시록
고린도전서	데살로니가후서	베드로전서	

이 모든 책은 하나님의 영감으로 주어진 것으로 믿음과 삶의 기준이 된다(눅 16 : 29, 31, 엡 2 : 20, 계 22 : 18-19, 딤후 3 : 16).

3. 보통 외경이라고 부르는 책은 하나님의 영감에 의해서 된 것이 아니며 경전의 일부도 아니다. 따라서 하나님의 교회 안에서는 권위가 없다. 또한 다른 인간적 저술들과 구별되는 것으로 인정되거나 사용되어서는 안 된다(눅 24 : 27, 44, 롬 3 : 2, 벧후 1 : 21).

4. 성경의 권위로 인하여 우리는 성경을 믿어야 하고 성경에 순종해야 한다. 성경의 권위는 어떤 사람이나 교회의 증언에 의존하는 것이 아니라, 진리 자체이시며 저자가 되시는 하나님께 전적으로 의존한다. 그러므로 성경은 하나님의 말씀이기 때문에, 우리는 성경을 받아들여야 한다(벧후 1 : 19, 21, 딤후 3 : 16, 요일 5 : 9, 살전 2 : 13).

5. 우리는 교회의 증언에 따라 성경을 고귀한 것으로 평가한다(딤전 3 : 15). 내용의 고귀함, 가르침의 효능, 문체의 장엄성, 모든 부분의 통일성, 성경 전체의 목표(그것은 하나님께 모든 영광을 돌리는 것이다.), 성경이 보여주는 인간의 구원에 관한 유일한 길의 온전한 제시, 그밖에 비교할 수도 없는 많은 탁월한 점들, 그리고 성경의 전체적

---

2) [ ] 안에 있는 것은 1967년 판에는 없으나 1647년 판에는 있는 것을 의미한다.

완전성, 이 모든 것들은 성경이 하나님의 말씀이라는 것을 충분히 증거한다. 그러나 우리가 그것을 충분히 납득하고 또한 그것이 틀림없는 진리이며 신적 권위를 가지고 있다고 확신할 수 있는 것은 우리의 마음속에서 말씀을 통해서 증거하시는 성령의 내적 활동에 의한 것이다(요일 2 : 20, 27, 요 16 : 13-14, 고전 2 : 10-12, 사 59 : 21).

6. 하나님 자신의 영광과 인간의 구원과 믿음과 삶에 필요한 모든 것에 관하여 하나님이 가지시는 모든 계획은 성경 안에 분명히 나타나 있거나 그렇지 않으면 선하고 필요한 결론으로 성경에서 이끌어 낼 수 있다. 여기에다가 어느 때를 막론하고 성령의 새로운 계시로든 인간의 전통으로든 더 첨가할 수 없다(딤후 3 : 15-17, 갈 1 : 8-9, 살후 2 : 2). 그러나 우리는 성령의 내적 조명이 말씀 안에 계시된 그것을 이해하는 데 필요하다는 것을 인정한다(요 6 : 45, 고전 2 : 9-10, 12). 그와 동시에 하나님을 예배하는 일과 교회정치와 관련하여 인간의 행동과 사회에 공통된 여러 상황들이 있다는 것도 인정한다. 이와 같은 예배와 교회정치는 언제든지 지켜야 할 말씀의 일반적 규칙들에 따라 자연의 빛과 신자의 분별을 통해서 조직되어야 한다(고전 11 : 13-14, 14 : 26, 40).

7. 성경 안에 있는 모든 것이 그 자체가 자명하거나 모든 사람에게 분명한 것은 아니다(벧후 3 : 16). 그러나 구원을 얻기 위해서 알아야 하고, 믿어야 하고, 지켜야 할 것은 그 안에 분명히 지시되고 계시되어 있으므로, 교육을 받은 사람이나 받지 않은 사람이나 적당한 방법만 사용한다면 그것에 대한 충분한 이해를 가질 수 있다(시 119 : 105, 130).

8. 하나님의 옛 백성의 모국어인 히브리어로 기록된 구약성경과, 기록될 당시 여러 민족에게 가장 보편적으로 알려져 있던 그리스어로 기록된 신약성경은 하나님의 감동을 직접 받았을 뿐만 아니라 하나님의 단독적인 보호와 섭리로써 세세토록 순결하게 보존되어 왔으므로 신뢰할 만하다(마 5 : 18). 그러므로 신앙에 관한 모든 논쟁들에 있어서 교회는 최종적으로 성경에 의거할 수 있다(사 8 : 20, 행 15 : 15, 요 5 : 39, 46). 그러나 성경을 읽을 권리를 가지고 있고 성경에 관심을 가지고 있으며, 동시에 하나님을 경외하는 마음으로 성경을 읽고 탐구하도록 명령을 받은(요 5 : 39) 하나님의 백성이라도 모두가 성경원어들을 다 아는 것은 아니다. 그러므로 성경은 누구나 읽을 수 있도록 [각 민족의][3] 쉬운 언어로 번역되어야 한다(고전 14 : 6, 9, 11-12, 24, 27-28). 이렇게 하여 하나님의 말씀이 모든 사람 안에 풍성히 거함으로써, 그들이 옳은 방법으로 하나님을 예배할 수 있고(골 3 : 16), 성경이 가르쳐 주는 인내와 위로를 통해서 소망을 가질 수 있다(롬 15 : 4).

9. 성경을 해석하는 무오한 규칙은 성경 자체이다. 그러므로 어느 성경 한 구절이 내포하고 있는 참되고 충분한 의미에 관하여(여러 가지 의미가 있는 것이 아니라 하나밖에 없다) 무슨 의문이 있을 때에는, 더 분명하게 말하는 다른 구절들을 통해서 고찰하고 이해해야 한다(벧후 1 : 20-21, 행 15 : 15, 요 5 : 46).

10. 최고 심판자는 성경 안에서 말씀하시는 성령 이외에 아무도 있

---

3) 1647년 판에는 '각 나라의'로 되었음.

을 수가 없다. 경건에 관한 모든 논쟁들은 성령에 의하여 결정되어야 하고, 공의회의 모든 결정들과 고대 저술가들의 의견들과 인간들의 교리들과 개인적인 마음들도 성령에 의하여 검토되어야 하며, 성령의 판결에 순응해야 한다(마 22 : 29, 31, 엡 2 : 20, 행 28 : 25).

제2장 하나님과 성 삼위일체에 관하여

1. 살아계시고, 참되신 하나님은 한 분뿐이시다(신 6 : 4, 고전 8 : 4, 6). 그의 존재는 무한하시고 완전하시고(욥 11 : 7-9, 26 : 14), 가장 순결하신 영이시다(요 4 : 24). 볼 수 없고(딤전 1 : 17), 육체를 가지시지 않고 어떤 것의 부분이 되시거나(신 4 : 15-16, 요 4 : 24, 눅 24 : 39), 성정을 가지지도 않으신다(행 14 : 11, 15). 그는 또한 변치 않으시고(약 1 : 17, 말 3 : 6), 광대하시고(왕상 8 : 27, 렘 23 : 23-24), 영원하시고(시 90 : 2, 딤전 1 : 17) 측량할 수도 없다(시 145 : 3). 전능하시고(창 17 : 1, 계 4 : 8), 가장 지혜로우시고(롬 16 : 27), 가장 거룩하시고(사 6 : 3, 계 4 : 8), 가장 자유하시고(시 115 : 3), 절대하시며(출 3 : 14), 모든 일을 자기의 영광을 위하여(잠 16 : 4, 롬 11 : 36, 계 4 : 11) 불변하고 의로우신 뜻의 계획에 따라 행하신다(엡 1 : 11). 그는 사랑이 가장 많으시고(요일 4 : 8, 16), 은혜롭고, 사비롭고, 너그러우시며, 선과 진리에 충만하시고, 부정과 위법과 죄를 용서하신다(출 34 : 6-7). 자기를 열심히 찾는 자에게는 상을 주신다(히 11 : 6). 그뿐만 아니라 그의 심판은 가장 정의롭고 무섭다(느 9 : 32-33). 모든 죄를 미워하시고(시 5 : 5-6), 결코 죄책을 면제하지 않으신다(나 1 : 2-3, 출 34 : 7).

2. 하나님은 모든 생명(요 5 : 26)과 영광(행 7 : 2)과 선(시 119 : 68)과 복(딤전 6 : 15, 롬 9 : 5)을 자기 안에 스스로 가지고 계신다. 하나님은 자신 안에 있어서나 자신에 대해서나 모든 면에 있어서 자족하시다. 피조물에서(행 17 : 24-25) 보충을 받아야 하거나, 무슨 영광이 피조물에서 나오는 것이 아니라(욥 22 : 2, 23), 모든 피조물 안에서나 피조물을 통해서나, 또는 그것에 대해서, 또는 그 위에서 자기의 영광을 나타내신다. 하나님만 모든 존재의 근원이 되신다. 만물이 주에게서 나오고 주로 말미암고 주에게로 돌아간다(롬 11 : 36). 그는 무엇이든지 자기가 기뻐하시는 대로(계 4 : 11, 딤전 6 : 15, 단 4 : 25, 35) 모든 것을 주관하시고 사용하시고 보호하시고 명령하신다. 그의 앞에서는 모든 것이 노출된다(히 4 : 13). 그의 지식은 무한하고 틀림이 없고 피조물에 의존하지 않는다(롬 11 : 33-34, 시 147 : 5). 그러므로 하나님에게는 우연한 것이나 불확실한 것은 하나도 없다(행 15 : 18, 겔 11 : 5). 모든 계획이나 역사나 명령에 있어서 가장 거룩하시다(시 145 : 17, 롬 7 : 12). 천사나 사람이나 또는 모든 피조물이 드리는 예배나 봉사나 복종은 하나님에게 돌려야 하며, 또한 하나님은 그것들을 기뻐 요구하신다(계 5 : 12-14).

3. 신성의 일치성 안에 한 본체와 한 권능과 한 영원성을 지니시는 세 위격들, 즉 성부 하나님, 성자 하나님, 성령 하나님이 존재하신다(요일 5 : 7, 마 3 : 16-17, 28 : 19, 고후 13 : 13). 성부는 아무 것으로부터도 오지 않고 출생되지도 않고 출원하지도 않으신다. 성자는 성부로부터 영원히 출생되신다(요 1 : 14, 18). 성령은 성부와 성자로부터 영원히 출원하신다(요 15 : 26, 갈 4 : 6).

제3장 하나님의 영원한 결정에 관하여[4]

1. 하나님은 영원 전부터 자신의 뜻으로 말미암아 가장 현명하고 거룩한 계획에 따라 장차 일어날 모든 것을 자유롭게 또한 변함이 없게 제정하셨다(엡 1 : 11, 롬 11 : 33, 히 6 : 17, 롬 9 : 15, 18). 그러나 하나님은 죄를 조성하지 아니하시며(약 1 : 13, 17, 요일 1 : 5), 피조물에게 허락하신 의지를 부정하지 아니하시고, 또한 제2원인들의 자유나 우연성을 빼앗지 않으시고 오히려 확립하신다(행 2 : 23, 마 17 : 12, 행 4 : 27-28, 요 19 : 11, 잠 16 : 33).

2. 하나님은 생각할 수 있는 모든 상태에서 일어나든지 일어날 수 있는 모든 것을 아신다(행 15 : 18, 삼상 23 : 11-12, 마 11 : 21, 23). 그러나 하나님이 그것을 미래로 예견하셨거나 또는 일정한 상태로 일어날 것이라고 해서 그것을 정하신 것은 아니다(롬 9 : 11, 13, 16, 18).

3. 하나님의 영광을 나타내기 위하여 하나님의 경륜에 의하여 인간들과 천사들 중에 어떤 이들은(딤전 5 : 21, 마 25 : 41) 영생으로 예정되었고, 어떤 이들은 영원한 죽음에로 미리 정하여졌다(롬 9 : 22-23, 엡 1 : 5-6, 잠 16 : 4).

4. 이와 같이 예정되고 미리 정하여진 천사들과 인간들은 구체적으로 그리고 불변적으로 계획되어 있다. 그래서 그들의 수는 매우 분

---

4) 이 신앙고백서 끝에 있는 선언문을 참조할 것. 이 선언문은 제3장에 대한 유권적 해석이다.

명하고 확정적이므로 더 증가되거나 감소될 수 없다(딤후 2 : 19, 요 13 : 18).

5. 생명으로 예정된 사람들을 하나님께서는 이 세상의 기초를 놓으시기 전에 영원하고, 변함이 없는 목적에 따라 그리고 자기의 뜻에 의한 비밀의 계획과 선한 기쁨에 따라 그리스도 안에서 택하셨다. 영원한 영광을 위하여 자기의 순전히 자유로운 은혜와 사랑으로부터 그들을 택하셨다(엡 1 : 4, 9, 11, 롬 8 : 30, 딤후 1 : 9, 살전 5 : 9). 이렇게 택하실 때 하나님은(롬 9 : 11, 13, 16, 엡 1 : 4, 9) 그들의 신앙이나 선행들이나, 또는 그들의 인내나 피조물 안의 어떤 다른 것을 하나님 자신의 결정의 조건들이나 원인들로 미리 보시고 한 것은 아니다. 모든 것은 하나님의 영화로운 은혜를 찬양하기 위해서이다(엡 1 : 6, 12).

6. 하나님께서 선택을 입은 자들을 영광에로 임명하셨던 것처럼, 그것에 필요한 모든 수단들을 자기의 뜻의 영원하고 가장 자유로운 목적을 통하여 미리 정하셨다(벧전 1 : 2, 엡 1 : 4-5, 2 : 10, 살후 2 : 13). 그러므로 선택함을 받은 사람들은 아담 안에서 타락했으나 그리스도에 의해 구속을 받으며(살전 5 : 9-10, 딛 2 : 14), 때를 따라 역사하시는 성령을 통하여 믿음에 이르도록 효과적으로 부르심을 받는다. 그들은 또한 칭의를 얻고, 하나님의 자녀로 입양되고, 성화되고(롬 8 : 30, 엡 1 : 5, 살후 2 : 13), 그의 권능에 의하여 믿음을 통해서 구원에로 보존된다(벧전 1 : 5). 선택함을 받은 자 외에는 그리스도에 의하여 효과적으로 부르심을 받거나, 칭의를 얻거나, 하나님의 자녀로 입양되거나, 성화되고 구원되는 자는 아무도 없다(요 17 : 9, 롬 8 : 28,

요 6 : 64-65, 8 : 47, 10 : 26, 요일 2 : 19).

7. 하나님은 모든 피조물에 대한 자신의 주권적 권능의 영광을 위하여 자기의 뜻의 측량할 수 없는 계획에 따라 기뻐하시는 대로 자비를 베풀기도 하시고 베풀지 않기도 하신다. 그래서 하나님은 선택을 입지 못한 자들의 죄를 간과하기도 하시고, 그들의 죄로 말미암아 부끄럽게도 하시고, 진노에 처하기도 하신다. 이를 통하여 자신의 영광스러운 의를 찬송하고자 하신다(마 11 : 25-26, 롬 9 : 17-18, 21-22, 딤후 2 : 19-20, 유 1 : 4, 벧전 2 : 8).

8. 예정이라는 깊은 신비의 교리는 특별한 명철과 조심성을 가지고 취급해야 한다(롬 9 : 20, 11 : 33, 신 29 : 29). 하나님의 말씀에서 계시된 하나님의 뜻에 관심을 기울이고 그 뜻에 순종하면서 취급해야 한다. 그렇게 함으로 사람들은 자신들의 효과적인 부르심의 확실성으로부터 자신들의 영원한 선택을 확신할 수 있다(벧후 1 : 10). 따라서 이 교리는 하나님께 대한 찬송과 공경과 동경이 일어나게 한다(엡 1 : 6, 롬 11 : 33). 그뿐만 아니라 겸손과 부지런함과 풍성한 위로를 (롬 11 : 5-6, 20, 벧후 1 : 10, 롬 8 : 33, 눅 10 : 20) 베풀어 준다.

제4장 창조에 관하여

1. 성부, 성자, 성령(히 1 : 2, 요 1 : 2-3, 창 1 : 2, 욥 26 : 13, 33 : 4) 이 되시는 하나님은 영원하신 권능과 지혜와 선의 영광을 나타내시기 위하여(롬 1 : 20, 렘 10 : 12, 시 104 : 24, 33 : 5-6) 태초에 무로부터 세

계와 그 안의 모든 것을, 즉 보이는 것이나 보이지 않는 것을 엿새 동안 창조하거나 만들기를 기뻐하셨다. 그리고 모든 것은 다 선하였다(창 1장, 히 11 : 3, 골 1 : 16, 행 17 : 24).

2. 하나님께서 모든 다른 피조물을 지으신 후에 사람을 창조하시되 남자와 여자로 지으셨다(창 1 : 27). 이 사람에게 이성적이고 불멸의 영혼을 주시고(창 2 : 7, 전 12 : 7, 눅 23 : 43, 마 10 : 28), 하나님의 형상에(창 1 : 26, 골 3 : 10, 엡 4 : 24) 따라 지식과 의와 참된 거룩함을 부여하셨고, 사람의 마음에 하나님의 법을 기록하셨고(롬 2 : 14-15), 또한 그것을 성취할 힘을 주셨다(전 7 : 29). 그리고 변화할 수밖에 없는 의지의 자유에 맡겨 두심으로써 범죄할 가능성 아래 버려두셨다. 그들은 마음속에 쓰여진 법 이외에, 선악을 아는 나무의 열매를 먹지 말라는 명령을 받았다(창 2 : 17, 3 : 8-11, 23). 그 명령을 지키고 있는 동안 그들은 하나님과 교제하면서 행복하였고, 또한 피조물을 다스렸다(창 1 : 26, 28, 시 8 : 6-8).

제5장 섭리에 관하여

1. 만물의 위대한 창조자이신 하나님은 자기의 지혜와 권능과 의와 선과 자비의(사 63 : 14, 엡 3 : 10, 롬 9 : 17, 창 45 : 7, 시 145 : 7) 영광을 찬양하기 위하여 틀림없는 예지와(행 15 : 18, 시 94 : 8-11) 자유롭고 변함이 없는 자신의 뜻의(엡 1 : 11, 시 33 : 10-11) 계획에 따라 가장 지혜롭고 거룩하신 섭리(잠 15 : 3, 시 104 : 24, 145 : 17, 대하 16 : 9)로써 가장 위대한 것에서부터 가장 작은 것에(마 10 : 29-31, 마 6 : 26,

30) 이르기까지 모든 피조물과 행동과 물질을(단 4 : 34-35, 시 135 : 6, 행 17 : 25-26, 28, 욥 38-41장) 보호하시고 지도하시고 처분하시고 통치하신다.

2. 제일원인이 되시는 하나님의 예지와 경륜에 따라 비록 만물이 변함이 없이 그리고 틀림이 없이 생성하지만(행 2 : 23), 동시에 동일한 섭리로써 하나님은 만물이 제이원인들의 본성에 따라 필연적으로나 자유롭게나 우발적으로 일어나게 하신다(창 8 : 22, 렘 31 : 35, 출 21 : 13, 신 19 : 5, 왕상 22 : 28, 34, 사 10 : 6-7).

3. 하나님은 일반적 섭리에 있어서 여러 가지 수단을 사용하신다(행 27 : 31, 44, 사 55 : 10-11, 호 2 : 21-22). 그러나 그것들 없이도 (호 1 : 7, 마 4 : 4, 욥 34 : 10) 또는 그것들을 넘어서서(롬 4 : 19-21) 또는 그것들을 거슬러서 자기의 기뻐하시는 대로 자유롭게 역사하신다(왕하 6 : 6, 단 3 : 27).

4. 하나님의 전능하신 권능과 측량할 수 없는 지혜와 무한하신 선이 섭리 가운데서 매우 분명하게 나타나고 있다. 그것은 첫 타락에까지 확대될 뿐만 아니라 그 외에 천사들과 사람의 모든 죄에도 적용되며(롬 11 : 32-34, 삼하 24 : 1, 대상 21 : 1, 왕상 22 : 22, 33, 대상 10 : 4, 13-14, 삼하 16 : 10, 행 2 : 23, 4 : 27-28), 또한 그 타락과 죄를 단지 허용하기만 하시는 것이 아니라(행 14 : 16), 오히려 가장 지혜롭고 강력한 제한을 가하기도 하신다(시 76 : 10, 왕하 19 : 28). 또는 여러 가지 복잡한 경륜 안에서 자기 자신의 거룩한 목

적에 따라서 그들을 정하시고 다스리신다(창 1 : 20, 사 10 : 6-7, 12). 그러나 거기서 초래되는 죄악성은 하나님에게서 나오는 것이 아니라 피조물에서만 산출된다. 하나님은 가장 거룩하시고 의로우시므로 죄를 만드시거나 그것을 인정하시지 않을 뿐만 아니라 하실 수도 없다(약 1 : 13-14, 17, 요일 2 : 16, 시 50 : 21).

5. 가장 현명하시고 의롭고 은혜로우신 하나님은 때때로 자기의 자녀를 얼마 동안 여러 가지 시험과 그들의 마음의 부패성에 잠기도록 버려두신다. 그렇게 함으로써 그들이 이전에 범한 죄를 징벌하고, 부패의 숨은 힘과 그들의 마음의 불성실을 발견해서 겸손해지고(대하 32 : 25-26, 31, 삼하 24 : 1) 따라서 하나님께 전보다도 더 간절하고 굳게 의지하게 하며, 또한 그들이 그 후부터는 모든 범죄의 기회에 대항하고 여러 가지 다른 의와 거룩한 목적에 힘쓰도록 더 주의하게 하신다(고후 12 : 7-9, 시 73편 전체, 시 77 : 1-10, 12, 막 14 : 66 이하, 요 21 : 15-17).

6. 사악하고 불경건한 사람에 대하여 하나님은 의로우신 재판장으로서 그들이 범한 전의 죄에 대해서 그들의 눈을 어둡게 하시고 마음을 강퍅케 하신다(롬 1 : 24, 26, 28, 11 : 7-8). 하나님은 그들의 이해가 밝아지고 그들의 마음에 역사할 은혜를 베풀어 주시지 않을 뿐만 아니라(신 29 : 4), 때로는 그들이 이미 가지고 있던 은사조차 빼앗으신다(마 13 : 12, 25 : 29). 또한 그들의 부패성이 죄의 기회로 삼을 상황에 그들을 두기도 하신다(신 2 : 30, 왕하 8 : 12-13). 그뿐만 아니라 그들 자신의 탐욕과 이 세상의 유혹과 사단의 권세에 빠지게 하신다

(시 81 : 11-12, 살후 2 : 10-12). 이와 같은 원인으로 그들은 심지어 하나님이 다른 사람들의 마음을 부드럽게 하기 위해서 쓰시는 방법에 대해서도 자신을 완악케 한다(출 7 : 3, 8 : 15, 32, 고후 2 : 15-16, 사 8 : 14, 벧전 2 : 7-8, 사 6 : 9-10, 행 28 : 26-27).

7. 하나님의 섭리는 보편적으로는 모든 피조물에게 미치지만, 또한 특별한 방법으로 교회를 보호하며 모든 것이 교회의 유익이 되게 하는 데에도 미친다(딤전 4 : 10, 암 9 : 8-9, 롬 8 : 28, 사 43 : 3-5, 13).

제6장 인간의 타락과 죄와 형벌에 관하여

1. 우리의 처음 부모는 사단의 간계와 시험에 유혹을 받아 금단의 열매를 먹음으로써 죄를 범했다(창 3 : 13, 고후 11 : 3). 하나님은 자기의 현명하고 거룩한 계획에 따라 자신의 영광에 부합되도록 그들이 범한 이 죄를 허용하시기를 기뻐하셨다(롬 11 : 32).

2. 이 죄로 말미암아 그들은 본래 가졌던 의와 하나님과 가졌던 교제에서 떨어지고 말았다(창 3 : 6-8, 전 7 : 29, 롬 3 : 23). 그 결과 죄로 말미암아 죽게 되었을 뿐만 아니라(창 2 : 17, 엡 2 : 1, 롬 5 : 12), 영혼과 육체의 모든 기능과 부분이 전적으로 더럽게 되고 말았다(딛 1 : 15, 창 6 : 5, 렘 17 : 9, 롬 3 : 10-19).

3. 우리의 처음 부모는 모든 인류의 시조이었으므로(창 1 : 27-28, 2 : 16-17, 행 17 : 26, 롬 5 : 12, 15-19, 고전 15 : 21-22, 45, 49), 이 죄

에 대한 값이 우리에게 전가되었으며, 죄 안에 있는 동일한 죽음과 부패한 본성이 정상적 생식 방법으로 그들에게서 나온 후손에게까지 유전되었다.

4. 이 원 부패성으로 말미암아 우리는 모든 선에 대하여(롬 5 : 6, 7 : 18, 8 : 7, 골 1 : 21, 요 3 : 6) 완전히 싫증이 나고 무능해지고 반대하게 되며, 또한 모든 악을 좋아하는 경향을 가지게 되었다(창 6 : 5, 8 : 21, 롬 3 : 10-12). 이 원 부패성에서 모든 실제적 범죄가 나오게 된다(약 1 : 14-15, 엡 2 : 2-3, 마 15 : 19).

5. 본성의 이 부패성은 이 세상에 사는 동안 중생한 사람들 안에도 남아 있다(요일 1 : 8, 10, 롬 7 : 14, 17-18, 23, 약 3 : 2, 잠 20 : 9, 전 7 : 20). 그것은 그리스도를 통해서 용서되었고 죽었으나 그 자체와 그것에서 나오는 모든 움직임은 틀림없이 죄다(롬 7 : 5, 7-8, 25, 갈 5 : 17).

6. 원죄와 자범죄를 포함하여 모든 죄는 하나님의 의로우신 율법을 위반한 것이요, 그것에 반대되는 것이므로(요일 3 : 4), 죄는 본질적으로 죄인에게 죄 값을 가져온다(롬 2 : 15, 3 : 9, 19). 그 죄 값으로 말미암아 죄인은 하나님의 진노와(엡 2 : 3) 그 율법의 저주에(갈 3 : 10) 매여 있다. 그 결과 그 죄인은 죽음이나(롬 6 : 23) 모든 영적이며(엡 4 : 18), 시간적이며(롬 8 : 20, 애 3 : 39), 영원한 비참함을(마 25 : 41, 살후 1 : 9) 피할 수가 없다.

제7장 사람과 맺은 하나님의 언약에 관하여

1. 하나님과 피조물 사이에 있는 간격이 너무나 크다. 그래서 이성을 가진 피조물조차 하나님을 그들의 창조주로 알고 그에게 복종하여야 한다. 그러나 그들은 하나님으로부터 무슨 복이나 보상으로서의 결실을 얻을 수가 있는 것이 아니다. 하나님의 자발적인 겸비로써만 결실을 얻을 수가 있었다. 그것을 하나님은 언약의 방법으로 표현하시기를 기뻐하셨다(사 40 : 13-17, 욥 9 : 32-33, 삼상 2 : 25, 시 100 : 2-3, 113 : 5-6, 욥 22 : 2-3, 35 : 7-8, 눅 17 : 10, 행 17 : 24-25).

2. 인간과 처음에 맺은 계약은 행위의 언약이었다(갈 3 : 12, 호 6 : 7, 창 2 : 16-17). 거기에서 아담에게는 생명이 약속되었다. 그리고 그의 후손이라도(롬 5 : 12-20, 10 : 5) 완전하고 주체적인 복종만 한다면(창 2 : 17, 갈 3 : 10) 아담 안에서 생명이 약속되었다.

3. 사람이 타락함으로써 스스로 언약에 의한 생명을 얻을 수 없게 되었으므로 주님은 둘째 언약을 맺으시기를 기뻐하셨다(갈 3 : 21, 롬 3 : 20-21, 8 : 3, 창 3 : 15, 사 42 : 6). 이것을 보통 은총의 언약이라고 부른다. 여기에서 하나님은 죄인에게도 예수 그리스도를 통한 생명과 구원을 자유롭게 제공하신다. 단지 그들에게 요구하시는 것은 그들이 구원을 얻기 위해서 예수 그리스도를 믿으라는 것이다(막 16 : 15-16, 요 3 : 16, 롬 10 : 6, 9, 갈 3 : 11). 그와 동시에 그는 생명을 얻도록 결정된 모든 사람에게 믿기를 원하시고(겔

36 : 26-27, 요 6 : 44-45, 5 : 37), 또한 믿을 수 있게 하시기 위하여 성령을 주시겠다고 약속하신다.

4. 이 은총의 계약은 계약의 증거이신 예수 그리스도의 죽음과 영원한 상속에 관하여 성경에서 언약이라는 이름으로 자주 기록되어 있다. 예수는 그에 속한 모든 것과 함께 영원한 상속을 남겨 주셨다(히 9 : 15-17, 7 : 22, 눅 22 : 20, 고전 11 : 25).

5. 이 계약이 실시되는 방법에 있어서는 율법시대와 복음시대가 동일치 않다(고후 3 : 6-9). 율법시대에는 약속과 예언과 제물과 할례와 유월절에 드리는 어린 양과 그 외에도 유대 백성에게 부여된 의식에 따라서 집행되었다. 이와 같은 것은 장차 오실 그리스도를 의미한다(히 8-10장, 롬 4 : 11, 골 2 : 11-12, 고전 5 : 7, 골 2 : 17). 그 시대에는 성령의 역사를 통하여 택함을 받은 백성이 약속된 메시야에 대한 신앙을 얻고 굳세게 하기 위하여 이것으로도 충분하고 효과적이었다(고전 10 : 1-4, 히 11 : 13, 요 8 : 56). 이 메시야를 통하여 그들의 죄는 완전히 사하여졌으며 영원한 구원을 얻었다. 그것을 구약이라고 불렀다(갈 3 : 7-9, 14).

6. 복음시대에 있어서 그 복음의 본체이신 그리스도가 나타나시게 되자(갈 2 : 17, 골 2 : 17) 이 언약을 시행하는 의식은 말씀의 설교와 세례와 성만찬의 예전으로 대치되었다(마 28 : 19-20, 고전 11 : 23-25, 고후 3 : 7-11). 이 의식은 수적으로는 적고 그 형식이 훨씬 더 간단하고 외부적으로 화려함은 없으나, 그 내용에 있어

서는 유대인에게뿐만 아니라 모든 이방인에게도(마 28 : 19, 엡 2 : 15-19) 그리스도를 더 충분하고 분명하게 나타내며 영적인 효과를 가져온다(히 12 : 22-28, 렘 31 : 33-34). 이것을 신약이라고 부른다(눅 22 : 20, 히 8 : 7-9). 그러므로 본체가 같지 않은 두 종류의 은총의 언약이 있는 것이 아니라 한 가지 언약, 즉 여러 가지 모양으로 집행이 되기는 하나 같은 언약이 있을 뿐이다(갈 3 : 14, 16, 행 15 : 11, 롬 3 : 21-23, 30, 시 32 : 1, 롬 4 : 3, 6, 16-17, 23-24, 히 13 : 8).

제8장 중보자이신 그리스도에 관하여

1. 하나님은 영원한 목적을 가지시고, 독생자 주 예수를 택하여 하나님과 사람 사이의(사 42 : 1, 벧전 1 : 19-20, 요 3 : 16, 딤전 2 : 5) 중보자가 되게 하시고, 동시에 예언자와(행 3 : 22, 신 18 : 15) 제사장과(히 5 : 5-6) 왕이(시 2 : 6, 눅 1 : 33) 되게 하시는 것을 기뻐하셨다. 그는 교회의 머리와 구주가 되시며(엡 5 : 23) 만물의 후사와(히 1 : 2) 세상의 심판자가(행 17 : 31) 되신다. 하나님은 그리스도에게 영원 전부터 한 백성을 주사 그의 씨가 되게 하시고(요 17 : 6, 시 22 : 30, 사 53 : 10) 그로 말미암아 그 백성이 정해진 때에 구속을 받고 부르심을 받아 의롭게 되고 성화되어 영광에 이르게 하셨다(딤전 2 : 6, 사 55 : 4-5, 고전 1 : 30).

2. 삼위 중의 둘째 위가 되시는 하나님의 아들은 참 하나님인 동시에 영원하신 하나님으로서 아버지 되시는 하나님과 동일한 본체에서

나왔으며 따라서 아버지와 동일하시다. 그는 때가 차매 사람의 본성을 입으셨다(요 1 : 1-14, 요일 5 : 20, 빌 2 : 6, 갈 4 : 4). 사람이 가지는 모든 근본적 요소와 거기서 나오는 일반적 결점을 가졌으나 죄만은 가지지 않으셨다(히 2 : 14, 16-17, 4 : 15). 그는 성령의 힘으로 동정녀 마리아에게 잉태되어 그 여인의 몸에서(눅 1 : 27, 31, 35, 갈 4 : 4) 탄생하셨다. 이와 같이 온전하고 독특한 두 본성, 즉 신성과 인성이 끊을 수 없게 한 인격 안에 결합되어 변경되거나 혼성되거나 혼동될 수 없게 되었다(눅 1 : 35, 골 2 : 9, 롬 9 : 5, 벧전 3 : 18, 딤전 3 : 16). 이 분은 참 하나님인 동시에 참 사람이시며, 한 그리스도요 하나님과 사람 사이에 있는 유일한 중보자가 되신다(롬 1 : 3-4, 딤전 2 : 5).

3. 인성을 입으심으로써 신성과 결합되신 주 예수는 성령으로 인하여 한량없이(시 45 : 7, 요 3 : 34) 성화되고, 기름부음을 받으셨다. 그에게는 지혜와 지식의 모든 보화가 있다(골 2 : 3). 하나님은 그에게 모든 충만이 있는 것을(골 1 : 19) 기뻐하셨다. 또한 마지막 때에 그리스도께서 거룩하시고, 상처를 입지 않으시고, 더럽힘을 당하지 않으시고, 은사와 진리에 차고 넘쳐서(히 7 : 26, 요 1 : 14) 중보자와 보증인의 직책을 수행하기에 조금도 부족함이 없도록 하시기를 기뻐하셨다(행 10 : 38, 히 12 : 24, 7 : 22). 이 직책은 예수께서 자신을 위하여 택하신 것이 아니라, 아버지께서 이 직책을 그에게 주신 것이다(히 5 : 4-5). 그는 모든 권능과 판단을 예수의 손에 주시고 또한 그것을 수행하도록 명령하셨다(요 5 : 22, 27, 마 28 : 18, 행 2 : 36).

4. 주 예수는 이 직책을 매우 기쁘게 맡으셨다(시 40 : 7-8, 히 10 : 5-10, 요 10 : 18, 빌 2 : 8). 그는 그 일을 이행하기 위하여 오히려 율법 아래 나셨으나(갈 4 : 4) 그것을 완전히 성취하셨다(마 3 : 15, 5 : 17). 그는 또한 가장 무거운 영적 고난과(마 26 : 37-38, 눅 22 : 44, 마 27 : 46) 가장 괴로운 육적 고통을 받으시고(마 26-27장) 십자가에 못 박혀 죽으셨다(빌 2 : 8). 그는 매장되어 죽음의 권세 아래 있었으나 썩지 않았다(행 2 : 23-24, 27, 13 : 37, 롬 6 : 9). 사흘 만에 죽을 때와 같은 몸을 가지시고(요 20 : 25, 27), 죽은 자 가운데서 부활하셨다(고전 15 : 3-4). 그 몸으로 하늘에 오르시어 아버지의 우편에 앉아 계시면서(막 16 : 19) 중재하고 계시다가(롬 8 : 34, 히 9 : 24, 7 : 25) 다시 오셔서 세상 끝 날에 사람과 천사를 심판하실 것이다(롬 14 : 9-10, 행 1 : 11, 10 : 42, 마 13 : 40-42, 유 1 : 6, 벧후 2 : 4).

5. 주 예수는 완전한 복종과 영원한 성령을 통해서 단번에 자신을 희생의 제물로 하나님께 바침으로써 그의 아버지의 의를 온전히 충족시키셨으며(롬 5 : 19, 히 9 : 14, 16, 10 : 14, 엡 5 : 2, 롬 3 : 25-26), 아버지께서 맡겨 주신 모든 사람들을 위하여(단 9 : 24, 26, 골 1 : 19-20, 엡 1 : 11, 14, 요 17 : 2, 히 9 : 12, 15) 화목뿐만 아니라 하늘나라에서 얻을 영원한 상속권을 획득하셨다.

6. 그리스도께서는 성육신하시기까지 구속사역을 실제로 성취하시지 않았다 할지라도, 구속의 힘과 효력과 혜택은 세상 처음부터 오늘까지 계속적으로 모든 택한 사람들에게 전달되었다. 이와 같

은 약속과 모형과 제물 안에서 또는 그것을 통해서 그리스도는 어제나 오늘이나 영원까지 동일하게(갈 4 : 4-5, 창 3 : 15, 계 13 : 8, 히 13 : 8) 뱀의 머리를 상하게 한 여자의 씨로서 또한 세상 처음부터 죽임을 당하신 어린양으로서 계시되고 알려지셨다.

7. 그리스도는 중보사역에 있어서 두 가지 본성에 따라 행하시되, 각각 그 본성에 고유한 것을 행하셨다(히 9 : 14, 벧전 3 : 18). 그러나 인격의 통일성으로 인하여 한 본성에 고유한 것이라도 성경에 의하면 때로는 다른 본성에 속한 것으로 나타나고 있다(행 20 : 28, 요 3 : 13, 요일 3 : 16).

8. 그리스도는 구속을 주시기로 계획한 그 사람들에게 구속을 효과적으로 틀림없이 적용하고 전달하셨다(요 6 : 37, 39, 10 : 15-16). 그들을 위하여 중재하시고(요일 2 : 1-2, 롬 8 : 34) 구원의 비밀을 말씀 안에서 그리고 말씀을 통해서 그들에게 나타내셨다(요 15 : 13, 15, 엡 1 : 7-9, 요 17 : 6). 성령을 통해서 효과적으로 믿고 복종하도록 그들을 설복시키고 그의 말씀과 성령으로써(요 14 : 16, 히 12 : 2, 고후 4 : 13, 롬 8 : 9, 14, 15 : 18-19, 요 17 : 17) 그들의 마음을 다스리신다. 그리스도의 놀랍고도 신비스러운 통치에(시 110 : 1, 고전 15 : 25-26, 말 4 : 2-3, 골 2 : 15) 가장 합치되는 방법으로 그의 전능과 지혜로써 그들의 적을 물리치신다.

제9장 자유의지에 관하여

1. 하나님은 인간의 의지에 본성적 자유를 부여하셨는데, 본성의 어떤 절대적 필연성에 의해 행하도록 결정되지도 않는 것이었다(마 17 : 12, 약 1 : 14, 신 30 : 19, 요 5 : 40).

2. 무죄한 상태에 있던 사람은 선과 하나님을 기쁘시게 하려는 일을(전 7 : 29, 창 1 : 26) 원하고, 또한 그렇게 행할 자유와 힘을 가지고 있었다. 그러나 그 상태에서 변질되어 무죄한 상태로부터 타락할 수도 있는 것이었다(창 2 : 16-17, 3 : 6).

3. 사람은 죄의 상태에 떨어짐으로써 구원에 따르는 어떤 영적 선을 원하는 모든 능력을 전부 상실하였다(롬 5 : 6, 8 : 7, 요 15 : 5). 그러므로 자연인은 선을 행하기를 싫어하며(롬 3 : 10, 12) 죄 안에 죽어 있어서(엡 2 : 1, 5, 골 2 : 13) 자기의 힘으로는 회개하거나 회개할 수 있도록 준비할 수도 없다(요 6 : 44, 65, 고전 2 : 14, 엡 2 : 2-5, 딛 3 : 3-5).

4. 하나님이 죄인을 회개하게 하시고 은총의 상태로 옮기실 때 그 죄인을 죄 아래에 있던 본성의 멍에에서 해방시키셨다(골 1 : 13, 요 8 : 34, 36). 그리고 죄인으로 하여금 영적 선을 원하고 행할 수 있게 하는 것은 오직 하나님의 은총이었다(빌 2 : 13, 롬 6 : 18, 22). 그러나 그 안에는 아직도 부패한 일부분이 남아 있어서 선한 것을 완전히 원하지 않을 뿐만 아니라, 조금이라도 원치 않고 오히려 악한 것을 원한

다(갈 5 : 17, 롬 7 : 15, 18-19, 21, 23).

5. 영화의 상태에 있을 때만 사람의 의지는 전적으로 변함없이 선만을 원하는 자유를 가진다(엡 4 : 13, 히 12 : 23, 요일 3 : 2, 유 1 : 24).

제10장 실제적 부르심에 관하여

1. 하나님께서 생명에로 예정하신 모든 사람, 곧 그들만을 자기가 정하시고 적당하다고 여기신 때에 말씀과 성령으로(살후 2 : 13-14, 고후 3 : 3, 6), 그들이 본성상 처해있던 죄와 죽음의 상태로부터 실제로 부르시기를 기뻐하신다(롬 8 : 30, 11 : 7, 엡 1 : 10-11). 예수 그리스도로 인하여(롬 8 : 2, 엡 2 : 1-5, 딤후 1 : 9-10) 은혜와 구원에로 들어가게 하신다. 이를 위하여 그들의 마음이 하나님의 일들을 이해하되, 영적으로 유익하게 조명하신다. 또한 구속적으로 계몽하신다(행 26 : 18, 고전 2 : 10, 12, 엡 1 : 17-18). 돌과 같은 마음을 제거하고 부드러운 마음을 주시며(겔 36 : 26), 선을 원하게 하는 전능하신 힘으로 그들이 선한 길을 가게 하시고 그들의 의지를 새롭게 하시고(겔 11 : 19, 빌 2 : 13, 신 30 : 6, 겔 36 : 27), 그들을 예수 그리스도에게 실제로 이끄신다(엡 1 : 19, 요 6 : 44-45). 그러나 그렇게 하는 것이 전적으로 자유롭게 나오는 것이며, 그 또한 확실히 하나님의 은혜로 된 것이다(아 1 : 4, 시 110 : 3, 요 6 : 37, 롬 6 : 16-18).

2. 이와 같은 부르심은 사람 안에서 일어날 예견된 무엇에서가 아니라 하나님의 자유롭고 특별하신 은혜에서만 나온 것이다(딤후

1 : 9, 딛 3 : 4-5, 엡 2 : 4-5, 8-9, 롬 9 : 11). 사람은 성령의 힘으로 깨우쳐지고 새롭게 되기까지는(고전 2 : 14, 롬 8 : 7, 엡 2 : 5) 피동적인 상태에 있다. 그러나 성령의 역사를 받게 되면 이 부르심에 응답할 수가 있고 이 부르심을 통해서 주어지고 전달된 은혜를 받아들일 수 있게 된다(요 6 : 37, 겔 36 : 27, 요 5 : 25).

3. [5]선택을 받은 영아는 어려서 죽는다 할지라도 성령을 통해서(눅 18 : 15-16, 행 2 : 38-39, 요 3 : 3, 5, 요일 5 : 12, 롬 8 : 9을 비교할 것) 그리스도로 인하여 중생하고 구원을 받는다. 이 성령은 그가 기뻐하시는 때와 장소와 방법을 따라 역사하신다(요 3 : 8). 이와 마찬가지로 선택을 받은 다른 모든 사람들도 말씀의 사역을 통해서(요일 5 : 12, 행 4 : 12) 외적으로는 부르심을 받지 못했다 할지라도 중생하고 구원을 받는다.

4. 선택을 받지 못한 사람들은 가령 그들이 말씀의 전도(마 22 : 14)를 통하여 부름을 받고 성령의 일반적 역사(마 7 : 22, 13 : 20-21, 히 6 : 4-5)를 소유한다 할지라도 그들은 참으로 그리스도에게 오지 못한다. 따라서 구원을 얻지 못한다(요 6 : 64-66, 8 : 24). 하물며 그리스도교를 믿지 않는 사람들은(그리스도에 의하지 않는)[6] 어떠한 다른 방법으로도 구원을 얻을 수 없다. 가령 그들이 자신들이 고백하는 종교의 본질과 법의 견지에 따라서 그들의 생을 꾸려

---

5) 이 신앙고백서의 끝에 있는 선언서를 참조할 것. 이 선언서는 제10장 3절에 대한 유권적 해석이다.

6) ( ) 안의 것은 1947년 판에는 없으나 1967년 판에는 첨가된 것을 의미한다.

가는 데 매우 열심이 있다고 해도 마찬가지이다(행 4 : 12, 요 14 : 6, 엡 2 : 12, 요 4 : 22, 17 : 3). 이 전제에 반대되는 것을 주장하고 견지하는 것은 완전히 치명적이요 미움 받을 행동이다(요이 1 : 9-11, 고전 16 : 22, 갈 1 : 6-8).

제11장 칭의에 관하여

1. 하나님은 부르신 이들을 또한 거리낌 없이 의롭게 하셨다(롬 8 : 30, 3 : 24). 그들 안에 의를 주입하신 것이 아니라 그들의 죄를 용서하시고 그들을 의롭다고 간주하시고 용납하심으로써 의롭게 하셨다. 그들 안에서 무엇이 일어났거나 그들이 무엇을 행해서가 아니라 오로지 그리스도만 보아서 의롭게 하셨다. 또는 신앙 자체나 믿는 행동이나 그밖에 무슨 신앙적인 복종을 의로운 것으로 그들에게(롬 4 : 5-8, 고후 5 : 19, 21, 롬 3 : 22, 24-25, 27-28, 딛 3 : 5, 7, 엡 1 : 7, 렘 23 : 6, 고전 1 : 30-31, 롬 5 : 17-19) 주입함으로써 그들을 의롭게 하신 것이 아니라, 그리스도의 복종과 만족을 그들에게 돌림으로써 그들은 믿음으로 그리스도를 영접하고 그에게서 쉼을 얻고 그의 의를 얻게 된다. 이 믿음은 그들 자신의 믿음이 아니라 하나님의 선물이다(행 10 : 44, 갈 2 : 16, 빌 3 : 9, 행 13 : 38-39, 엡 2 : 7-8).

2. 그리스도와 그의 의를 얻고 그에게 의지하는 믿음은 칭의의 유일한 도구이다(요 1 : 12, 롬 3 : 28, 5 : 1). 이 믿음은 의롭게 된 사람 안에 단독으로 있는 것이 아니라 언제든지 다른 모든 구속적 은사와

함께 있다. 이 믿음은 또한 죽은 것이 아니라 사랑으로 역사하는 믿음이다(약 2 : 17, 22, 26, 갈 5 : 6).

3. 그리스도는 복종과 죽음을 통해서 의롭게 된 모든 사람들이 가지고 있던 빚을 전부 갚아 주셨을 뿐만 아니라, 그들을 대신하여 아버지의 의를 실제로, 충분히, 그리고 적합하게 만족시키셨다(롬 5 : 8-10, 19, 딤전 2 : 5-6, 히 10 : 10, 14, 단 9 : 24, 26, 사 53 : 4-6, 10-12). 그러나 그들을 위해서 그리스도가 아버지에 의해 보내심을 받았고(롬 8 : 32), 그들 대신에 그리스도의 복종과 만족이 그들의 복종과 만족을 대신해서 용납되었다(고후 5 : 21, 마 3 : 17, 엡 5 : 2). 이것은 그들 안에 무슨 가치 있는 것이 있어서가 아니라 값없이 용납된 것이다. 따라서 그들의 칭의는 온전히 자유로우신 은총에서 온 것이다(롬 3 : 24, 엡 1 : 7). 그리고 죄인들의 칭의 속에서 하나님의 엄밀한 의와 풍성한 은총은 더욱 빛난다(롬 3 : 26, 엡 2 : 7).

4. 하나님은 영원 전부터 선택 받은 모든 사람을 의롭게 하기로 작정하셨다(갈 3 : 8, 벧전 1 : 2, 19-20, 롬 8 : 30). 그리스도는 때가 차매 그들의 죄를 대신하여 죽으시고 그들의 의롭다 함을 위하여 부활하셨다(갈 4 : 4, 딤전 2 : 6, 롬 4 : 25). 그러나 성령이 인정한 때에 그리스도를 실제로 그들에게 적용하기 전에는 의롭게 될 수 없다(골 1 : 21-22, 갈 2 : 16, 딛 3 : 4-7).

5. 하나님은 의롭게 된 사람들의 죄를 계속적으로 용서하신다(마 6 : 12, 요일 1 : 7, 9, 2 : 1-2). 그들은 칭의의 자리에서 절대로 떨어

질 수는 없으나(눅 22 : 32, 요 10 : 28, 히 10 : 14) 그들의 죄로 말미암아 하나님의 부성적(父性的)인 노(怒)를 살 수도 있다. 이러한 경우에는 그들이 자신을 낮추고, 죄를 고백하고, 용서를 구하고, 믿음과 회개를 새롭게 하기 전에는 그들은 회복된 하나님의 얼굴의 빛을 볼 수가 없다(시 89 : 31-33, 51 : 7-12, 32 : 5, 마 26 : 75, 고전 11 : 30, 32, 눅 1 : 20).

6. 구약시대의 신자들의 칭의는 이와 같은 모든 면에 있어서 신약시대의 신자들의 칭의와 하나이며 동일하다(갈 3 : 9, 13-14, 롬 4 : 22-24, 히 13 : 8).

제12장 양자 삼으심에 관하여

1. 하나님께서는 의롭게 된 모든 사람을 독생자 예수 그리스도 안에서 또한 그를 위하여 양자가 되게 하시는 은혜에 참여할 수 있게 하셨다(엡 1 : 5, 갈 4 : 4-5). 양자가 됨으로 그들은 하나님의 자녀의 수에 들어가게 되며, 또한 하나님의 자녀가 받을 수 있는 자유와 특권을 즐기게 되었다(롬 8 : 17, 요 1 : 12). 그들은 또한 하나님의 이름을 그들의 이름 속에 넣고(렘 14 : 9, 고후 6 : 18, 계 3 : 12), 양자의 성령을 받고(롬 8 : 15), 담대하게 은혜의 보좌 앞에 나아갈 수 있으며(엡 3 : 12, 롬 5 : 2), 아바 아버지라고 부를 수 있으며(갈 4 : 6), 불쌍히 여기심을 받고(시 103 : 13), 보호를 받으며(잠 14 : 26), 또한 필요한 것을 공급 받으며(마 6 : 30, 32, 벧전 5 : 7), 자기 아버지에게 징계를 받는 것과 같이 하나님께 징계를 받는다

(히 12 : 6). 그러나 그들은 결코 버림을 받지 않고(애 3 : 31) 오히려 구속의 날까지 인치심을 받으며(엡 4 : 30), 영원한 구원의 상속자로서(벧전 1 : 3-4, 히 1 : 14) 약속을 받는다(히 1 : 14).

제13장 성화에 관하여

1. 실제로 부르심을 받고 그들 속에 창조된 새 마음과 새 영을 가지므로 중생을 얻은 사람들은 그리스도의 죽음과 부활의 공로를 통하여(고전 6 : 11, 행 20 : 32, 빌 3 : 10, 롬 6 : 5-6) 그들 안에 거하는 그의 말씀과 성령으로(요 17 : 17, 엡 5 : 26, 살후 2 : 13) 실제로, 그리고 주체적으로 성화된다. 사람을 지배하던 죄의 권세는 파괴되고(롬 6 : 6, 14), 그 죄에서 나타나는 여러 가지 욕심은 점점 약해져서 죽고(갈 5 : 24, 롬 8 : 13) 그들은 모든 구속적 은혜 안에서(골 1 : 11, 엡 3 : 16-19) 참다운 거룩한 행동을 실천하기 위하여 점점 자극을 받고 강건하게 된다. 사실 거룩한 행실이 없이는 아무도 주를 볼 수가 없다(고후 7 : 1, 히 12 : 14).

2. 이 성화는 전인격을 통해서 이루어지는데(살전 5 : 23), 이생에서는 불완전하다. 왜냐하면 모든 부분에서 부패된 어떤 부스러기가 아직도 남아 있기 때문이다(요일 1 : 10, 롬 7 : 18, 23, 빌 3 : 12). 거기에서 계속적으로 화해할 수 없는 싸움이 일어난다. 육의 소욕은 영을 거스르고, 영은 육을 거스른다(갈 5 : 17, 벧전 2 : 11).

3. 이 싸움에 있어서 남아 있는 부패한 부분이 일시적으로는 우

세하나(롬 7 : 23), 그리스도의 성화하는 영에서 계속적으로 힘의 보충을 받으므로 중생을 입은 부분이 이기게 된다(롬 6 : 14, 요일 5 : 4, 엡 4 : 15-16). 그러므로 성도는 은혜 안에서 장성하고(벧후 3 : 18, 고후 3 : 18) 하나님을 경외함으로 거룩함을 온전케 한다(고후 7 : 1).

14장 구원에 이르게 하는 믿음에 관하여

1. 믿음의 은사는 그들 마음속에서 활동하시는 그리스도의 영의 역사이다(고후 4 : 13, 엡 1 : 17-19, 2 : 8). 그것으로 말미암아 선택함을 받은 사람들은 자기들의 영혼의 구원에 이르도록 믿을 수 있게 된다(히 10 : 39). 그것은 보통 말씀을 전파함으로써 역사한다(롬 10 : 14, 17). 또한 성례를 집행하고 기도를 함으로써 증가되고 강화된다(벧전 2 : 2, 행 20 : 32, 롬 4 : 11, 눅 17 : 5, 롬 1 : 16-17).

2. 이 믿음으로 신자는 무엇이든지 말씀 안에서 계시된 것은 참된 것으로 믿게 된다. 왜냐하면 하나님의 권능 자체가 그 안에서 말씀하시기 때문이다(요 4 : 42, 살전 2 : 13, 요일 5 : 10, 행 22 : 14). 그리고 각 구절에 포함되어 있는 내용에 따라서 각각 다른 모양으로 역사한다. 때로는 계명에 복종하고(롬 16 : 26) 때로는 경고에 대하여 두려워한다(사 66 : 2). 그래서 이생이나 내생을 위한 하나님의 약속을 받는다(히 11 : 11, 딤전 4 : 8). 그러나 구원에 이르게 하는 믿음의 주요 역할은 신자들로 하여금 은혜의 약속의 힘으로(요 1 : 12, 행 16 : 31, 갈 2 : 20, 행 15 : 11) 칭의와 성화와 영생을 얻기 위하여 그리스도만 영

접하고 받아들이고 그의 안에 쉬게 하는 것이다.

3. 이 신앙은 약할 때도 있고 강할 때도 있다(히 5 : 13-14, 롬 4 : 19-20, 마 6 : 30, 8 : 10). 때로는 여러 가지 모양으로 공격을 당하여 약하여지기도 한다. 그러나 승리를 얻는다(눅 22 : 31-32, 엡 6 : 16, 요일 5 : 4-5). 그리스도를 통하여 온전한 확신을 얻는 데 이르기까지 여러 가지 모양으로 장성한다(히 6 : 11-12, 10 : 22, 골 2 : 2). 그리스도는 우리의 믿음의 조성자시요 완성자시다(히 12 : 2).

제15장 생명에 이르는 회개에 관하여

1. 생명에 이르게 하는 회개는 복음의 은혜이다(슥 12 : 10, 행 11 : 18). 복음을 전파하는 모든 전도자들은 이 회개에 관한 교리를 그리스도를 믿는 믿음의 교리와 마찬가지로 설교해야 한다(눅 24 : 27, 막 1 : 15, 행 20 : 21).

2. 이 회개로 말미암아 죄인은 자기의 죄가 무서운 것이라는 것뿐만 아니라 더럽고 추악한 것이며, 그것이 하나님의 거룩하신 성품과 공의로운 율법에 반대되는 것이라는 데 대한 시각과 감각을 가지게 되며, 또한 그 죄를 회개하는 사람에게는 그리스도 안에 있는 하나님의 자비를 베풀어 주시는 것을 이해함으로써 자기의 죄를 슬퍼하고 미워하며, 그 결과 모든 죄에서 떠나 하나님께로 향하게 된다(겔 18 : 30-31, 36 : 31, 사 30 : 22, 시 51 : 4, 렘 31 : 18-19, 욜

2 : 12-13, 암 5 : 15, 시 119 : 128, 고후 7 : 11). 그래서 하나님의 계명이 가르치는 모든 면에 있어서 하나님과 동행하는 것을 목적하고 또한 노력하게 된다(시 119 : 6, 59, 106, 눅 1 : 6, 왕하 23 : 25).

3. 회개는 죄에 대한 어떤 만족을 주는 것이라든가 또는 죄를 용서해 주는 무슨 원인이 되는 것은 아니다(겔 36 : 31-32, 16 : 61-63). 죄를 용서해 주는 것은 그리스도 안에 있는 하나님의 자유로운 은혜이다(호 14 : 2, 4, 롬 3 : 24, 엡 1 : 7). 그러나 회개는 모든 죄인에게는 불가피한 것이므로 누구든지 회개하지 않고는 죄의 용서를 기대할 수 없다(눅 13 : 3, 5, 행 17 : 30-31).

4. 아무리 작은 죄라도 저주를 받는데 해당되지 않는 죄가 없는 것과 같이(롬 6 : 23, 5 : 12, 마 12 : 36) 아무리 큰 죄라도 참으로 회개하는 자에게까지 저주를 가져오는 죄는 없다(사 55 : 7, 롬 8 : 1, 사 1 : 16, 18).

5. 누구든지 죄에 대해서 전체적으로 회개했다고 해서 스스로 만족해서는 안 된다. 오히려 죄 하나하나에 대해서 일일이 회개하도록 노력하는 것이 모든 사람의 의무이다(시 19 : 13, 눅 19 : 8, 딤전 1 : 13, 15).

6. 각자는 죄의 용서를 얻도록 기도함으로써 자기의 죄를 위하여 하나님께 사적으로 고백을 해야 한다(시 51 : 4-5, 7, 9, 14, 32 : 5-6). 그렇게 함으로써 죄의 용서를 얻게 되며 또한 죄를 버림으로써 자비를 발견하게 될 것이다(잠 28 : 13, 요일 1 : 9). 그러므

로 형제나 그리스도의 교회에 걸림돌이 된 사람은 사적으로든지 공적으로든지 자기의 죄에 대하여 고백하고 슬퍼함으로써 상처를 입은 자에게 자기의 회개를 표하도록 해야 한다(약 5 : 16, 눅 17 : 3-4, 수 7 : 19, 시 51편 전체). 상처를 입은 사람은 이 회개를 통하여 화목케 되고 그를 사랑으로써 용납해 주어야 한다(고후 2 : 8, 갈 6 : 1-2).

제16장 선행에 관하여

1. 선행은 하나님께서 자기의 거룩한 말씀 안에서 명령하신 것만 인정된다(미 6 : 8, 롬 12 : 2, 히 13 : 21). 아무 정당한 이유 없이 사람이 맹목적인 열성으로 또는 선한 의도를 가장해서 고안해 낸 것은 인정되지 않는다(마 15 : 9, 사 29 : 13, 벧전 1 : 18, 롬 10 : 2, 요 16 : 2, 삼상 15 : 21-23).

2. 하나님의 계명에 복종함으로써 이루어지는 선행은 참되고 살아 있는 믿음의 결실이며 증거이다(약 2 : 18, 22). 그리고 신자들은 이 선행을 통하여 자기들의 감사를 나타내며(시 116 : 12-13, 벧전 2 : 9), 확신을 견고케 하며(요일 2 : 3, 5, 벧후 1 : 5-10), 형제에게 가르치고(고후 9 : 2, 마 5 : 19), 복음의 말씀을 존경하고(딛 2 : 5, 9 12, 딤전 6 : 1), 반대자들의 입을 막고(벧전 2 : 15), 하나님을 영화롭게 한다(벧전 2 : 12, 빌 1 : 11, 요 15 : 8). 그들은 하나님의 지으신 바요 예수 그리스도 안에서 창조된 것이므로(엡 2 : 10) 성화에 이르는 열매를 가지므로 결국에는 영생을 가지게 될 것이다(롬 6 : 22).

3. 그들이 선을 행할 수 있는 힘은 조금도 그들 자신에게서 나온 것이 아니라 전적으로 그리스도의 영에서 나온 것이다(요 15 : 4-6, 겔 36 : 26-27). 또한 선을 행할 수 있으려면 이미 받은 은혜 이외에 동일한 성령의 실제적 영향이 필요하다. 이 영향을 받아서 하나님이 기뻐하시는 것을 원하고 행하게 된다(빌 2 : 13, 4 : 13, 고후 3 : 5). 그렇다고 해서 성령의 특별한 역사가 없이는 아무 의무를 실천할 필요가 없는 것같이 생각해서 태만에 빠져서는 안 된다. 오히려 그들 안에 있는 하나님의 은혜를 분기시키도록 노력해야 할 것이다(빌 2 : 12, 히 6 : 11-12, 벧후 1 : 3, 5, 10-11, 사 64 : 7, 딤후 1 : 6, 행 26 : 6-7, 유 1 : 20-21).

4. 복종을 통해서 이생에서 할 수 있는 가장 높은 정도의 선행에 도달할 수 있는 사람이라도 잉여분의 공덕을 세운다든가 하나님이 요구하시는 것보다 더할 수 있는 것은 아니므로 그들이 마땅히 해야 할 의무를 다하기에 훨씬 못 미친다(눅 17 : 10, 느 13 : 22, 욥 9 : 2-3, 갈 5 : 17).

5. 우리는 우리의 최선의 행동들을 통해서도 죄의 용서나 하나님의 손에 있는 영생을 얻을 수 없다. 그것들과 장차 받을 영광 사이에 큰 불균형이 있고, 또한 우리와 하나님 사이에 무한한 거리가 있기 때문이다. 선행으로써 우리가 도움을 얻는다든가 전에 범한 죄의 빚을 탕감할 수 있는 것은 아니다(롬 3 : 20, 4 : 2, 4, 6, 엡 2 : 8-9, 딛 3 : 5-7, 롬 8 : 18, 시 16 : 2, 욥 22 : 2-3, 35 : 7-8). 가령 우리가 할 수 있는 모든 일을 다 했다고 해도 그것은 우리의 의무를 행한 것뿐이요, 우리는

무익한 종에 지나지 않는다(눅 17 : 10). 그것이 선한 행동이라면 그것이 성령에서 나왔기 때문이다(갈 5 : 22-23). 그런데 그러한 행동이 우리에 의해 이루어졌기 때문에 그것은 여러 가지 약점과 불완전성으로 심히 더럽게 되었고 또한 그런 것이 많이 섞여 있기 때문에 그것은 도저히 하나님의 무서운 심판에 견딜 수 없다(사 64 : 6, 갈 5 : 17, 롬 7 : 15, 18, 시 143 : 2, 130 : 3).

6. 그럼에도 불구하고 신자들은 그리스도를 통해서 용납되었으므로 그들의 선행은 그리스도 안에서 인정되었다(엡 1 : 6, 벧전 2 : 5, 출 28 : 38, 창 4 : 4, 히 11 : 4). 그러나 그들이 이 세상에서 하나님 앞에 전적으로 흠이 없거나 비난받을 것이 없다는 뜻에서가 아니라(욥 9 : 20, 시 143 : 2), 하나님께서 그의 아들 안에서 그것들을 보시면서 그들의 행동에 여러 가지 약점과 불완전성이 있기는 하나 그것을 순전한 것으로 용납하고 상 주기를 기뻐하셨다(히 13 : 20-21, 고후 8 : 12, 히 6 : 10, 마 25 : 21, 23).

7. [7)]중생하지 않은 사람들이 행한 일은 가령 그것이 하나님께서

---

7) 1647년 판에는 다음과 같이 되어 있다. "7. 중생하지 않은 사람들이 행한 일은 가령 그들이 하나님의 명령에 따라서 행한 일이며 그들 자신에게뿐만 아니라 다른 사람에게도 좋은 일이라 할지라도(왕하 10 : 30-31, 왕상 21 : 27, 29, 빌 1 : 15-16, 18) 그들이 믿음으로써 청결케 된 마음에서나(창 4 : 3-5, 히 11 : 4, 6) 말씀에 의지해서 올바르게 행했거나(고전 13 : 3, 사 1 : 12) 하나님께 영광을 돌린다는(마 6 : 2, 5, 16) 옳은 목적을 위하여 행한 것이 아니기 때문에, 그것은 죄에 물든 것이요, 하나님을 기쁘시게 할 수 없으며, 또한 그들로 하여금 하나님의 은혜를 받을 수 있게 하지는 못한다(학 2 : 14, 딛 1 : 15, 암 5 : 21-22, 호 1 : 4, 롬 9 : 16, 딛 3 : 5). 그러나 선행을 무시하는 것은 한층 더 죄를 범하게 되며 하나님을 기쁘시게 못하는 것이다(시 14 : 4, 36 : 3,

명령하시는 일이며 그 자체로 자신들과 다른 사람들에게 사용가치가 있는 것이라 할지라도 죄 된 것이며, 하나님을 기쁘게 하지 못하는 것이다(왕하 10 : 30-31, 왕상 21 : 27, 29, 빌 1 : 15-16, 18). 그것은 믿음으로써 청결케 된 마음에서 나온 것이 아닐 뿐만 아니라(창 4 : 3-5, 히 11 : 4, 6), 그의 말씀에 따라서 정당한 방법으로 이루어진 것도 아니며(고전 13 : 3, 사 1 : 12), 하나님께 영광을 돌린다고 하는 옳은 목적에 따라서 한 것이 아니기 때문이다(마 6 : 2, 5, 16). 그러나 그들이 그것들을 소홀히 하는 것은 더 죄가 되며 하나님께 더 불쾌한 일이 된다(시 14 : 4, 36 : 3, 욥 21 : 14-15, 마 25 : 41-45, 23 : 23).

제17장 성도들의 궁극적 구원에 관하여

1. 하나님께서 자기의 사랑하시는 자 안에서 용납하시고, 실제로 부르시고, 또한 성령으로 거룩하게 하신 자들은 은혜의 자리에서 전적으로 또는 최종적으로 타락할 수는 없다. 그들은 마지막 날까지 그 상태에 있을 것이며 또한 영원히 구원을 받을 것이다(빌 1 : 6, 벧후 1 : 10, 요 10 : 28-29, 요일 3 : 9, 벧전 1 : 5, 9, 요 17 : 9).

2. 성도들의 궁극적인 구원은 그들 자신의 자유의지에 의한 것이 아니라 하나님 아버지의 자유롭고 변치 않는 사랑에서 나오는 선택의 불변한 결정에 의한 것이다(딤후 2 : 18-19, 렘 31 : 3). 또한 예

욥 21 : 14-15, 마 23 : 23, 25 : 41-45)."

수 그리스도의 공로와 중보의 효력에 있는 것이다(히 10 : 10, 14, 13 : 20-21, 9 : 12-15, 롬 8 : 33-39, 요 17 : 11, 24, 눅 22 : 32, 히 7 : 25). 성령의 내재와 그들 안에 있는 하나님의 씨로 말미암은 것이요(요 14 : 16-17, 요일 2 : 27, 3 : 9), 은혜의 언약의 본성으로 말미암은 것이다(렘 32 : 40, 히 8 : 10-12). 이와 같은 모든 것에서 또한 구원의 확실성과 무오성이 나타난다(요 10 : 28, 살후 3 : 3, 요일 2 : 19, 살전 5 : 23-24).

3. 그러나 그들은 사단과 이 세상의 유혹과 그들 안에 남아 있는 부패성이 강해짐과 자신을 보호하는 방법을 무시하므로 무서운 죄에 빠지기도 한다(마 26 : 70, 72, 74). 또 얼마 동안은 그 안에 있기도 한다(시 51 : 14, 삼하 12 : 9, 13). 그렇게 함으로 그들은 하나님의 진노를 유발하고(사 64 : 5, 7, 9, 삼하 11 : 27), 성령으로 하여금 탄식케 한다(엡 4 : 30). 그들이 받은 은혜와 위로 중의 어느 부분은 빼앗기게 되며(시 51 : 8, 10, 12, 계 2 : 4, 아 5 : 2-4, 6), 그들의 마음이 완악해지고(사 63 : 17, 막 6 : 52, 16 : 14, 시 95 : 8), 양심은 상처를 입고(시 32 : 3-4, 51 : 8), 남을 해치고 걸려 넘어지게 하며(삼하 12 : 14) 그들 자신에게 일시적 심판을 가져오게 한다(시 89 : 31-32, 고전 11 : 32).

제18장 은혜와 구원의 확실성에 관하여

1. 위선자나 그밖에 중생하지 않은 사람들은 하나님의 호의와 구원을 소유하고 있는 것처럼(욥 8 : 13-14, 미 3 : 11, 신 29 : 9, 요

8 : 41) 거짓 소망과 육적 오만에 빠져서 허망하게도 자기 자신을 속이고 있다. 그들이 가지는 이 소망은 사라지고 말 것이다(마 7 : 22-23, 욥 8 : 13). 그러나 주 예수를 참으로 믿고 성실하게 그를 사랑하고 그의 앞에서 모든 선한 양심에 따라서 행동하기를 노력하는 사람은 이 세상에 있어서도 그들이 은혜의 자리에 있다는 확신을 가질 수 있으며(요일 2 : 3, 3 : 14, 18-19, 21, 24, 5 : 13) 하나님의 영광의 소망 중에서 기뻐할 수 있을 것이다. 이 소망은 그들을 절대로 부끄럽게 하지는 않을 것이다(롬 5 : 2, 5).

2. 이 확실성은 허망한 소망에 근거한 단순한 억측이거나 그럴듯한 신념이 아니다(히 6 : 11, 19). 그것은 구원을 약속한(히 6 : 17-18) 신적 진리에 근거한 믿음의 틀림없는 확신이다. 그것은 약속된 은혜의 내적 증거요(벧후 1 : 4-5, 10-11, 요일 2 : 3, 3 : 14, 고후 1 : 12) 우리가 하나님의 자녀라고, 우리의 영과 함께 증거해 주는 양자의 영의 증거이다(롬 8 : 15-16). 이 영은 우리의 기업에 대한 증거이다. 그것으로 우리는 구속의 날까지 인침을 받았다(엡 1 : 13-14, 4 : 30, 고후 1 : 21-22).

3. 이 틀림없는 확신은 참 신자가 오랫동안 기다리고 많은 고난을 당한 후에야 참여할 수 있는 그러한 믿음의 본질에 속한 것이 아니라(요일 5 : 13, 사 50 : 10, 막 9 : 24, 시 77 : 1-12, 88편), 하나님께서 그저 주신 것들을 성령에 의하여 알게 되어 별도의 계시 없이도 일상적인 수단들을 바르게 사용함으로써 얻을 수 있는 것이다(고전 2 : 12, 요일 4 : 13, 히 6 : 11-12, 엡 3 : 17-19). 그러므로 모

든 신자는 자기의 부르심과 선택을 확실하게 하기 위하여 열심을 다할 것이 각자에게 부여된 의무이다(벧후 1 : 10). 그렇게 함으로써 그의 마음은 성령 안에서 평화에 넘치며, 기쁨을 맛보고, 하나님께 사랑과 감사를 드리고, 또한 복종하는 일에 있어서는 힘 있고 유쾌하게 된다. 이것이 이 확신이 주는 정당한 결과이다(롬 5 : 1-2, 5, 14 : 17, 15 : 13, 엡 1 : 3-4, 시 4 : 6-7, 시 119 : 32). 그래서 이것은 사람으로 하여금 방탕한 생활에서 멀리 떠나게 한다(요일 2 : 1-2, 롬 6 : 1-2, 딛 2 : 11-12, 14, 고후 7 : 1, 롬 8 : 1, 12, 요 3 : 2-3, 시 130 : 4, 요일 1 : 6-7).

4. 참 신자는 자기의 구원에 대한 확신을 가지고 있을 것이다. 때로는 그들이 그 확신을 보존하기를 게을리한다. 양심을 아프게 하고 성령을 탄식케 하는 특별한 죄를 범하기도 한다. 갑작스럽고 강렬한 시험에 빠지기도 한다. 때로는 하나님이 자기의 얼굴빛을 돌이키심으로 그들이 어두움에 다니게 되어 전혀 빛을 가지지 않을까 두려워하므로 그들의 구원에 대한 확신은 여러 가지 모양으로 동요되고 약해지고 중단되기도 한다(아 5 : 2-3, 6, 시 51 : 8, 12, 14, 엡 4 : 30-31, 시 77 : 1-10, 마 26 : 69-72, 시 31 : 22, 88 : 1-18, 사 50 : 10). 그러나 그들이 하나님의 씨를 소유하시 잃을 때는 절대로 없다. 믿음의 생활이나, 그리스도와 형제에 대한 그 사랑, 마음의 진실성, 의무에 대한 양심, 이와 같은 것이 완전히 결핍한 때는 없다. 이와 같은 것에서 이 확신은 성령의 역사를 통하여 때에 따라 소생한다(요일 3 : 9, 눅 22 : 32, 욥 13 : 15, 시 73 : 15, 51 : 8, 12, 사 50 : 10). 또한 그들은 심한 실망 속에서도 그 보증의 도움을 받는다

(미 7 : 7-9, 렘 32 : 40, 사 54 : 7-10, 시 22 : 1, 88 : 1-18).

제19장 하나님의 율법에 관하여

1. 하나님은 한 율법을 행위에 대한 약속으로서 아담에게 주셨다. 이 율법을 통하여 하나님은 아담 자신뿐만 아니라 모든 후손을 개인적이고, 온전하고, 거부할 수도 없고, 항구적인 복종에 매이게 하셨다. 그와 동시에 하나님은 이 율법을 완성할 때에는 생명을 주고 범할 때에는 죽음을 준다고 경고하셨다. 또한 아담에게 이 율법을 지킬 수 있는 힘과 능력을 부여해 주셨다(창 1 : 26-27, 2 : 17, 롬 2 : 14-15, 10 : 5, 5 : 12, 19, 갈 3 : 10, 12, 전 7 : 29, 욥 28 : 28).

2. 아담이 타락한 후에 이 율법은 의에 관한 완전한 규칙으로서 존속하게 되었다. 시내산에서 하나님이 십계명의 형식으로 전하여 주서서 두 돌비에 새겨졌다(약 1 : 25, 2 : 8, 10-12, 롬 13 : 8-9, 신 5 : 32, 10 : 4, 출 34 : 1, 롬 3 : 19). 처음 네 계명은 하나님께 대한 우리의 의무를 기록했고, 나머지 여섯 계명은 타인에게 대한 우리의 의무를 기록해 두었다(마 22 : 37-40, 출 20 : 3-17).

3. 보통 도덕적 율법이라고 부르는 이 율법 외에도, 하나님은 그 시대의 교회인 이스라엘 사람에게 의식에 관한 법들을 주기를 기뻐하셨다. 여기에는 몇 가지 독특한 의식에 관한 것이 포함되어 있는데, 한편으로는 예배에 관한 것으로 그리스도와 그의 은총, 행동, 고난, 그리고 공로를 예표로 해서 보여 준다(히 9장, 10 : 1, 갈 4 : 1-3,

골 2 : 17). 다른 한편으로는 도덕적 의무에 관한 여러 가지 교훈이 있다(고전 5 : 7, 고후 6 : 17, 유 1 : 23). 모든 의식에 관한 율법은 신약성경시대에서는 폐기되었다(골 2 : 14, 16-17, 단 9 : 27, 엡 2 : 15-16).

4. 하나님은 한 국가를 이룬 그들에게 또한 여러 가지 법률을 정해 주셨다. 그것은 그 민족과 더불어 없어졌으며 현재는 그 법률에 있는 일반적인 정당성 이외에는 아무에게도 다른 의무를 부과하지 않는다(출 21장, 22 : 1-19, 창 49 : 10, 벧전 2 : 13-14, 마 5 : 17, 38-39, 고전 9 : 8-10).

5. 도덕법은 의롭게 된 사람이나 그렇지 않은 사람까지도 그것에 영원토록 복종케 한다(롬 13 : 8-10, 엡 6 : 2, 요일 2 : 3-4, 7-8, 롬 3 : 31, 6 : 15). 또한 단지 그 안에 있는 내용에 대해서뿐만 아니라 그것을 주신 창조주 하나님의 권위에 대해서도 복종케 한다(약 2 : 10-11). 그리스도는 이 의무를 복음서 안에서도 제외하지 않고 오히려 더 강화하셨다(마 5 : 17-19, 약 2 : 8, 롬 3 : 31).

6. 참 신자는 행위언약으로서의 율법 아래에 있어서 그것으로써 의롭게 되거나 저주를 받는 것은 아니나(롬 6 : 14, 갈 2 : 16, 3 : 13, 4 : 4-5, 행 13 : 39, 롬 8 : 1), 율법은 그들 자신에게나 다른 사람에게도 매우 유용하다. 그것은 생활의 표준으로서 하나님의 뜻과 또한 그들이 해야 할 의무를 그들에게 알게 해 준다. 또는 그들을 지도하고 그것에 따라 걷도록 한다(롬 7 : 12, 22, 25, 시 119 : 4-6, 고

전 7 : 19, 갈 5 : 14, 16, 18-23). 그들의 본질과 마음과 생활에 있는 사악한 타락성을 발견케 한다(롬 7 : 7, 3 : 20). 따라서 그들은 율법에 따라 자신을 반성해서 죄인으로 드러나고, 죄 앞에서 겸손하게 되고, 또한 죄에 대한 증오감을 가질 수 있게 된다(약 1 : 23-25, 롬 7 : 9, 14, 24). 그들에게 그리스도가 필요하다는 것을 더 분명하게 아는 동시에, 그의 완전한 복종에 관하여도 더 분명한 이해를 가지게 될 것이다(갈 3 : 24, 롬 7 : 21, 25, 8 : 3-4). 그것은 또한 중생한 자들이 율법이 죄를 금하고 있는데 따라서 그들의 부패성을 막는 데 사용된다(약 2 : 11, 시 119 : 101, 104, 128). 그리고 율법의 경고는 가령 그들이 율법에서 경고된 저주에서는 해방되었다 할지라도 그들의 죄가 무엇에 해당하며 이생에서 그것에 대한 대가로서 어떠한 고난을 기대해야 한다는 것을 보여 주는 역할을 한다(스 9 : 13-14, 시 89 : 30-34). 그와 마찬가지로 율법의 약속은 그들에게 복종에 대한 하나님의 인정과 또한 그것을 완수한 데 대하여 그들이 무슨 축복을 기대할 수 있다는 것을 보여 준다(레 26 : 1, 10, 14, 고후 6 : 16, 엡 6 : 2-3, 시 37 : 11, 마 5 : 5, 시 19 : 11). 그러나 그것은 율법을 행위에 대한 약속으로 그들이 지켰다고 해서 그들에게 주는 보상이 아니다(갈 2 : 16, 눅 17 : 10). 마찬가지로 율법이 선을 권하고 악을 금하고 있기 때문에 사람이 선을 행하고 악을 멀리한다고 해서 그것이 곧 그가 은총 아래 있는 것이 아니라 율법 아래 있다는 증거는 될 수 없다(롬 6 : 12, 14, 벧전 3 : 8-12, 시 34 : 12-16, 히 12 : 28-29).

7. 상기한 바와 같은 율법의 사용법은 복음의 은총에 반대되는 것

이 아니라 오히려 그것에 잘 따르는 것이다(갈 3 : 21, 딛 2 : 11-14). 그리스도의 영은 율법 안에서 계시된 하나님의 뜻이 요구하는 바를 자유롭고 기쁜 마음으로 행하도록 인간의 의지를 억제하기도 하고 능력 있게 하기도 하신다(겔 36 : 27, 히 8 : 10, 렘 31 : 33).

제20장 신자의 자유와 양심의 자유에 관하여

1. 그리스도가 복음시대에 있는 신자들을 위하여 값 주고 사신 자유는 그들이 죄와 하나님의 정죄와 도덕법의 저주에서 해방되었다는 사실에 있다(딛 2 : 14, 살전 1 : 10, 갈 3 : 13). 또한 그 자유는 현재 이 악한 세상과 사단의 멍에와 죄의 지배에서 해방되었다는 사실과(갈 1 : 4, 골 1 : 13, 행 26 : 18, 롬 6 : 14), 그리고 악한 고뇌와 죽음의 고통과 무덤에서의 승리와 영원한 파멸에서의 해방에 있다(롬 8 : 28, 시 119 : 71, 고전 15 : 54-57, 롬 8 : 1). 또한 이 자유는 하나님에게 접근할 수 있고(롬 5 : 1-2) 노예적인 공포에서가 아니라 어린아이와 같은 사랑과 자발적인 마음으로(롬 8 : 14-15, 요일 4 : 18) 하나님께 순종하는 데 있다. 이것은 율법 아래 있던 모든 신지에게도 있었던 일이다(갈 3 : 9, 14). 그러나 신약에서는 유대 교회가 복종했던(갈 4 : 1-3, 6-7, 5 : 1, 행 15 : 10-11) 의식적인 율법의 멍에에서 자유함을 얻으므로 신자의 자유가 더욱 확대되었으며(히 4 : 14, 16, 10 : 19-22), 율법 아래서 믿던 이들보다 더 큰 담력을 가지고 은혜로우신 하나님께 접근하며(요 7 : 38-39, 고후 3 : 13, 17-18), 그저 주어지는 하나님의 영과의 더 충만한 교통을 가지게 되었다.

2. 하나님만이 양심의 주가 되신다(약 4 : 12, 롬 14 : 4). 이 하나님은 자기의 말씀에 배치되는 어떤 것에서나 혹은 믿음과 예배에 관한 인간적인 교리와 계명에서 벗어날 자유를 양심에 주셨다(행 4 : 19, 5 : 29, 고전 7 : 23, 마 23 : 8-10, 고후 1 : 24, 마 15 : 9). 따라서 그와 같은 교리를 믿거나 그와 같은 명령에 대하여 양심적으로 순종하는 것은 진정한 양심의 자유를 위반하는 것이다(골 2 : 20-23, 갈 1 : 10, 5 : 1, 2 : 4-5, 시 5 : 1). 그리고 맹신을 강요하거나 절대적이고 맹목적 복종은 양심과 이성을 파멸시키는 것이다(롬 10 : 17, 14 : 23, 사 8 : 20, 행 17 : 11, 요 4 : 22, 호 5 : 11, 계 13 : 12, 16-17, 렘 8 : 9).

3. 신자의 자유를 구실삼아 죄를 범하거나 욕심을 품거나 하는 사람은 신자의 자유의 목적을 파괴하는 것이다. 신자의 자유의 목적은 우리가 원수의 손에서 구원을 얻어 우리의 전 생애를 통하여 두려움 없이 주님을 섬기며 주님 앞에 거룩하고 의롭게 되는 것이다(갈 5 : 13, 벧전 2 : 16, 벧후 2 : 19, 요 8 : 34, 눅 1 : 74-75).

4. 그리고 하나님이 부여하신 권력과 그리스도가 값 주고 사신 자유는 서로를 파괴시키려는 것이 아니라, 오히려 서로 도와서 보존하시려는 것이다. 그러므로 신자의 자유를 구실 삼는 어떤 사람들이 정당한 권력에 반대하든지 혹은 세속적이든 교회적이든 간에 그것을 정당하게 행사하는 데 반대하는 사람은 곧 하나님이 세우신 것을 반대하는 것이다(마 12 : 25, 벧전 2 : 13-14, 16, 롬 13 : 1-8, 히 13 : 17). 그들이 그와 같은 의견을 발표하거나 계속적으로 그와 같

은 자유를 행사하는 것은 자연의 도리에 반대되고, 또는 믿음이나 예배나 대화에 관한 널리 알려져 있는 그리스도교 원리에 반대되며, 신령한 힘과도 반대되는 것이다. 또는 그들 자신의 본성에서든지 혹은 그것을 발표하고 지속하는 방법에 있어서 그와 같은 그릇된 의견과 행동은 그리스도가 교회 안에서 확립한 영원한 평화와 질서에 대해서 파괴적인 행동을 하는 것이다. 그들은 법적으로 문책을 받을 것이요, 교회의 책망과(롬 1:32, 고전 5:1, 5, 11, 13, 요이 1:10-11, 살후 3:6, 14, 딤전 6:3-5, 딛 1:10, 11, 13, 3:10, 마 18:15-17, 딤전 1:19-20, 계 2:2, 14:15, 20, 3:9) 일반 관리의 권한에 의해서 처분될 것이다(신 13:6-12, 롬 13:3-4, 요 5:10-11, 스 7:23-28, 계 17:12, 16-17, 느 13:15, 17, 21-22, 25, 30, 왕하 23:5-6, 9, 20-21, 대하 34:33, 15:12-13, 16, 단 3:29, 딤전 2:2, 사 49:23, 슥 13:2-3).

제21장 예배와 안식일에 관하여

1. 자연은 하나님이 계시다는 것을 보여 준다. 그 하나님은 만물의 주가 되시고 통치권을 가지신다. 그는 선하시고 만물에 대하여 선을 행하신다. 그러므로 사람은 온 마음과 정성과 힘을 다하여 그를 경외하고 사랑하고 찬양하고 부르고 의지하고 섬겨야 한다(롬 1:20, 행 17:24, 시 119:68, 렘 10:7, 시 31:23, 18:3, 롬 10:12, 시 62:8, 수 24:14, 막 12:33). 그러나 참 하나님을 예배하는 좋은 방법은 하나님 자신이 정해 주셨다. 하나님을 인간의 어떤 망상이나 의향에 따라서 예배하거나, 또는 어떤 가시적인 물질

을 사용하거나 성경에 기록되어 있지 않은(신 12 : 32, 마 15 : 9, 행 17 : 25, 마 4 : 9-10, 신 4 : 15-20, 출 20 : 4-6, 골 2 : 23) 어떤 방법을 통하여 사탄의 지시에 따라 예배하지 못하게 하시기 위하여 하나님은 계시된 자신의 뜻만을 따라서 예배하도록 정하셨다.

2. 예배는 성부, 성자, 성령이신 하나님께 드려야 한다. 또한 그에게만 드려야 한다(마 4 : 10, 요 5 : 23, 고후 13 : 13, 계 5 : 11-13). 천사에게나 성인에게나 그밖에 어떠한 피조물에게도 예배를 드려서는 안 된다(골 2 : 18, 계 19 : 10, 롬 1 : 25). 인간의 타락 이후에는 중보자 없이 또는 무슨 다른 중보자를 통해서 예배를 드릴 것이 아니라 그리스도를 통해서만 드려야 한다(요 14 : 6, 딤전 2 : 5, 엡 2 : 18, 골 3 : 17).

3. 감사의 기도를 드리는 것은 예배의 특별한 한 부분이다(빌 4 : 6). 이 기도는 하나님께서 모든 사람에게 요구하시는 것이다(시 65 : 2). 이 기도가 용납되려면, 각자가 이해력과 존경과 겸손과 열성과 믿음과 사랑과 인내심을 가지고(시 47 : 7, 전 5 : 1-2, 히 12 : 28, 창 18 : 27, 약 5 : 16, 1 : 6-7, 막 11 : 24, 마 6 : 12, 14-15, 골 4 : 2, 엡 6 : 18) 하나님의 뜻에 따라(요일 5 : 14) 성령의 도움을 얻어 성자의 이름으로 해야 한다(요 14 : 13-14, 벧전 2 : 5). 만약 음성을 내어서 기도할 때는 알 수 있는 말로 해야 한다(고전 14 : 14).

4. 기도는 모든 합당한 것을 들어주시게 하기 위한 것이다(요일

5 : 14). 그리고 현재 살아 있거나 장차 출생할 모든 사람을 위해서 할 것이로되(딤전 2 : 1-2, 요 17 : 20, 삼하 7 : 29, 룻 4 : 12) 죽은 사람을 위해서 할 것은 아니다(삼하 12 : 21-23, 눅 16 : 25-26, 계 14 : 13). 그리고 죽음에 이르는 죄를 범한 것으로 알려진 사람을 위해서도 하지 말아야 한다(요일 5 : 16).

5. 성경을 읽을 때는 경건한 두려움을 가지고 읽어야 한다(행 15 : 21, 계 1 : 3). 설교는 흠이 없게 하고(딤후 4 : 2) 신자는 그 말씀을 정성껏 들어야 한다. 하나님께 복종하는 마음을 가지고 이해력과 믿음과 경건한 마음으로 들어야 한다(약 1 : 22, 행 10 : 33, 마 13 : 19, 히 4 : 2, 사 66 : 2). 마음에 감사를 품고 시를 부르며(골 3 : 16, 엡 5 : 19, 약 5 : 13) 그리스도께서 정하신 성례전을 합당하게 실시하고 또한 값있게 받아야 한다. 이와 같은 것이 하나님께 드리는 일반적 예배의 모든 부분이다(마 28 : 19, 고전 11 : 23-29, 행 2 : 42). 이 외에 종교적 맹세와(신 6 : 13, 느 10 : 29) (그리고)[8] 서원과(사 19 : 21, 전 5 : 4-5, 행 18 : 18) 엄숙한 금식과(욜 2 : 12, 에 4 : 16, 마 9 : 15, 고전 7 : 5) 특별한 절기에 따라(시 107 : 1-43, 에 9 : 22) 드리는 감사예배가 있다. 이와 같은 것은 여러 절기에 따라 거룩하고 신앙적인 방법으로 할 것이다(히 12 : 28).

6. 기도나 그밖에 예배의 무슨 부분이 복음의 시대에 있는 현재 예배드리는 그 장소가 고정되어 있거나, 또는 장소나 대상에 따라서

---

[8] ( ) 안의 것은 1647년도 판엔 없었음.

그 예배가 더 훌륭한 것은 아니다(요 4 : 21). 하나님은 어디서든지 (말 1 : 11, 딤전 2 : 8) 영과 진리〔안에서〕(요 4 : 23-24) 예배를 드려야 한다. 각 가정에서(렘 10 : 25, 신 6 : 6-7, 욥 1 : 5, 삼하 6 : 18, 20, 벧전 3 : 7, 행 10 : 2) 매일(마 6 : 11, 수 24 : 15) 드리든지, 혼자서(마 6 : 6, 엡 6 : 18) 은밀한 곳에서 드리든지, 또는 공동적으로는 더 엄숙하게 드려야 한다. 하나님께서 자기의 말씀이나 섭리에 따라서 부르실 때에는(사 56 : 7, 히 10 : 25, 잠 1 : 20-21, 24, 8 : 34, 행 13 : 42, 눅 4 : 16, 행 2 : 42) 공적인 모임을 경솔하게 혹은 의식적으로 무시하여서는 안 된다.

7. 보통 시간의 일부분을 구별하여 하나님께 예배를 드리는 것이 자연의 법칙에 합당한 것이다. 그러므로 하나님은 그의 말씀을 통하여 도덕적이고 적극적이고 영원한 명령으로써 모든 시대 모든 사람에게 명령을 주셨는데, 특히 칠일 중 하루를 안식일로 지정하셔서 하나님께 거룩한 날로 지키게 하셨다(출 20 : 8, 10, 11, 사 56 : 2, 4, 6-7). 이 날은 창세 때부터 그리스도가 부활하신 날까지는 일주간의 마지막 날이었다. 그리고 그리스도의 부활부터는 일주간의 첫 날로(창 2 : 2-3, 고전 16 : 1-2, 행 20 : 7) 변경되었다. 성경에서는 이날을 주일이라고 부른다(계 1 : 10). 이날은 세상 끝 날까지 기독교의 안식일로 지켜질 것이다(출 20 : 8, 10, 마 5 : 17-18).

8. 이날을 신자는 마음으로 잘 준비하고 미리 모든 일을 정돈해서 주님께 거룩하게 지켜야 한다. 이날에는 하루 종일 모든 일이나 말이나 생각에서 떠나서 거룩하게 쉬며, 세상적인 일이나 오락에

서도 떠나 쉬어야 할 뿐만 아니라(출 20 : 8, 16 : 23, 25-26, 29-30, 31 : 15-17, 사 58 : 13, 느 13 : 15-22) 모든 시간을 공적으로나 사적으로 하나님을 예배하는 데 쓰며, 필요한 의무에나 자비를 베푸는 일에 바칠 것이다(사 58 : 13, 마 12 : 1-13).

제22장 합당한 맹세와 서원에 관하여

1. 합당한 맹세를 하는 것은 경건한 예배의 한 부분이다(신 10 : 20). 예배에서 예배드리는 자는 때를 따라 엄숙히 선서하면서 그가 주장하고 약속한 것을 증언하기 위하여 하나님을 부른다. 그뿐만 아니라 그는 진리에 따라 판단하고, 또 그가 서원한 것에 허위가 없는가(출 20 : 7, 레 19 : 12, 고후 1 : 23, 대하 6 : 22-23) 판단하기 위하여 하나님을 부른다.

2. 하나님의 이름에 대해서만 사람은 서원해야 한다. 그때 그 이름을 거룩한 두려움과 존경하는 마음으로 사용해야 한다(신 6 : 13). 그러므로 그 영광스럽고 두려운 이름에 대하여 헛되이 또는 경솔하게 서원하거나 또는 다른 무엇으로써 서원한다면 그것은 죄를 범하는 것이어서 증오를 받아야 할 것이다(출 20 : 7, 렘 5 : 7, 마 5 : 34, 37, 약 5 : 12). 맹세는 그 중요성과 시기에 따라 하나님의 말씀에 의하여 보증된 것으로 신구약성경에 다 마찬가지로 허락된 것이다(히 6 : 16, 고후 1 : 23, 사 65 : 16). 따라서 합당한 맹세는 합법적인 권위에 의해 요청될 때에는 이를 행해야 한다(왕상 8 : 31, 느 13 : 25, 스 10 : 5).

3. 누구든지 맹세할 때에는 그것이 매우 중요하고 엄숙한 행사라는 점을 충분히 생각해야 한다. 그때에 자기가 진리라고 확신할 수 있는 것 이외에는 아무 것도 확언해서는 안 된다(출 20 : 7, 렘 4 : 2). 누구든지 맹세할 때에는 선하고 옳은 것 이외의 것에 대해서는 맹세하면 안 된다. 그리고 옳다고 믿는 것이나 자기가 실제로 할 수 있고 행하려고 결심한 것 이외의 것에 대해서 맹세하여도 안 된다(창 24 : 2-3, 5-6, 8-9). 그러나 합법적인 권위로 말미암아 요청되는 때에도 선하고 의로운 것과 관련한 맹세를 거부하는 것은 죄이다(민 5 : 19, 21, 느 5 : 12, 출 22 : 7-11).

4. 맹세를 할 때는 모호한 말이나 애매한 말로 하지 말고 쉽고 평범한 말로 하여야 한다(렘 4 : 2, 시 24 : 4). 죄악이 아닌 사실을 맹세했다면 자신에게 손해가 된다고 하더라도 지켜져야 한다(삼상 25 : 22, 32-34, 시 15 : 4). 또한 신앙의 이해가 다른 기독교인들이나 불신자에게 행한 맹세라도 어겨서는 안 된다(겔 17 : 16, 18-19, 수 9 : 18-19, 삼하 21 : 1).

5. 서원도 서약과 동일한 성격을 띠고 있다. 그것을 행할 때도 동일하게 경건한 주의를 기울여야 하고 동일한 성실성을 가지고 실행해야 한다(사 19 : 21, 전 5 : 4-6, 시 61 : 8, 66 : 13-14).

6. 서원은 어떤 피조물에 대해서 할 것이 아니라 하나님께 대해서만 할 것이다(시 76 : 11, 렘 44 : 25-26). 그것이 용납되려면 자발적이어야 하며 믿음과 의무감에서 해야 한다. 또한 이미 우리가 받

은 은사나 또는 원하는 것이 허락될 것에 대한 감사의 뜻에서 해야 한다. 이 서원을 통해서 우리는 몇 가지 의무와 그 밖의 것을 지켜야 한다. 그것이 서원의 뜻에 합치되는 한 우리는 그것을 더욱 엄격하게 행해야 한다(신 23 : 21, 23, 시 50 : 14, 창 28 : 20-22, 삼상 1 : 11, 시 66 : 13-14, 132 : 2-5).

7. 아무도 하나님의 말씀이 금하는 것에 대하여 서원해서는 안 된다. 또는 받은 명령을 실천하는 데 방해되거나 자기 자신의 힘으로 할 수 없는 것이나, 그것을 이행하는 데 있어서 하나님으로부터 아무 약속이나 능력을 받지 못한 것에 대해서도 서원해서는 안 된다(행 23 : 12, 14, 막 6 : 26, 민 30 : 5, 8, 12-13). 이 점에 비추어 볼 때 〔교황청의〕 수도원 안에서 일생 동안 독신으로 살겠다고 하는 서원이나 공언한 궁핍생활과 규칙적인 복종을 서원하는 것은 그것이 가지는 고상한 의미에서 너무나 먼 것이므로 그리스도교 신자로서는 도저히 관여할 수 없을 정도로 미신적이고 사악한 함정이다(마 19 : 11-12, 고전 7 : 2, 9, 엡 4 : 28, 벧전 4 : 2, 고전 7 : 23).

제23장 공직에 관하여

1. 모든 세계의 최고의 주님이 되시며 왕이 되시는 하나님은 자기의 영광과 공동선을 위하여 백성들 위에 공직 제도를 두셔서 자기의 관할 하에 두셨다. 이 목적을 달성하기 위하여 그들에게 칼의 힘을 주어 선한 무리를 보호하고 격려하는 반면, 악을 행하는 자를 처벌하게 하셨다(롬 13 : 1-4, 벧전 2 : 13-14).

2. 신자가 이 공직에 임명될 때에 그것을 수락하고 그 일을 집행하는 것은 정당한 일이다(잠 8 : 15-16, 롬 13 : 1-2, 4). 그들이 이 일에 종사할 때는 특별히 그 나라의 좋은 법에 따라서 경건과 정의와 평화를 유지하도록 해야 한다(시 2 : 10-12, 딤전 2 : 2, 시 82 : 3-4, 삼하 23 : 3, 벧전 2 : 13). 이 목적을 위해서 새로운 언약 아래에서는 정의롭고 꼭 필요한 경우라면 합법적으로 전쟁을 할 수 있다(눅 3 : 14, 롬 13 : 4, 마 8 : 9-10, 행 10 : 1-2, 계 17 : 14, 16).

3. [9]공직자는 스스로 설교와 성례를 행하려 해서는 안 된다. 즉, 하나님 나라의 열쇠들을 취급할 권한을 가지고 있지 않다(대하 26 : 18, 마 16 : 19, 고전 4 : 1-2). 하물며 믿음에 관한 일에 간섭해서는 안 된다(요 18 : 36, 말 2 : 7, 행 5 : 29). 그러나 양육하는 아버지와 같이 어떤 한 교파에다 다른 교파보다 우선권을 부여해 주는 일이 없이, 우리의 동일한 주의 교회를 보호하는 것이 공직자의 임무이다. 모든 신자

---

9) 1647년 판에는 다음과 같이 되어 있음. "3. 공무원은 주의 말씀을 주관하거나 성례전을 집행해서는 안 된다. 또는 하나님의 나라의 열쇠의 권세를 사용할 수도 없다(대하 26 : 18, 마 18 : 17, 고전 12 : 28-29, 엡 4 : 11-12, 고전 4 : 1-2, 롬 10 : 15, 히 5 : 4). 그러나 교회의 질서를 보장하고, 따라서 통일과 평화를 유지하며, 하나님의 진리가 순수하게 또는 하나도 빠짐없이 보존되며, 모든 불경건한 자와 이단을 억제하며, 모든 부패와 예배나 훈련에 있어서의 악용을 방지하거나 개혁하고, 하나님의 모든 제도가 정당하게 조직되고 집행되고 지켜져 나가도록(사 49 : 23, 시 122 : 9, 스 7 : 23-28, 레 24 : 16, 신 13 : 5-6, 12-18, 왕하 18 : 4, 대상 13 : 1-9, 왕하 23 : 1-26, 대하 34 : 33, 15 : 12-13) 하는 권한을 가지고 있으며 또한 그것이 관공리의 의무이다. 이 일을 더 효과적으로 하기 위하여 그들은 회의를 소집하고 거기에 참석하고 무엇이든지 거기서 처리되는 것은 하나님의 뜻에 따라서 처리되도록 노력해야 한다(대하 19 : 8-11, 29 : 30, 마 2 : 4-5)."

들이 폭력이나 위험에 부딪치지 않고 그들의 성스러운 기능의 모든 부분을 발휘할 수 있는 충분하고 의심의 여지가 없는 자유를 즐길 수 있도록 보호해야 한다(사 49 : 23). 그리고 예수 그리스도가 그의 교회 안에서 정규적인 치리회와 훈련책을 정하셨으므로 어떠한 국가의 법이라도 교회의 어떤 교파의 자발적인 회원들이 그들 자신의 고백과 신념에 따라서 행하려는 정당한 신앙생활에 간섭하거나 방해를 해서는 안 된다(시 105 : 5, 행 18 : 14-16). 공무원의 할 일은 아무도 종교의 구실로나 불신의 이유로 괴로움을 받지 않도록 그들의 모든 시민을 실제적으로 보호하고 지켜 주는 동시에 어떠한 다른 사람에게든지 냉대와 폭력이나 악용이나 손상을 주지 않도록 지켜 주며, 모든 종교적, 교회적 모임이 방해나 소란을 받지 않고 열릴 수 있도록 하는 것이다(삼하 23 : 3, 딤전 2 : 1, 롬 13 : 4).

4. 모든 공직자를 위하여 기도하고(딤전 2 : 1-2), 그들의 인격을 존중하며(벧전 2 : 17), 세금이나 그 밖의 공납금을 바치고(롬 13 : 6-7), 양심에 따라 그들의 정당한 명령에 복종하며(롬 13 : 5, 딛 1 : 3), 그들의 권위에 복종하는 것이 모든 사람들의 의무이다. 신앙생활을 하지 않거나 신봉하는 종교가 다르다고 해서 공직자가 가지는 옳고 합법적인 권위를 인정치 않거나, 그들에게 대하여 마땅히 해야 할 복종을 거절할 수는 없다(벧전 2 : 13-14, 16). 신자도 예외가 아니다(롬 13 : 1, 왕상 2 : 35, 행 25 : 9-11, 벧후 2 : 1, 10-11, 유 1 : 8-11). 더욱이 교황은 그들의 영토 안에서 그들에게나 일반 민중에게 대하여 아무런 권력이나 사법권을 가지지 않는다. 가령 그들을 이단이라고 판단하거나 그밖에 어떠한 가식적인 이유를 붙이더라도(살후 2 : 4, 계

13 : 15-17) 그들의 주권이나 생명을 빼앗을 권한은 전혀 없다.

제24장 결혼과 이혼에 관하여[10]

10) 1647년 판에는 다음과 같이 되어 있음.
"1. 결혼은 한 남자와 여자 사이에 이루어진다. 어느 남자가 동시에 둘 이상의 부인을 두거나, 어느 여자가 동시에 둘 이상을 남편을 가지는 것은 정당치 않다(창 2 : 24, 마 19 : 5-6, 잠 2 : 17, 고전 7 : 2, 막 10 : 6-9).
2. 결혼은 남편과 아내의 상호부조를 위하여 제정되었다(창 2 : 18). 또한 합법적인 자손으로서 인류의 번식을 위하여, 또는 거룩한 자손을 통하여(말 2 : 15) 교회를 중가케 하고 부정을 막기 위하여(고전 7 : 2, 9) 제정된 것이다.
3. 결혼에 응할 수 있는 판단력을 가진 사람이면 누구라도 결혼할 수 있다(히 13 : 4, 딤전 4 : 3, 고전 7 : 36-38, 창 24 : 57-58). 그러나 신자는 오직 주 안에서만 결혼하여야 할 의무를 가지고 있다(고전 7 : 39). 그리고 참다운 종교개혁을 신봉하는 사람은 이방인이나 법왕 교황 추종자나 기타 우상숭배자와 결혼할 수 없다. 또한 경건한 자가 사악한 인간이라고 평판을 받는 사람이나 계속적으로 저주에 합당한 이단적인 행동을 하고 있는 사람과 결혼하여 함께 어울려 지낼 수 없다(창 34 : 14, 출 34 : 16, 신 7 : 3-4, 왕상 11 : 4, 느 13 : 25-27, 말 2 : 11-12, 고후 6 : 14).
4. 하나님의 말씀에 금지되어 있는 혈족이나 친족끼리는 서로 결혼을 하지 못한다(레 18장, 고전 5 : 1, 암 2 : 7). 어떠한 인간의 법이나 단체의 허락으로도 인척이 되는 남녀 한 쌍이 같이 삶으로써 이루어지는 친족 간통을 정당화하지는 못한다(막 6 : 18, 레 18 : 24-28). 남자는 처형이나 처제와 결혼할 수 없다. 또한 여자는 남편의 형이나 동생과도 결혼할 수 없다.
5. 약혼 후에 범한 간통이나 사통이 결혼 전에 발견되면 순결한 편은 약혼을 파기할 수 있는 정당한 기회를 가지게 된다(마 1 : 18-20). 만약 결혼 후에 간통한 사실이 있을 때에는 순결한 편은 상대편을 죽은 것으로 간주하여(마 19 : 9, 롬 7 : 2-3) 이혼하고 다른 사람과 결혼할 수 있다(마 5 : 31).
6. 남자 편에 무슨 부정이 있다고 할 때 그것을 조사하는 것이 옳다. 그러나 하나님이 짝지어 주신 한 사람을 정당치 않은 방법으로 분리시켜서는 안 된다. 간음만이라도 또는 교회나 법이 어떻게 할 수 없는 고의적인 부부 동거 거절은 결혼의 약속을 취소할 충분한 원인이 된다(마 19 : 5, 9, 고전 7 : 15, 마 19 : 6). 이혼을 할 때에는 공적으로 제정된 수속을 밟아서 해야 한다. 이때에 당사자들은 자신들의 의사와 경우

1. 기독교의 결혼은 하나님이 제정하시고 우리 주 예수 그리스도에 의해서 복을 받은 제도다. 이것은 인류의 행복과 복지를 위하여 제정되었고 성별된 것이다. 한 남자와 한 여자가 정신적으로나 육체적으로 하나가 되는 상태에 들어가며 서로의 존경과 사랑을 가슴에 품고 상대방의 부족함과 약함을 참고 견디며, 어려움을 당할 때 서로 위로하고, 그들 자신과 가정을 위하여 성실과 부지런함으로 준비하며, 서로 위하여 기도하고 삶의 은총의 계승자로서 그들의 수명대로 같이 산다(창 2 : 24, 마 19 : 4-6, 창 2 : 17).

2. 사람의 부패는 결혼을 통하여 하나님이 결합시킨 그들을 부정하게 둘로 쪼개기 쉬우며, 교회는 주 안에서 이루어진 결혼은 성경이 가르치는 대로 된 것이라는 점에 관심을 가지며, 파혼이 된 그들이 현재 참회하고 있는 동시에 과거의 결백이나 책임에 관심을 가지고 있기 때문에 그 거룩한 관계의 끊어짐은 이혼을 초래할 수 있다. 성경 안에서 분명히 기록되어 있거나 그리스도의 복음 안에서 함축성 있게 기록된 이유로 허락된 이혼 후의 재혼은 (당사자들의) 죄와 실패에 대한 충분한 참회가 나타나고 기독교의 결혼의 확고한 목적에 순응하도록 노력하는 것이 나타났을 때에 허락될 수 있다(창 2 : 18, 말 2 : 15, 고전 7 : 2, 9).

를 잘 분별해야 한다(신 24 : 1-4, 스 10 : 3)."

제25장 교회에 관하여

1. 보편적이고 우주적인 교회는 불가시적이다. 이 교회는 과거나 현재나 미래에 있어서 머리 되시는 그리스도를 중심하여 모이는 택함을 받은 모든 사람들로 구성된다. 그것은 그리스도의 신부요, 그의 몸이며, 만물 안에서 만물을 충만케 하시는 자의 충만이시다(엡 1 : 10, 22-23, 5 : 23, 27, 32, 골 1 : 18).

2. 가시적인 교회도 복음 아래 있는 보편적이고 우주적인 교회이다. 이 교회는 율법시대와 같이 한 민족에게만 국한된 것이 아니라 전 세계를 통하여 참 신앙을 고백하는(고전 1 : 2, 12 : 12-13, 시 2 : 8, 계 7 : 9, 롬 15 : 9-12) 모든 사람과 그들의 자손들로 구성된다(고전 7 : 14, 행 2 : 39, 겔 16 : 20-21, 롬 11 : 16, 창 3 : 15, 17 : 7, 갈 3 : 7, 9, 14, 롬 4장). 이 교회는 주 예수 그리스도의 왕국이요(마 13 : 47, 사 9 : 7), 하나님의 집이요, 권속이다(엡 2 : 19, 3 : 15, 마 12 : 50, 잠 29 : 18). 이곳을 떠나서는 구원의 정상적 가능성은 없다(행 2 : 47).

3. 그리스도는 이 보편적이고 가시적인 교회에게 이들의 모임과 세상 마지막 날까지 이 세상에서 성도의 생을 완수하게 하기 위하여 성직과 예언과 의식을 주셨다. 그리고 자기의 약속에 따라 그리스도 자신과 성령이 임재하셔서 그것을 효과적으로 나타나게 하신다(고전 12 : 28, 엡 4 : 11-13, 마 28 : 19-20, 사 59 : 21).

4. 이 보편적 교회는 때로는 더 쉽게 볼 수가 있고 때로는 보기가 더 어렵다(롬 11 : 3-4, 계 12 : 6, 14, 행 9 : 31). 이 보편적 교회에 속하는 개체 교회는 복음의 교리를 가르치고 받드는 데 따라 또한 의식이 시행되고 공동 예배를 순수하게 가지고 못 가지는 데 따라 더 순결하기도 하고 덜 순결하기도 하다(계 2-3장, 고전 5 : 6-7).

5. 지상의 교회는 아무리 순결하다고 해도 혼합과 과오에 사로잡혀 있다(고전 13 : 12, 계 2-3장, 마 13 : 24-30, 47). 어떤 교회는 너무나 타락해서 그리스도의 교회라 하기보다 사탄의 회당이라고 부를 수밖에 없다(계 18 : 2, 롬 11 : 18-22). 그럼에도 불구하고 지상에는 언제든지 하나님의 뜻에 따라(마 16 : 18, 시 72 : 17, 102 : 28, 마 28 : 19-20) 하나님께 예배를 드리는 교회가 있을 것이다.

6. [11)]주 예수 그리스도는 교회의 유일의 머리가 되신다. 로마교황은 어떤 의미로도 교회의 머리가 될 수 없다. 그리스도에 대항하여 교회 안에서 자기를 높이는 자와 하나님이라 불리는 모든 자는 적그리스도요 죄인이요 멸망의 아들이다(골 1 : 18, 엡 1 : 22, 마 23 : 8-10, 살후 2 : 3, 4, 8, 9, 계 13 : 6).

---

11) 1647년 판에는 다음과 같이 되어 있음. "6. 주 예수 그리스도 밖에는 교회의 머리가 없다(골 1 : 18, 엡 1 : 22). 로마의 교황도 어떠한 의미에서라도 교회의 머리가 될 수 없다. 오히려 그는 적그리스도요, 죄의 소유자요, 지옥의 아들이요, 교회에서 그리스도에 대항하여 자신을 높이 올리며 하나님을 훼방하는 자이다(마 23 : 8-10, 살후 2 : 3-4, 8-9, 계 13 : 6)."

제26장 성도의 교제에 관하여

1. 성령과 믿음으로써 머리가 되시는 예수 그리스도에 결합이 된 모든 성도는 그리스도의 은총과 고난과 죽음의 부활과 영광 안에서 그와 교제를 가진다(요일 1 : 3, 엡 3 : 16-19, 요 1 : 16, 엡 2 : 5-6, 빌 3 : 10, 롬 6 : 5-6, 딤후 2 : 12). 그리고 성도들끼리는 사랑으로 서로 결합이 되어 있어서 각자가 받은 은사와 은총을 나눈다(엡 4 : 15-16, 고전 12 : 7, 3 : 21-23, 골 2 : 19). 그들은 내적으로나 외적으로나(살전 5 : 11, 14, 롬 1 : 11-12, 14, 요일 3 : 16-18, 갈 6 : 10), 사적으로나 공적으로 상호간의 선을 이루기 위한 의무를 행해야 한다.

2. 공적으로 성도의 생활을 하겠다고 공포한 성도는 하나님께 대한 예배에 있어서 거룩한 교제와 교통을 지속할 의무가 있다. 또한 상호간 덕을 세우는 것에(히 10 : 24-25, 행 2 : 42, 46, 사 2 : 3, 고전 11 : 20) 도움이 될 수 있는 다른 영적 봉사를 해야 한다. 그리고 물질적으로도 각자의 능력과 필요성에 의해서 서로 도와야 한다. 하나님이 부여해 주신 이 교제는 어느 곳에서든지 주 예수의 이름을 부르는 모든 사람에게까지 확장되어야 한다(행 2 : 44-45, 요일 3 : 17, 고후 8-9장, 행 11 : 29-30).

3. 성도들이 그리스도와 더불어 가지는 이 교제는 그들로 하여금 그리스도의 신성의 본체에 참여할 수 있다든가 어떤 면으로나 그리스도와 동일하다는 것을 의미하는 것은 절대로 아니다. 이것을 인정한다

면 그는 불경건하거나 하나님을 욕하는 것을 스스로 증명하게 되는 것이다(골 1 : 18-19, 고전 8 : 6, 사 42 : 8, 딤전 6 : 15-16, 시 45 : 7, 히 1 : 8-9). 또는 성도가 서로 가지는 이 교제는 각자가 소유하는 감투나 소유를 탈취하거나 깨뜨리지는 않는다(출 20 : 15, 엡 4 : 28, 행 5 : 4).

제27장 성례전에 관하여

1. 성례전은 그리스도와 그의 은혜를 나타내고 그 안에 있는 우리의 도움을 확증하기 위하여(고전 10 : 16, 11 : 25-26, 갈 3 : 27) 하나님께서(마 28 : 19, 고전 11 : 23) 직접 제정하여 주신 거룩한 표요, 은총의 계약(롬 4 : 11, 창 17 : 7, 10)에 대한 인치심이다. 그와 동시에 교회에 속한 사람과 세상에 속한 사람을(롬 15 : 8, 출 12 : 48, 창 34 : 14, 고전 10 : 21) 구별하기 위해서 주신 보이는 표지이다. 또한 성도들로 하여금 하나님의 말씀에 따라(롬 6 : 3-4, 고전 10 : 16, 21) 그리스도 안에서 하나님께 대하여 진지하게 봉사하게 하기 위하여 제정하신 것이다.

2. 모든 성례전에서 사용되는 표지와 물질 사이에는 영적 관계 또는 성례전적인 합일이 있다. 그러므로 한편의 이름과 그 효과는 다른 편에게 영향을 준다(창 17 : 10, 마 26 : 27-28, 딛 3 : 5, 롬 6 : 3-4).

3. 올바르게 집행되는 성례전 안에서 혹은 성례전을 통해서 나타나는 은혜는 성례전 자체의 힘이나, 혹은 그것을 집행하는 사람의 신앙

이나 뜻에 따라서 그 효력이 나타나는 것은 아니다(롬 2 : 28-29, 벧전 3 : 21). 그것은 성령의 역사(마 3 : 11, 고전 12 : 13)로 말미암아 나타나는 것이며 성례전에 사용되는 제정의 말씀에 의한 것이다. 그 말씀에는 그것을 사용할 수 있는 권한을 부여하는 명령과 함께 성례전을 가치 있게 받는 사람에게 유익을 주겠다는 약속이 포함되어 있다(마 26 : 27-28, 28 : 19-20).

4. 복음서에서 우리 주 그리스도께서 정하신 성례전은 단지 두 가지가 있다. 즉, 세례와 주의 만찬이다. 이 두 예전은 반드시 합법적으로 안수를 받은(마 28 : 19, 고전 11 : 20, 23, 4 : 1, 히 5 : 4) 하나님의 말씀의 사역자에 의해 집행되어야 한다.

5. 구약에 있는 성례전이 표현하고 상징하는 영적 뜻은 본질적으로 신약의 그것과 동일하다(고전 10 : 1-4, 고전 5 : 7-8).

제28장 세례에 관하여

1. 세례는 예수 그리스도께서(마 28 : 19, 막 16 : 16) 제정하신 예전이며, 신약성경이 가르치는 것이다. 그것은 보이는 교회에서(고전 12 : 13, 갈 3 : 27-28) 세례를 받은 무리가 그 교회에 참가하는 엄숙한 입회를 의미하는 것뿐만 아니라, 본인에 대해서는 은혜의 계약에 인침을 받는 표가 되며(롬 4 : 11, 골 2 : 11-12) 그리스도에게 접붙임을 받음과(갈 3 : 27, 롬 6 : 5) 중생과(딛 3 : 5) 사죄와(막 1 : 4, 행 2 : 38, 22 : 16) 예수 그리스도를 통하여 새 생명으로 살겠다

고 하나님께 자신을 봉헌함의(롬 6 : 3-4) 표와 인침을 의미한다. 이 예전은 그리스도 자신이 제정한 것이며, 세상 끝 날까지 교회 안에서 존속될 것이다(마 28 : 19-20).

    2. 이 예전에서 사용되는 외적인 요소는 물이다. 합법적으로 안수를 받은 목사는(마 3 : 11, 요 1 : 33, 마 28 : 19-20, 행 10 : 47, 8 : 36, 38) 이 물로 성부와 성자와 성령의 이름으로 세례를 줄 것이다.

    3. 세례 받을 사람을 물속에 잠그는 것은 필수적이지는 않다. 따라서 물을 그 사람의 머리 위에 붓든지 뿌리며(히 9 : 10, 19-22, 행 2 : 41, 16 : 33, 막 7 : 4) 거행하는 세례도 올바른 것이다.

    4. 그리스도에 대하여 실제로 믿음과 복종을 고백한 사람뿐만 아니라(막 16 : 15-16, 행 8 : 37-38), 부모가 다 믿거나 한편만 믿는 가정의 아이도 세례를 받을 수 있다(창 17 : 7, 9, 갈 3 : 9, 14, 골 2 : 11-12, 행 2 : 38-39, 롬 4 : 11-12, 고전 7 : 14, 마 28 : 19, 막 10 : 13-16, 눅 18 : 15, 행 16 : 14-15, 33).

    5. 이 예전을 모독하거나 무시하는 것은 큰 죄다(눅 7 : 30, 출 4 : 24-26). 그러나 세례를 안 받았다고 해서 그 사람이 중생을 할 수 없다든가 구원을 받을 수 없다든가(롬 4 : 11, 행 10 : 2, 4, 22, 31, 45, 47), 또는 세례를 받은 사람이 모두 분명히 중생했다고 할 만큼(행 8 : 13, 23) 이 세례와 은혜와 구원이 밀착되어 있는 것은 아니다.

6. 세례의 효력은 그것이 행해진 시간과 연결되어 있다고는 할 수 없다(요 3:5, 8). 그럼에도 불구하고 이 예전을 옳게 거행함으로 약속된 은혜가 하나님의 뜻에 따라 일정한 때에 연령의 차이가 없이 어른에게나 아이에게나 한결같이 성령으로 말미암아 성령에 의해 주어질 뿐 아니라 실제로 나타나고 부여된다(갈 3:27, 딛 3:5, 엡 5:25-26, 행 2:38, 41).

7. 세례의 성례는 어느 사람에게든지 한 번만 베풀 것이다(딛 3:5).

제29장 주의 만찬에 관하여

1. 우리 주 예수께서 배반을 당하시던 날 밤에 주의 만찬이라고 부르는, 자기의 몸과 피에 의한 성례전을 제정하셔서 자기의 교회에서 세상 끝 날까지 지키게 하셨다. 이것은 자기의 죽음을 통해서 이룩하신 희생을 언제든지 기억케 하시고, 참 신자에게 그 희생에서 오는 모든 혜택을 인치시며, 그 안에서 신자들이 영적인 양식을 얻어 장성케 하시고, 그에게 행할 모든 의무를 더 잘 감당하게 하시며, 그들이 주님과 갖는 교제의, 그리고 주님의 신비적인 지체들로서 그들 상호간에 갖는 교제의 매는 줄과 담보가 되게 하시기 위한 것이다(고전 11:23-26, 10:16-17, 21, 12:13).

2. 이 예전에 있어서 그리스도는 그의 성부에게 바쳐진 것은 아니다. 또는 산 자나 죽은 자의 사죄를 위하여 드린 참 희생의 제물도 아니다(히 9:22, 25-26, 28). 다만 그가 십자가 위에서 단번에 자기 자신

을 스스로 바친 그 제물에 대한 기억이다. 또한 그 일에 대하여 하나님께 드릴 수 있는 모든 가능한 찬양의 영적 봉헌이다(고전 11 : 24-26, 마 26 : 26-27, 눅 22 : 19-20). 그러므로 소위 미사의 제물은 택함을 받은 자의 모든 죄를 위한 단 하나의 속죄로서의 그리스도 자신의 제물과는 전적으로 반대되는 것이다(고전 11 : 24-26, 마 26 : 26-27, 눅 22 : 19-20, 히 7 : 23-24, 27, 10 : 11-12, 14, 18).[12]

3. 주 예수께서는 이 예전을 집행하도록 목사를 택하셨다. 목사는 신자들에게 제정의 말씀을 선포하고 기도하고 떡과 포도주를 축사해서 그것을 다른 것과 구별하여 거룩하게 사용해야 한다. 또한 떡을 집어 들어 떼고 잔을 들어 그 자신이 예전에 참여할 뿐만 아니라 떡과 잔을 참여자들에게 나누어 주어야 한다(마 26 : 26-28, 막 14 : 22-24, 눅 22 : 19-20, 고전 11 : 23-27). 그러나 그때 그 자리에 참석치 않은 자에게는 나누어 주지 못한다(행 20 : 7, 고전 11 : 20).

4. 사적인 미사, 예전을 사제에게서나 그 밖의 사람에게서 혼자 받는 것(고전 10 : 6), 또는 일반 신자에게 잔을 나누어 주지 않는 것(막 14 : 23, 고전 11 : 25-29), 떡과 포도주에 절을 하거나 높이 들어 올리거나 동경하는 마음으로 들고 다니는 것 또는 무슨 정상적이 아닌 종

---

12) 1647년 판에는 다음과 같이 되어 있음. "다만 이것은 자기 자신이 십자가 위에서 단 한 번 자신을 봉헌한 그 제물을 기념하는 것에 지나지 않는다. 이것은 하나님께 드릴 수 있는 모든 칭송의 영적 봉헌이다(고전 11 : 24-26, 마 26 : 26-27, 눅 22 : 19-20). 그러므로 교황의 미사라고 부르는 제사는 그리스도께서만이 모든 택함을 받은 사람의 죄를 위하여 드리신 화목제물임을 가장 극단적으로 손상시키는 것이다(히 7 : 23-24, 27, 10 : 11-12, 14, 18)."

교적 사용을 위하여 보관하는 것은 모두 이 예전의 본질에 대해서뿐만 아니라 그리스도의 제정하신 뜻에도 모순되는 것이다(마 15 : 9).

5. 이 예전의 외적 요소는 그리스도께서 정하신 대로 정당하게 사용하도록 구별되어야 한다. 이 요소는 십자가에 달리신 그리스도와 깊은 관계를 가지고 있으므로 진정으로, 그러나 성례전적으로만, 때로는 그것들이 상징하는 바의 이름으로, 즉, 그리스도의 살과 피라고도 부른다(마 26 : 26-28). 그렇게 부른다 해도 실체와 본질에 있어서는 전과 조금도 다름이 없이 단순히 떡과 포도주 그대로 남아 있다(고전 11 : 26-28, 마 26 : 29).

6. 사제가 축사함으로써 혹은 다른 방법을 통해서 떡과 포도주의 실체가 그리스도의 살과 피의 실체로 변한다고 주장하는 소위 화체설은 성경에 모순될 뿐만 아니라 상식과 이성에도 모순된다. 또한 예전의 본질을 전도시키는 생각이며 과거나 현재나 여러 가지 미신의 원인이 되었으며 그야말로 큰 우상숭배의 원인이 되었다(행 3 : 21, 고전 11 : 24-26, 눅 24 : 6, 39).

7. 이 예전에 있어서(고전 11 : 28, 고전 5 : 7-8) 보이는 요소를 외적으로 받음으로써 이 예전을 값있게 대하는 사람은 내적으로도 진정코 믿음으로 받는다. 세속적으로나 육체적으로가 아니라 영적으로 십자가에 달리신 그리스도를 받아들이고 그에게 양육을 받는다. 또한 그의 죽음이 가지고 있는 모든 은사를 받는다. 그리스도의 살과 피는 몸으로 또는 육신적으로 떡과 포도주 안에, 함께, 혹은 아래에 있는 것

은 아니다. 그러나 이 예전에서 떡과 포도주가 외형적으로 외적 감각에 보이는 것과 같이 실제적으로, 그러나 영적으로 믿는 신자들에게 실제적인 동시에 영적으로 임재한다(고전 10 : 16, 고전 10 : 3, 4 : 1).

8. 이 예전에 있어서 가령 무지하고 사악한 사람들이 이 외적인 요소를 받는다 해도 그들은 그 물질이 상징하는 것을 받을 수 있다는 것은 아니다. 다만 무가치하게 그것을 대했으므로 주의 살과 피에 대하여 책임이 있으며 그들 자신의 심판을 자초하게 된다. 그러므로 모든 무지하고 불경건한 사람은 그리스도와의 교제에 적합지 않고, 그래서 주의 만찬에 참여할 자격이 없다. 그리고 그런 상태로 머물러 있는 한 그리스도에 대하여 큰 죄를 범하지 않더라도 무지하고 불경건한 상태로 있다면 이 거룩한 신비에 참여할 수도 없고(고전 11 : 27-29, 고후 6 : 14-16, 고전 10 : 21) 거기에 받아들여질 수도 없다(고전 5 : 6-7, 13, 살후 3 : 6, 14-15, 마 7 : 6).

제30장 교회의 권징에 관하여

1. 주 예수는 교회의 왕과 머리로서 세속 행정기구와는 다른(사 9 : 6-7, 딤전 5 : 17, 살전 5 : 12, 행 20 : 17, 28, 히 13 : 7, 17, 24, 고전 12 : 28, 마 28 : 18-20, 시 2 : 6-9, 요 18 : 36) 교회의 제직의 손에 한 통제 기관을 정해 주셨다.

2. 이 제직에게 천국의 열쇠들이 맡겨져 있다. 그것들에 의해서 제직은 죄를 그대로 있게 하거나 용서할 수도 있으며, 말씀과 징계로 회

개하지 않는 자에게는 천국문을 닫을 권한을 각각 가지고 있다. 그리고 복음을 전하고 때에 따라(마 16 : 19, 마 18 : 17-18, 요 20 : 21-23, 고후 2 : 6-8) 징계를 용서함으로써 회개하는 죄인에게 천국문을 열어 준다.

3. 교회의 권징은 과오를 범한 형제를 교정하고 잃어버리지 않기 위해서 필요하다. 다른 사람들이 같은 과오를 범하는 것을 방지하며 많은 사람에게 좋지 못한 영향을 줄지 모르는 누룩을 없애 버리고, 그리스도의 명예와 거룩한 복음의 선포를 옹호하고 하나님의 진노를 막는 데 필요하다. 만약 교회가 하나님과 맺은 계약을 범하고 악명이 높고 완고한 훼방자로 말미암아(고전 5장, 딤전 5 : 20, 마 7 : 6, 딤전 1 : 20, 고전 11 : 27-34, 유 1 : 23) 그의 인치심이 모독을 당할 때 하나님은 그의 진노를 교회 위에 내리신다.

4. 이 목적을 더 효과적으로 달성하기 위하여 교회의 제직은 먼저 충고로부터 시작해서 다음에는 얼마 동안 주의 만찬에 대한 배찬을 정지하고 범죄의 성격과 본인의 과실에 따라서는(살전 5 : 12, 살후 3 : 6, 14-15, 고전 5 : 4-5, 13, 마 18 : 17, 딛 3 : 10) 교회에서 제명도 한다.

제31장 각 급 회의에 관하여

1. 교회가 더 좋은 통제 기관을 가지고 덕성의 함양을 위하여 소위 각 급 회의와 같은 모임이 필요하다(행 15 : 2, 4, 6). 그리고 그들의 직

책과, 그리스도께서 그들에게 파괴를 위해서가 아니라 건덕을 위하여 주신 권리로 그러한 모임을 정하고(행 15장), 교회의 유익을 위하여 될 수 있는 대로 자주 모이는 것이 편리하다고 판단될 때 그들을 소집하는 것은 개별 교회의 감독자들과 다른 지도자들의 권한에 속한다(행 15 : 22-23, 25).[13]

2. [14]믿음에 관한 논쟁들과 양심의 문제들을 처리하는 것, 하나님께 드리는 더 나은 공적 예배와 교회정치에 관하여 규칙과 방향을 결정하는 것은 목사들이 모이는 각 급 회의에 속한다. 그리고 행정상의 실수에 따른 불평을 접수하거나 그 문제를 권위 있게 처리하는 것도 각 급 회의에 속한다. 이 회의에서 발표한 명령이나 결정은 그것이 하나님의 말씀에 합치되는 한 귀중하게, 또한 복종하는 마음으로 받아들여야 한다. 그것이 하나님의 말씀에 합치되었다는 이유에서뿐만 아니라 그 말씀 안에서(행 15 : 15, 19, 24, 27-31, 16 : 4, 마 18 : 17-20) 정해 주신 하나님의 제도로서 권위가 주어져 있기 때문이다(행 15장, 행 15 : 22-23, 25).

3. 사도시대로부터 총회나 특별한 모임의 구별 없이 가진 모든 회

---

13) ( ) 안에 있는 부분은 1788년에 첨가된 것임.
14) 1647년 판에는 다음과 같다. 1788년 판부터 2는 생략하고 1-4만 포함함. "2. 공무원들은 종교문제에 관하여 의논도 하고 충고를 받기 위하여 목사나 그의 합당한 사람을 상대로 합법적으로 대회를 소집해야 한다(사 48 : 23, 딤전 2 : 1-2, 대하 19 : 8-11, 29, 30장, 마 2 : 4-5, 잠 11 : 14). 마찬가지로 만약 공무원들이 교회에 대한 공적인 적대 행동을 할 때에는 그리스도의 목사들은 스스로 가지는 직무에 따라 다른 적당한 사람과 같이 교회의 대표들로서 그와 같은 모임을 가질 것이다(행 15 : 2, 4, 22-23, 25)."

의는 과오를 범할 수도 있었으며 사실 여러 번 과오를 범했다. 그러므로 그 회의를 믿음과 행위의 법칙으로 생각치 말고, 믿음과 행위를 돕는 것에 사용해야 한다(엡 2 : 20, 행 17 : 11, 고전 2 : 5, 고후 1 : 24).

4. 각 급 회의는 교회에 관한 사건 이외의 것은 취급하거나 결정짓지 않는다. 그리고 특별한 경우에 있어서 겸손한 청원이나 일반 관청으로부터(눅 12 : 13-14, 요 18 : 36) 요구가 있을 때에는 양심의 만족을 위한 충고를 할 수 있으나 그 밖의 방법으로서는 나라에 관한 일반 사건에 우리가 간섭할 수 없다.

제32장 사람의 사후상태와 부활에 관하여

1. 사람의 육체는 죽은 후에 티끌로 돌아가서 썩어 버린다(창 3 : 19, 행 13 : 36). 그러나 그들의 영혼은 죽거나 자는 것이 아니라 죽지 않는 생을 가지며 죽은 후에는 그것을 주신 하나님께로 돌아간다(눅 23 : 43, 전 12 : 7). 의로운 자의 영혼은 완전히 거룩하게 되어 가장 높은 하늘에 올라간다. 거기서 그들은 빛과 영광 가운데서 하나님의 얼굴을 보며 그들의 육신이 완전히 구속되기를 기다린다(히 12 : 23, 고후 5 : 1, 6, 8, 빌 1 : 23, 행 3 : 21, 엡 4 : 10, 요일 3 : 2). 사악한 자의 영혼은 지옥에 던져진다. 거기서 그들은 고통과 완전한 어두움 가운데서 대심판의 날을 기다리고 있다(눅 16 : 23-24, 행 1 : 25, 유 1 : 6-7, 벧전 3 : 19). 성경은 육신이 죽은 후에 영혼이 갈 장소로서 이 두 가지 외에는 아무 것도 가르쳐 주지 않는다.

2. 마지막 날에 살아남아 있는 자는 죽지 않고 변화될 것이다(살전 4 : 17, 고전 15 : 51-52). 모든 죽은 자들은 전과 같은 몸으로 부활할 것이다. 이 부활체는 질적으로는 전과 다를 것이나, 영혼은 이 육체와 하나가 되어서 영원토록 계속될 것이다(욥 19 : 26-27, 고전 15 : 42-44).

3. 불의한 자들의 육체는 그리스도의 힘으로 굴욕을 당하기 위하여 부활한다. 의로운 자들의 몸은 그리스도의 영으로 인하여 영광을 얻기 위하여 부활해서 그리스도 자신의 영광스러운 몸과 동일하게 된다(행 24 : 15, 요 5 : 28-29, 고전 15 : 43, 빌 3 : 21, 요일 3 : 2).

제33장 최후의 심판에 관하여

1. 하나님은 예수 그리스도로 하여금 의로 세상을 심판하게 하시기 위하여 한 날을 정하셨다(행 17 : 31). 성부는 예수 그리스도에게 모든 권능과 심판을 부여하셨다(요 5 : 22, 27). 그날에는 배신한 천사가 심판을 받을 뿐만 아니라(고전 6 : 3, 유 1 : 6, 벧후 2 : 4) 이 땅에서 살던 모든 사람이 그리스도의 심판대 앞에 나타나 자기들의 생각과 말과 행실에 대해 결산을 하며, 그들이 육신으로 선을 행했든지 악을 행했든지 그들이 행한 그 일에 따라서 심판을 받을 것이다(고후 5 : 10, 전 12 : 14, 롬 2 : 16, 14 : 10, 12, 마 12 : 36-37).

2. 하나님이 이날을 정하신 목적은 택하신 자의 영원한 구원을 통하여 자신의 자비에 관한 영광을 나타내기 위한 것과(롬 9 : 23, 마

25 : 21) 사악하고 불복종하는(롬 2 : 5-6, 살후 1 : 7-8, 롬 9 : 22-23) 버림받은 자들의 처벌을 통해서 자기의 의를 나타내시기 위한 것이다. 그때부터 의로운 사람은 영생에 들어가서 주님 앞에서 얻을 수 있는 충만한 기쁨과 안식을 얻을 것이다(마 25 : 31-46, 행 3 : 19, 살후 1 : 7). 그러나 하나님을 모르고 예수 그리스도의 복음에 복종치 않은 사악한 사람들은 영원한 고통에 던져져 주님 앞에서 처벌을 받아 그의 권능의 영광으로부터 오는 영원한 파멸에 빠지게 될 것이다(마 25 : 41, 46, 살후 1 : 9, 사 66 : 24).

3. 모든 사람들이 죄를 삼가도록, 그리고 역경 가운데서도 믿음을 지킨 사람들에 대하여 큰 위로를 주기 위하여 심판날이 있다는 것을 우리가 확신하기를 그리스도는 원하셨다(벧후 3 : 11, 14, 고후 5 : 10-11, 살후 1 : 5-7, 눅 21 : 27-28, 롬 8 : 23-25). 마찬가지로 그날을 모든 사람에게 감추어 두어서 그들이 모든 인간적인 안전감을 버리고 주님이 언제 오실지 모르므로 항상 깨어 있어서 언제든지 "주 예수여, 어서 오시옵소서"라고 할 수 있도록 준비케 하셨다(마 24 : 36, 42-44, 막 13 : 35-37, 눅 12 : 35-36, 계 22 : 20). 아멘.

제34장 성령에 관하여[15]

1. 성령은 삼위일체 하나님의 제 삼위로서 성부와 성자에서 출원

---

[15] 34장과 35장은 1903년에 당시 미국 북장로회가 웨스트민스터 신앙고백에 첨가하여 사용하게 되었고, 미국 남장로회는 이것을 1942년에 정식으로 받아들여 현재까지 사용 중에 있다.

하였으나 동일한 실체를 가지시고 권능과 영광에 있어서 동등하시다. 성부와 성자와 함께 이 성령을 모든 사람들이 세세토록 믿고 사랑하고 복종하고 예배드려야 한다.

2. 그는 주님이시고, 생명을 주시는 자이시다. 어디에나 계시고 사람 안에 있는 모든 선한 생각과 순수한 열망과 거룩한 계획의 근원이시다. 그에 의해서 예언자들은 하나님의 말씀을 선포하도록 충동을 받았고 모든 성경 기자들이 하나님의 마음과 뜻을 무오하게 기록하도록 영감을 받았다. 복음의 경륜은 특히 그에게 위임되었다. 그는 그 길을 준비하시고 그의 설득력으로서 동행하신다. 그리고 사람의 이성과 양심 위에 복음의 사신(使信)을 주어 그러한 자비로우신 은사를 거절하는 사람은 용서를 받을 구실이 없게 되고 성령을 거역하는 책임을 지게 된다.

3. 하나님은 누구든지 원하는 사람에게 언제든지 성령을 주시기를 원하신다. 이 성령은 구속을 실현시키시는 유일하신 분이시다. 그는 사람을 그의 은혜로 중생케 하고, 그들의 죄를 시인케 하고, 참회토록 마음을 움직이시고, 믿음으로 예수 그리스도를 받아들이도록 설득하고 그렇게 할 수 있도록 한다. 그는 모는 신자들을 그리스도에게 결합시키고 위로자와 성화자로서 그들 안에 남아 있어서 그들에게 입양(入養)의 영과 기도를 주신다. 또한 모든 은혜로운 일을 행하여 그것으로써 신자들이 구속의 날까지 성화되고 인치심을 받는다.

4. 성령이 내재함으로써 모든 신자는 먼저 머리이신 그리스도에게

강하게 결합이 되며 그리스도의 몸이신 교회 안에서 서로 연합이 된다. 그는 그의 교역자들을 부르고 그들의 거룩한 일을 위하여 기름을 부어 주신다. 그리고 그들의 특수한 일을 위하여 교회 안에서의 모든 다른 직책을 위한 자격을 준다. 또한 그의 회원에게 여러 가지 은사와 은총을 부여해 준다. 그에 의해서 교회는 보존되고 증가되고 성결케 되어, 마지막에는 하나님 앞에서 완전히 거룩하게 된다.

제35장 하나님의 사랑의 복음과 선교에 관하여

1. 하나님은 무한하시고 완전한 사랑 가운데서 주 예수 그리스도의 중보와 희생을 통하여 은혜의 언약을 마련하셨다. 그는 생명과 구원의 길이다. 사람의 모든 잃어버린 족속을 위해서는 충분하고 적합하다. 그리고 이 구원은 복음 안에서 모든 사람에게 자유로이 제공되었다.

2. 복음 안에서 하나님은 세상을 위한 그의 사랑과 모든 사람이 구원을 받을 것을 원하시는 그의 뜻이 선언되었으며, 구원의 유일의 방법이 충분하고도 명백하게 나타나 있다. 또한 참으로 참회하고, 그리스도를 믿는 모든 사람에게 영생을 약속하시고, 주어진 자비를 받아들이도록 권하시고 명령하신다. 그리고 말씀에 따르는 그의 영에 의하여 그의 은혜로우신 초청을 받도록 사람에게 역설한다.

3. 누구든지 복음을 듣고 주저 없이 그의 자비로우신 준비를 받아들이는 것은 그들의 의무요, 특권이다. 반면에 참회도 하지 않고 불신에 머물러 있는 사람은 악화된 죄책을 초래하게 되며 그들 자신의 잘

못으로 망하게 된다.

4. 복음 안에서 계시된 것 이외에 구원의 길은 없으며 신적 확립과 보통 방법을 통해서 주어진 은혜 안에서 믿음은 하나님의 말씀을 듣는 것을 통해서 오는 것이므로 그리스도는 그의 교회에 위탁하기를 온 세상에 나가 모든 족속을 제자로 삼으라고 하셨다. 그러므로 모든 신자는 이미 질서가 확립되어 있는 기독교의 질서를 지지할 의무와 그들의 기도와 기부와 개개적인 노력을 통해 그리스도의 왕국을 온 세상에 확장하는 데 공헌을 해야 할 의무를 가지고 있다.

선언문

교회 정치에 규정된 대로 교역자와 치리장로와 집사들의 안수 시에 하는 서약은 신앙고백을 받아들이고 적용하는 것을 요구한다. 그것은 다만 성경에서 가르치는 교리의 체계를 포함한 것으로서 받아들인다. 그럼에도 불구하고, 신앙고백 안에 있는 표현에서 얻은 어떤 추론에 대하여 교회가 부인할 뜻을 정식으로 표현하였으며, 계시된 진리의 어떤 부분이 현재에는 더 명백하게 표현하는 선언문이 필요하다고 교회가 정식으로 원하고 있으므로 미국 연합장로교회는 다음과 같이 유권적인 선언문을 발표한다.

첫째, 신앙고백서의 제3장에 관련하여 그리스도 안에서 구원을 받은 사람들에 관하여 하나님의 영원하신 칙령(勅令)에 관한 교리는 전 인류에 대한 그의 사랑의 교리와 조화되는 것으로 이해하며, 그의 아들의 은사는 전 세계의 죄를 위한 화해로 이해하며, 그의 구원의 은혜를 구하는 사람에게는 누구에게든지 주실 준비가 되어 있다는 것이다. 멸망한 사람들에 관하여 하나님의 영원하신 칙령(勅令)은, 하나님은 어느 죄인의 죽음을 원하시는 것이 아니라 그리스도 안에서 모든 사람에게 충분한 구원을 준비하셨고, 모든 사람에게 적용되고, 복음 안에서 모든 사람에게 자유롭게 제공되어 있다는 것이다. 그리고 사람은 하나님의 은혜로우신 제공을 어떻게 취급할 것인가? 그것은 전적으로 사람에게 있다. 그리고 아무도 자기가 범한 죄 이외의 죗값으로 정죄를 받지 않는다는 것이다.

둘째, 신앙고백의 제10장 3절에 관련하여, 유아 시절에 죽은 아이는 구원을 받지 못한다는 것을 가르치는 것으로 이해해서는 안 된다. 유아 시절에 죽는 모든 아이는 구원의 선택에 포함되어 있으며, 성령을 통하여 그리스도에 의해서 거듭나고 구원을 받는다고 우리는 믿는다. 성령은 자기가 언제 어디서 어떻게 일하실 것인지 자신이 원하는 대로 역사하신다.

제6부

대한예수교장로회 신앙고백서

머리말

1983년 제68회 총회는 한국교회 100주년을 기하여 우리 자신의 신앙고백서를 제정하도록 결의하고, 그 제작 임무를 우리들에게 위임하였다. 우리 위원회는 여러 번 회합을 거듭하여서 작성한 첫 초안을 1984년 제69회 총회에 제출하였고, 다시 이를 보완한 두 번째 초안을 1985년 제70회 총회에 제출하여 만장일치의 통과를 보게 되었다. 이 초안은 다시 전국 노회에 수의한 바 전 노회의 인준을 받아 1986년 제71회 총회에서 선포됨으로 확정된 것이다.

본 신앙고백서는 그간 우리 교회가 받아 오는 사도신경, 웨스트민스터 신앙고백서와 소요리문답 및 12신조를 토대로 하고, 그간 총회가 채택 공포한 총회신학지침서(제63회 총회), 총회신학협의회 보고서(제65회 총회), 이단사이비지침서(제68회 총회), 그리고 역사적 개혁교회 신앙고백서들과 세계교회의 신앙고백서들을 참조하여 작성하였고, 거기에 현 한국교회의 시대성을 가미하여 완성한 것이다.

본 고백서는 우리 총회가 만든 최초의 신앙고백서이고, 또 제정 기간도 길지 못하였으므로 미비한 점이 많은 것으로 알고 있다. 그러나 우리 총회 자체가 우리의 신앙고백서를 작성한 데 그 뜻이 있고, 앞으로 계속 보완함으로 보다 완비되리라 믿는다.

본 신앙고백서를 통해 전 교회가 신학적으로 단합함으로 교회가 내적으로 충실해지고 나아가 외적으로도 더욱 부흥되기를 바란다.

하나님의 크신 은총이 본 신앙고백서를 통해 우리 전 교회 위에 임하시기를 기원한다.

1986. 9. 26.
대한예수교장로회 신앙고백서 제정위원회
위원장 이상근
서　기 곽선희
위　원 림인식　박창환　한철하
　　　 김형태　이종성　한완석

대한예수교장로회 신앙고백서

서문

우리는 성삼위일체 하나님의 성호를 찬미하며, 그 신비하신 섭리와 은총에 감사를 드린다. 우리 주 예수 그리스도의 복음이 우리 한국에 전해진 지 100년이 되었다. 그간 우리 교회는 사도시대로부터 전승된 신앙을 토대로 하고, 겨레의 영광과 고난을 함께 나누면서 꾸준히 성장을 거듭하여, 오늘날 안으로는 민족 사회 속에서 무게 있는 위치를 차지하고, 밖으로는 세계의 교회가 주목하는 교회로 성장하게 되었다.

돌이켜보면, 우리 교회는 수난의 민족사 속에서 수난의 길을 걸어왔다. 한국교회의 초창기는 우리 민족의 국권이 열강에 의해 침해를 당하고 있을 때였다. 계속하여 일제의 군국 정치, 조국 광복에 이은 남북분단과 한국전쟁 등 격동의 연속 속에서 우리 교회는 때로는 신앙의 자유를 속박당했고, 때로는 정면적인 탄압을 받아 수많은 순교자를 내기도 하였다. 그러나 우리 한국교회는 불타는 떨기나무처럼 환난 중에서 오히려 빛난 성장에 속도를 더해 왔다.

그간 우리 교회는 초대교회 때부터 모든 교회가 공통적으로 사용하고 있는 사도신조와 종교개혁의 근본 신앙을 담고 있는 웨스트민스터 신앙고백서와 요리문답서와 12신조 등을 채택하여 신앙의 표준으로 삼아 왔다.

그러나 오늘날 우리 한국교회는 그 외형적 성장 이면에 여러 가지 문제들을 또한 가지고 있다.

그 문제들을 해결함으로 우리 교회가 더 든든한 기반 위에서 계속적인 성장을 기하게 하는 것이 이 시점에 선 우리들의 사명일 것이다.

교회의 건전한 발전은 신앙고백의 정착에서 시작된다. 현재 우리 한국교회는 시대적인 여러 과제들을 안고 있다. 그러나 우리들의 첫째 과제는 우리가 믿는 신앙 내용을 보다 명백하게 정리하고 이를 정착시키는 일이며, 그렇게 함으로써 모든 시대적 과제들을 보다 신속하게 그리고 복음적으로 해결할 수 있을 것이다. 이와 같은 사정에서 우리 교회가 100주년을 맞는 이 역사적인 시점에 그간 우리 교회가 지켜온 신조들과 총회가 채택한 신앙지침서 등을 골격으로 한 우리의 신앙 내용을 우리 교회의 오늘의 말로 정리하여, 보다 조직적으로 제시함으로써 우리의 신앙과 신학을 통일하고, 보다 조화된 신앙공동체로서 계속적인 전진을 촉진하고자 한다.

우리 한국교회는 그 초창기부터 복음을 전하는 교회로 성장하여 왔다. 그리고 현재도 민족복음화는 한국의 모든 교회의 공동목표가 되고 있다. 교회가 그 시대와 지역을 따라 복음선교를 위주로 하는 것은 한국교회의 전통이기도 하다. 그러므로 우리 대한예수교장로회 총회는 지난날 우리의 복음선교에 풍성한 결실로 응답하신 하나님의 은총에 감사하면서, 앞으로 다른 교회들과 대열을 가다듬고 민족복음화라는 시대적 사명을 다하고자 한다.

본 신앙고백서는 이와 같은 우리의 시대적 사명을 명시하고 그 수행을 효과적으로 하기 위하여 엮어진다.

제1장 성경

1. 우리는 신구약성경이 하나님의 말씀이며, 종교개혁자들이 내건 "성경만"이라는 기치처럼 우리의 신앙과 행위에 대한 정확무오한 유일의 법칙임을 믿는다. 신비체험이나 기적 등이 신앙에 도움이 될 수는 있으나 그 근거는 될 수 없다. 성경은 신앙과 행위에 관한 가장 정확한 표준이므로 그것에 관련된 모든 것은 성경에 의해서 판단 받아야 한다.

2. 성경은 39권의 구약과 27권의 신약을 합한 66권으로 된 정경을 가리킨다. 외경 또는 위경도 있으나 그것들은 정경보다 열등하며, 그 가치는 성경에 의해 판단 받아야 한다.

3. 성경은 하나님의 영감으로 기록되었다(딤후 3 : 16-17, 벧후 1 : 21). 성경은 인간의 말로 기록된 하나님의 말씀이요, 따라서 거기에는 인간적 요소와 신적인 요소가 함께 있다. 그러나 하나님은 저자가 지니고 있던 시대적이며, 문화적인 배경 등 인간적 요소들을 그의 섭리를 성취하기 위하여 사용하셨으므로 성경은 전적으로 하나님의 말씀이다.

4. 하나님의 계시는 자연이나(롬 1 : 20), 역사나(단 2 : 36-45), 혹은 인간의 본능을 통해서도(행 17 : 27, 롬 1 : 19) 어느 정도 나타나지만 완전한 계시는 성육신하신 예수 그리스도시다. 성경은 그리스도에 대해 증언하는 것이므로(요 5 : 39, 46), 결국 성

경은 가장 확실한 계시서이다.

5. 구약성경은 천지창조에서 시작하여 이스라엘 민족의 성공과 실패의 자취를 따르면서 오실 메시야에게 초점을 두고 있다. 즉, 구약성경의 모든 사건은 직접 또는 간접으로 그리스도에 대한 준비와 예언이다. 신약성경은 이미 오신 그리스도의 생애와 가르침과 사도들의 예수 그리스도에 대한 증언과 가르침을 수록한 것으로서, 그리스도에 대한 증언이다. 그러므로 신약은 구약의 배경에서 이해되어야 한다. 따라서 구약을 떠나 신약을 바로 이해할 수 없고, 신약을 떠나서는 구약의 참뜻을 이해할 수가 없게 된다.

6. 성경의 이해와 해석과 응용은 각각 구분되어야 한다. 성경의 해석이란 본문의 원뜻을 밝히는 것으로 그 기록의 배경을 상고하고 그 속에서 하나님의 뜻을 밝혀내는 것을 가리킨다. 그리고 성경은 같은 하나님의 영감으로 된 것이므로 전체가 하나님의 말씀이다. 그러므로 성경은 성경으로써 해석하여야 하고, 성경 전체에 흐르고 있는 기본적인 교리를 파악하고, 그 빛 아래서 부분을 해석하여야 할 것이다. 성경의 응용이란 이해되고 해석된 성경의 가르침을 신자들이 현실생활에서 만나는 여러 가지 문제들을 해결하기 위하여 활용하는 것을 의미한다.

7. 성경의 가르침은 계속해서 개혁되고 갱신되어야 할 개인과 교회와 사회와 역사의 원리가 된다. 하나님은 성경과 세계 안에서

사역하시는 성령에 의해서 모든 것을 새롭게 만드신다. 그러므로 성경은 모든 개혁운동의 원리인 동시에 원동력이 된다(딤후 3 : 16-17).

제2장 하나님

1. 우리는 스스로 계시며(출 3 : 14), 사랑이시고(요일 4 : 16), 홀로 한 분이신(신 6 : 4, 요 17 : 3, 고전 8 : 4) 하나님을 믿는다. 하나님은 전능하시며(출 15 : 11, 딤전 6 : 15), 전지하시며(시 139 : 1-4, 롬 8 : 29), 편재하시고(시 139 : 1-10, 행 17 : 24), 영원하시며(시 90 : 2, 102 : 26-27, 계 10 : 6), 무한히 거룩하시며(사 6 : 3, 계 4 : 8), 무한히 의로우시며(신 32 : 4, 행 10 : 34), 무한히 지혜로우시고(롬 11 : 33-36, 16 : 27), 무한히 자비로우시며(출 34 : 6, 마 5 : 45), 무한히 선하시며(시 119 : 68, 눅 18 : 19), 무한히 자유하시고(시 115 : 3, 롬 9 : 14-21), 그리고 광대하시고(시 145 : 3), 불변하사(약 1 : 17) 항상 영광 중에 계신다(왕상 8 : 11, 롬 11 : 36).

2. 하나님은 본질에 있어서 한 분이시나 삼위로 계신다. 삼위는 성부와 성자와 성령이시다. 삼위는 서로 혼돈되거나 혼합할 수 없고, 완전히 분리할 수도 없다. 삼위는 그 신성과 능력과 존재와 서열과 영광에 있어서 완전히 동등하시다. 성자는 성부에게서 영원히 나시고(요 1 : 14, 18), 성령은 성부와 성자에게서 나오신다(요 15 : 26). 사람은 성자를 통하지 않고는 성부에

게 갈 수 없고(요 14 : 6), 성부께서 이끌어 주시지 않으면 성자에게 갈 수 없으며(요 6 : 44), 또 성령을 통하지 않고는 성자를 주라고 말할 수도 없다(고전 12 : 3). 성삼위는 모든 사역에서 공동으로 사역하시나, 성부는 주로 계획하시고(마 24 : 36, 행 1 : 7), 성자는 계획된 것을 실현시키시며(요 1 : 18, 19 : 30), 성령은 모든 은총을 보존하고(엡 1 : 13) 더하신다.

3. 하나님은 창조하시고 섭리하시고 심판하신다. 하나님의 창조는 태초에 아무것도 없는 데서 보이는 것이나 보이지 않는 모든 것을 창조하셨다(창 1 : 1). 창조는 하나님의 신성과 영광을 선포하시기 위한 것이며(시 104 : 24, 롬 1 : 20), 하나님은 지으신 만물을 보시고 선하다 하시며 기뻐하셨다(창 1 : 4, 31, 딤전 4 : 4). 하나님은 모든 피조물을 지으신 후에 하나님의 형상을 따라 사람을 창조하셔서 다른 피조물들을 주관하게 하셨다(창 1 : 26-27, 시 8 : 6).

4. 하나님의 섭리는 그의 창조 목적을 실현하기 위하여 창조하신 만물을 보존하시며, 지배하시고, 인도하심을 가리킨다. 하나님은 그의 섭리에 따라 자연법, 동물의 본능, 인간의 이성과 양심 등을 사용하시나 그의 공의와 지혜와 능력과 사랑으로 섭리하사 그의 영원하신 창조 목적을 성취하신다(롬 11 : 33-36). 그러나 가장 의로우시고 선하신 하나님은 죄를 만드시거나 인정하시지 않는다(약 1 : 13, 요일 2 : 16). 하나님은 절대자이시고, 만물의 창조자이시므로 다른 신적 존재를 허용하지 않으신다

(출 20 : 3). 그의 지음을 받은 모든 존재들은 여호와 하나님만을 절대자로 믿고 예배해야 하며(출 20 : 4-5), 따라서 우리는 다른 신을 섬기는 모든 종교의 구속적 가치를 인정하지 않는다(행 4 : 12).

5. 하나님의 최후 심판은 그의 우주 섭리의 종결로서 의와 불의를 가려 상벌하심을 가리킨다(마 25 : 31-46). 하나님의 심판은 현 역사 속에서 정확하고도 강력한 판단의 힘으로 나타나기도 하나(출 14 : 13-14, 단 5 : 1-30), 그것은 오히려 표본적이며(눅 13 : 1-5) 하나님은 역사의 종말에 가서 명백하고도 공정한 대심판을 행하신다(계 20 : 11-15).

제3장 예수 그리스도

1. 우리는 예수 그리스도가 하나님의 아들로서 사람이 되셨다는 것과(요 1 : 14) 그가 하나님이시요, 또한 사람이시며, 하나님과 사람 사이의 유일의 중보자가 되신 것을 믿는다(엡 2 : 13-16, 딤전 2 : 5). 그는 성령으로 잉태하사 동정녀 마리아의 몸에서 나시사 완전한 사람이 되어 인류 역사 안에서 생활하셨다(마 1 : 23). 이와 같은 그리스도의 성육신은 단 한 번으로써 완결된 사건이요, 최대의 기적에 속하는 사건이다(히 9 : 28).

2. 하나님과 사람 사이의 중보자가 되신 그리스도는 사람에 대한 하나님의 완전한 계시이다. 이 계시는 자연에 나타난 계시나

(시 19 : 1-4, 롬 1 : 20), 구약성경의 예언적 계시(히 1 : 2) 이상이요, 모든 계시의 완성이다. 그리스도가 하나님의 완전한 계시이므로 사람은 그를 통하지 않고는 하나님을 완전히 알 수 없고(요 1 : 18, 14 : 9), 그가 보여 주신 이상의 하나님을 알 수도 없다. 그리스도의 계시성은 성경에서 증언되고 있으며(요 5 : 39), 그의 절대적인 예언자직을 가리킨다. 그리스도교는 이와 같은 그리스도의 계시에 입각한 계시종교다. 그것은 인간 문화에 의해 발생한 것도, 인간의 깨달음에서 조직된 것도 아니다. 그리스도교는 그와 같은 요소를 가지면서도 그 신앙의 근거를 오직 그리스도의 계시에 두는 계시종교이다.

3. 성육신사건은 낮아지심을 의미하는 것이요, 그의 낮아지심은 십자가의 죽음에서 그 극에 이르렀다(빌 2 : 6-8). 그는 이와 같은 극단의 낮아지심으로 인한 죽음을 통해 만민의 죄를 대속하셨다(막 10 : 45). 그것은 구약의 속죄제물의 완성으로서 그 자신이 완전한 제물이 되시고, 또 완전한 대제사장이 되시어, 단번으로 영원하신 속죄제사를 드리셨다(히 7 : 17, 27). 그리스도의 이와 같은 대속의 죽음은 하나님의 공의에 따라 드린 화목제물이었으며(창 2 : 17, 히 7 : 22, 요일 2 : 2, 사 53 : 11) 범죄로 인해 멀어졌던 하나님과 인간 사이를 화목케 하셨다(고후 5 : 18-19, 엡 2 : 13-18).

4. 십자가에서 죽으신 그리스도는 사흘 만에 부활하심으로써 다시 높아지셨다(빌 2 : 9-11). 그의 죽음이 우리 죄의 대속인 것처

럼, 그의 부활은 우리의 새로운 삶의 시작이 되신 것이다(고전 15 : 20). 부활하신 그리스도는 승천하사 하나님 보좌 우편에서 우리를 위해 계속 기도하시며(히 7 : 25, 9 : 24), 만물 위의 모든 권세를 잡으시고 왕권을 행사하심으로(마 28 : 18, 엡 1 : 21, 계 11 : 15) 그를 의지하는 모든 성도를 끝까지 다스리신다.

5. 예수 그리스도의 십자가와 부활은 인간을 죄와 죽음의 권세에서 해방시켜 하나님의 자녀가 되게 한 사건이다(롬 6 : 18, 22, 8 : 2, 21).

6. 그리스도 안에서 하나님과 화목하고(고후 5 : 18-19, 골 1 : 20), 새 생명을 얻은 그리스도인들은 먼저 모든 사람들과 화해하고, 이 화해의 복음을 다른 사람들에게 전할 사명이 있다(고후 5 : 18). 그러므로 그 화해의 근본이 된 그리스도의 십자가와 부활이 언제나 선교의 주제가 되어야 한다(행 2 : 32-36, 10 : 39-43, 13 : 34, 25 : 19). 현재 우리는 다른 그리스도인과 화해하지 못하고 심한 분열에 빠져 있음을 회개하는 동시에 주 안에서 하나가 되어 복음을 더 효과적으로 전파하도록 노력해야 한다.

제4장 성령

1. 우리는 예수 그리스도께서 부활 승천하신 후 성부와 성자로부터 보내심을 받아 오신 성령이(요 15 : 26, 16 : 7) 신자에게 임재하시면서 신자들을 은총 안에 머물게 하시고, 가르치시고, 구원으

로 이끄시고, 교회를 세우시고, 성장케 하시는 것을 믿는다. 성령은 영원 전부터 성부와 성자와 함께 계시면서 구약시대에도 활동하셨고(출 31 : 3, 삼상 16 : 13, 사 63 : 10-11) 성자가 세상에 계실 때도 사역하셨다(마 3 : 16, 눅 4 : 1-2, 요 1 : 33). 그러나 오순절 이후 성령은 모든 신자에게 주어졌고(행 2 : 17), 영원히 임재하시면서(요 14 : 16) 그리스도가 이룩하신 구속사업을 더욱 충만케 하신다.

2. 성령은 성부와 성자와 동일한 인격을 가진 영이시다. 그는 신자에게 임재하시면서(요 14 : 17), 자기의 죄를 확인하여 회개케 하시고(요 16 : 8), 인도하시어(요 16 : 8) 그들이 하나님의 백성으로서 합당한 성결의 생활을 하도록 도우신다(살전 5 : 23, 살후 2 : 13).

3. 성령의 사역은 일반적인 은혜와 특수한 은사로 나타난다. 일반 은혜라 함은 사람을 믿음으로 인도하사 구원에 이르게 하시는 것을 가리킨다. 즉, 성령은 사람을 감동하사 거듭나게 하시며(요 3 : 5), 죄를 깨달아 회개하고(요 16 : 7-9), 예수를 믿게 하심으로(고전 12 : 3) 세상의 다른 영과 구별되게 하신다(요일 4 : 3). 이와 같이 성령은 사람으로 하여금 그리스도를 믿음으로 의롭다 함을 받게 하시며(롬 3 : 22, 갈 2 : 16), 성결하게 하사(롬 15 : 16, 벧전 1 : 2), 성령의 열매를 맺게 하시며(갈 5 : 22-23), 미래의 영광을 대망하게 하신다(롬 8 : 23).

4. 성령의 특수 은사는 사람에 따라 다양하게 나타난다(고전 12 : 4-11). 이는 믿고 구원 받은 자들의 봉사를 위해 주신 선물로 신자들에게 다양하게 주어진다. 그러므로 어떤 한 가지를 가지고 성령의 은사를 전체적으로 규정해서는 안 되며, 각자는 자신의 받은 은사를 지키고, 남이 받은 은사를 소중히 여겨야 할 것이며, 모든 은사는 오직 복음을 증거하는 데에만 쓰여져야 한다.

5. 성령께서 오순절에 강림하셔서 교회에 권능을 주시고(행 1 : 8) 십자가에 못 박혀 죽으시고 부활하신 그리스도의 복음을 만민에게 전파하게 하셨다(막 16 : 15). 따라서 교회 안에는 성령이 언제든지 임재하시면서 그리스도인을 믿음 안에서 성장케 하신다. 성령은 하나님의 섭리에 따라 사람에게 여러 가지 은사를 주시고, 정성을 다하여 예배하게 하시고 성도의 교제를 갖게 하시며(행 2 : 42-47), 목사들로 하여금 말씀을 선포케 하며, 교인들이 말씀을 듣고 깨닫게 하며, 세상에 나가서 예수 그리스도의 십자가와 부활의 증인이 될 지혜와 의욕과 용기를 갖게 하신다(요 14 : 26, 15 : 26-27, 행 1 : 8, 16 : 7).

제5장 인간

1. 우리는 인간이 원래 하나님의 형상에 따라 바르게 지음 받았으나(창 1 : 27) 범죄로 인해 타락하여 죽음과 비참한 상태에 놓이게 되었다가(창 3 : 16-19) 하나님의 은혜로 구원 받고 하나님의

창조의 본래 목적을 이룩하기 위해 살아가는 존재임을 믿는다.

2. 인간은 하나님의 형상에 따라 지음을 받은 피조자이다. 그는 모든 면에 있어서 유한한 존재이다. 그러나 하나님이 인간에게만 주신 몇 가지 본성이 있다. 거룩함과 의와 선과 영원과 자유가 그것이다. 이러한 본성은 하나님의 은혜의 도움과 빛 안에서만 그 기능을 바르게 발휘할 수 있다. 또한 하나님으로부터 받은 이성과 감성과 의지력을 통하여 자기의 죄적인 상태를 벗어나 하나님의 뜻에 따라 그의 자녀가 되려고 하는 삶을 영위하는 존재이다.

3. 사람은 일남일녀로 창조되어 그들의 결합에 의하여 한 가정을 구성한다(창 2 : 21-25). 사람은 남녀의 바른 결합에서 그 능력을 발휘하고, 생을 즐겁게 살 수 있으며, 하나님께 영광을 돌릴 수 있다. 그러나 성이 가정을 떠나 오용될 때에는 불행을 초래하게 된다. 그러므로 그리스도인은 신앙으로 순결을 지키고 특권을 누려야 하며, 인위적인 이혼은 금지되어야 한다(마 19 : 6).

4. 인간의 조상이 하나님께 불순종하여 금지된 열매를 먹고 타락하였고(창 3 : 6), 그 결과 그의 후손은 처음부터 원죄를 가지게 되며(롬 5 : 12, 엡 2 : 1-3), 거기에서 모든 범죄가 나타나 인간을 부패케 한다. 이러한 타락 상태에서 인간은 하나님과의 교제를 잃어버리고, 개인적이며 사회적 또는 국가적인 혼란과 불행을 끊임없이 당하게 된다.

5. 이러한 상태에 빠져 있는 인간을 하나님은 그의 은혜로 그리스도를 믿고 의지하게 함으로 의로움과 거룩함을 얻으며, 창조 때의 원상태를 회복하고, 나아가 완전한 구원에 이르게 한다. 구원 받은 인간은 그리스도 안에서 새로운 피조물이 되고(고후 5 : 17), 인종과 계급, 그리고 남녀의 구별 없이 동등한 특권을 누린다(갈 3 : 27-28). 그러므로 모든 사람의 인권은 하나님이 주신 은사이다. 따라서 우리는 인권수호에 깊은 관심을 가지며(롬 8 : 31-34) 인간의 존엄성을 지키는 데 힘써야 한다.

제6장 구원

1. 우리는 인간의 범죄로 인해 하나님과 격리되고 그 결과, 인간 사이에도 부조화와 온갖 불행의 상태에 놓여졌으나 하나님의 은혜로 인하여 믿음으로 구원 받아(엡 2 : 8), 다시 하나님과 화목하여 그의 자녀가 되고, 구원의 축복을 누리다가 세상의 종말에 부활함으로 우리의 구원이 완성될 것을 믿는다.

2. 인간의 구원은 하나님의 섭리에 따르는 은혜로써 이루어진다(창 15 : 6, 합 2 : 4, 롬 3 : 24, 6 : 23). 구약시대에 있어서의 인간은 하나님의 율법을 지키도록 명령을 받았으나 그 명령을 지키지 못했으므로 율법의 저주 아래 있게 되었다(창 2 : 16-17, 호 6 : 5, 갈 3 : 10). 때가 차매 그리스도가 오셔서 십자가를 통하여 율법의 권세를 소멸하고 하나님과 화목케 함으로써 구원의 길을 열어 주셨다. 그러므로 누구든지 그의 십자가의 공로

를 믿으면 의롭게 되는 동시에 구원을 얻게 된다(요 3 : 16, 롬 3 : 23-24, 5 : 8).

3. 구원은 하나님이 주시는 은혜로서 믿음에 의한 것이나 믿음에는 회개가 따른다. 회개는 하나님에 대한 불순종과(롬 5 : 16-17) 원수의 관계에서(엡 2 : 14-15, 고후 5 : 18-19) 화목의 관계로 돌아서는 것을 의미한다. 그러므로 회개를 경험하지 않고는 구원을 체험할 수 없다.

4. 사람은 믿음으로만 값없이 의롭다 하심을 받는 동시에(롬 3 : 24, 8 : 1), 하나님의 자녀의 특권을 누리게 된다(요 1 : 12, 롬 8 : 16-17). 그리스도인은 칭의(稱義)된 자리에 머물러 있지 않고 성령의 인도를 받아 하나님의 자녀답게 사는 성화의 생활이 계속된다(롬 8 : 4-6). 칭의(稱義)의 은총은 일회적이나 성화의 생활은 일생을 통하여 계속된다. 그리고 구원의 완성은 세상의 마지막 날인 그리스도의 재림 때 부활에서 성취된다(롬 8 : 23-25). 그것은 영원한 생명으로 이어질 것으로 모든 성도가 굳게 지녀야 할 최후의 소망이다.

5. 구원은 우주지배를 포함한 하나님의 영원하신 섭리에 의해서 이루어진다. 인간의 자발적인 노력이나 공로에 의한 것이 아니라, 하나님의 자비로우신 경륜에 의한 선행적(先行的)인 은총에 의한다. 선행은총 안에는 하나님의 영원 전부터 예수 그리스도를 통한 예정섭리(롬 8 : 29-30, 엡 1 : 4-6)가 있다. 예정섭리는 인

간의 자유나 선행을 약화시키는 것이 아니라 더 강화한다. 그러므로 그리스도인의 삶에 있어서 예정신앙과 자유의지는 모순되거나 배타적이 아니라 오히려 서로 보완한다.

6. 믿음으로 구원을 받은 그리스도인은 완전히 의롭게 되거나 성화가 되지는 못하나 하나님의 자녀에 합당한 생활을 해야 한다. 이러한 성화의 생활은 죽을 때까지 계속되어야 한다(빌 3 : 2). 그러므로 누구든지 지상생활에서 완전한 성화의 단계에 도달했다고 하거나 완전한 의인이 되었다고 해서는 안 된다(롬 3 : 10, 시 14 : 1-4, 53 : 1-3). 그리스도인이라 해도 지상에서 사는 동안에는 계속해서 하나님의 은총과 도움이 필요하다(고전 12 : 31).

7. 그리스도인은 예수 그리스도의 생활과 교훈에 따라 사랑과 공의와 거룩한 생활을 해야 한다(요 17 : 17, 살전 5 : 23). 남을 이용하고 남으로부터 빼앗으려는 것이 아니라 그들을 도와주고 그들에게 봉사하는 사랑의 생활을 계속해야 한다. 또한 하나님은 공의로우신 분이며 그의 공의를 보여 주셨으므로 그리스도인은 하나님의 공의가 개인과 사회와 국가의 기초가 되도록 노력해야 한다. 세상의 모든 죄와 부정은 하나님의 공의에 대립되는 것이다. 그러므로 그리스도인은 하나님과 같이 거룩한 자가 되도록 노력해야 한다(벧전 1 : 16).

제7장 교회

1. 우리는 교회가 시대와 지역과 종족과 인간의 계급을 초월한 그리스도의 몸임을 믿는다(엡 1 : 23, 4 : 16). 그리스도인들은 한 곳에 모여 하나님께 감사하는 마음으로 찬송과 기도를 드리며, 세우심을 받은 자들로부터 하나님의 말씀을 듣고, 주님의 몸에 접붙임을 받기 위하여 세례를 받고, 주님의 구속적 사역인 십자가의 사건을 기억하고, 영적으로 그 사건에 동참하기 위하여 성만찬식에 참여한다. 이러한 예식을 통하여 그리스도인들은 성도의 교제를 증진한다.

2. 교회는 그리스도인들의 신앙생활을 공고히 하기 위하여 말씀으로써 훈련하며, 필요에 따라서는 권징을 시행한다. 그리스도인들은 그리스도가 교회에 위탁하신 임무를 수행하기 위하여 세상에 나가서 복음을 전파하여 땅 위에 하나님의 뜻이 성취되도록 노력한다.

3. 교회는 하나님의 일을 하기 위하여 택함을 받은 사람들에 의해서 구성되므로 구약시대에 그 예표를 볼 수 있다. 예수 그리스도가 이 세상에 오셔서 제자들을 불러 그의 일을 맡겨 주심으로 보이는 교회의 원형이 시작되었으나, 예수 그리스도의 부활과 오순절의 성령강림을 통하여 비로소 보이는 교회의 실재가 지상에 형성되었다. 교회에는 보이는 교회와 보이지 않는 교회가 있다. 보이는 교회는 예수 그리스도를 구주로 믿는 신앙을 고백한

사람들의 모임으로서, 거기에서는 최후에 구원을 받을 사람과 받지 못할 사람들이 함께 생활한다(마 13 : 24-30). 보이지 않는 교회는 하나님의 택함을 받아 구원이 확실한, 전 세계에 흩어져 있는 모든 사람들로써 구성된다. 그러나 후자는 전자를 떠나서 단독적으로 존재하지 않는다.

4. 교회는 그리스도의 몸으로서 언제, 어디에서, 누구에 의해서 구성되었든지 간에 하나인 동시에 거룩하며, 사도의 전통을 이어받은 보편적 특징을 가지고 있다. 교회는 하나이어야 하므로 교파 간에 연합사업을 적극적으로 추진할 것이며, 거룩한 모임이므로 교회를 모든 세상적 더러움에 오염되지 않도록 해야 한다. 또한 교회는 사도적 믿음과 가르침과 증언 위에 세워진 것이므로 사도성을 고수해야 하며, 개별성을 가지는 동시에 보편성을 견지해야 한다.

5. 교회는 하나님으로부터 받은 임무를 수행하기 위하여 교회 안에서와 교회 밖에서 활동한다. 교회 안에서는 성경에 기록된 말씀의 선포를 통하여 하나님의 창조주 되심과 역사의 주관자 되심과, 예수 그리스도를 통해서만 인류의 구원이 가능하다는 것을 재확인하고, 성경연구를 통해서 하나님의 섭리를 더 자세히 알고, 성례전을 통해서 그리스도 안에서 신앙의 성장을 도모한다. 그리스도인은 교회 밖에서도 그리스도인으로서의 활동을 수행해야 한다. 그리스도인은 세상의 소금과 빛의 역할을 해야 한다(마 5 : 13-16). 그들은 세상에 속하지는 않으나 세상을 떠나서

는 존재하지 않는다(요 17 : 14-15). 세상의 부패를 막고, 하나님의 공의를 확립하여, 모든 사람들이 하나님으로부터 받은 은총을 향유하도록 하며, 세상 사람들이 눈이 어두워서 바른길을 가지 못할 때 그들에게 그리스도의 빛을 비춰 줌으로써 어두운 세상을 밝게 해 주어야 한다.

6. 지상에서의 교회는 성장과 갱신과 악에 대한 투쟁을 계속한다. 현 역사 안에서 교회가 완성되어 휴식의 단계에 들어갈 수는 없다. 교회는 하나님의 뜻이 이 땅에서 실현되기 위하여 투쟁을 계속해야 한다.

제8장 국가

1. 우리는 모든 그리스도인이 주 안에서 그가 소속한 민족을 사랑하고 국가에 복종할 의무가 있음을 믿는다(벧전 2 : 13-14). 지상의 권세 자체가 하나님의 권세를 대행하는 것은 아니나, 하나님은 지상국가와 사회의 질서를 유지하기 위하여 그 권세를 지상의 특정인에게 주셨다(롬 13 : 1). 그러므로 우리 그리스도인도 지상국가의 법과 권세에 복종해야 한다.

2. 국가는 하나님의 통치권 아래 존재하며, 하나님이 허락한 한도 안에서만 지상 권세를 행사할 수 있다(단 4 : 25). 따라서 국가의 존립 목적은 하나님의 창조질서를 유지하고, 인류구원을 위한 예수 그리스도의 사역의 전파를 도우며, 그리스도의 몸인 교

회의 성장과 발전에 협조하여 하나님 나라의 완성을 촉진하는 데 있다.

3. 만약 지상의 권세가 하나님의 우주 통치권을 부인하고, 하나님이 역사의 주이심과, 예수 그리스도가 인류의 구주가 되심을 부인하거나, 그리스도의 몸인 교회와 그의 지체인 그리스도인을 박해할 때, 교회는 성경이 허락하는 모든 방법으로 그것에 항거하여야 한다.

4. 그리스도인은 두 가지 국적을 가지고 있다. 지상국가의 국적과 하나님의 나라의 국적이다(빌 3 : 20). 이 두 국적은 상호 배타적이거나 적대관계에 있는 것이 아니라 상호 보완적이다. 만약 양자택일을 강요당했을 때 모든 그리스도인은 지상국적을 버리고 하나님의 나라의 국적을 고수해야 한다.

5. 국가에 전쟁이 발발했을 때 교회는 그 전쟁이 하나님의 공의에 모순되는 것인가를 예의 검토할 것이며, 국가가 불의의 세력에 의해서 침략을 당했을 때, 모든 그리스도인은 교회와 복음과 하나님의 나라를 수호하기 위하여 일어니 불의의 세력과 싸워야 한다.

6. 우리는 분단된 조국이 그대로 계속되는 것이 하나님의 뜻이 아니며, 하나님은 하나가 될 것을 원하고 계심을 믿는다. 그러므로 우리 그리스도인은 민족과 국가가 통일이 되어 전 국토와 온 국

민이 하나님을 믿어 구원을 얻도록 전력을 다해야 한다. 하나님은 개인이나 국민이 적대관계에 있는 것을 원치 않으신다. 모든 원수관계를 없게 하고, 화해의 대업을 성취하신 예수 그리스도를 본받아 우리도 민족을 신앙과 자유의 토대에서 화해케 하고, 이 땅에 평화를 정착시키는 사명을 다해야 한다.

제9장 선교

1. 우리는 선교가 모든 그리스도인에게 주어진 지상 명령임을 믿는다. 예수 그리스도는 생전에 제자들에게 각지에 가서 복음을 전하도록 명하셨을 뿐만 아니라(눅 9 : 1-6) 부활 후에도 제자들에게 명하시기를 천하의 모든 족속과 땅끝까지 가서 복음을 전하라고 하셨다(마 28 : 19, 행 1 : 8).

2. 선교에는 국내선교와 국외선교가 있다. 국내선교에는 교회를 중심하여 복음을 전하는 일반선교가 있는 동시에 특수지역을 대상으로 하는 특수선교가 있다. 현대사회는 복합적인 구조를 가지고 있으므로 정상적인 선교방법으로는 불가능한 지역과 대상을 위하여 특수선교를 추진해야 한다. 즉, 군대와 학원과 산업사회를 위시하여 모든 분야를 대상으로 한 선교를 적극적으로 추진해야 한다.

3. 현재 지구상에는 예수 그리스도의 복음을 듣지 못한 사람들이 많이 있으므로 우리는 국외선교를 적극적으로 추진해야 한다.

하나님은 한 사람의 생명도 멸망 받기를 원치 않으시므로(벧후 3:9) 모든 사람이 다 복음을 듣고 구원을 받을 때까지 국외선교를 추진하는 것이 교회와 그리스도인의 임무요(막 16:15) 우리 한국교회가 받은 은혜에 보답하는 길이다.

4. 선교의 대상에는 제한이 없다. 모든 인종과 민족과 국가와 사상과 계급이 다 그리스도의 복음의 선교 대상이다. 모든 사람이 하나님의 지으심을 받은 것과 같이 모든 사람이 예수 그리스도의 십자가의 구속의 은총의 대상이므로 한 사람도 복음선교의 대상에서 제외되어서는 안 된다(롬 1:14). 종교 간의 대화에는 긍정적인 면이 있기는 하나 타 종교 안에 그리스도의 복음과 같은 구원에 이르는 복음이 있음을 인정할 수 없다. 그러나 그리스도인은 타 종교인을 적대시할 것이 아니라, 복음선교의 자세에서 그들과의 대화를 게을리하지 않아야 할 것이다(행 17:22-31).

제10장 종말

1. 우리는 개인과 역사에 종말이 있는 것과 하나님의 마지막 심판에 의해서 우리의 구원이 완성되고 하나님의 나라가 완성될 것을 믿는다(롬 14:10, 고후 5:10).

2. 사람이 죽으면 육체는 흙으로 돌아가나(창 3:19, 행 13:36), 그리스도인의 영혼은 하나님께로 돌아간다(눅 23:43, 고후 5:1, 6, 8, 히 12:23). 거기서 그들은 빛과 영광 가운데서 마지

막 날에 그들의 육체까지 완전한 구원을 얻을 날을 기다린다. 이와는 달리 예수를 믿지 않고 거역한 사람들의 영혼은 음부에 던지어져 고통과 절망 가운데서 최후 심판날을 기다리게 된다(눅 16 : 23-24, 벧전 3 : 19, 유 1 : 6-7).

3. 그리스도가 주관하시는 마지막 심판대에서 모든 사람은 심판을 받게 된다(마 25 : 31-32, 행 10 : 42, 롬 14 : 10, 고후 5 : 10). 거기서 하나님으로부터 믿음으로 옳다고 인정받은 사람은 영광의 처소로, 옳지 못하다고 인정받은 사람은 고통의 처소로 가게 된다(단 12 : 2, 마 25 : 46, 요 5 : 29, 10 : 28, 롬 2 : 7).

4. 하나님의 나라는 인류 역사가 시작되었을 때부터 그 안에 보이지 않는 형태로 임재하고 있다. 그러나 예수 그리스도가 육체를 입고 세상에 오심으로 하나님 나라는 역사 안에 보이는 형태로 나타나게 되었다(마 3 : 2, 4 : 17). 하나님의 나라는 지상에 교회가 형성됨에 따라 교회와 함께 성장하게 된다(마 13 : 31-33, 막 4 : 30-32, 눅 13 : 18, 17 : 21). 세상의 마지막 날에 그리스도께서 재림하여 모든 존재에 대한 심판이 있은 다음에 하나님의 나라가 완성되어 성도들과 함께 영속된다(고후 5 : 1, 계 21 : 1-7).

제7부

21세기 대한예수교장로회 신앙고백서

머리말

　1990년대에 접어들면서 세계는 급변하고 있다. 공산 동구권의 붕괴와 구 소비에트 연방체제의 해체 이후, 인류공동체는 급격한 지구화(globalization)의 과정 속에 말려들고 있으며, 남북한은 화해와 교류의 급류를 타고 있다. 시장경제 원리(신자유주의)의 지구화와 기술과학의 지구화, 특히 지식정보화와 정보기술(information technology)의 혁명 및 인간복제를 포함한 생명공학의 발달과 사이버세계의 확산으로, 북반구와 남반구는 그 어느 때보다도 삶의 질에 있어서 괴리와 소외와 경제적, 문화적, 종교적 정체성 위기를 경험하고 있다. 나아가서 우리는 자연환경을 파괴하고 있고, 여기에 더하여 공동체를 해체시키는 개인주의, 보편적이고 객관적인 사도적 신앙내용을 거부하는 상대주의와 다원주의, 그리고 사유화되고 감성적 경험을 중요시하는 다원화 종교와 같은 "후기 근대주의"(post-modernism)의 부정적인 가치들에 직면하고 있다.

　우리 한국교회는 이상과 같은 세계사적 도전과 이 시대의 징조들을 바로 읽고, 우리의 신앙과 신학의 방향을 가늠해야 할 것이다. 선교 제2세기에 돌입하고 있으며, 한국장로교회가 복음전도와 하나님의 선교를 위하여 하나를 지향하고 있는 상황에서, 우리 대한예수교장로회는 우리 자신의 정체성을 확실히 하면서 다른 장로교회들과의 일치운동은 물론, 다른 교회들과도 일치 연합하는 운동에 적극 참여하여 이 시대가 요구하는 복음전도와 하나님의 선교(missio Dei)에 정진해야 할 것이다. 물론 우리는 사도신경 이외에 이미 12신조(1907), 웨스트민스터 소요리문답 및 웨스트민스터 신앙고백(1647)을 사용해 오고 있고, 1986년엔 우리 나름대로 "대한예수교장로회 신앙고백서"를 손수 만들었다. 그러나 새 술은 새 가죽 부대를 요구한다.

1997년 제82차 총회는 헌법(1. 교리와 신앙고백, 2. 정치, 3. 권징, 4. 예배와 예식)개정을 결의하였다. 그리하여 이미 "정치"와 "권징"의 개정은 노회들의 수의과정을 거쳐 확정되었다. 그리고 헌법개정위원회는 "교리와 신앙고백" 및 "예배와 예식"의 개정을 위하여 각각 전문위원들을 위촉하여 연구케 하였다. 하지만 교리와 신앙고백 분과위원회는 신앙고백서를 작성하기에 앞서 그것을 위한 준비작업으로 먼저 "21세기 한국장로교의 신앙과 신학의 방향"이라고 하는 문서를 내놓기로 하였다. 그리하여 이와 같은 과정을 거쳐서 나오게 된, "21세기 대한예수교장로회 신앙고백서"와, 예배를 위해서 6항목으로 축약된 "21세기 대한예수교장로회 신앙고백서"는, 이미 우리가 사용해 오고 있는 기존의 신조와 신앙고백서들에 하나 더 첨가된 것이다.

제1장 21세기 대한예수교장로회 신앙고백서(예배용)[1]

1. 우리는, 성부, 성자, 성령 삼위로 거하시며, 사랑과 생명의 근원이시요, 찬양과 예배를 영원히 받으실 한 분 하나님을 믿습니다. 성부 하나님은 창조자이시고, 섭리자이시며, 구원자이시고, 온 인류와 만물을 영원한 사랑과 생명의 교제(코이노니아)로 부르시는 분이심을 믿습니다.

2. 우리는, 하나님의 선한 창조세계가 사단의 유혹을 받아 죄에 빠져 타락한 인간 때문에 파괴되고, 인간과 하나님과의 교제가 깨어졌음을 믿습니다. 그 결과로 인류와 다른 모든 피조물들은 영원한 하나님의 진노와 심판 아래 있음을 믿습니다.

3. 우리는, 하나님의 지혜와 말씀으로 영원히 거하시며, 성령님의 역사로 동정녀 마리아를 통하여 성육신하신 성자 예수 그리스도를 믿습니다. 예수님은 참하나님과 참인간으로서, 십자가에 달려 죽으시고 부활하심으로 인간과 모든 피조물을 구속하시고, 하나님과의 영원한 교제를 회복하신 화해자요 중보자이심을 믿습니다.

---

[1] 하나의 신앙고백서("21세기 대한예수교장로회 신앙고백서")가 둘로 만들어졌다. 그 중 하나인 본 신앙고백서는 여섯 항목으로 축약된, 짧은 신앙고백서로서, 공적 예배 시에 사용될 수 있다. 이 신앙고백서는 기존 헌법에 들어 있는, 사도신경, 12신조, 요리문답, 웨스트민스터 신앙고백서 및 대한예수교장로교회 신앙고백서(1986)에 하나 더 첨가된 것이다. 본 신앙고백서를 작성한 동기와 목적은 우리 대한예수교장로회가 21세기 상황에 대응하는 신앙과 신학을 표명하고 고백하는 데에 있다.

4. 우리는, 생명의 부여자이시며 성부와 함께 천지를 창조하시고 영원히 예배와 영광을 받으실 성령님을 믿습니다. 성령님은 복음에 대하여 믿음과 소망과 사랑으로 응답하게 하시며, 하나님과의 새로운 교제를 이루게 하시고, 만물을 새롭게 하시는 분이심을 믿습니다.

5. 우리는, 교회가 하나님의 백성이요, 이 세상에 현존하는 그리스도의 몸이요, 성령님의 전임을 믿으며, 성도의 교제 가운데 하나님이 임재하심을 믿습니다. 모든 그리스도인은 하나님의 나라를 이 땅 위에 실현하며, 하나님의 영광을 위하여 예수 그리스도의 성육신의 삶을 실현하고, 복음전도와 정의, 평화, 창조보전의 사명을 받았음을 믿습니다.

6. 우리는, 예수 그리스도의 재림으로 새 하늘과 새 땅이 이루어질 것을 믿습니다. 그 세계는 부활한 하나님의 백성과 새롭게 된 만물이 하나님을 예배하며, 사랑과 생명의 교제를 나누는 영원한 나라가 될 것을 믿습니다.

제2장 21세기 대한예수교장로회 신앙고백서[2]

---

[2] 본 신앙고백서는 각주 1에서 언급한 신앙고백서 가운데 두 번째 것으로서, 1997년 제82차 총회의 헌법개정 결의에 따른 것이다. 총회 헌법개정위원회 신앙고백과 교리분과 위원회는 21세기 한국장로교회의 신앙과 신학을 가늠하는 연구논문들을 모아 책으로 발간하였다. 이것에 근거, 위원회는 이 시대의 징조들을 읽으면서 21세기에 꼭 필요한 신학적 주제들을 심의하여, 본 신앙고백서를 작성하였다. 참고 : 총회 헌법개정위원회 신앙고백과 교리분과 위원회 편, 『21세기 한국장로교의 신앙과 신학의 방향』(서

1. 사랑과 생명의 근원이신 삼위일체 하나님

우리는 한 하나님이신, 성부, 성자, 성령을 믿는다. 하나님 아버지께서는 그의 아들 예수 그리스도를 통하여 성령님의 조명과 능력으로 신구약성경에 의해서 자기 자신을 계시하셨다. 하나님께서는 온 인류와 우주만물[3]을 창조하시고, 지탱하시며, 구속하여 성화시키시고, 새 하늘과 새 땅으로 인도하사 영화롭게 하시며, 영원한 사랑의 교제(코이노니아)[4]를 누리게 하신다. 하나님께서는 개인의 완전한 자유와 인류사회의 공동체성, 교회의 통일성과 다양성, 사람들과 모든 피조물들 가운데 사랑과 생명의 교제의 근거이시다.

울 : 한국장로교출판사, 1999).

3) 예수 그리스도를 통한 하나님의 화해사역에는 인간뿐만 아니라 나머지 모든 피조물들이 포함된다. 그러나 우리는 인류와 자연을 완전히 일원화시킬 수는 없다. 언어와 사고를 가진 인간은 하나님의 구속의 은혜에 대하여 믿음과 사랑과 소망으로 반응하지만, 나머지 피조물들은 이 하나님의 자녀들의 믿음과 사랑과 소망에 동참하며, 어디까지나 교회는 나머지 피조물들을 대신하여 제사장적 역할을 해야 하는 것이기 때문이다. 하지만 인류의 구속은 자연의 그것과 불가분리한 관계를 가지고 있다. 인류의 죄악이 곧바로 자연파괴로 이어지기 때문이다.

4) 우리는 본 신앙고백서 작성에 있어서 '코이노니아'를 중심개념(a key-concept)으로 사용하였다. 이 개념은 신앙과 직제 전통에서 온 것이다. 1993년 스페인의 산티아고 데 콤포스텔라에서 열린 신앙과 직제 제5차 세계대회의 주제는 "신앙과, 삶과, 증언에 있어서 코이노니아를 향하여"(Towards Koinonia in Faith, Life and Witness)였다. 이 주제는 세계교회들이 사도적 신앙을 공유하고, 세례, 성만찬, 직제를 중심으로 하는 공동의 삶을 살며, 나아가서 함께 복음을 전하고 하나님의 선교에 동참하기 위해서 '코이노니아'를 지향해야 한다는 것이다. 그런데 이 대회는 선물(은혜)로서의 '코이노니아'와 과제로서의 '코이노니아'를 말한 다음, 성경적 메시지들에 근거하여 이 '코이노니아'의 의미를 6가지로 해석하였다. '교제'(fellowship), '참여'(participation), '공동체'(community), '성만찬'(communion), '나눔'(sharing), '연대성'(solidarity)이 그것이다.

2. 죄로 인해 하나님과 인간과 피조물 사이에 깨어진 교제

우리는 선하게 창조된 온 인류와 다른 모든 피조물들이 죄로 말미암아 하나님과의 교제로부터 단절되었고, 이로 인해 인간과 인간, 인간과 피조물 사이에 교제가 파괴되었음을 믿는다. "의인은 없나니 하나도 없으며"(롬 3 : 10), "죄의 삯은 사망"이며(롬 6 : 23), 모두가 길 잃은 어린양처럼 불신앙과 불순종으로 인하여 하나님의 품을 멀리 떠나 방황하고(눅 15 : 11-32, 사 1 : 3-15, 호 1 : 2, 9 : 10), 나아가서 하나님의 진노와 심판 아래 있다(롬 3 : 19, 2 : 5). 뿐만 아니라 모든 나머지 피조물도 역시 허무한 데 굴복하고, 썩어짐에 종노릇하고 있다(롬 8 : 20-21). 타락한 모든 인류와 나머지 모든 피조물들은 사단의 권세와 죄의 지배 아래에서 하나님과의 교제를 상실하여 저주 가운데 떨어져 영원한 멸망 이외에 다른 소망이 없다(창 3 : 1-24).

3. 복음을 통하여 새롭게 창조된 하나님과 인간과 피조물 사이의 교제

우리는 하나님의 지혜와 말씀으로 영원히 거하시며, 성령님의 역사로 동정녀 마리아를 통하여 성육신하신 성자 예수 그리스도를 믿습니다. 하나님 아버지께서 "세상을 이처럼 사랑하사 그의 독생자를 주심"(요 3 : 16, 요일 4 : 9-10)으로 온 인류와 모든 피조물들을 구원하셨다. 하나님 아버지께서는 성령님의 능력으로 예수 그리스도의 3년 어간의 공생애와 십자가와 부활사건을 통하여 인류와 모든 피조물과의 새로운 교제를 이룩하셨다(고후 5 : 19, 골 1 : 20). 인간이 되신 하나님의 아들, 예수 그리스도는 참하나님과 참인간(vere Deus, vere

Homo)으로서 그리고 하나님과 인간 사이를 화해시키신 중보자(딤전 2 : 5)로서 죄악과 저주를 대신 짊어지시고 십자가에서 대속하시며, 부활하시고, 그의 삼중직(예언자직, 왕직, 제사장직)을 통하여 하나님 아버지의 화해사역을 성령님을 통해서 완성하셨다. 하나님 아버지께서는 이 중보자 예수 그리스도를 통하여 인류와 나머지 모든 피조물에 대한 칭의와 성화와 영화롭게 하심을 계시하고 약속하셨다.

4. 성령을 통하여 이 땅 위에 실현되는 하나님과 인간과 피조물 사이의 교제

우리는 성부 하나님께서 "생명의 부여자시요, 성부와 성자와 함께 예배와 영광을 받으시는"(니케아-콘스탄티노플 신조, 381) 성령님을 이 땅 위에 보내시어 예수 그리스도의 탄생, 사역, 십자가와 부활에 동참하게 하심으로써 인류와 우주만물을 구속하시고, 새 창조를 약속하셨다고 믿는다(계 21 : 1-6).[5] 또한 성부 하나님께서는 아들과 함께 성령님을 이 땅 위에 보내셨고, 특히 교회에게 성령을 부어 주사 복음을 전파하게 하셨다. 그리하여 믿는 사람들은 죄인들임에도 불구하고 성령님의 역사로 이 복음을 통하여 예수님을 그리스도(메시야)로 받아들여 믿음으로 의롭다 하심을 받아 회개에 이르고(롬 3 : 21-26, 롬 6 : 1-23), 성화와 영화롭게 됨에로 나아가며(롬 8 : 30), 영원한 삼위일체 하나님과의 교제를 누리게 된다. 성령님의 교제케 하심과 감화와 감동, 그리고 역사하심으로, 예수 그리스도께서 완성하신 화해사

---

5) 첫 번째 창조는 "무로부터의 창조"(creatio ex nihilo)였으나, "새 창조"(계 21 : 1-6)란 "첫 창조세계"를 새롭게 만드는 것(creatio ex vetere : transformation and transfiguration)이다.

역은 믿는 사람들에게 적용되며, 이들은 복음에 대하여 믿음, 소망, 사랑으로 반응한다. 이처럼 아버지 하나님께서는 예수 그리스도를 통하여 성령님의 역사로 이 땅 위에 그리스도의 몸이요(엡 1 : 23), 하나님의 백성이요(벧전 2 : 9-10, 고전 6 : 16), 성령님의 전(고전 6 : 19, 엡 2 : 21)인 교회를 세우셨다.

5. 교회와 하나님의 나라

우리는 교회가 예수 그리스도를 통해서 계시되고 약속된 새 하늘과 새 땅을 이 땅 위에 실현하기 위하여 이 세상 속으로 파송 받은 새로운 "하나님의 백성"임을 믿는다. 성부 하나님께서 이 교회를 통하여 죄의 지배 아래에서 저주에 빠진 사람들을 구속하시고, 이 땅 위에 하나님의 나라를 세우시며, 하나님이 지으신 선한 창조를 회복하시고, 새 창조의 세계를 약속하셨다. 교회는 "하나의, 거룩한, 보편적, 사도적 교회"(니케아-콘스탄티노플 신조, 381)로서 죄와 죽음의 세상으로부터 부름 받은 모이는 교회일 뿐만 아니라(행 2 : 27-47, 요 17 : 14, 16), 이 세상을 위하여 이 세상 속으로 파송 받은 흩어지는 교회이다(요 20 : 21). 이 교회는 믿지 않는 사람들에게 복음을 전할 뿐만 아니라, 정치, 경제, 사회, 문화 및 가치관과 인생관들을 그리스도 중심적으로 재정립하여 이 세상에 하나님의 나라를 확장하고, 하나님의 선한 창조세계의 보전을 위해서 힘써야 한다.

6. 새 하늘과 새 땅

우리는 예수 그리스도의 재림으로 새 하늘과 새 땅이 이룩될 것을 믿는다(계 21 : 1-6). 그 세계는 부활한 하나님의 백성과 새롭게 창조된 만물이 하나님을 예배하며, 영원한 교제를 이루는 영생의 나라가 될 것이다(계 7 : 15-17, 22 : 3-5).

<우리의 사명>

1. 우리는 교회가 하나임을 선포한다. 삼위일체 되신 성부, 성자, 성령께서 나뉠 수 없는 한 분 하나님이신 것처럼, 하나님의 백성이요, 그리스도의 몸이요, 성령의 전인 교회는 하나가 되어 삼위일체 하나님께 예배하고, 영광을 돌리며, 복음선교에 힘쓴다.
2. 우리는 사도적 복음과, 사도신경과 니케아-콘스탄티노플 신조에 나타난 삼위일체 하나님을 포함한 사도적 신앙을 공유하고 있는 모든 교회들과 더불어 함께 예배하고, 세례와 성찬과 직제에 있어서 일치를 추구하며, 협의를 통한 교제와 공동의 결의와 공동의 가르침을 지향하고, 나아가서 선교와 사회봉사에 함께 참여한다.
3. 우리는 인간과 모든 나머지 피조물들이 하나님과 영원한 교제를 누릴 새 하늘과 새 땅을 소망한다. 그러나 우리는 이 땅 위에 공의와 사랑이 강같이 흐르는 사회를 건설해야 하고, 하나님의 복음으로 정치, 경제, 사회, 문화를 변혁시키며, 나아가서 자연을 보전하여 하나님의 영광으로 가득한 세상을 만들어 가야 한다. 교회는 세상 속에 있으면서도 세상에 물들거나 세상 속에 용해되어서는 안 되고, 오직 복음과 하나님 나라의 가치를 따라 항상 자기 개혁에 힘써야 한다.
4. 우리는 시장경제와 과학과 기술의 지구화, 특히 정보기술의 혁명으로 민족적 문화적 정체성이 위기에 직면한 나라와 민족들,

비인간화되어 가는 수많은 대중들, 착취되고 파괴되어 가고 있는 자연세계, 인간을 착취하는 구조악들을 사도적 신앙으로 변혁시켜 하나님의 나라를 건설해야 할 사명을 가진다.

제3장 니케아-콘스탄티노플 신조(381)[6]

우리는 한 분 하나님을 믿습니다. 그분은 전능하사 천지를 창조하시고, 보이는 것과 보이지 않는 모든 것을 지으신 아버지이십니다.

우리는 한 분 예수 그리스도를 믿습니다. 그분은 영원히 아버지로부터 나신 하나님의 독생자로서 빛으로부터 오신 빛이시요, 참하나님으로부터 오신 참하나님이십니다. 그분은 피조된 것이 아니라 나셨기

---

[6] 세례신경(Baptismal creed)에서 유래한 사도신경은 서방교회가 사용해 오고 있는 신조요, 고대 에큐메니칼 공의회에서 결정된 니케아-콘스탄티노플 신조(381)는 동방교회가 사용해 오고 있는 신조인데, 서방교회는 589년 톨레도 공의회에서 성령론 부분에 "그리고 아들에게서도(filioque)"라고 하는 구절을 첨가하여 사용하기 시작, 800년 이후는 이 신조의 사용을 보편화시켰다. 그러나 세계교회 협의회 소속 회원교회들은 1980년대 이래로 "filioque"를 뺀, 본래 니케아-콘스탄티노플 신조의 원 본문을 세계교회가 함께 고백해야 할 하나의 신앙고백으로 다시 받아들이기 시작하여, 1991년에는 이 신조에 대한 공식 에큐메니칼 해설까지 나왔다. 본 신조는 나사렛 예수를 하나님으로 보는(하나님의 아들로서 아버지 하나님과 본질이 동일하신 분) 니케아 신조(325)와, 성령님을 하나님으로 보는(아버지 및 아들과 더불어 동일하게 예배와 영광을 받으시는 분) 콘스탄티노플 신조(381)를 결합시킨 것이다. 이 신조는 니케아 신조보다 성령론을 부연시켰고, 이어서 교회론(하나의, 거룩한, 보편적, 사도적 교회)을 첨가하면서 죄의 용서와 장차 임할 하나님의 나라를 고백하고 있다. 따라서 삼위일체 하나님과 복음, 그리고 교회론과 종말론을 근간으로 하는 본 신조야말로 사도적 복음에 대한 보편교회의 공동의 이해와 해석이요, 공동의 표현이다. 때문에 사도적 복음과 본 니케아-콘스탄티노플 신조는 다양한 교회들과 신학들의 통일성의 원리이다.

때문에 아버지와 본질이 동일하십니다. 만물은 그로 말미암아 지은 바 되었습니다. 그분은 우리 인류와 우리의 구원을 위해서 하늘로부터 내려오사, 성령과 동정녀 마리아를 통하여 성육신하셔서 인간이 되셨습니다. 그분은 우리를 위하여 본디오 빌라도에 의하여 십자가에 못 박히시사, 고난을 받으시며 장사지낸 바 되셨습니다. 그리고 그분은 성경대로 사흘 만에 죽은 자 가운데서 부활하사 하늘에 오르시고, 하나님 우편에 앉으셨습니다. 그분은 살아 있는 자와 죽은 자를 심판하기 위하여 영광 가운데 재림하시고 그의 나라는 영원무궁할 것입니다.

우리는 주님이시고, 생명의 부여자이신 성령님을 믿습니다. 그분은 아버지로부터 나오시고, 아버지와 아들과 더불어 동일한 예배와 영광을 받으십니다. 이 성령님은 예언자들을 통하여 말씀하셨습니다.

우리는 또한 하나의 거룩하고 보편적이며 사도적인 교회를 믿습니다. 우리는 죄 사함을 위한 하나의 세례만을 인정합니다. 우리는 죽은 자들의 부활과 장차 임할 세상에서의 영생을 바라봅니다.[7]

---

[7] 본 신조는 서술형으로 번역되나 예배 시에는 존칭어로 사용키로 하다.

제2편

정 치

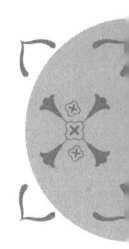

정 치

제1장 원리

대한예수교장로회 정치 원리는 다음과 같다.

제1조 양심의 자유

양심을 주재하는 이는 하나님뿐이시다. 그가 각인에게 양심의 자유를 주어 신앙과 예배에 대하여 성경에 위반하거나 지나친 교훈이나 명령을 받지 않게 하였다. 그러므로 누구든지 신앙에 대하여 속박을 받지 않고 그 양심대로 할 권리가 있으니 아무도 남의 양심의 자유를 침해하지 못한다.

제2조 교회의 자유

개인에게 양심의 자유가 있는 것같이 어떤 교파 또는 어떤 교회든지 교인의 입회 규칙, 세례교인(입교인) 및 직원의 자격, 교회의 정치 조직을 예수 그리스도께서 정하신 대로 설정할 자유권이 있다.

제3조 진리와 행위

진리는 믿음과 행위의 기초다. 진리가 진리 되는 증거는 사람을 성결케 하는 데 있다. 그러므로 진리와 행위는 일치되어야 한다.

제4조 교회의 직원

교회의 머리 되신 예수 그리스도께서 그의 지체 되는 교회에 덕을 세우기 위하여 직원을 두어 복음을 전하고 성례를 행하며 교인으로 진리와 본분을 준수하도록 관리하게 하셨다. 그러므로 교회의 직원은 성경 말씀을 믿고 따르는 자로 할 것이다.

제5조 치리권
치리권은 온 교회가 택하여 세운 대표자로 행사한다. 치리권의 행사는 하나님의 명령을 받들어 섬기고 전달하는 것이며, 오직 하나님의 뜻에 따라야 할 것이다.

제6조 권징
교회의 질서를 유지하기 위하여 권징을 행사한다. 권징은 신앙과 도덕에 관한 것이요, 국법에 관한 것이 아니다.

제2장 교회

제7조 교회의 정의
하나님이 만민 중에서 자기 백성을 택하여 그들로 무한하신 은혜와 지혜를 나타내신다. 이 무리가 하나님의 집(딤전 3 : 15)이요, 그리스도의 몸(엡 1 : 23)이며, 성령의 전(고전 3 : 16)이다. 이 무리는 과거, 현재, 미래에 있는 성도들인데 이를 가리켜 거룩한 공회 곧 교회라 한다.

제8조 교회의 구별
교회는 두 가지 구별이 있으니, 보이는 교회와 보이지 않는 교회이다. 보이는 교회는 온 세계에 산재한 교회이고, 보이지 않는 교회는 하나님만 아시는 교회이다.

제9조 지교회

1. 예수를 믿는 무리와 그 자녀들이 저희의 원하는 대로 일정한 장소에서 성경의 교훈에 따라 하나님께 예배하고 성결하게 생활하며 그리스도의 나라를 확장하기 위하여 활동한다. 이를 지교회라 한다.
2. 당회가 있는 교회를 조직교회라 하고 당회가 없는 교회를 미조직교회라 한다.

제10조 지교회의 설립

공동예배로 모이는 전도처 또는 기도처에 세례교인(입교인) 15인 이상이 있어 지교회를 설립코자 하면 노회에 청원하여 허락을 받아 설립한다.

제11조 지교회의 분립, 합병

1. 지교회의 분립 및 합병은 그 지교회의 당회와 공동의회의 결의로 노회의 허락을 받아야 한다.
2. 노회가 허락하면 위원을 파송하여 분립 또는 합병에 필요한 제반 재산 및 행정 처리를 확고히 한다.

제12조 지교회의 폐지

1. 지교회의 폐지는 당해 시찰위원회를 경유하여 노회의 허락을 받아야 한다.
2. 지교회가 설립된 후 세례교인(입교인)의 수가 15인 미만의 상태로 2년간 계속되는 경우에는 노회는 이를 기도처로 변경한다.

제3장 교인

제13조 교인의 정의
교인은 성부, 성자, 성령 삼위일체이신 하나님을 믿는 자들인데 그리스도인이라 부른다.

제14조 교인의 구분
교인은 원입교인, 유아세례교인, 아동세례교인, 세례교인(입교인)으로 구분한다. [개정 2021.11.29]
1. 원입교인 : 예수를 믿기로 결심하고 공동예배에 참석하는 자
2. 유아세례교인 : 세례교인(입교인)의 자녀(6세 이하)로서 유아세례를 받은 자 [개정 2021.11.29]
3. 아동세례교인 : 7-12세 이하로서 세례를 받은 자 [신설 개정 2021.11.29]
4. 세례교인(입교인) : 유아세례교인으로서 입교한(13세 이상) 자 또는 원입교인(13세 이상)으로서 세례를 받은 자 [개정 2021.11.29]

제15조 교인의 의무
교인의 의무는 공동예배 출석과 봉헌과 교회 치리에 복종하는 것이다. [개정 2012.11.16]

제16조 교인의 권리
세례교인(입교인) 된 교인과 유아세례교인은 성찬 참례권과 공동의회 회원권이 있다. 단, 공동의회의 회원권은 18세 이상으로 한다. [개정 2019.12.19]

제17조 교인의 이명

1. 교인은 특별한 사정으로 인하여 다른 교회로 이명하고자 하는 경우에는 6개월 이내에 소속 당회에 이명 청원을 하여야 한다.
2. 당회는 이명청원서를 접수 후 합당하다고 인정하는 경우 이명 증명서를 발급한다. 당회는 당사자가 이단으로 규정된 교회로 옮기려는 경우, 정당한 이유 없이 이명을 청원하는 경우, 소송 계류 중에 있는 경우 등에는 이명 증명서를 발급하지 아니할 수 있다.
3. 책벌 하에 있는 교인의 이명증서에는 책벌사항을 명기하여야 한다.
4. 본 총회가 인정하는 교파에 속한 교인이 본 교단 교회로의 이명을 원하는 경우에는 이명을 허락할 수 있다.

제18조 교인의 출타신고

교인은 학업, 병역, 직업 등의 사유로 인하여 지교회를 떠나 6개월 이상 경과하게 될 경우에는 소속 당회에 이를 신고하여야 한다.

제19조 교인의 자격정지

교인이 신고 없이 교회를 떠나 의무를 행치 않고 6개월을 경과하면 회원권이 정지되고 1년을 경과하면 실종교인이 된다.

제20조 교인의 복권

1. 회원권이 정지된 교인이 다시 본 교회로 돌아온 때에는 6개월이 경과된 후 당회의 결의로 복권시킬 수 있다.
2. 실종교인이 다시 본 교회로 돌아온 때에는 1년이 경과된 후 당회의 결의로 복권시킬 수 있다.

제4장 교회의 직원

제21조 교회의 직원의 구분
1. 교회의 직원은 항존직과 임시직으로 구분한다.
2. 타국 시민권자는 직원이 될 수 없다. [신설 개정 2012.11.16]
  단, 다음의 경우는 예외로 한다.
  ① 외국인노동자를 위한 선교사역자
  ② 노회가 인정하는 특별 전문사역 부문(청소년 교육 등)
  ③ 해외선교사
  ④ 집사 [신설 개정 2021.11.29]

제22조 항존직
  항존직은 장로, 안수집사, 권사이며 그 시무는 70세가 되는 해의 연말까지로 한다. [개정 2022.11.17]
  장로에는 두 가지가 있으니
1. 설교와 치리를 겸한 자를 목사라 하고,
2. 치리만 하는 자를 장로라 한다.
  단, 항존직에 있는 자가 사정에 의하여 70세가 되기 전에 은퇴를 하고자 하는 경우에는 소속 치리회의 허락을 받아 은퇴할 수 있다.

제23조 임시직
  임시직은 전도사, 집사이며 그 시무 기간은 1년이고 연임할 수 있다. 단, 연임되는 경우 70세가 되는 해의 연말까지 시무할 수 있다.
  [개정 2022.11.17]

제5장 목사

제24조 목사의 의의

목사의 의의는 다음과 같다.
1. 목사는 예수 그리스도의 양인 교인을 양육하는 목자이며(렘 3：15, 벧전 5：2-4),
2. 목사는 그리스도를 봉사하는 종 또는 사자이며(고후 5：20, 엡 6：20),
3. 목사는 모든 교인의 모범이 되어 교회를 치리하는 장로이며(벧전 5：1-3),
4. 목사는 그리스도의 말씀으로 교인들을 깨우치는 교사이며(딛 1：9, 딤후 1：11),
5. 목사는 구원의 복된 소식을 전하는 전도인이며(딤후 4：5),
6. 목사는 그리스도의 설립한 율례를 지키는 자인고로 하나님의 도를 맡은 청지기이다(눅 12：42, 고전 4：1-2).

제25조 목사의 직무

목사는 하나님의 말씀으로 교훈하며, 성례를 거행하고, 교인을 축복하며, 장로와 협력하여 치리권을 행사한다.

제26조 목사의 자격

1. 목사는 신앙이 진실하고 행위가 복음에 적합하며, 가정을 잘 다스리고 타인의 존경을 받는 자(딤전 3：1-7)로서 다음 사항에 해당하는 자라야 한다.
   ① 무흠한 세례교인(입교인)으로 7년을 경과한 자

② 30세 이상 된 자로서 총회 직영 신학대학원을 졸업한 후 2년 이상 교역경험을 가진 자. 다만, 군목과 선교목사는 예외로 한다.
③ 총회 목사고시에 합격한 자
2. 이 법에서 무흠이라 함은 권징에 의하여 일반교인은 수찬정지, 직원은 시무정지 이상의 책벌을 받은 사실이 없거나, 국법에 의하여 금고 이상의 처벌(성범죄 포함) 받은 사실이 없는 것을 의미한다. (단, 양심범은 제외) [개정 2019.12.19]

제27조 목사의 칭호

목사의 칭호는 다음과 같다.
1. 위임목사는 지교회의 청빙으로 노회의 위임을 받은 목사다. 위임목사가 위임을 받고 폐당회가 되면 자동적으로 담임목사가 된다. [개정 2012.11.16]
2. 담임목사는 노회의 허락을 받아 임시로 시무하는 목사다. 시무기간은 3년이다.
3. 부목사는 위임목사를 보좌하는 목사다. 임기는 1년이며 연임할 수 있다. 단, 부목사는 위임목사를 바로 승계할 수 없고 해 교회 사임 후 2년 이상 경과 후 해 교회 위임(담임)목사로 시무할 수 있다. [개정 2012.11.16]
4. 전도목사는 노회의 파송을 받아 국내외에서 연합기관과 개척지 또는 군대, 병원, 학원, 교도소, 사회복지시설(양로원, 보육원, 요양원 등), 산업기관, 국내 거주 외국인 등에 전도하는 목사다. 임기는 2년 이내로 하되 연임할 수 있으며 그 임기는 시무처와 노회의 정한 바에 의한다. [개정 2012.11.16, 2021.11.29]
5. 기관목사는 총회나 노회 및 관계 기관에서 교육, 문서 등 사업에

종사하는 목사다. 임기는 그 기관의 정한 바에 의한다.
6. 선교목사는 다른 민족에게 전도하기 위하여 외국에 파송한 목사다. 또한 외국에 있는 동포들에게 전도하는 목사도 이 규정에 준하며 선교목사의 파송은 총회가 한다.
7. 교육목사는 위임(담임)목사를 교육분야에서 보좌하는 목사다. 임기는 1년이며 연임할 수 있고, 청빙에 관한 규정은 헌법 정치 제28조 4항을 준용하고 연임청원은 헌법시행규정 제18조(부목사, 전도사의 연임청원)를 준용한다. [신설 개정 2018.12.20]
8. 원로목사는 한 교회에서 20년 이상을 목사로서 시무하던 목사가 노회(폐회 중에는 정치부와 임원회)에 은퇴 청원을 할 때나 은퇴 후 교회가 그 명예를 보존하기 위하여 추대한 목사다. 원로목사는 당회의 결의와 공동의회에서 투표하여 노회(폐회 중에는 정치부와 임원회)의 허락을 받아야 하고, 그 예우는 지교회의 형편에 따른다. [개정 2012.11.16]
9. 공로목사는 한 노회에서 20년 이상 시무하고 공로가 있는 목사가 노회에 은퇴 청원을 할 때나 은퇴 후 그 공로를 기리기 위하여 노회의 결의로 추대한 목사다. [개정 2012.11.16]
10. 무임목사는 노회의 결의에 의한 시무처가 없는 목사다. 정당한 이유 없이 3년 이상을 계속 무임으로 있으면 목사의 직이 사동 해직된다.
11. 은퇴목사는 정년이 되어 퇴임한 목사다. 정년이 되지 않아도 조기 은퇴하고자 하면 허락할 수 있다.
12. 유학목사는 노회의 허락을 받아 유학하는 목사다. 허락 받은 유학기간이 종료되면 노회의 연장 허락을 받아야 하며 노회

의 연장 허락을 받지 않으면 그 시점부터 무임목사가 된다.
[신설 개정 2012.11.16]

13. 군종목사는 군대에서 시무하는 목사를 말한다. 단, 군종사관후보생 시험에 합격하고 본 교단 직영 신학대학교 및 일반대학 기독교 관련 학과에서 본 교단장 추천을 받고 군종사관후보생 시험에 합격하여 4학년에 재학 중인 자는 재학 중에도 목사고시에 응시할 수 있고 합격하면 본 교단 신학대학원 재학 중에도 군종목사로 안수(해당노회와 협력하여 총회 군경교정선교부 주관으로)하여 시무(경력)확인서를 총회에서 발급해 줄 수 있다. 단, 이 경우 군종목사로 전역하거나 국가기관에 의해 전역과 동등한 인정을 받기 전에는 위 제1항 내지 6항의 목사로는 시무할 수 없다. [신설 개정 2012.11.16, 개정 2021.11.29]

제28조 목사의 청빙과 연임청원

1. 조직교회는 위임목사를 청빙할 수 있다.
2. 위임목사의 청빙은 당회의 결의와 공동의회의 출석회원 3분의 2 이상의 찬성을 얻어야 한다. 청빙서는 공동의회에 출석한 세례교인(입교인) 과반수가 서명날인을 한 명단, 당회록 사본, 공동의회 회의록 사본, 목사의 이력서를 첨부하여 노회에 제출하여야 한다.
3. 담임목사의 청빙과 연임청원은 다음과 같다. [개정 2012.11.16]
    ① 담임목사의 청빙은 당회의 결의와 제직회 출석회원 과반수의 찬성을 얻어야 한다. 청빙서는 제직회 출석회원 과반수가 서명날인을 한 명단, 당회록 사본, 제직회 회의록 사본, 목사의

이력서를 첨부하여 노회에 제출하여야 한다. 다만, 연임청원은 당회록과 제직회 결의록을 첨부하여 연임 청원서를 대리당회장이 노회에 제출한다. 당회 미조직교회는 제직회 회의록을 제출한다.

② 매 3년마다 담임목사의 연임청원 시 만장일치로 연임을 찬성하면 투표를 생략할 수 있으나 1인이라도 투표를 원하면 투표해야 한다.

③ 연임청원 시 당회장을 제외한 당회원이 장로만 2인일 경우에 한하여 투표 결과 찬성과 반대가 각각 1인이면 공동의회 출석 과반수의 결의로 담임목사의 연임 여부를 결정한다.

4. 부목사의 청빙은 당회의 결의와 제직회의 동의를 얻어야 한다. 청빙서는 제직회 출석회원 과반수가 서명날인을 한 명단, 당회록 사본, 제직회 회의록 사본, 목사의 이력서를 첨부하여 노회에 제출하여야 한다. 계속 청원은 당회의 결의로 하며 당회 회의록을 노회에 제출한다. [개정 2012.11.16]

5. 기관목사의 청빙은 그 기관(이사회)의 결의로 대표자가 청빙서를 노회에 제출하여야 한다. 시무기간은 그 기관이 정한다.

6. 위임목사 또는 담임목사 청빙에 있어, 아래 각호에 해당하는 이는 위임목사 또는 담임목사로 청빙할 수 없다. 단 자립대상교회에는 이를 적용하지 아니한다. [신설 개정 2014.12.8]

① 해당 교회에서 사임(사직) 또는 은퇴하는 위임(담임)목사의 배우자 및 직계비속과 그 직계비속의 배우자

② 해당 교회 시무장로의 배우자 및 직계비속과 그 직계비속의 배우자

제29조 청빙의 승인
1. 청빙서를 접수한 노회는 노회의 결의로 청빙을 승인한다.
2. 노회가 청빙의 승인을 결의한 경우에는 노회장은 청빙서를 청빙 받은 목사에게 교부하여야 한다.
3. 노회의 폐회 중에는 위임(담임)목사 청빙에 한하여 노회 정치부의 결의를 거쳐 임원회가 청빙 승인을 할 수 있다. 이 경우 기간의 기산일은 승인 후 첫 노회 개회일이다. [개정 2012.11.16]

제30조 다른 노회 목사의 청빙
1. 다른 노회 소속 목사를 청빙코자 하는 교회나 기관은 제28조 제2항, 3항의 규정에 의한 청빙서를 노회에 제출하여야 한다.
2. 청빙서를 접수한 노회는 노회의 결의로 청빙을 승인하고, 청빙서를 청빙 받은 목사가 소속한 노회로 송부하여야 한다.
3. 청빙서를 송부 받은 노회는 그 청빙이 가하다고 인정한 때에 청빙허락의 공문과 이명증서를 청빙한 노회로 송부하여야 한다.
4. 청빙허락의 증서를 송부 받은 노회는 청원한 노회에 즉시 이명 접수 회신을 하여야 한다.

제31조 다른 교단 목사의 청빙
1. 본 총회가 인정하는 다른 교단에 속한 목사로서 본 총회 직영 신학대학원 졸업자와 동등한 자격을 가지고 있는 자의 청빙절차는 헌법시행규정으로 정한다. [개정 2012.11.16]
2. 외국에서 임직된 장로교회 목사도 제1항의 규정에 의한 요건을 구비한 경우에 청빙 받을 수 있다. 단, 타 교단에서 이명 온 목사는 청목기간은 치리권을 가지지 못한다.

제32조 목사의 임직

목사의 자격이 구비된 자가 목사로 청빙을 받은 경우에 노회에서 임직한다. 단, 사고노회 시 군종목사에 한하여 총회 수습전권위원회 주관으로 임직할 수 있다. [개정 2021.11.29]

제33조 목사의 임직식과 위임식

노회는 목사의 임직식과 위임식을 주관한다. 예법은 별도로 정한다. 다만, 군목과 선교목사의 임직식은 노회의 위임을 받아 노회임원회가 주관할 수 있다.

제34조 목사의 전임

목사는 소속 노회의 허락을 받아 전임할 수 있다.

제35조 목사의 사임 및 사직

1. 자의사임 : 목사가 부득이한 사유로 인하여 시무사임을 원할 때 노회에 사임서를 제출하고 당회의 결의와 노회의 허락을 받아 사임케 할 수 있다. 다만, 노회 폐회 중에는 정치부를 경유하여 임원회의 허락을 받아야 한다.
2. 권고사임 : 목사가 교회에서 불미스러운 행위를 한 사실이 확인될 때에는 당회 및 공동의회의 결의에 의하여 교회는 시무사임의 권고를 노회에 건의할 수 있으며, 노회는 권고사임의 건의내용을 상세히 조사하여 시무사임을 권고할 수 있고, 권고에 따라 당사자가 사임서를 제출하면 노회는 처리할 수 있다.
3. 자의사직 : 목사가 부득이한 사유로 인하여 목사직의 사직을 원할 때 노회에 사직서를 제출하고 노회(폐회 중에는 임원회)는 이를 심사하여 사직케 할 수 있다. [개정 2012.11.16]

제36조 목사의 휴무

1. 시무 중에 있는 목사가 다음 각 호의 하나에 해당하는 사유로 3개월 이상 휴무를 원하는 경우에는 당회의 결의와 노회의 허락을 받아 휴무할 수 있다.
   ① 해외유학을 하게 된 때
   ② 연구기관이나 교육기관 등에서 연수하게 된 때
   ③ 신체·정신상의 휴양을 요할 때
   ④ 기타 이에 준하는 사유가 있을 때
2. 휴무기간은 1년 이내로 한다. 다만, 필요한 경우 1년 단위로 연장을 허락할 수 있으나 3년을 초과할 수 없다. [개정 2012.11.16]

제37조 목사의 복직

1. 자의사직을 한 목사가 복직을 원하는 경우에는 그 노회 목사 2인의 추천서를 첨부하여 노회에 복직청원서를 제출하고 노회는 출석회원 3분의 2 이상의 결의로 복직을 허락할 수 있다. 단, 성범죄로 자의사직이나 면직된 경우는 복직할 수 없다. [개정 2019.12.19]
2. 복직을 허락하는 경우에는 임직의 경우와 같이 노회에서 서약을 하도록 한다.

제38조 목사후보생

목사후보생은 목사직을 희망하는 자로서 노회의 자격심사를 받고 그 지도 아래 신학대학원에 재학 중이거나 졸업한 전도사이며 개인으로는 그 당회 아래 있고 직무상으로는 노회 아래 있다.

제6장 장로

제39조 장로의 직무
장로의 직무는 다음과 같다.
1. 장로는 교회의 택함을 받고 치리회의 회원이 되어 목사와 협력하여 행정과 권징을 관장한다.
2. 장로는 교회의 신령상 관계를 살핀다.
3. 장로는 교인들이 교리를 오해하거나 도덕적으로 부패하지 않도록 교인을 권면한다.
4. 장로는 권면하였으나 회개하지 않는 자가 있으면 당회에 보고한다.

제40조 장로의 자격
장로의 자격은 상당한 식견과 통솔의 능력이 있는 자로 무흠 세례교인(입교인)으로 7년을 경과하고 40세 이상 된 자라야 한다.

제41조 장로의 선택
1. 장로의 선택은 당회의 결의로 노회의 허락을 받아 공동의회에서 총 투표수의 3분의 2 이상의 득표로 선출한다.
2. 당회에서 후보자를 추천할 수 있다. [개정 2012.11.16]
3. 장로의 선택을 위한 투표는 3차까지만 할 수 있다.

제42조 장로의 임직
1. 피택 된 자는 4개월 이상 당회의 지도 아래 교육을 받은 후 노회고시에 합격하여야 한다. [개정 2012.11.16]
2. 노회고시에 합격한 자를 지교회는 장로임직을 행한다. 예법은

별도로 정한다.

제43조 장로의 사임 및 사직

1. 자의사임 : 장로가 부득이한 사유로 시무사임을 원하여 당회에 사임서를 제출한 경우 당회의 허락을 받아 사임케 할 수 있다.
2. 권고사임 : 장로가 교회에서 불미스러운 행위를 한 사실이 확인된 때에는 당회 및 공동의회의 결의에 의하여 시무사임을 권고할 수 있다. 권고에 따라 당사자가 사임서를 제출하면 당회는 처리한다.
3. 자의사직 : 장로가 부득이한 사유로 인하여 장로직의 사직을 위해 당회에 사직서를 제출하는 경우에 당회는 이를 심사하여 사직케 할 수 있다.

제44조 원로장로

1. 원로장로는 한 교회에서 20년 이상 장로로 시무하고 은퇴하는 경우에 교회가 그의 명예를 보존하기 위하여 추대한 장로이다.
2. 원로장로는 공동의회의 출석회원 과반수의 결의로 추대한다.

제45조 은퇴장로

은퇴장로는 당회와 제직회의 언권회원이 된다.

제46조 장로의 휴무

장로가 특별한 사정에 의하여 휴무코자 하면 당회의 결의로 할 수 있다.

제47조 장로의 복직

1. 자의사임을 한 장로가 복직을 원하는 경우에는 당회원 3분의 2 이상의 결의로 복직할 수 있다.

2. 권고사임이 된 장로가 복직을 원하는 경우에는 그 권고사임 사유가 해소되어야 하며, 당회원 3분의 2 이상의 찬성으로 결의하고, 공동의회에서 출석회원 3분의 2 이상의 복직 결의를 받아야 하며, 임직 때와 같은 서약을 하여야 한다.
3. 자의사직을 한 장로가 복직을 원하는 경우에는 당회원 3분의 2 이상의 결의로 공동의회에서 출석회원 3분의 2 이상의 복직 결의를 받아야 하며, 임직 때와 같은 서약을 하여야 한다.

제7장 전도사

제48조 전도사의 직무

전도사는 당회 또는 당회장이 관리하는 지교회에서 시무하는 유급 교역자이다. 미조직교회에서는 당회장의 허락으로 제직회 임시 회장이 될 수 있다.

제49조 전도사의 자격

전도사의 자격은 다음과 같다.
1. 25세 이상 된 자로서 신학교 또는 성서학원 졸업자
2. 무흠 세례교인(입교인)으로 5년을 경과한 자
3. 노회 전도사고시에 합격한 자. 다만, 시무장로는 전도사직을 겸할 수 없다.

제8장 안수집사 및 권사

제50조 안수집사의 직무
안수집사는 교회의 택함을 받고 제직회의 회원이 되며, 교회를 봉사하고 헌금을 수납하며, 구제에 관한 일을 담당한다. [개정 2022.11.17]

제51조 안수집사의 자격
안수집사는 단정하고 일구이언을 하지 아니하며 깨끗한 양심에 믿음의 비밀을 가진 자로서(딤전 3 : 8-10) 다음의 사항에 해당하는 자라야 한다. [개정 2022.11.17]
1. 무흠 세례교인(입교인)으로 5년을 경과한 자
2. 35세 이상 된 남자 [개정 2012.11.16]

제52조 권사의 직무
권사는 교회의 택함을 받고 제직회의 회원이 되며 교역자를 도와 궁핍한 자와 환난당한 교우를 심방하고 위로하며 교회에 덕을 세우기 위해 힘쓴다.

제53조 권사의 자격
권사는 단정하고 참소하지 아니하며 절제하고 모든 일에 충성된 자로서(딤전 3 : 11) 다음의 사항에 해당하는 자라야 한다.
1. 무흠 세례교인(입교인)으로 5년을 경과한 자
2. 35세 이상 된 여자 [개정 2012.11.16]

제54조 안수집사, 권사의 선택
안수집사, 권사의 선택은 당회의 결의로 공동의회에서 투표수의

과반수 득표로 선출한다. [개정 2022.11.17]

제55조 안수집사 및 권사의 임직

1. 피택 된 자는 3개월 이상 당회의 지도 아래 교양을 받아야 한다.
2. 안수집사 및 권사는 당회결의로 교회가 임직한다. [개정 2022.11.17]

제56조 안수집사 및 권사의 사임과 사직

1. 자의사임 : 안수집사 및 권사가 부득이한 사유로 인하여 시무사임을 원할 때 사임서를 제출하면 당회의 결의로 사임케 할 수 있다. [개정 2022.11.17]
2. 권고사임 : 안수집사 및 권사가 교회에서 불미스러운 행위를 한 사실이 확인된 때에는 당회의 결의에 의하여 시무사임을 권고할 수 있다. 권고에 따라 당사자가 사임서를 제출하면 당회는 권고 사임케 한다. [개정 2022.11.17]
3. 자의사직 : 안수집사 및 권사가 부득이한 사유로 인하여 당회에 사직서를 제출하는 경우에 당회의 결의로 사직케 할 수 있다. [개정 2022.11.17]

제57조 은퇴안수집사, 은퇴권사

은퇴안수집사, 권사는 정년이 되어 퇴임하거나 특별한 사정에 의하여 정년이 되기 전에 퇴임한 집사, 권사이다. 제직회의 언권회원이 된다. [개정 2012.11.16, 2022.11.17]

제58조 안수집사, 권사의 휴무 및 복직

1. 안수집사, 권사가 특별한 사정에 의하여 휴무코자 휴무서를 제출하는 경우에는 당회의 결의로 휴무케 할 수 있다. [개정 2022.11.17]

2. 자의사임을 한 안수집사, 권사가 복직을 원하는 경우에는 당회원 3분의 2 이상의 결의로 복직할 수 있다. [개정 2022.11.17]
3. 권고사임이 된 안수집사, 권사가 복직을 원하는 경우에는 그 권고사임 사유가 해소되어야 하고, 당회원 3분의 2 이상의 결의로 공동의회에서 과반수의 득표로 복직 결의를 받아야 하며 임직 때와 같은 서약을 하여야 한다. [개정 2022.11.17]
4. 자의사직을 한 안수집사, 권사가 복직을 원하는 경우에는 당회 결의로 공동의회에서 과반수의 득표로 복직 결의를 받아야 하며, 임직 때와 같은 서약을 하여야 한다. [개정 2022.11.17]

제59조 집사의 임명

집사는 25세 이상 된 진실한 무흠 세례교인(입교인)으로서 1년을 경과하고 교회에 등록한 후 1년 이상 교인의 의무를 성실하게 이행한 자 중에서 당회의 결의를 거쳐 당회장(임시, 대리당회장 포함)이 임명한다. [개정 2012.11.16]

제9장 치리회

제60조 치리회의 구분

치리회는 당회, 노회, 총회로 구분한다.

제61조 치리회의 구성

모든 치리회는 목사와 장로로 구성한다.

제62조 치리회의 관할

1. 각급 치리회는 헌법이나 규칙에 대하여 이견이 있을 때는 상회

의 유권적 해석에 의할 것이며 성경의 교훈대로 교회의 성결과 평화를 위하여 처리한다.
2. 각급 치리회는 각기 사건을 법대로 처리하기 위하여 관할 범위를 정한다.
3. 각급 치리회는 고유한 특권이 있으나 순차대로 상급 치리회의 지도 감독을 받는다.
4. 각급 치리회는 모든 결정을 법대로 조직한 치리회로 행사한다.

제63조 치리회의 권한
1. 치리회는 교인으로 하여금 도덕과 영적 사건에 대하여 그리스도의 법에 복종케 하는 것이다.
2. 치리회는 교회의 평화와 질서를 유지하며 행정과 권징의 권한을 행사한다.
3. 각급 치리회는 헌법에 규정하는 바에 의하여 자체의 규칙을 제정할 수 있다.
4. 치리회는 분쟁사건을 조정하기 위하여 당회 및 노회임원회가 구성하는 수습위원회와 노회 및 총회(폐회 중에는 임원회)가 구성하는 수습전권위원회를 둘 수 있다. 이에 대하여는 헌법시행규정으로 정한다. [개정 2012.11.16]
5. 수습전권위원회의 요청에 의하여 노회(폐회 중에는 임원회)가 파송한 대리당회장은 수습에 관한 일만 수행하고 인사 및 직원 임명을 할 수 없다. [개정 2012.11.16]
6. 고소(고발)장, 소장이 아닌 접수서류(진정서, 탄원서, 건의서 등)에 대하여는 치리회(폐회 중에는 임원회)가 임의로 처리할 수 있다. [신설 개정 2012.11.16]

7. 치리회 간의 행정적인 결의 등이 상충될 때는 상급 치리회의 결의(지시)에 따른다. [신설 개정 2012.11.16]

제10장 당회

제64조 당회의 조직
1. 당회는 지교회에서 시무하는 목사, 부목사, 장로 2인 이상으로 조직하되, 당회 조직은 세례교인(입교인) 30인 이상이 있어야 한다.
2. 최초의 세례교인(입교인) 30인에 한하여는 장로 2인을 동시에 혹은 1인을 선택 후 추후에 1인을 선택할 수 있으며, 그 외의 장로는 세례교인(입교인) 30인당 1인씩 증원할 수 있다. [개정 2012.11.16]

제65조 당회의 폐지
당회 조직 후 시무장로가 1인도 없으면 1년 후 첫 노회부터 폐당회가 되고, 장로 2인 미달 또는 세례교인(입교인) 수가 30인 미달로 3년 경과한 후 첫 노회부터 당회가 폐지된다. [개정 2012.11.16]

제66조 당회의 개회성수
당회는 당회장을 포함한 당회원 과반수의 출석으로 개회한다. 단, 대리당회장은 성수에 포함되지 않는다.

제67조 당회장
당회장은 다음과 같이 노회가 임명한다.
1. 당회장은 그 교회 시무목사(위임목사, 담임목사)가 된다. [개정 2012.11.16]

2. 임시당회장은 당회장이 결원되었을 때 당회원 과반수의 결의(합의 혹은 연명)로 요청한 해 노회 목사를 노회가 파송한다. [개정 2012.11.16]
3. 대리당회장은 당회장이 유고할 때 또는 기타 사정이 있을 때 당회장이 위임한 자 또는 당회원이 합의하여 청한 자로 당회장직을 대리케 할 수 있다. 대리당회장은 결의권이 없다.
4. 미조직교회의 당회권은 당회장이 행사한다.
5. 대리당회장은 은퇴목사에게도 이를 맡길 수 있다. [개정 2012.11.16]

제68조 당회의 직무

당회의 직무는 다음과 같다.
1. 당회는 교인의 신앙과 행위를 통찰하며 세례, 입교할 자를 문답하며 세례식과 성찬식을 관장한다.
2. 당회는 교인의 이명, 세례, 입교, 유아세례 증서를 교부하며 접수한다. 이명증서를 접수한 때는 즉시 발송한 당회에 접수 통지를 해야 한다.
3. 당회는 예배를 주관하고 소속 기관과 단체를 감독하고 신령적 유익을 도모한다.
4. 당회는 장로, 안수집사, 권사를 임직한다. [개정 2022.11.17]
5. 당회는 각종 헌금을 수집할 방안을 협의하여 실시케 하며 재정을 감독한다.
6. 당회는 노회에 파송할 총대장로를 선정하고 교회 상황을 보고하며 청원 건을 제출한다.
7. 당회는 범죄한 자를 소환 심문하고 증인의 증언을 청취하며 범죄한 증거가 명백할 때는 권징한다.

8. 당회는 지교회의 토지, 가옥 등 부동산을 관리한다.
9. 기타(제직회나 공동의회 직무와 상충되지 않는 범위 내에서) 필요한 사항 [신설 개정 2012.11.16]

제69조 당회의 회집

당회는 다음의 경우에 당회장이 소집하되 연 2차 이상을 회집하여야 한다.
1. 당회장이 당회를 소집할 필요가 있을 때
2. 당회원 반수 이상이 당회 소집을 요구할 때
3. 상회가 당회 소집을 지시할 때

제70조 당회록

당회록은 회집 일시, 장소, 회원, 결의 안건 등을 명백히 기록하고 당회장과 서기의 날인을 요하며 연 1차씩 노회의 검사를 받는다.

제71조 당회가 비치할 명부

당회가 비치할 명부는 다음과 같다.
1. 세례교인(입교인) 명부
2. 유아세례교인 명부
3. 책벌 및 해벌 교인 명부
4. 실종교인 명부
5. 이명교인 명부
6. 혼인 명부
7. 별세 명부
8. 비품 대장
9. 교회의 부동산 대장

제11장 노회

제72조 노회의 의의
그리스도의 몸 된 교회에 여러 지교회가 있으므로(행 6 : 1-6) 서로 협력하여 교리를 보전하고, 행정과 권징을 위하여 노회가 있다.

제73조 노회의 조직
1. 노회는 일정한 구역 안에 있는 시무목사 30인 이상과 당회 30처(조직교회) 이상과 세례교인(입교인) 3,000인 이상이 있어야 조직할 수 있다. [개정 2012.11.16]
2. 노회는 노회 소속 목사와 당회에서 파송한 총대장로로 조직한다.
3. 당회에서 총대장로 파송 규정은 다음과 같다. [개정 2012.11.16]
   ① 세례교인(입교인) 100인까지 1인
   ② 세례교인(입교인) 101인~200인까지 2인
   ③ 세례교인(입교인) 201인~400인까지 3인
   ④ 세례교인(입교인) 401인~700인까지 4인
   ⑤ 세례교인(입교인) 701인~1,000인까지 5인
   ⑥ 세례교인(입교인) 1,001인~2,000인까지 6인
   ⑦ 세례교인(입교인) 2,000인을 초과할 때에는 매 1인 이상 1,000인까지 1인씩 증원 파송할 수 있다.
4. 선교목사가 해외에서 시무하는 교회의 관리를 위하여 권역별 선교위원회를 둘 수 있다. 이의 조직과 기능 등은 총회 규칙으로 정한다. 단, 목사고시의 시행 및 목사 안수와 총회 총대 파

송은 할 수 없고 위원장(대리로 서기)은 총회 언권회원이 된다.
[신설 개정 2012.11.16]

제74조 노회원의 자격 [개정 2012.11.16, 2021.11.29]

1. 위임목사, 담임목사, 부목사, 전도목사, 기관목사, 선교목사, 선교 동역자, 군종목사는 회원권이 있다. 단, 선교목사 재적수 산정은 노회규칙에 따른다. 재판(책벌) 외의 방법으로는 회원권(결의권, 선거권, 피선거권)을 제한하지 못한다.
2. 교육목사, 유학목사, 무임목사는 언권회원이 된다. [신설 개정 2021.11.29]
3. 공로목사, 은퇴목사, 장로 전 노회장·부노회장은 언권회원이 된다.
4. 총대 장로는 서기가 총대명부를 접수하면 회원권이 성립된다.

제75조 노회 임원선출

노회 임원은 노회에서 선출한다. 임원선출에 관한 사항은 노회 규정으로 정한다.

제76조 노회의 개회성수

노회는 회원(시무목사와 총대장로) 각 과반수의 출석으로 개회한다.

제77조 노회의 직무

노회의 직무는 다음과 같다.

1. 노회는 노회 구역 안에 있는 각 지교회와 소속 기관 및 단체를 총찰한다.
2. 노회는 각 당회에서 제출한 헌의, 문의, 청원, 진정, 헌법과 헌법시행규정과 각 치리회의 규칙에 정한 것에 관한 사항을 접수 처

리한다. [개정 2012.11.16]
3. 노회는 각 당회에서 제출한 행정쟁송, 소송, 상소 및 위탁재판에 관한 사항을 처리한다(고전 6 : 1-8, 딤전 5 : 19).
4. 노회는 각 당회록을 검사하며 교회 권징에 대한 문의를 해석하여 답변한다.
5. 노회는 신학생 및 신학 졸업생을 관리하며, 목사의 임직, 위임, 해임, 전임, 이명, 권징에 관한 사항을 처리한다(딤전 4 : 14, 행 13 : 2-3).
6. 노회는 지교회의 장로 선택, 임직을 허락하며 장로와 전도사의 자격 고시를 한다.
7. 노회는 지교회를 설립, 분립, 합병, 폐지하고 당회를 조직하며 목사 청빙, 전도, 교육, 재정 관리 등 일체 상황을 지도한다.
8. 노회는 본 노회에서 총회에 제출하는 청원, 헌의, 문의, 진정, 상소에 관한 사건을 상정하고 노회 상황을 보고하며 총대를 선정 파송하여 총회의 지시를 실행한다.
9. 노회는 소속 지교회와 산하기관의 부동산을 관리하고 재산 문제로 사건이 발생하면 이를 처리한다.

제78조 노회의 회집

노회는 다음의 경우에 노회장이 소집한다.
1. 정기노회는 예정한 시일과 장소에 회집하되 개회 1개월 전에 소집을 통지하여야 한다.
2. 임시노회는 각각 시무처가 다른 목사, 장로 각 3인 이상의 청원에 의하여 노회(폐회 중에는 임원회)의 결의로 소집한다. [개정 2012.11.16]

3. 임시노회는 10일 전에 각 회원에게 소집을 서면으로 통지하고 통지한 안건만 처리한다.
4. 노회장이 유고하여 참석치 못한 때는 부회장 또는 직전회장의 순으로 사회하여 개회하고 회무를 진행한다.

제79조 노회록
노회는 노회록을 정확히 작성하여 연 1차씩 총회의 검사를 받아야 한다.

제80조 노회가 비치할 명부
노회가 비치할 명부는 다음과 같다.
1. 위임목사 명부
2. 담임목사 명부와 부목사 명부
3. 기관목사 명부
4. 전도목사 명부
5. 원로목사 및 공로목사 명부
6. 무임목사 명부
7. 은퇴목사 명부
8. 신학생 및 신학 졸업생 명부
9. 장로 명부
10. 전도사 명부
11. 지교회 명부(설립, 분립, 합병, 폐지 연월일을 명기할 것)
12. 책벌 및 해벌 명부
13. 목사이명 명부
14. 별세목사 명부
15. 선교사 명부

16. 비품대장

제81조 시찰회와 시찰위원회 [개정 2012.11.16]
1. 노회는 노회에 속한 교회들을 일정 규모로 나누어 시찰회를 조직할 수 있고 지교회를 감독하는 치리권의 협조를 위하여 시찰회원 중에서 선임된 자들로 구성되는 시찰위원회를 둔다.
2. 시찰회원에 기관목사나 전도목사를 노회의 결의로 포함할 수 있다.

제82조 노회의 분립, 합병 및 폐지
1. 노회가 분립코자 하면 재석 회원 목사, 장로 각 3분의 2 이상의 결의로 노회명, 기관 파송 이사, 노회재산, 노회에 속한 기관, 분할구역, 구역에 속한 교회 명단을 첨부하여 총회에 청원한다.
2. 노회가 합병코자 하면 목사, 장로 각 3분의 2 이상의 결의로 총회에 청원한다.
3. 노회가 설립된 후 설립기준 미달로 2년이 경과되면 노회가 폐지된다.
4. 노회가 분립, 합병 또는 특별한 이유로 노회구역을 재조정할 필요가 있을 때에 총회는 관계 노회의 의견을 참작하여 총회가 변경을 결정한다.
5. 노회의 분립과 합병에 대한 결의는 반드시 정기노회에서 하여아 한다. [신설 개정 2012.11.16]

제12장 총회

제83조 총회의 의의
대한예수교장로회 총회는 대한예수교장로회 최고 치리회이다.

제84조 총회의 조직
총회는 각 노회에서 동수로 파송한 총대목사와 총대장로로 조직한다. 파송 비율은 각 노회당 목사, 장로 각 4인을 기본수로 배정하고 나머지는 무흠 입교인 비율에 따라 목사, 장로 동수로 배정하되 회원 총수는 1,500명 이내로 한다.

제85조 총회 임원선출
총회 임원선출은 총회 임원 선거규정에 따른다. [개정 2012.11.16]

제86조 총회의 개회성수
총회는 전국 노회수 과반의 참석과 회원(목사총대 및 장로총대) 각 과반수의 출석으로 개회한다. 단, 국가재난상황(감염병, 지진, 태풍, 화재 등 자연재해)으로 온라인 총회를 개최하여 장소가 다수로 분산될 경우 해당 장소에 출석한 회원(목사총대 및 장로총대)을 합계하여 전국 노회수 과반의 참석과 회원 각 과반수의 출석으로 개회한다. [개정 2022.11.17]

제87조 총회의 직무
총회의 직무는 다음과 같다.
1. 총회는 소속 각 치리회 및 지교회와 소속 기관 및 산하 단체를 총찰한다.
2. 총회는 하급 치리회에서 합법적으로 제출한 문의, 헌의, 청원,

행정쟁송, 상고 등의 서류를 접수하여 처리한다.
3. 총회는 각 노회록을 검사한다.
4. 총회는 대한예수교장로회 헌법을 해석할 전권이 있다.
5. 총회는 노회를 설립, 분립, 합병, 폐지하며 노회의 구역을 정한다.
6. 총회는 목사 자격을 고시하고, 규칙에 의하여 다른 교파 교회와 교류하며, 교회의 분열과 갈등을 관리하고, 성결의 덕을 세우기 위하여 힘쓴다. [개정 2012.11.16]
7. 총회는 신학대학을 설립하고 경영, 관리하며, 교역자를 양성한다.
8. 총회는 선교사업, 교육사업, 사회사업을 계획 실천한다.
9. 총회는 노회 재산에 대한 분규가 있을 때 처리한다.
10. 총회는 임원을 선출한다.
11. 총회는 헌법의 개정, 제반 규정의 제정 및 개정에 관한 사항을 심의 의결한다.

제88조 총회의 회집 및 회원권

1. 총회는 1년 1차씩 예정한 일시와 장소에 정기로 회집한다. 단, 총회 준비 중 국가재난상황(감염병, 지진, 태풍, 화재 등 자연재해)에 의하여 예정된 장소에서 개회하기에 현저히 곤란하거나 불가능할 경우에는 예정된 장소 외에 추가로 회집된 다수의 장소에서 온라인을 통하여 총회를 할 수 있다. [개정 2022.11.17]
2. 온라인 총회 시 헌법 정치 제85조에 의한 임원선출시 비밀투표 보장, 제86조 개회성수 준수, 회원의 발언권 표결권을 보장한다. [개정 2022.11.17]

3. 총회장은 총회 개회 2개월 전에 소집 공고를 하며 회장의 유고 시는 부회장 혹은 직전 총회장이 개회하고 새 회장이 선임될 때까지 시무한다. 총대는 서기가 총대명부를 접수하여 출석을 확인한 후에 회원권이 성립된다. 단, 국가 재난상황(감염병, 지진, 태풍, 화재 등 자연재해)으로 온라인 총회를 해야 할 필요가 있을 경우는 소집공고일(총회개회 2개월 전)을 준수하지 않을 수 있다. [개정 2022.11.17]

제89조 개회 및 폐회

총회는 기도로 개회하고 기도로 폐회한다. 폐회시간에 회장은 다음과 같이 선언하고 폐회를 한다.

"교회가 나에게 허락한 권으로 지금 총회가 폐회하는 것이 가한 줄로 알며 이 총회와 같이 조직된 총회가 다시 모월 모일에 모처에서 회집됨을 요한다."

제13장 회의 및 기관, 단체

제90조 공동의회

공동의회는 다음과 같이 한다.
1. 공동의회 회원은 그 지교회 무흠 세례교인(입교인) 중 18세 이상인 자로 한다.
2. 공동의회는 당회의 결의로 당회장이 소집하되 일시, 장소, 안건을 한 주일 전에 교회에 광고한다.
3. 공동의회는 다음과 같은 경우에 당회의 결의로 소집한다.
   ① 당회가 소집할 필요가 있을 때

② 제직회의 청원이 있을 때
③ 무흠 세례교인(입교인) 3분의 1 이상의 청원이 있을 때
④ 상회의 지시가 있을 때
   단, 상회의 지시가 있을 때에는 당회 결의 없이도 소집할 수 있다.
4. 공동의회 개회는 회집된 회원으로 할 수 있다.
5. 공동의회의 결의사항은 다음과 같다.
   ① 당회가 제시한 사항
   ② 예산 및 결산
   ③ 직원 선거
   ④ 상회가 지시한 사항
6. 공동의회의 결의는 다른 규정에 명시된 사항이 아닌 것은 재석 과반수로 결의하고 인선은 무기명 비밀투표로 한다. 이 법에서 말하는 인선은 모두 이와 같다. [개정 2012.11.16]
7. 공동의회의 의장과 서기는 당회장과 당회 서기로 한다.

제91조 제직회

제직회는 다음과 같이 한다.
1. 제직회 회원은 시무목사, 장로, 안수집사, 권사, 전도사, 집사로 한다. [개정 2022.11.17]
2. 제직회 소집은 다음과 같이 제직회장인 목사가 한다.
   ① 회장이 제직회 소집의 필요를 인정할 때
   ② 교회 제직 3분의 1의 요청이 있을 때
3. 제직회 소집은 일주일 전에 광고하며, 개회성수는 출석수로 하고, 결의는 과반수로 한다.

4. 제직회 회장은 당회장이 되고, 서기와 회계는 회에서 선정하며, 필요에 따라 부서를 둘 수 있다.
5. 제직회의 결의 사항은 다음과 같다. [개정 2012.11.16]
   ① 공동의회에서 결정한 예산 집행
   ② 재정에 관한 일반수지 예산 및 결산
   ③ 구제비의 수입, 지출 및 특별 헌금 취급
   ④ 당회가 요청한 사항
   ⑤ 부동산 매매

제92조 소속 기관 및 단체, 연합당회 및 연합제직회

각급 치리회 산하에 소속회 또는 기관 및 단체를 설치코자 하면 다음과 같이 한다.
1. 소속회나 기관 및 단체를 조직코자 하면 그 치리회의 허락을 받아야 한다.
2. 소속회나 기관 및 단체의 정관은 그 치리회의 승인을 받아야 하며 전도, 교육, 사회사업 등 교회 발전을 도모하는 일을 해야 한다.
3. 소속회 또는 기관 및 단체는 그 치리회의 감독을 받으며 재정 감사를 받아야 한다. 단, 외부감사가 필요하다고 인정될 때에는 당해 치리회는 감사를 명하고 소속회, 기관, 단체는 감사를 받아야 하며 그 비용은 소속회, 기관, 단체가 부담한다.
4. 소속회 또는 기관 및 단체가 그 치리회의 결의와 명령을 실행하지 아니하면 그 소속회, 기관, 단체의 장과 이들에게 그 책임을 물어야 하며 법적 조치를 할 수 있다.
5. 노회규정에 의하여 연합당회 및 연합제직회를 조직할 수 있다.

제14장 재산

제93조 총회의 재산
총회의 재산은 총회가 조성하는 재산과 지교회나 노회가 증여하는 재산과 직속 단체의 재산과 그 밖의 개인이나 단체가 기부하는 재산으로 한다.

제94조 노회의 재산
노회의 재산은 노회가 조성한 재산과 지교회가 증여한 부동산 및 개인이나 단체가 헌납한 재산으로 한다. 단, 신도가 동산이나 부동산을 노회나 그 지교회에 헌납할 때는 헌납 즉시로 노회나 교회의 재산이 되는 동시에 지교회가 노회에 증여한 재산은 그 교회가 노회를 이탈할 때는 재산권이 없어진다.

제95조 재산의 보존 [개정 2012.11.16, 2014.12.8]
재산의 보존은 다음과 같이 한다.
1. 총회의 재산은 재단법인 대한예수교장로회 총회 유지재단에 편입 보존한다.
2. 노회의 재산 중 지교회의 부동산은 그 노회가 가입한 유지재단에 편입 보존한다.
3. 증여(기부)계약서를 작성하지 않고 부동산을 유지재단에 편입한 경우는 증여(기부)로 볼 수 없고 명의신탁을 한 것이므로 명의신탁을 한 교회, 노회, 단체(이하 '명의신탁자'라 함)가 소유권 및 사용권, 수익권을 갖는다. 단, 명의신탁자가 정당한 절차를 거치지 않고 처분(매매, 가등기 설정, 전세권 설정, 저당권 설정

등)을 하려 할 경우 유지재단은 그 처분을 거부하거나 처분 권한을 제한할 수 있으며, 유지재단은 명의신탁자가 아닌 타교회, 노회, 단체, 유지재단이 명의신탁자의 잘못으로 인하여 불이익을 당하거나 배상책임을 부담하지 않도록 조치하여야 한다. [신설 개정 2019.12.19]

4. 총회 산하 7개 신학대학교가 폐쇄될 경우 그 재산은 대한예수교장로회 총회로 귀속된다. [신설 개정 2021.11.29]

제96조 재산 관리 및 용도

1. 총회 재산은 총회 재단법인 이사회로 관리케 하고 총회 운영에 사용한다.
2. 노회의 재산 중 지교회 부동산은 그 지교회의 당회로 관리케 하고, 부동산을 매각하거나 매입할 때는 제직회의 결의를 거쳐야 하며 동산은 제직회로 관리케 하되 지교회 운영에 사용케 한다. 단, 교회의 재산은 신도에게 지분권이 없다. [개정 2012.11.16]
3. 대한예수교장로회 교리나 법규를 준행하지 않거나 이탈한 자, 기관과 단체는 재산의 지분권 및 사용수익권도 가지지 못한다.

제97조 재단법인에 편입되지 않은 재산 [개정 2012.11.16]

재단법인에 편입되지 아니한 재산의 관리 및 용도는 다음과 같다.

1. 지교회의 부동산은 지교회의 소유로서 교회 명의로 등기하여야 하며, 노회(폐회 중에는 임원회)의 허락을 받지 않고는 개인 명의로 등기하지 못하고, 개인 명의로 등기한 지교회 소유의 부동산은 교회 명의로 변경하여야 한다.
2. 지교회의 부동산과 동산의 관리, 처분, 사용, 지분에 관하여는

전조 제2항 및 제3항을 준용하며 대표자는 당회장으로 한다.

제15장 선교 동역자

제98조 선교 동역자의 자격

총회는 효과적으로 복음을 전파하기 위하여 외국에서 파송한 선교 동역자를 받을 수 있다. 특히 의료, 교육, 기타 전문적 지식을 가진 자는 안수 받지 아니한 자라도 선교 동역자로 받을 수 있다.

제99조 총회와 관계된 선교 동역자

대한예수교장로회와 관계가 있는 선교 동역자는 미국 장로교회, 호주 연합교회 등 본 교단과 선교협정을 체결하고 총회의 인준을 받은 세계 동역교회에서 파송한 자를 말한다.

제100조 선교 동역자의 임무

선교 동역자의 임무는 다음과 같다.
1. 대한예수교장로회에 파견된 선교 동역자는 총회를 경유하여 파견 증서를 소속 노회에 제출한다.
2. 선교 동역자의 파견 증서를 받은 노회는 그 선교 동역자에게 회원권을 즉시 교부한다.
3. 안수 받지 아니한 선교 동역자는 치리회 회원이 되지 못한다.
4. 선교 동역자는 교회와 밀접한 관계가 있으므로 모든 사업을 한국교회와 협의하여야 한다.
5. 본 총회 산하에서 일하는 선교 동역자가 도덕상 범과가 있거나, 본 장로회 교회 정치, 기타 성경에 위배되는 행위가 있을 때는

노회는 심사한 후 회원권을 해제할 수 있다.

제101조 기타 선교 관계
그 밖에 다른 선교회도 본 총회와 관계를 맺고자 하면 총회는 신중히 검토한 후에 받아들일 수 있다.

제16장 헌법개정

제102조 정치, 권징, 예배와 예식의 개정
정치, 권징, 예배와 예식을 개정코자 하면 다음과 같이 한다.
1. 총회는 출석회원 3분의 2 이상의 결의로 개정안을 작성하여 각 노회에 수의한다.
2. 각 노회에 수의한 개정안은 노회 과반수의 가결과 투표 총수의 과반을 얻어야 한다.
3. 각 노회는 수의된 개정안의 가부 투표수를 종합하여 즉시 총회장에게 보고한다.
4. 총회장은 개정안의 투표 결과를 수합하여 가결된 결과를 즉시 공고하여 실시한다.
5. 헌법(헌법시행규정 포함)은 개정한 지 3년 이내에는 개정할 수 없다. 단, 개정한 조항에 한한다. [개정 2012.11.16]

제103조 교리 개정
교리(사도신경, 신조, 요리문답, 21세기 대한예수교장로회 교리문답, 웨스트민스터 신앙고백, 대한예수교장로회 신앙고백서, 21세기 대한예수교장로회 신앙고백서)의 개정절차는 다음과 같다.

1. 총회는 출석회원 3분의 2 이상의 가결로 개정안을 작성하여 각 노회에 수의한다.
2. 각 노회에 수의된 개정안은 노회 3분의 2 이상의 가결과 각 노회에서 투표한 투표 총수의 3분의 2 이상의 가표를 얻어야 한다.
3. 각 노회는 수의된 안건의 투표 총수와 가부 투표수를 종합하여 총회장에게 보고한다.
4. 총회장은 각 노회에서 투표한 투표수를 종합하여 다음 총회에 보고 실시한다.

제104조 헌법 개정위원

총회는 헌법을 수정 또는 개정코자 하면 다음과 같이 한다.
1. 총회는 개정위원 15인 이상을 선정하여 개정안을 작성케 하되 목사가 과반이어야 한다.
2. 개정위원은 한 노회 총대 회원 중 2인을 선출하지 못한다.
3. 교리를 개정코자 하면 위원으로 하여금 반드시 1년간 연구케 한 후 다음 총회에 보고한다.

부 칙

제1조(시행일) 이 개정헌법은 공포한 날로부터 시행한다.
제2조(헌법시행규정의 제정 및 개정) 이 헌법(정치, 권징)이 개정 공포되면 개정헌법에 따른 최초의 헌법시행규정(서식포함)에 한하여 당시 헌법개정위원회의 보고와 총회(폐회 중에는 임원회)의 결의로 제정하며 제정 공포된 이후의 개정은 총회에서 재석 3분의 2 이상의 찬성으로 개정한다.

제3조(경과 규정) 헌법조례는 이 헌법(정치, 권징)에 위배되지 않는 한 헌법시행규정이 제정될 때까지 그 효력을 지속하며 이 헌법시행규정이 제정 공포되면 그 효력을 상실한다. 단, 이미 진행 중인 사안은 개정헌법과 헌법시행규정에 위배되지 않는 한 그대로 진행하고, 그 외에는 개정된 헌법과 헌법시행규정에 따른다.
제4조 본 헌법에 대해 미비한 부분은 헌법시행규정으로 보완할 수 있다. [신설 개정 2012.11.16]

2007년 5월 15일 정치 일부 개정
2012년 11월 16일 정치 일부 개정
2014년 12월 8일 정치 일부 개정
2018년 12월 20일 정치 일부 개정
2019년 12월 19일 정치 일부 개정
2021년 11월 29일 정치 일부 개정
2022년 11월 17일 정치 일부 개정

제3편

권 징

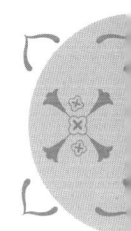

권 징

제1장 총칙

제1조 권징의 뜻

권징은 예수 그리스도께서 교회에 주신 권한을 행사하며 그 법도를 시행하는 것으로써 각 치리회가 헌법과 헌법이 위임한 제 규정 등을 위반하여 범죄한 교인과 직원 및 각 치리회를 권고하고 징계하는 것이다. [개정 2012.11.16]

제2조 권징의 목적

하나님의 영광과 권위를 위하여 범죄를 미연에 방지하고 교회의 신성과 질서를 유지하고 범죄자의 회개를 촉구하여 올바른 신앙생활을 하게 함을 그 목적으로 한다.

제3조 권징의 사유가 되는 죄과

교인, 직원, 각 치리회와 총회 산하기관 및 단체의 이사와 감사가 다음 중 하나 이상의 죄과(罪過)를 범한 때에는 재판에 의한 권징 절차를 거쳐 책벌한다. [개정 2019.12.19]
1. 성경상의 계명에 대한 중대한 위반행위
2. 총회헌법 또는 제 규정(이하 헌법 또는 규정이라 한다.)에 정해진 중대한 의무위반행위
3. 예배를 방해한 행위

4. 이단적 행위와 이에 적극적으로 동조한 행위
5. 허위사실을 유포하여 교인 또는 직원의 명예를 훼손시킨 행위
6. 직권을 남용하거나 직무를 유기한 행위
7. 파렴치한 행위(성범죄 포함)로 국가 재판에 의해 금고(성범죄의 경우는 벌금) 이상의 형이 확정된 범죄행위(양심범의 경우는 제외됨) [개정 2019.12.19]
8. 재판국의 판결에 순응하지 아니하는 행위
9. 타인에게 범죄케 한 행위
10. 치리회 석상, 교회의 제직회 또는 공동의회의 석상에서 폭언, 협박, 폭행, 상해, 재물손괴 행위 [개정 2012.11.16]
11. 사건 담당직원(재판국원, 기소위원)이 사건과 관련하여 금품을 수수한 행위
12. 교회와 각 치리회 및 총회 산하기관 및 단체와 기관 사무실 내·외에서 폭언·협박·폭행·상해·재물손괴·감금·위협·업무 방해와 치리회 재판국 판결 및 치리회 지시에 대하여 불법 항의집회와 시위 등의 행위 [신설 개정 2014.12.8, 개정 2019.12.19]
13. 교회, 노회, 총회 및 총회 산하기관 및 단체와 관련된 문서를 위조·변조, 개인정보와 문서의 불법 획득 및 유출하는 행위와 각종 증명서 위조 행위 또는 이를 행사하는 행위 [신설 개정 2014.12.8, 개정 2019.12.19]
14. 교회, 노회, 총회와 총회 산하기관 및 단체의 운영에 있어서의 부정과 공금유용, 횡령, 배임 등의 재정 비리행위 [신설 개정 2014.12.8, 개정 2019.12.19]
15. 노회, 총회의 감사 위원과 총회 산하기관 및 단체의 직원 및

이사가 직무 태만 및 고의적 행위로 노회, 총회 각 상임부서, 산하기관 및 단체에 상당한 손실을 입게 한 행위 [신설 개정 2014.12.8, 개정 2019.12.19]

제4조 재판의 원칙

1. 모든 교인(직원)은 재판을 받아 자기를 방어할 권리를 가진다.
2. 재판은 3심제로 하며 제1심은 당회인 치리회에서, 제2심은 노회 상설 재판국에서, 제3심은 총회 상설 재판국에서 관장한다.
3. 재판은 성경과 헌법 또는 헌법시행규정에 의해 공정하게 행하여야 한다.
4. 재판은 고소(고발)장이 재판국에 접수된 후 4개월 이내에 끝마쳐야 한다.

제5조 책벌의 종류와 내용

1. 책벌은 다음과 같다. [개정 2012.11.16, 2014.12.8, 2019.12.19]
   ① 견책 : 죄과를 꾸짖고 회개하게 한다.
   ② 근신 : 2개월 이상 6개월 이내의 기간 죄과에 대한 반성문을 1회 이상 소속 치리회장에게 제출하고, 행동을 삼가게 한다.
   ③ 수찬정지 : 6개월 이상 1년 이내의 기간 수찬을 정지한다.
   ④ 시무정지 : 3개월 이상 1년 이내의 기간 치리권(행정권과 권징권)을 정지한다.
   ⑤ 시무해임 : 3개월 이상 1년 이내의 기간 설교권을 포함하여 교회의 모든 시무를 정지한다.
   ⑥ 정직 : 6개월 이상 2년 이내의 기간 직원의 신분은 보유하나 그 신분이 일시 정지되며 그 기간 모든 직무를 정지하며 동시

에 수찬도 정지된다.
⑦ 상회총대파송정지 : 교회 직원과 치리회는 1~3년 이내, 노회와 총회 직원은 2~3년 이내, 총회 산하 기관·단체 이사는 3~5년 이내의 기간 상회총대파송을 정지한다.
⑧ 면직 : 직원의 신분을 박탈한다.
⑨ 출교 : 교인명부에서 제명하여 교회 출석을 금지시킨다.
2. 교인에게 과하는 벌
① 견책 ② 근신 ③ 수찬정지 ④ 출교
3. 직원(교회 항존 및 임시 직원, 노회와 총회 직원, 총회 산하기관 및 단체 이사)에게 과하는 벌
① 견책 ② 근신 ③ 수찬정지 ④ 시무정지 ⑤ 시무해임
⑥ 정직 ⑦ 면직 ⑧ 상회총대파송정지
단, 교회 직원에게는 출교를 병과(다른 벌과 함께 혹은 출교만) 할 수 있고, 또한 총회 감사위원회가 고발한 자와 총회 산하기관 및 단체의 운영과 관련하여 상당한 비리나 부정을 행한 교인에게는 출교, 직원에게는 출교와 면직과 상회총대파송정지의 책벌을 병과할 수 있다.
4. 치리회에 과하는 벌
① 상회 총대 파송 정지

제6조 책벌의 원칙 [개정 2012.11.16]

1. 죄과를 범한 자(은퇴자 포함)의 책벌은 재판절차를 거쳐서 행하여야 한다.
2. 재판을 받지 않고는 권징할 수 없다.
3. 재판회 석상에서 범한 제3조 제10항의 범죄에 대하여는 별도의

고소(고발) 및 기소 없이 즉시 판결로 책벌할 수 있으며 피고인의 경우에는 본죄와 병합하여 가중처벌할 수 있다.

제2장 재판국

제1절 통칙

제7조 재판국의 설치 및 재판관할
1. 총회 재판국은 총회에, 노회 재판국은 노회에, 당회 재판국은 당회에 각각 설치한다.
2. 목사에 관한 소송사건 및 장로의 노회원 또는 총회원으로서의 행위에 관련된 소송사건의 재판관할은 노회 재판국에 속한다. 일반교인 및 장로, 안수집사, 권사, 집사, 전도사에 관한 소송사건의 재판관할은 당회 재판국에 속한다. [개정 2022.11.17]
3. 치리회에 관한 소송사건의 재판관할은 차상급 치리회의 재판국에 속한다. [신설 개정 2012.11.16]

제8조 재판국원의 제척, 기피, 회피
1. 재판국원은 다음의 경우에는 그 사건의 심리·재판에서 제척된다. [개정 2012.11.16]
   ① 국원이 피해자인 경우
   ② 국원이 피고인 또는 피해자와 친족관계에 있거나 있었던 경우
   ③ 국원이 당해 사건에 관하여 증인, 감정인이 된 경우
   ④ 국원이 고소인(고발인) 또는 피고소인(피고발인)인 경우

2. 당사자인 기소위원장과 피고인은 다음의 경우에 국원의 기피를 신청할 수 있다. [개정 2012.11.16]
① 전항 각호의 사유에 해당되는 경우
② 국원이 이해관계로 인하여 불공평한 재판을 할 우려가 있는 경우
3. 고소인(고발인)은 기소위원장에게 국원의 기피신청을 요청할 수 있고, 기소위원장이 요청을 받고도 즉시 기피신청을 하지 않을 경우에는 고소인(고발인)이 직접 국원의 기피신청을 할 수 있다. [신설 개정 2012.11.16]
4. 이 경우에 재판국은 기피신청에 대하여 기피사유가 정당하지 아니할 때에는 기각결정을 하고 재판을 진행하며, 기피사유가 정당할 때에는 당해 국원을 당해 사건의 심리·판결에서 배제시키고 재판을 진행한다.
5. 기피신청인은 기피신청에 대한 기각결정에 불복하는 경우에는 결정서를 통보 받은 날로부터 10일 이내에 차상급 재판국에 불복 신청서를 제출하여야 한다. 불복 신청서를 받은 재판국은 불복 신청서를 받은 날로부터 50일 이내에 인용여부를 결정하여 확정된 결정서를 신청인과 당해 재판국에 통보하여야 한다.
6. 국원이 제1항 또는 제2항의 사유에 해당하는 때에는 스스로 당해 사건의 심리·판결에서 회피할 수 있다.

제9조 상급심 재판의 기속력

상급 재판국의 재판에 있어서의 판단은 당해 사건에 관하여 하급심을 기속한다.

제2절 총회 재판국

제10조 구성 및 자격
1. 총회 재판국은 총회총대 5년 이상 경력자 중 총회에서 선임된 15인(목사 8인, 장로 7인)으로 구성한다. 다만 재판국원은 동일한 노회 파송총대 중 1인에 한하여 선임된다. [개정 2022.11.17]
2. 재판국원 15인 가운데 3인 이상은 법조인 및 총회 법리부서(규칙부는 실행위원 이상) 경력자 중 년조 상관없이 총회 임원회에서 추천한 자 중 공천위원회의 공천으로 선임하여야 한다. [개정 2019.12.19, 2022.11.17]
3. 금고 1년 이상, 시무정지 1년 이상의 책벌을 받고 종료된 지 5년이 경과되지 않은 자는 당회, 노회 및 총회의 재판국원과 기소위원이 될 수 없다. [신설 개정 2012.11.16, 개정 2019.12.19]

제11조의 1 국원의 임기 및 보선
1. 재판국원의 임기는 3년으로 하며, 매년 총회에서 3분의 1을 개선한다.
2. 재판국원 중 결원이 생긴 때에는 총회 임원회가 보선한다. 다만, 보선된 국원의 임기는 전임자의 잔여기간으로 한다.

제11조의 2 재판부의 설치 및 구성 [신설 개정 2015.12.8]
1. 총회 재판국에는 화해조정 분과, 권징재판 분과, 행정쟁송 분과 및 전원합의부를 둔다. [개정 2022.11.17]
2. 전원합의부는 재판국원 전원으로 구성하고 화해조정 분과, 권징재판 분과와 행정쟁송재판 분과는 각각 3인과 5인 내지 7인

의 국원으로 구성한다. 화해조정 분과는 타 분과와 중복할 수 있다. [개정 2022.11.17]
3. 전원합의부는 다음의 사건을 심리한다. [개정 2021.11.29]
① 재판국장이 사건의 중요성과 파급효과, 사건 심리의 효율성 등을 감안하여 전원합의부에 배당한 사건

제12조 임원의 선임 및 직무

1. 재판국에 임원으로 국장과 서기 및 회계를 두며, 임원은 국원의 호선으로 선임한다.
2. 재판국장은 재판국의 일반 업무와 재판사무를 총괄 지휘·감독하고, 각 재판부에 사건을 배당하며, 재판국 서기는 재판국장의 업무를 보좌하여 재판국의 일반 업무와 전원합의부에 배당된 사건의 재판 진행 사항을 회의록으로 작성·보관하고, 회계는 재판국의 회계업무를 관장한다. [개정 2015.12.8]
3. 재판국장은 전원합의부의 재판장을 겸임하며, 재판국 서기는 전원합의부의 서기를 겸임한다. [신설 개정 2015.12.8]
4. 각 재판 분과의 임원으로 재판장과 서기를 두며, 각 분과의 임원과 분과 국원은 재판국장이 임명한다. [신설 개정 2015.12.8]
5. 화해조정 분과는 총회재판국에 접수된 재심, 상고심 등 모든 송사의 당사자들을 대상으로 화해조정을 시도하고 이에 불응할 경우 권징재판 분과와 행정쟁송 분과 혹은 전원합의부로 이첩하여 재판절차를 진행하게 한다. [신설 개정 2022.11.17]
6. 화해조정 분과는 권징재판 분과와 행정쟁송 분과 혹은 전원합의부로 이첩 재판절차를 진행하면서 선고하기 전 2차 화해조정 분과에서 조정시도하고 화해조정에 실패하면, 권징재판 분과와

행정쟁송 분과 혹은 전원합의부에서 최종심을 선고한다. [신설 개정 2022.11.17]
　7. 권징재판 분과는 배당된 권징 사건만을, 행정쟁송재판 분과는 배당된 행정쟁송 사건만을 독립적으로 심리하여 판결하되, 권징 사건을 행정쟁송 사건으로, 행정쟁송 사건을 권징 사건으로 판결할 수 없다. [신설 개정 2015.12.8]
　8. 각 분과 재판장은 분과에 배당된 사건의 재판을 진행하고 그 분과의 재판을 지휘·감독한다. 단, 권징재판 분과 또는 행정쟁송재판 분과에 배당했던 사건이라 하더라도 상당한 이유가 있는 경우에는 재판국장은 이를 전원합의부로 재배당할 수 있다. [신설 개정 2015.12.8]

제13조 의결방법
　1. 전원합의부의 판결 합의는 재적 국원 3분의 2 이상의 출석과 재적 국원 과반수의 찬성으로 의결한다. [개정 2015.12.8]
　2. 권징재판 분과와 행정쟁송재판 분과의 판결 합의는 재적 국원 4분의 3 이상의 찬성으로 의결하며, 국원들 간의 견해 차이로 합의에 이르지 못하는 경우에는 재판국장이 이를 전원합의부로 재배당한다. [신설 개정 2015.12.8]

제14조 심판사항
　총회 재판국은 다음의 사건을 중심으로 심판하여 총회에 보고한다. 노회재판국의 판결에 대한 상고사건 및 이의(불복)신청 사건. 단, 권징재판 사건은 노회 재판국이 시무정지, 시무해임, 정직, 면직, 출교와 무죄판결, 기소기각판결, 기소기각결정을 선고(고지)한 사

건에 한하여 심판한다. [개정 2019.12.19]
1. 노회 재판국의 판결에 대한 상고사건 및 이의(불복)신청사건
2. 헌법이 정하는 행정쟁송사건
3. 노회 기소위원회의 불기소 결정에 대한 재항고사건
4. 총회의 행정 처분이나 지시 혹은 명령을 2회 이상 불이행하여 고소, 고발된 사건 [신설 개정 2015.12.8, 개정 2021.11.29]
5. 기타 총회 재판국의 권한에 속한 사항

제15조 전문위원

1. 총회 재판국은 재판국의 결의로 목사 또는 장로 중에서 3인 이내의 전문위원을 두되 법학사 이상의 학위를 소지한 자나 변호사 혹은 전임 법리부서장 중에서 선임하며 회의 시 통지해야 하고 언권만 있다. 단, 총회 현 법리부서장(헌법위원장, 규칙부장)은 총회 재판국 전문위원이 될 수 없다. [개정 2012.11.16]
2. 전문위원은 재판절차 등에 관한 사항에 대하여 자문에 응한다.
3. 전문위원의 임기는 1년으로 하며 연임할 수 있다.

제3절 노회 재판국

제16조 구성

1. 노회 재판국은 노회에서 선임된 재판국원 9인(목사 5인, 장로 4인)으로 구성한다. 다만 재판국원은 동일한 교회 파송총대 중 1인에 한하여 선임해야 한다. [개정 2012.11.16]
2. 재판국원 9인 가운데 1인 이상은 법학사 학위를 가진 자 중에

서 선임하여야 한다. 다만, 법학사 학위 소지자가 없는 경우에는 예외로 한다.

제17조 국원의 임기 및 보선
제11조 국원의 임기 및 보선의 규정은 노회 재판국에 이를 준용한다.

제18조 임원의 선임 및 직무
제12조 임원의 선임 및 직무의 규정은 노회 재판국에 이를 준용한다.

제19조 의결방법
제13조 의결방법의 규정은 노회 재판국에 이를 준용한다.

제20조 심판사항
노회 재판국은 다음의 사건을 심판한다.
1. 당회 재판국의 판결에 대한 항소사건
2. 목사에 관한 소송사건 및 장로의 노회원 또는 총회원으로서의 행위에 관련된 소송사건
3. 헌법이 정하는 행정쟁송사건
4. 당회장이 청원한 위탁재판사건
5. 당회 기소위원회의 불기소결정에 대한 항고사건

제21조 전문위원
1. 노회 재판국은 필요한 경우에 법학사의 학위를 가진 목사 또는 장로 중에서 2인 이내의 전문위원을 위촉할 수 있다.
2. 전문위원은 재판절차 등에 관한 사항에 대하여 자문에 응한다.
3. 전문위원의 임기는 1년으로 하며 연임할 수 있다.

제22조 겸임금지
노회 재판국원 및 기소위원은 노회 수습위원 또는 수습전권위원

을 겸임할 수 없다.

제4절 당회 재판국

제23조 구성
당회 재판국은 당회에서 선임된 재판국원 2인 내지 5인(당회장 포함)으로 구성한다. 필요한 경우 당회 결의로 기소위원을 제외한 당회원 전원이 재판국원이 될 수 있다.

제24조 임원의 선임 및 직무
1. 재판국에 임원으로 국장과 서기를 두며, 국장은 당회장이 되고, 서기는 장로 중에서 국원의 호선으로 선임한다.
2. 제12조 제2항의 임원의 직무 규정은 당회 재판국에 이를 준용한다.

제25조 의결방법
제13조의 의결방법 규정은 당회 재판국에 이를 준용한다.

제26조 심판사항
1. 당회 재판국은 일반교인 및 장로·안수집사·권사·집사·전도사에 관한 소송사건을 심판한다. [개정 2022.11.17]
2. 당회원을 제외한 일반교인 및 직원에 대한 소송사건에 관하여 시무정지 6개월 이하의 책벌을 과하거나 혹은 책벌하지 않을 경우에 한하여 당회원 3분의 2 이상 출석과 출석 당회원 과반수 결의로 기소 및 재판절차를 대신할 수 있으며 효력은 당회 기소위원회의 결정, 당회 재판국의 판결과 동일하다. [신설 개정

2012.11.16]

제3장 일반소송절차

제27조 당사자 능력
1. 당사자 능력이라 함은 소송의 주체가 될 수 있는 일반적인 능력으로서 원고인, 피고인이 될 수 있는 자격을 말한다.
2. 권징재판에 있어서 기소권자는 각 치리회에서 선임된 기소위원회 위원장(이하 기소위원장이라 한다.)이 되며, 기소위원회는 피고소인에 대한 죄과를 조사하고 기소여부를 결정한다.
3. 권징재판에 있어서 피고인은 고소인(고발인)으로부터 고소(고발)를 당하여 죄과를 범한 혐의로 기소위원회에 의하여 재판국에 기소된 자이다.

제28조 재판비용의 예납
1. 고소인(고발인), 항소인, 상고인, 이의(불복)신청인, 재심청구인, 행정쟁송인이나 치리회는 재판비용을 예납하여야 한다.
2. 재판비용의 예납절차와 비용의 액수는 헌법시행규정으로 정한다.

제29조 변론
1. 당사자는 소송에 관하여 재판국에서 변론한다.
2. 피고인 또는 피의자는 변호인을 선임하여 변호를 받을 수 있다.
3. 변호인의 선임의 경우 의뢰인은 심급마다 변호인 선임서를 재판국에 제출하여야 한다.

제30조 변호인의 자격 등

1. 변호인은 법률 및 교회법에 관한 식견이 있는 본 교단의 직원 중에서 선임하여야 한다. [개정 2012.11.16]
2. 의뢰인은 변호인에게 실비의 여비 및 숙박료 등을 지급한다.

제31조 당사자 일방의 불출석

기소위원장 또는 피고인이 변론기일에 2회 이상 출석하지 아니하거나 또는 출석하여도 변론을 하지 아니한 때에는 그 제출한 기소장, 답변서, 기타 준비서면에 기재한 사항을 진술한 것으로 보고 출석한 상대방에 대하여 변론을 명할 수 있다.

제32조 판결 선고기간

판결의 선고는 기소가 제기된 날로부터 당회 재판국은 60일 이내에, 노회 재판국은 90일 이내에 하여야 한다. 다만, 항소심 및 상고심에 있어서는 기록의 송부를 받은 날로부터 4개월 이내에 하여야 한다. 필요한 경우 30일의 기간을 연장할 수 있다.

제33조 재판서의 기재사항

1. 재판서에는 재판을 받는 자의 성명, 연령, 직업, 직분, 주소를 기재하여야 한다.
2. 재판서에는 재판에 참여한 기소위원장 또는 기소위원의 성명과 변호인의 성명을 기재하여야 한다.
3. 재판서에는 재판국 국원이 날인하여야 한다.
4. 총회 재판국의 재판서에 소수의견 기재를 요구하는 국원이 있을 경우에는 재판서에 그 국원의 이름과 의견을 기재하여야 한다. [신설 개정 2019.12.19]

제34조 판결의 확정

1. 당회, 노회의 재판 판결은 상소기간(판결문 접수 후 20일)이 지나면 확정된다.
2. 총회 재판의 판결은 선고한 날로 확정된다.

제35조 재판의 선고, 고지의 방식

1. 재판의 선고 또는 고지는 재판정에서는 재판서에 의하여야 하고, 기타의 경우에는 재판서의 등본의 송달로 한다.
2. 재판의 선고 또는 고지는 재판국장이 한다. 판결을 선고함에는 주문을 낭독하고 이유의 요지를 설명한다.

제36조 재판 송달의 기일

재판서의 등본은 재판을 선고 또는 고지한 날로부터 10일 이내에 당사자에게 송달하여야 한다.

제37조 판결의 정정

1. 재판국은 판결의 내용에 오산, 오기, 기타 오류가 있는 것이 명백한 때에는 직권 또는 당사자의 신청에 의하여 정정결정을 할 수 있다.
2. 전항의 신청은 신청의 이유를 기재한 서면으로 하여야 한다.
3. 재판국은 정정할 필요가 없다고 인정한 때에는 지체 없이 결정으로 신청을 기각하여야 한다.

제38조 재판서의 등본·초본의 청구

피고인, 기타의 소송관계인은 비용을 납부하고 재판서 또는 재판을 기재한 조서의 등본 및 초본의 교부를 청구할 수 있다.

제39조 재판조서의 작성

1. 재판국은 재판조서를 작성한다.

2. 재판조서에는 다음의 사항 기타 모든 소송절차를 기재한다.
   ① 재판을 행한 일시와 재판국
   ② 재판국원, 기소위원, 피고인, 변호인의 성명
   ③ 기소사실의 진술
   ④ 증거조사를 한 때에는 증거 서류, 증거물
   ⑤ 변론의 요지
   ⑥ 피고인 또는 변호인에게 최종 진술할 기회를 준 사실과 그 진술한 사실
   ⑦ 판결, 기타의 재판을 선고 또는 고지한 사실
3. 재판조서에는 재판국장과 재판국서기 또는 참여한 담당직원이 서명날인한다.
4. 재판조서는 재판기일 후 20일 이내에 정리하여야 한다.

제40조 재판정에서의 속기 · 녹취

1. 재판국장은 필요하다고 인정하는 때에 직권으로 또는 피고인, 변호인, 기소위원장의 신청에 의해 피고인, 증인 등에 대한 신문의 전부 또는 일부를 속기자로 하여금 필기하게 하거나 녹음장치를 사용하여 녹취할 수 있다.
2. 제1항의 신청에 의한 속기나 녹취에 비용을 요하는 때에는 피고인, 변호인 또는 기소위원장은 재판국이 정하는 금액을 예납하여야 한다.
3. 제1항의 신청에 의하여 속기나 녹취를 한 때에는 신청인은 실비액을 부담하고 속기록 또는 녹취록의 등본 또는 초본을 청구할 수 있다.

제41조 송달의 원칙

송달은 직권으로 하며, 송달을 받을 자에게 등기우편에 의하여 송달하여야 한다.

제42조 기간의 계산

1. 기간의 계산에 관하여는 시로써 계산하는 것은 즉시로부터 기산하고 일, 월 또는 년으로 계산하는 것은 초일을 산입하지 아니한다.
2. 기간의 만기일이 공휴일에 해당하는 날은 기간에 산입하지 아니한다.

제43조 피고인의 소환

1. 재판국장은 피고인을 소환할 때에는 10일 전에 통지하여야 한다.
2. 피고인을 소환함에는 피고인의 성명, 나이, 성별, 직분, 주소, 죄과명, 출석일시, 장소를 기재하고 재판국장이 서명날인하여야 한다.

제44조 증인의 의무

1. 재판국장은 누구든지 증인으로 신문할 수 있다.
2. 재판국장에 의해 증인으로 소환된 당사자는 출두하여 증인신문에 응하여야 한다.

제45조 증인의 선서

1. 재판국장은 증인에게 신문 선에 신시를 하게 하여야 한다. 다만, 특별한 사유가 있는 때에는 신문 후에 이를 하게 할 수 있다.
2. 선서는 선서서에 의하여야 한다. 선서서에는 "신앙양심에 따라 숨김과 보탬이 없이 사실 그대로 말하고 만일 거짓말이 있으면 책벌을 받기로 하고 이에 선서합니다."라고 기재하여야 한다.
3. 재판국장은 증인으로 하여금 선서서를 낭독하고 서명날인하게

하여야 한다.
4. 증인이 16세 미만인 자, 선서의 취지를 이해하지 못하는 자인 경우에는 선서하게 하지 아니하고 신문할 수 있다.
5. 증인이 정당한 사유 없이 선서나 증언을 거부한 때에는 절차에 따라 책벌을 받을 수 있다.

제46조 증인신문의 방식
1. 증인은 신청한 기소위원장, 피고인 또는 변호인이 먼저 신문한다.
2. 재판국장 및 재판국원은 전항의 신문이 끝난 뒤에 신문할 수 있다.
3. 재판국장은 필요하다고 인정하면 전2항의 규정에 불구하고 어느 때나 신문할 수 있으며 제1항의 신문순서를 변경할 수 있다.
4. 증인신문은 각 증인에 대하여 신문하여야 한다. 다만, 필요한 때에는 증인과 다른 증인 또는 피고인과 대질하게 할 수 있다.

제47조 화해의 종용 및 조정
재판국장은 판결 전에 당사자에게 화해를 종용할 수 있다. 이 경우 조정도 포함된다. [개정 2012.11.16]

제4장 제1심 소송절차

제1절 고소 및 고발

제48조 고소권자
1. 죄과로 인한 피해자는 고소할 수 있다.
2. 피해자가 사망한 때에는 그 배우자, 직계친족 또는 형제자매는

고소할 수 있다.

제49조 고소기간
고소는 죄과를 범한 자를 알게 된 날로부터 2년을 경과하면 고소하지 못한다. 다만, 고소할 수 없는 불가항력의 사유가 있는 때에는 그 사유가 없어진 날로부터 기산한다. 그러나 총회 산하기관 및 단체에 대한 재정 비리 및 부정행위와 상당한 죄과에 대한 감사위원회의 고발이나 기소의뢰 기간은 원인 행위 일로부터 5년으로 하며, 이에 대한 권징 제52조(고발 기간)의 경우에도 이를 준용한다.
[개정 2014.12.8]

제50조 고소의 취하
1. 고소는 제1심 판결 선고 전까지 취하할 수 있다.
2. 고소를 취하한 자는 동일한 내용에 대하여 다시 고소하지 못한다.

제51조 고발
1. 누구든지 죄과가 있다고 인정되는 때에는 증거를 첨부하여야 고발할 수 있다. [개정 2012.11.16]
2. 치리회장과 임원은 그 직무를 행함에 있어 죄과가 있다고 인정되는 자에 대하여 고발할 수 있다.

제52조 고발기간과 취하 [개정 2012.11.16]
1. 고발은 죄과를 범한 자를 알게 된 날로부터 1년을 경과하거나, 죄과가 있은 날로부터 2년을 경과하면 고발하지 못한다.
2. 고발은 제1심 판결 선고 전까지 취하할 수 있다.
3. 고발을 취하한 자는 동일한 내용에 대하여 다시 고발하지 못한다. 또 고발과 동일한 내용인 후고발자의 고발은 반려한다.

제53조 고소 및 고발의 형식

1. 고소 및 고발은 피고소인(피고발인)의 소속 치리회장에게 서면으로 해야 한다. 단, 치리회를 고소(고발)할 때에는 차상급 치리회장에게 하여야 한다. [개정 2012.11.16]
2. 고소장 및 고발장에는 다음 사항을 기재하고 서명날인을 하여야 한다.
   ① 고소인(고발인) 및 피고소인(피고발인)의 성명, 나이, 성별, 직분, 주소
   ② 죄과명 및 죄과 내용(때, 곳, 상황 등)
   ③ 증거명(서증, 물증 및 인증)

제54조의 1 고소 및 고발과 조치

1. 치리회장이 고소장(고발장)을 받은 때에는 10일 이내에 이를 기소위원회에 이첩하여야 한다. [개정 2015.12.8]
2. 접수한 고소장(고발장)을 치리회장이 전항의 기간 내에 기소위원회에 이첩하지 않거나 반려할 경우에는 고소(고발) 당사자가 부전지를 첨부하여 기소위원회에 직접 접수할 수 있다.

[신설 개정 2015.12.8]

제54조의 2 기소의뢰

1. 치리회장은 당회 또는 임원회의 결의에 따라 죄과가 있다고 인정되는 자에 대하여 직권으로 기소위원회에 기소를 의뢰할 수 있다. [개정 2015.12.8]
2. 치리회장의 기소의뢰는 고발과 동일한 효력이 있다. [신설 개정 2015.12.8]

제54조의 3 고소(고발) 및 기소의뢰의 제한
치리회의 임원회 및 각 부서·위원회의 결의, 결정, 해석, 판결 등 업무상의 행위는 책벌 대상이 되지 아니하며, 금품수수, 직권남용, 직무유기 등 직무와 관련한 비리행위는 책벌 대상이 될 수 있다.
[신설 개정 2015.12.8]

제55조 당회 기소위원회의 구성
1. 당회 기소위원회는 당회에서 선임된 기소위원 1인 내지 2인으로 구성한다.
2. 기소위원회에 임원으로 위원장과 서기를 두며, 임원은 위원의 호선으로 선임한다. [개정 2015.12.8]

제56조 노회 기소위원회의 구성
1. 노회 기소위원회는 노회에서 선임된 기소위원 4인(목사 2인, 장로 2인)으로 구성한다.
2. 노회 기소위원 4인 가운데 1인 이상은 법학사 학위를 가진 자 중에서 선임하여야 한다. 다만, 자격자가 없는 경우에는 예외로 한다.
3. 노회 기소위원회의 임기는 노회임원을 선출한 정기회를 기준하여 2년으로 한다. [신설 개정 2015.12.8]
4. 제55조 제2항의 규정은 노회 기소위원회에 이를 준용한다. [신설 개정 2015.12.8]

※ 제57조의 1(총회기소위원회 구성과 임기), 제57조의 2(총회기소위원회의 직무)는 삭제 개정 : 2018.12.20.

제57조의 1 고소(고발)인의 조사 및 피의자 신문

1. 기소위원장은 고소(고발)인을 먼저 출석하게 하여 고소(고발) 취지 및 이유와 고소 내용과 증거 및 증빙 사실 여부를 먼저 조사한다. [신설 개정 2015.12.8]
2. 기소위원장은 피의자를 소환하여 신문하고자 할 때에는 10일 전에 피의자에게 통지하여야 한다.
3. 기소위원회는 피의자에 대하여 죄과(罪過)사실과 정상(情狀)에 관한 필요사항을 신문하여야 하며 그 이익되는 사실을 진술할 기회를 주어야 한다.

제57조의 2 의결방법

기소위원회의 회의는 기소위원 재적 3분의 2 이상의 출석과 출석인원 과반수의 찬성으로 의결한다. 동수인 경우에는 기소된 것으로 본다.

제2절 기소

제58조의 1 기소의 제기

기소는 기소위원회가 제기하여 수행한다.

제58조의 2 기소제기의 시효 [신설 개정 2015.12.8]

1. 기소제기의 시효는 원인 행위일로부터 3년으로 한다.
2. 당회, 노회, 총회 및 각 치리회의 산하단체 및 기관에 대한 재정 비리나 공금 횡령 및 유용과 파렴치한 행위에 대한 기소제기의 시효는 원인 행위일로부터 6년으로 한다.

제58조의 3 기소권자 및 피고인 [신설 개정 2015.12.8]
　1. 권징재판에 있어서 기소권자는 각 치리회에서 선임된 기소위원회 위원장(이하 기소위원장이라 한다.)이 되며, 기소위원회는 피고소인에 대한 죄과를 조사하고 기소여부를 결정한다.
　2. 권징재판에 있어서 피고인은 고소인(고발인)으로부터 고소(고발)를 당하여 죄과를 범한 혐의로 기소위원회에 의하여 재판국에 기소된 자이다.

제59조 기소제기의 방식과 기소장 [개정 2015.12.8]
　1. 기소를 제기함에는 기소장을 관할 재판국에 제출하여야 한다.
　2. 기소장에는 다음 사항을 기재하여야 한다.
　　① 피고인의 성명, 나이, 성별, 직분, 주소
　　② 죄과명(罪過名)
　　③ 기소사실(죄과의 사실)
　　④ 적용 규정

제60조 기소의 취소
　1. 기소는 제1심 판결의 선고 전까지 취소할 수 있다.
　2. 기소취소는 이유를 기재한 서면으로 하여야 한다.

제61조 고소 및 고발에 의한 사건의 처리
　기소위원회가 고소 및 고발에 의하여 죄과를 조사할 때에는 고소(고발)장을 치리회장으로부터 송부 받은 날로부터 30일 이내에 조사를 완료하여 기소제기 여부를 결정하여야 한다. 다만, 필요한 경우 30일의 기간연장을 할 수 있다.

제62조 고소인 및 고발인에 결정통지

1. 기소위원회는 고소 및 고발된 사건에 관하여 기소를 제기하거나 제기하지 아니하는 결정, 기소의 취소를 한 때에는 그 조치한 날로부터 10일 이내에 서면으로 고소인 및 고발인에게 그 취지를 통지하여야 한다.
2. 기소위원회는 불기소의 결정을 한 때에는 피의자에게 즉시 그 취지를 통지하여야 한다.

제63조 고소인 및 고발인에 기소부제기 이유통지

기소위원회는 고소 및 고발 있는 사건에 관하여 죄과가 되지 않거나 증명이 되지 않는 경우 등에 있어 기소를 제기하지 아니하는 결정을 한 경우에 고소인 및 고발인의 청구가 있는 때에는 10일 이내에 고소인 및 고발인에게 그 이유를 서면으로 통지하여야 한다.

제64조 항고 및 재항고

1. 당회 기소위원회의 불기소처분에 대하여 불복이 있는 고소인 또는 고발인은 제62조의 규정에 의한 통지를 받은 날로부터 20일 내에 당회 기소위원회를 거쳐 서면으로 노회 재판국에 항고할 수 있다. 이 경우 당회 기소위원회는 항고가 이유 있다고 인정하는 때에는 그 결정을 시정할 수 있다.
2. 고소인 또는 고발인은 기소위원회가 제62조의 규정에 의한 통지를 아니한 경우에는 불기소한 것으로 간주하여 전항의 규정에 의한 항고를 할 수 있다.
3. 제1항 및 제2항의 항고를 기각하는 결정에 불복이 있는 항고인은 항고기각 결정 통지를 받은 날로부터 20일 내에 노회 기소위원회를 거쳐 서면으로 총회 재판국에 재항고할 수 있다. 이 경우 노회 기소위원회는 재항고가 이유 있다고 인정하는 때에는 그

결정을 시정하여야 한다.
4. 노회 기소위원회의 불기소처분 또는 불기소간주로 인하여 불복이 있을 경우에 총회 재판국에 재항고할 수 있으며, 이 경우에는 전1항 내지 전3항을 준용한다.

제65조 재판국의 결정

1. 항고서 또는 재항고서와 그 기록을 수리한 노회 재판국 또는 총회 재판국은 60일 내에 다음의 구별에 의하여 결정을 하여야 한다. 재판국은 필요한 때에는 증거를 조사할 수 있다.
   ① 신청이 이유 없는 때에는 기각한다.
   ② 신청이 이유 있는 때에는 기소를 명령한다.
2. 전항 제②호의 기소명령에 대하여는 이의(불복)신청할 수 없다.
3. 당해 재판국이 제1항의 결정을 한 때에는 그 정본을 항고인 또는 재항고인, 피의자와 관할 기소위원회에 송부하여야 한다.

제3절 재판

제66조 기소장부본의 송달

재판국은 기소의 제기가 있는 때에는 지체 없이 기소장의 부본을 제1회 재판기일 전 10일까지 피고인 및 변호인에게 송달하여야 한다.

제67조 재판기일의 지정 및 변경

1. 재판국장은 재판기일을 정하여야 한다.
2. 재판기일에는 피고인을 소환하여야 한다.

3. 재판기일은 기소위원장, 변호인에게 통지하여야 한다.
4. 재판국장은 직권 또는 기소위원장, 피고인이나 변호인의 신청에 의하여 재판기일을 변경할 수 있다.

제68조 불출석 사유자료의 제출

재판기일에 소환 또는 통지서를 받은 자가 질병 기타 사유로 출석하지 못할 때에는 의사의 진단서, 기타의 자료를 제출하여야 한다.

제69조 피고인 또는 기소위원의 불출석

1. 피고인 또는 기소위원장(위임 시 기소위원)이 재판기일의 통지를 받고 제68조의 불출석 사유자료를 제출하지 않고 2회 이상 출석하지 아니한 때에는 당사자 출석 없이 바로 개정할 수 있다.
2. 재판의 선고 또는 고지만을 할 경우에는 당사자의 출석 없이도 개정할 수 있다.

제70조 당사자의 재판기일 전의 증거제출

기소위원장, 피고인 또는 변호인은 재판기일 전에 서류나 물건을 증거로 재판국에 제출할 수 있다. [개정 2012.11.16]

제71조 피고인의 무죄추정

피고인은 책벌(유죄)의 판결이 확정될 때까지는 무죄로 추정된다.

제72조 인정신문

재판국장은 피고인의 성명, 나이, 성별, 직분, 주소를 물어서 피고인임에 틀림없음을 확인하여야 한다.

제73조 기소위원장의 모두진술

재판국장은 기소위원장으로 하여금 기소장에 의하여 기소의 요지를 진술하게 할 수 있다.

제74조 피고인의 진술권
재판국장은 피고인에게 그 이익되는 사실을 진술할 기회를 주어야 한다.

제75조 피고인 신문의 방식
1. 기소위원장 또는 기소위원과 변호인은 피고인에게 대하여 기소사실과 정상(情狀)에 관한 필요사항을 직접 신문할 수 있다.
2. 재판국장 및 재판국원은 전항의 신문이 끝난 뒤에 신문할 수 있다.

제76조 피해자의 진술권
1. 재판국장은 죄과로 인한 피해자의 신청이 있는 경우에는 그 피해자를 증인으로 신문할 수 있다.
2. 재판국장은 전항의 규정에 의한 신청인이 소환을 받고도 정당한 이유 없이 출석하지 아니한 때에는 그 신청을 철회한 것으로 본다.

제77조 기소장의 변경
1. 기소위원장은 재판국의 허가를 얻어 기소장에 기재한 기소사실 또는 적용규정의 추가·철회 또는 변경을 할 수 있다. 이 경우에 재판국은 기소사실의 동일성을 해하지 아니하는 한도 내에서 허가할 수 있다.
2. 재판국은 기소사실 또는 적용규정의 추가·철회 또는 변경이 있을 때에는 그 사유를 신속히 피고인 또는 변호인에게 고지하여야 한다.

제78조 불필요한 변론 등의 제한
재판국장은 소송관계인의 진술 또는 신문이 중복된 사항이거나 그

소송에 관계없는 사항인 때에는 소송관계인의 본질적 권리를 해하지 아니하는 한도 내에서 이를 제한할 수 있다.

제79조 증거재판주의
사실의 인정은 증거에 의하여야 한다.

제80조 자유심증주의
증거의 증명력은 재판국원의 자유판단에 의한다.

제81조 당연히 증거능력 있는 서류
다음의 서류는 증거로 할 수 있다.
1. 가족관계증명서, 기본증명서 [개정 2021.11.29]
2. 국가 법원의 확정 판결서 사본
3. 기타 특히 신용할 만한 정황에 의하여 작성된 문서

제82조 증거조사의 방식
1. 재판국장은 기소위원장, 피고인 또는 변호인에게 증거물을 제시하고 증거물이 서류인 때에는 그 요지를 알려 준다.
2. 기소위원장, 피고인 또는 변호인은 서류나 물건을 증거로 제출할 수 있고 증인, 감정인 등의 신문을 신청할 수 있다.
3. 재판국은 전항의 증거신청에 대하여 결정을 하여야 하며 또는 직권으로 증거조사를 할 수 있다.

제83조 증거조사 후의 기소위원장 및 피고인의 의견진술
1. 피고인 신문과 증거조사가 종료된 때에는 기소위원장은 사실과 규정 적용에 관하여 의견을 진술한다. 다만, 기소위원장이 재판기일에 출석하지 아니하는 때에는 기소장의 기재사항에 의하여 기소위원장의 의견진술이 있는 것으로 본다.

2. 재판국장은 기소위원장의 의견을 들은 후 피고인과 변호인에게 최종의 의견을 진술할 기회를 주어야 한다.

제84조 책벌의 선고 [개정 2021.11.29]
재판국은 피고사건에 대하여 죄과의 증명이 있는 때에는 판결로써 책벌(유죄)을 선고하여야 한다.

제85조 책벌판결에 명시될 이유
책벌의 선고를 하는 때에는 판결이유에 죄과 될 사실, 증거의 요지와 헌법 또는 규정의 적용을 명시하여야 한다.

제86조 상소에 대한 고지
책벌을 선고하는 경우에는 재판국장은 피고인에게 상소할 기간과 상소할 재판국을 고지하여야 한다.

제87조 무죄의 판결
피고사건이 죄과로 되지 아니하거나 죄과사실의 증명이 없는 때에는 판결로써 무죄를 선고하여야 한다.

제88조 기소기각의 판결
다음의 경우에는 판결로써 기소기각의 선고를 하여야 한다.
1. 피고인에 대하여 재판권이 없을 때
2. 기소가 제기된 사건에 대하여 다시 기소가 제기되었을 때
3. 고소가 취하되었을 때
4. 피해자가 사건에 대하여 처벌을 희망하지 아니하는 의사표시를 하거나 처벌을 희망하는 의사표시를 철회하였을 때
5. 기소제기의 절차가 헌법 또는 규정에 위반하여 무효인 때 [신설 개정 2012.11.16]

제89조 기소기각의 결정

다음의 경우에는 결정으로 기소를 기각하여야 한다.
1. 기소가 취소되었거나, 기소의 취소로 보는 때 [개정 2012.11.16]
2. 치리회장이 당회 또는 임원회의 결의에 의하여 기소의뢰를 취소하였을 때
3. 피고인이 사망한 때
4. 기소장에 기재된 사실이 진실하더라도 죄과가 될 만한 사실이 포함되지 아니한 때 [신설 개정 2012.11.16]

제5장 상소

제1절 통칙

제90조 상소권자

1. 기소위원장 또는 피고인은 상소할 수 있다.
2. 피고인의 배우자, 직계친족, 형제자매 또는 변호인은 피고인을 위하여 상소할 수 있다.
3. 고소인(고발인)은 피고인이 무죄 판결, 기소기각의 판결을 받은 경우에 한하여 기소위원회에 상소 요청을 할 수 있고, 이 경우 기소위원회는 고소인(고발인)을 위하여 상소하여야 한다. [신설 개정 2012.11.16]
4. 전항의 경우에 기소위원회가 고소인(고발인)의 상소 요청을 받고도 10일 이내에 상소를 하지 않을 때에는 고소인(고발인)이 직접 상소할 수 있다. [신설 개정 2012.11.16]

제91조 일부상소
1. 상소는 재판의 일부에 대하여 할 수 있다.
2. 일부에 대한 상소는 그 일부와 불가분의 관계에 있는 부분에 대하여도 효력이 미친다.

제92조 상소의 포기, 취하
1. 기소위원장이나 피고인은 상소의 포기 또는 취하를 할 수 있다. 다만, 피고인 또는 피고인의 배우자 등은 면직 또는 출교가 선고된 판결에 대하여 상소한 경우에는 상소의 포기를 할 수 없다.
2. 상소의 포기 또는 취하는 서면으로 하여야 한다.
3. 상소의 포기는 원심재판국에, 상소의 취하는 상소재판국에 하여야 한다. 다만, 소송기록이 상소재판국에 송부되지 아니한 때에는 상소의 취하를 원심재판국에 할 수 있다.
4. 상소의 포기나 취하의 청구가 있는 때에는 재판국장은 지체 없이 상대방에게 그 사유를 통지하여야 한다.

제2절 항소

제93조 항소할 수 있는 판결
제1심 재판국의 판결에 대하여 불복이 있으면 차상급 재판국에 항소할 수 있다.

제94조 항소의 방식 및 제기기간
1. 항소를 함에는 항소장을 원심재판국에 제출하여야 한다.
2. 항소의 제기기간은 판결문을 송부 받은 날로부터 20일로 한다.

제95조 소송기록과 증거물의 송부
원심재판국은 항소장을 받은 날로부터 10일 이내에 소송기록과 증거물을 항소재판국에 송부하여야 한다.

제96조 소송기록 접수와 통지
항소재판국이 기록의 송부를 받은 때에는 즉시 항소인과 상대방 또는 변호인에게 소송기록 접수사실을 통지하여야 한다.

제97조 항소이유서와 답변서
1. 항소인 또는 변호인은 전조의 통지를 받은 날로부터 20일 이내에 항소이유서를 항소재판국에 제출하여야 한다.
2. 항소이유서의 제출을 받은 항소재판국은 지체 없이 그 부본을 상대방에게 송달하여야 한다.
3. 상대방은 전항의 송달을 받은 날로부터 20일 이내에 답변서를 항소재판국에 제출하여야 한다.
4. 답변서의 제출을 받은 항소재판국은 지체 없이 그 부본을 항소인 또는 변호인에게 송달하여야 한다.

제98조 항소기각의 결정
항소인이나 변호인이 전조 제1항의 기간 내에 항소이유서를 제출하지 아니한 때에는 항소를 기각하여야 한다. 다만, 항소장에 항소이유의 기재가 있는 때에는 예외로 한다.

제99조 항소이유
다음의 사유가 있을 경우에는 원심판결에 대한 항소이유로 할 수 있다.
1. 판결에 영향을 미친 헌법 또는 규정의 위반이 있는 때

2. 판결 재판국의 구성이 헌법 또는 규정에 위반한 때
3. 헌법 또는 규정상 그 재판에 관여하지 못할 재판국원이 그 사건의 심판에 관여한 때
4. 판결에 이유를 붙이지 아니하거나 이유에 모순이 있는 때
5. 재심청구의 사유가 있는 때
6. 사실의 오인이 있어 판결에 영향을 미친 때
7. 책벌의 양정(量定)이 부당하다고 인정할 사유가 있는 때
8. 사건의 심리에 관여하지 아니한 자가 그 사건의 판결에 관여한 때

제100조 항소재판국의 심판

1. 항소재판국은 항소이유서에 포함된 사유에 관하여 심판하여야 한다.
2. 항소재판국은 전조 제1항 또는 제6항의 경우에는 항소이유서에 포함되지 아니한 경우에도 직권으로 심판할 수 있다.
3. 제1심 재판국에서 증거로 할 수 있었던 증거는 항소재판국에서도 증거로 할 수 있다.
4. 항소의 제기가 소송의 요건을 결여한 부적법한 소에 해당하는 경우(제소기간의 경과 등)에는 판결로써 각하하여야 한다.
5. 항소이유 없다고 인정한 때에는 판결로써 항소를 기각하여야 한다.
6. 항소이유가 없음이 명백한 때에는 항소장, 항소이유서, 기타의 소송기록에 의하여 변론 없이 판결로써 항소를 기각할 수 있다.
7. 항소이유 있다고 인정한 때에는 원심판결을 파기하고 다시 판결을 하여야 한다.
8. 피고인이 재판기일에 출석하지 아니한 때에는 다시 기일을 정

하여야 하고 피고인이 정당한 사유 없이 다시 정한 기일에 출석하지 아니한 때에는 피고인의 출석 없이 판결을 할 수 있다. [신설 개정 2012.11.16]

제101조 원심재판국에의 환송
기소기각 또는 관할위반의 재판이 헌법 또는 규정에 위반됨을 이유로 원심판결을 파기하는 때에는 판결로써 사건을 원심재판국에 환송하여야 한다.

제102조 관할재판국에의 이송
관할인정이 헌법 또는 규정에 위반됨을 이유로 원심판결을 파기하는 때에는 판결로써 사건을 관할재판국에 이송하여야 한다.

제103조 불이익변경의 금지
피고인이 항소한 사건에 대하여는 원심판결의 책벌보다 중한 책벌을 선고하지 못한다.

제104조 판결서의 기재방식
항소재판국의 판결서에는 항소이유에 대한 판단을 기재하여야 하며 원심판결에 기재한 사실과 증거를 인용할 수 있다.

제105조 준용규정
1. 제4장 제3절 재판에 관한 규정은 본절에 특별한 규정이 없으면 항소의 심판에 이를 준용한다.
2. 제5장 제2절 항소에 관한 규정은 본절에 특별한 규정이 없으면 상고의 심판에 준용한다.

제3절 상고

제106조 상고할 수 있는 판결
제2심 재판국 판결에 대하여 불복이 있으면 총회 재판국에 상고할 수 있다.

제107조 상고의 방식 및 제기기간
제94조(항소의 방식 및 제기기간)를 준용한다.

제108조 소송기록과 증거물의 송부
제95조(소송기록과 증거물의 송부)를 준용한다.

제109조 소송기록 접수와 통지
제96조(소송기록 접수와 통지)를 준용한다.

제110조 상고이유서와 답변서
제97조(항소이유서와 답변서)를 준용한다.

제111조 상고기각의 결정
제98조(항소기각의 결정)를 준용한다.

제112조 상고이유
제99조(항소이유)를 준용한다.

제113조 상고재판국의 심판
1. 상고재판국은 상고이유서와 그 답변서에 포함된 사유에 관하여 심판한다.
2. 상고재판국은 전조 제1항 또는 제6항의 경우에는 상고이유서에 포함되지 아니한 경우에도 직권으로 심판할 수 있다.

3. 원심재판국 또는 제1심 재판국에서 증거로 할 수 있었던 증거는 상고재판국에서도 증거로 할 수 있다. [신설 개정 2012.11.16]
4. 상고의 제기가 소송의 요건을 결여한 부적법한 소에 해당하는 경우(제소기간의 경과 등)에는 판결로써 각하하여야 한다.
5. 상고이유 없다고 인정한 때에는 판결로써 상고를 기각하여야 한다.
6. 상고이유가 정당한 때에는 판결로써 원심판결을 파기하여야 한다.
7. 상고재판국은 필요하다고 인정하는 경우에는 당사자, 증인 및 참고인 등을 소환하여 신문할 수 있다. [개정 2012.11.16]
8. 상고재판국은 상고장, 상고이유서 기타의 소송기록에 의하여 변론 없이 판결할 수 있다. [신설 개정 2012.11.16]

제114조 기소기각과 환송의 판결

적법한 기소를 기각하였다는 이유로 원심판결 또는 제1심 판결을 파기하는 경우에는 판결로써 사건을 원심재판국 또는 제1심 재판국에 환송하여야 한다.

제115조 관할인정과 이송의 판결

관할의 인정이 헌법 또는 규정에 위반됨을 이유로 원심판결 또는 제1심 판결을 파기하는 경우에는 판결로써 사건을 관할재판국에 이송하여야 한다.

제116조 관할위반과 환송의 판결 [신설 개정 2012.11.16]

관할위반의 인정이 헌법 또는 규정에 위반됨을 이유로 원심판결 또는 제1심 판결을 파기하는 경우에는 판결로써 사건을 원심재판국 또는 제1심 재판국에 환송하여야 한다.

제117조 파기자판

상고재판국은 원심판결을 파기한 경우에 그 소송기록과 원심재판국과 제1심 재판국이 조사한 증거에 의하여 판결하기 충분하다고 인정하는 때에는 피고사건에 대하여 직접 판결할 수 있다. [개정 2012.11.16]

제118조 파기환송 [신설 개정 2012.11.16]
제114조 내지 제117조(전 4개조)의 경우 외에 원심판결을 파기한 때에는 판결로써 사건을 원심재판국에 환송하여야 한다.

제119조 집행과 종국판결
1. 집행은 확정된 종국판결에 의하여야 한다.
2. 판결의 집행은 그 재판을 한 재판국이 속한 치리회장이 판결확정 후 30일 이내에 하여야 한다.
3. 판결의 집행은 판결서의 정본을 첨부한 서면으로 한다.
4. 당회장이 판결의 집행의무를 이행하지 아니하는 경우에는 노회장이 집행하고, 노회장이 판결의 집행의무를 이행하지 아니하는 경우에는 총회장이 집행하여야 한다.

제6장 특별소송절차 등

제1절 위탁재판

제120조 위탁재판의 청원
당회장은 당회 재판국이 다음 중 하나에 해당하는 사유로 인하여 재판하기가 불능 또는 곤란한 경우에는 사건서류를 첨부하여 노회장에게 노회 재판국에서 위탁재판을 해 줄 것을 청원하여야 한다.
[개정 2012.11.16]
1. 재판의 전례가 없어 재판하기가 극히 어려운 경우
2. 치리회의 분쟁 등으로 인하여 재판국의 구성이 불가능한 경우
3. 기타 치리회의 사정상 당회 재판국에서 재판하기가 심히 어려운 경우

제121조 위탁재판청원의 처리 [개정 2012.11.16]

1. 위탁재판청원서를 송부 받은 노회장은 송부 받은 날로부터 20일 이내에 소속 기소위원회에 위탁재판사건서류를 송부하여야 한다.
2. 노회장으로부터 위탁재판사건서류를 송부 받은 기소위원회는 사건서류를 송부 받은 날로부터 60일 이내에 사건의 조사를 완료하여 기소제기 여부를 결정하여야 한다.

제122조 준용규정 [개정 2012.11.16]

제4장 제2절(기소) 제58조 내지 제63조, 제4장 제3절 재판에 관한 규정은 위탁재판에 이를 준용한다.

제2절 재심

제123조 재심사유

확정판결에 다음 중 어느 하나의 사유가 있는 경우에는 그 확정판결에 대하여 재심의 청구를 할 수 있다. [개정 2019.12.19]
1. 원심판결의 증거 된 서류 또는 증거물이 위조 또는 변조된 것

이 증명된 때
2. 원심판결의 증거 된 증언, 감정 등이 허위인 것이 증명된 때
3. 무고로 인하여 책벌의 선고를 받은 경우에 그 무고의 죄가 확정판결에 의하여 증명된 때
4. 재판에 관여한 재판국원이 그 사건에 관하여 직권남용, 뇌물수수 등 부정행위를 한 것이 증명된 때
5. 기소의 제기 또는 기소의 기초 된 조사에 관여한 기소위원이 직권남용, 뇌물수수 등 부정행위를 한 것이 증명된 때
6. 판결에 영향을 미칠 중요한 사항에 관하여 판단을 누락한 때 [신설 개정 2012.11.16, 개정 2019.12.19]
7. 재판국이 중대하고도 명백한 법규적용의 착오를 범한 때 [신설 개정 2012.11.16, 개정 2019.12.19]
8. 재판국의 확정판결이 국가법원의 확정판결에 의하여 무효가 된 경우 [신설 개정 2019.12.19]

제124조 재심의 관할
재심은 원심재판국이 관할한다.

제125조 재심의 청구절차
재심의 청구절차에는 각 심급의 소송절차에 관한 규정을 준용한다.

제126조 재심청구의 기간
재심청구서는 그 사유가 발생한 날로부터 90일 이내에 청구하여야 한다. 단, 위 기간 내에 천재, 지변, 전쟁, 사변, 그 밖에 불가항력 또는 해외출국, 장기입원 등으로 재심의 청구를 할 수 없는 특별한 사정이 있었을 경우에는 그 사유가 해소된 날로부터 30일 이내에 청

구하여야 한다. [개정 2019.12.19]

제127조 재심청구권자
다음에 해당하는 자는 재심의 청구를 할 수 있다.
1. 기소위원장 및 고소인(고발인) [개정 2019.12.19]
2. 당사자 및 그 법정대리인 [개정 2019.12.19]
3. 당사자가 사망한 경우에는 그 배우자, 직계친족 또는 형제자매 [개정 2019.12.19]

제128조 재심에 대한 심판 [개정 2019.12.19]
1. 재심의 청구에 대하여 결정을 함에는 청구한 자와 상대방의 의견을 들어야 한다.
2. 재심의 청구가 헌법 또는 규정상의 방식에 위배되거나 청구권의 소멸 후인 것이 명백한 때에는 결정으로 각하하여야 한다. [개정 2012.11.16, 2019.12.19]
3. 재심의 청구가 이유 없다고 인정되는 때에는 판결로 기각하여야 하며, 재심의 청구가 이유 있다고 인정되는 때에는 제114조 내지 제118조를 준용하여 판결한다. [개정 2019.12.19]
4. 총회 재판국의 재심판결에 대하여는 누구든지 불복할 수 없으며, 총회 재판국이 재심 인용 또는 재심 기각 판결을 선고한 경우 누구든지 다시는 총회 재판국에 재심을 청구할 수 없다. [개정 2019.12.19]

제129조 재심의 심판기간과 공고 [개정 2019.12.19]
1. 재심 사건은 재심 재판국이 재심청구서를 접수한 날로부터 60일 이내에 선고(고지)하여야 한다. [개정 2019.12.19]

2. 재심사유에 대한 인용판결은 재적 위원 3분의 2 이상의 출석과 재적 위원 과반수의 찬성으로 의결한다. [개정 2019.12.19]
3. 재심 인용판결은 그 판결을 총회기관지에 게재하여 공고하여야 한다. [신설 개정 2019.12.19]

제130조 준용규정

제2장 제8조 재판국원의 제척, 기피, 회피 및 제3장 일반소송절차에 관한 규정은 재심에 이를 준용한다. [개정 2019.12.19]

※ 제132조(총회특별재심 청원권자)부터 제140조(준용규정)까지 9개 조항 삭제 개정 : 2017.12.19.

제7장 시벌 및 해벌

제131조 시벌 치리회

판결이 확정되면 피고인 소속 치리회가 시벌한다.

제132조 시벌방법

1. 시벌은 소속 치리회 석상에서 선포하고 공시하여야 한다.
2. 시벌을 기피하고 타처로 간 자에 대하여는 지상에 공고하여 시벌한다.
3. 소속 치리회에서 15일 이내 판결을 시벌하지 아니할 때는 차상급 치리회에서 집행한다.
4. 시벌의 기산일은 피고인이 최종 확정판결문을 송달받은 날로 한다. 단, 피고인이 최종 선고를 재판회의 석상에서 받았거나 혹은

재판국으로부터 직접 판결문을 전달(팩스) 받은 경우에는 받은 날로부터 기산한다. [신설 개정 2012.11.16]

제133조 가중시벌
시벌 받은 자가 회개의 증거가 없고 또 다른 범행을 자행할 때에는 재판하여 가중시벌할 수 있다.

제134조 해벌과 청빙
1. 시벌 중인 자가 회개의 정이 뚜렷하면 치리회의 결의로 치리회 석상에서 자복케 한 후 해벌할 수 있다. 단, 시벌 치리회와 소속 치리회가 다른 경우 제137조를 준용한다.
2. 시벌이 집행되어 시벌기간이 만료된 자에 대하여는 해벌절차 없이 자동 해벌된 것으로 본다.
3. 시벌 중에 있는 자에 대하여도 청빙할 수는 있으나 청빙 후에도 집행을 완료해야 해벌된다.

제135조 출교의 해벌
출교 받은 교인은 해벌이 되어도 수찬정지로 2년이 경과되고 다시 치리회의 결의가 있어야 수찬정지가 해벌된다.

제136조 면직의 해벌
면직된 자가 해벌되어 복직되면 시무할 수 있고 시무하려 할 때에는 시무에 청빙이나 신임을 얻어야 시무할 수 있다. [개정 2012.11.16]

제137조 해벌 치리회
해벌은 최종 판결한 재판국이 속한 치리회의 결의 내지 승인(폐회 중에는 재판국의 승인)을 받아 그 소속 치리회장이 선포 내지 공지함으로 시행된다. [개정 2014.12.8]

제8장 행정쟁송

제1절 통칙

제138조 행정쟁송의 종류
행정쟁송의 종류는 다음과 같다.
1. 행정소송 : 치리회장이 행한 헌법 또는 규정에 위반한 행정행위에 대하여 제기하는 소송
2. 결의취소 등의 소송 : 치리회 회의의 소집절차 또는 의결방법이 헌법 또는 규정에 위반한 때 또는 그 결의의 내용이 헌법 및 규정에 위반한 때에 제기하는 소송
3. 치리회 간의 소송 : 치리회 상호 간에 있어서의 권한의 존재 및 부존재 또는 그 행사에 관한 다툼이 있을 때에 제기하는 소송
4. 선거무효소송 및 당선무효소송 : 총회총대 선거, 노회장 및 부노회장 기타 임원의 선거, 총회장 및 부총회장 기타 임원의 선거에 있어서 선거의 효력 또는 당선의 효력에 관하여 제기하는 소송

제139조 재판국원의 제척, 기피, 회피
제3편 제2장 제1절 제8조의 재판국원의 제척·기피·회피에 관한 규정은 이를 행정쟁송에 준용한다.

제140조의 1 행정소송과 재심 [신설 개정 2012.11.16]
1. 행정쟁송의 확정판결에 제123조의 재심사유의 규정 중 하나 이상에 해당하는 사유가 있는 경우에는 그 선고를 받은 자의 이익

과 관계없이 재심의 청구를 할 수 있다.
2. 행정소송의 확정판결에 의하여 권리 또는 이익의 침해를 받은 제3자는 자기에게 책임 없는 사유로 제146조 제3자의 소송참가 규정에 의하여 소송에 참가하지 못함으로써 판결의 결과에 영향을 미칠 공격 또는 방어방법을 제출하지 못한 때에는 이를 이유로 확정판결에 대하여 재심의 청구를 할 수 있다.
3. 전항에 의한 재심의 청구는 확정판결이 있음을 안 날로부터 30일 이내, 판결이 확정된 날로부터 3개월 이내에 제기하여야 한다.

제140조의 2 준용규정
1. 제3장 일반소송절차 등의 규정은 행정쟁송에 이를 준용한다. [개정 2012.11.16]
2. 제6장 특별소송절차 중 제2절 재심의 규정은 제138조의 제1항의 행정소송, 제2항의 결의취소 등의 소송, 제3항의 치리회 간의 소송에 준용한다. 그러나 제4항의 선거무효소송과 당선무효소송에는 준용하지 않는다. [신설 개정 2012.11.16]

제2절 행정소송

제141조 행정소송의 대상
행정소송은 치리회장이 행한 행정행위를 대상으로 한다.

제142조 행정소송의 종류
행정소송은 다음과 같이 구분한다.
1. 취소소송 : 치리회장이 행한 헌법 또는 규정에 위반한 행정행위

의 취소 또는 변경하는 소송
2. 무효 등 확인소송 : 치리회장이 행한 행정행위의 효력 유무 또는 존재 여부를 확인하는 소송

제143조 재판관할
1. 행정소송의 재판관할은 피고 소속 치리회의 차상급 치리회의 재판국이 된다.
2. 노회 재판국의 재판에 대하여는 총회 재판국에 상고할 수 있다.
3. 총회장의 처분에 대한 행정소송은 총회 각부 부장, 상임위원장으로 구성된 특별심판위원회에서 심의, 판단한다.
4. 총회특별심판위원회의 결정에 대하여 총회 임원회에 이의신청을 할 수 있고, 이 경우 총회 임원회는 총회특별심판위원회를 재구성하여 재심판하게 한다. [개정 2012.11.16]
5. 특별심판위원회의 구성, 운영에 대하여는 헌법시행규정으로 정한다.

제144조 원고적격 [개정 2012.11.16]
1. 취소소송은 치리회장의 위법한 행정행위로 인하여 권리 또는 이익이 침해당한 자가 제기할 수 있다. 행정행위의 효과가 기간의 경과 등으로 인하여 소멸된 뒤에도 그 행정행위의 취소로 인하여 회복되는 헌법 또는 규정상 이익이 있는 자의 경우에는 또한 같다.
2. 무효 등 확인소송은 행정행위의 효력 유무 또는 존재 여부에 대한 확인을 구하는 소송으로써 치리회장의 중대하고 명백한 위법한 행정행위로 인하여 권리 또는 이익이 침해당한 자가 제기할 수 있다.

제145조 피고적격 및 경정
1. 행정소송은 그 행정행위를 행한 치리회장을 피고로 한다. 다만, 행정행위가 있은 뒤에 그 행정행위에 관계되는 권한이 다른 치리회장에게 승계된 때에는 이를 승계한 치리회장을 피고로 한다.
2. 원고가 피고를 잘못 지정한 때에는 재판국은 원고의 신청 또는 직권에 의하여 결정으로써 피고를 경정할 수 있다.
3. 재판국이 전항의 규정에 의하여 피고의 경정결정을 한 때에는 그 결정정본을 새로운 피고에게 송달하여야 한다.
4. 제2항의 규정에 의한 결정이 있은 때에는 새로운 피고에 대한 소송은 처음에 소를 제기한 때에 제기된 것으로 본다.

제146조 제3자의 소송참가
재판국은 소송의 결과에 따라 권리 또는 이익의 침해를 받을 제3자가 있는 경우에는 당사자 또는 제3자의 신청 또는 직권에 의하여 결정으로써 그 제3자를 소송에 참가시킬 수 있다.

제147조 소의 제기 및 제기기간
1. 소의 제기는 소장을 재판국에 제출함으로써 한다.
2. 취소소송은 행정행위가 있음을 안 날로부터 60일을, 행정행위가 있은 날로부터 120일을 경과하면 이를 제기하지 못한다. 단, 정당한 사유가 있는 경우에는 그러하지 아니하며 정당한 사유에 대하여는 헌법시행규정으로 정한다. [개정 2012.11.16]
3. 무효 등 확인소송은 행정행위가 있음을 안 날로부터 2년을, 행정행위가 있은 날로부터 5년을 경과하면 이를 제기하지 못한다.

전항 단서를 준용한다. [개정 2012.11.16]

제148조 소장의 기재사항
1. 소장에는 다음 사항을 기재하여야 한다.
   ① 원고의 이름, 직분, 주소
   ② 피고인 치리회장의 이름, 직분, 주소
   ③ 행정소송의 대상이 되는 행정행위의 내용
   ④ 행정행위가 있은 것을 안 날
   ⑤ 청구의 취지 및 원인
2. 제1항의 소장에는 원고, 선정대표자, 대리인이 기명날인하여야 한다.

제149조 청구의 변경
1. 원고는 청구의 기초에 변경이 없는 한도에서 변론의 종결까지 청구의 취지 또는 원인을 변경할 수 있다. 다만, 소송절차를 지연케 함이 현저한 경우에는 그러하지 아니하다.
2. 청구의 취지의 변경은 서면으로 신청하여야 한다.
3. 제2항의 서면은 상대방에 송달하여야 한다.
4. 재판국은 청구의 변경이 이유 없다고 인정할 때에는 직권 또는 상대방의 신청에 의하여 그 변경을 허가하지 아니할 수 있다.

제150조 소의 취하
소는 판결의 확정에 이르기까지 그 전부나 일부를 서면으로 취하할 수 있다.

제151조 직권심리
재판국은 필요하다고 인정할 때에는 직권으로 증거조사를 할 수 있고, 당사자가 주장하지 아니한 사실에 대하여도 판단할 수 있다.

제152조 취소판결 등의 기속력

1. 행정행위를 취소하는 확정판결은 그 사건에 관하여 당사자인 치리회장 및 그 밖의 관계 재판국 등을 기속한다.
2. 판결에 의하여 취소되는 행정행위가 당사자의 신청을 거부하는 것을 내용으로 하는 경우에는 그 행정행위를 행한 치리회장은 판결의 취지에 따라 다시 이전의 신청에 대한 행정행위를 하여야 한다.

제3절 결의 취소 등의 소송

제153조 결의 취소의 소

1. 치리회의 소집절차, 결의 방법, 그 결의의 내용이 헌법 또는 규정에 위반된다고 인정할 때에는 당해 치리회 회원은 결의의 날로부터 60일 내에 치리회장을 피고로 하여 결의 취소의 소를 치리회를 경유하여 치리회의 차상급 치리회 재판국에 제기할 수 있다.
2. 제143조, 제150조, 제151조의 규정은 제1항의 결의 취소의 소에 이를 준용한다.

제154조 결의 무효확인의 소

1. 치리회의 소집절차, 결의 방법, 그 결의의 내용이 중대하고 명백하게 헌법 또는 규정에 위반된다고 인정할 때에는 당해 치리회 회원은 치리회장을 피고로 하여 결의무효 확인의 소를 치리회

를 경유하여 치리회의 차상급 치리회 재판국에 제기할 수 있다.
2. 제143조, 제147조 3항, 제150조, 제151조의 규정은 제1항의 소에 이를 준용한다. [개정 2012.11.16]

제4절 치리회 간의 소송

제155조 치리회 간의 소송

1. 치리회 상호 간에 있어서 권한의 유무 또는 그 행사에 관한 다툼이 있을 때에는 당해 치리회장은 차상급 치리회 재판국에 소를 제기할 수 있다.
2. 제143조, 제150조, 제151조의 규정은 제1항의 소에 이를 준용한다.

제156조 소송위원 선정

분쟁 당사자인 치리회는 각각 3인의 소송위원을 선정한다.

제5절 선거무효소송과 당선무효소송

제157조 선거무효소송

노회에서의 총회총대 선거, 노회장 및 부노회장 기타 임원의 선거, 총회장 및 부총회장 기타 임원의 선거에 있어서 선거의 효력에 관하여 헌법 또는 규정에 중대하고 명백하게 위반된다고 인정할 때에는 선거인 또는 후보자는 선거일부터 20일 이내에 주관 선거관리위원장(책임자)을 피고로 하여 총회 재판국에 선거무효의 소를 제기할 수 있다.

제158조 당선무효소송
노회에서의 총회총대 선거, 노회장 및 부노회장 기타 임원의 선거, 총회장 및 부총회장 기타 임원의 선거에 있어서 당선의 효력에 관하여 헌법 또는 규정에 중대하고 명백하게 위반된다고 인정할 때에는 선거인 또는 후보자는 당선인 결정일부터 20일 이내에 주관 선거관리위원장(책임자)을 피고로 하여 총회 재판국에 당선무효의 소를 제기할 수 있다.

제159조 선거무효 및 당선무효의 판결 등
선거무효소송 및 당선무효소송의 소장을 접수한 총회 재판국은 선거무효 및 당선무효소송에 있어 헌법 또는 규정에 중대하고 명백하게 위반하여 선거의 결과에 영향을 미쳤다고 인정되는 확실한 증거가 있는 때에는 선거의 무효 또는 당선의 무효를 판결할 수 있다.

제160조 소송의 처리
1. 선거무효소송 및 당선무효소송은 다른 쟁송에 우선하여 신속히 재판하여야 하며, 총회 재판국은 소가 제기된 날로부터 60일 이내에 이를 판결하여야 한다. 다만, 필요한 경우에 30일의 기간을 연장할 수 있다. [개정 2012.11.16]
2. 선거무효와 당선무효소송은 총회 재판국의 판결로 종결되며 재심청구를 하지 못한다. [신설 개정 2012.11.16]

제161조 증거조사
1. 소제기자는 개표완료 후에 선거무효소송 및 당선무효소송을 제

기하는 때의 증거를 보전하기 위하여 총회 재판국에 투표함, 투표지 및 투표록 등의 보전 신청을 할 수 있다.
2. 제1항의 신청을 받은 재판국은 현장에 출장하여 조서를 작성하고 적절한 보관 방법을 취하여야 한다.

부 칙

제1조(시행일) 이 개정헌법은 공포한 날로부터 시행한다. [신설 개정 2012.11.16]
제2조(경과조치) 이 개정헌법(정치, 권징과 이에 따라 제정되는 헌법시행규정)은 이 개정헌법 시행 당시 재판국에 계류된 사건에도 적용한다. [신설 개정 2012.11.16]
제3조(경과규정) [신설 개정 2015.12.8, 개정 2021.11.29]
1. 총회재판국은 공포 후 즉시 권징 분과와 행정쟁송 분과의 국원을 선임하고, 제99회기에 계류 중인 사건에도 이를 적용하여 사건을 배당한다.
2. 행정쟁송에 해당한 사건을 총회 헌법에 의한 확정 판결이 있기 전에 국가기관에 소(고소, 고발, 법원에 소송 제기 등)를 제기하여 이 개정헌법의 공포일 현재까지 계류 중인 사건은 낭초 소를 제기한 자나 그 대표자를 이 법에 의해 고소(고발, 기소의뢰)할 수 있다.

2007년 5월 15일 권징 전면 개정
2012년 11월 16일 권징 일부 개정

2014년 12월 8일 권징 일부 개정
2015년 12월 8일 권징 일부 개정
2017년 12월 19일 권징 일부 개정
2018년 12월 20일 권징 일부 개정
2019년 12월 19일 권징 일부 개정
2021년 11월 29일 권징 일부 개정
2022년 11월 17일 권징 일부 개정

헌법시행규정

헌법시행규정

제1장 총칙

제1조 목적

이 헌법시행규정(이하 규정이라 한다.)은 대한예수교장로회 총회 헌법 제2편 정치 및 제3편 권징에서 위임된 사항과 그 집행에 필요한 사항을 규정하고 보완함으로써 타당한 법 해석과 시행을 목적으로 한다.

제2조 용어

이 규정에서 타당한 법 해석이라 함은 총회 헌법위원회의 유권 해석을 말하며, 법 시행이라 함은 법의 구체적인 실현 적용을 말한다. [개정 2012.9.20]

제3조 적용범위

1. 이 규정은 대한예수교장로회 총회와 총회에 속한 노회, 당회 및 산하기관, 유관기관, 단체 등에 적용한다.
2. 적용순서는 총회헌법, 헌법시행규정, 총회규칙, 총회결의, 노회규칙(정관, 헌장, 규정 등 명칭을 불문한다.)과 산하기관의 정관, 당회규칙(정관, 규정 등 명칭을 불문한다.) 등의 순이며 상위법규에 위배되면 무효이므로 개정하여야 하며 동급 법규 중에서는 신법 우선의 원칙을 적용한다. [개정 2012.9.20]

3. 헌법, 규정, 규칙 등에 근거하여 각 교회는 자체 정관을 제정할 수 있다.
4. 헌법과 이 규정(이하 법이라 한다.)의 적용대상은 대한민국 국민으로서 본 교단에 소속된 자와 이 법에서 본 교단 소속으로 인정하는 자이다. 단, 외국시민권자라 할지라도 본 교단 소속 교회(기관)의 직원이나 혹은 종교적 이유로 귀국치 못하는 자가 본 교단 소속 신학대학(원)에 재학 중이거나 교회에 직원으로 봉사할 때도 적용된다. [신설 개정 2012.9.20]
5. 다만, 총회 각 행정 직원, 총회 산하 기관 및 단체에 재직 중인 자로 타 교단에 소속된 자가 각종 재정 비리와 부정, 개인 정보와 각종 문서 불법 유출, 폭행 및 기물 파손 등의 죄과가 상당한 자를 책벌할 경우는 본 조항의 1, 4항을 적용받지 않는다. [신설 개정 2014.9.25]

제2장 정치

제4조 교회의 설립과 가입

지교회를 설립하거나 가입하고자 하면 제1호 서식에 의한 청원서를 작성하여 그 교회에 입회될 교인들이 서명날인하고 시찰위원회를 경유하여 노회에 제출하여야 한다.

제5조 교회의 분립과 합병청원

지교회를 분립 또는 합병하고자 하면 제2호 서식에 의한 청원서를 작성하되 당회와 공동의회의 결의서 사본을 첨부하여 당회장과 분립 및 합병될 교인들이 서명날인하고 시찰위원회를 경유하여 노회에 제출하여야 한다.

제6조 교회의 설립, 분립과 합병, 폐지 청원의 처리

노회는 지교회의 설립, 분립과 합병이 가합하면 이를 허락하고 설립, 분립 및 합병위원을 선정, 그 교회에 파송하며 다음 제1항 내지 제3항의 사항을 처리한 후 노회에 보고하고 지교회 명부에 등재 또는 삭제한다. [개정 2012.9.20]

1. 지교회의 재산의 귀속 문제와 교적부 정리 및 직원을 선임하는 일
2. 해당 교회에서 지교회의 설립, 분립, 합병식을 거행하며 교인들로 헌법과 제 규정을 준수할 것을 서약케 하는 일
3. 그 예식에서 설립, 분립, 합병됨을 선포하는 일
4. 헌법 정치 제12조 제1항에 의한 지교회의 폐지는 그 지교회의 당회와 공동의회의 결의 또는 당회가 조직되지 않았으면 제직회와 공동의회의 결의로 시찰위원회를 경유하여 노회의 허락을 받아야 한다. [개정 2012.9.20]
5. 전항의 경우 노회가 허락하면 노회 임원회는 3인 내지 5인으로 교회폐지조사위원회를 구성하여 폐지와 관련한 모든 재산 및 행정 처리를 확고히 처리한 후 임원회에 보고하고, 임원회의 결의로 노회장이 교회폐지를 선포한다. [신설 개정 2012.9.20]
6. 전항의 경우 폐지교회의 재산에 대한 교인의 총유권을 인정하지 않으며 교회의 모든 재산은 노회에 귀속시킨다. 부채가 자산을 초과할 시에는 폐지하는 그 교회의 책임으로 한다. [신설 개정 2012.9.20]

7. 위임(담임)목사 은퇴 및 이명으로 인한 교회의 폐지 및 합병, 또는 시무 중에라도 교회 자산(명의신탁된 자산 포함)을 매각 할 경우 지교회 부동산에 대해서는 헌법 정치 제11조, 제12조 및 제77조 제9항, 헌법시행규정 제6조에 근거하여 노회의 허락을 받아야 한다. [신설 개정 2021.9.28]
8. 전 7항에 있어 교인이 한 명도 없거나, 혹은 당회 및 제직회가 불가능할 경우 해노회의 교회폐지(합병)위원회의 결의와 노회의 허락을 받아야 한다. [신설 개정 2021.9.28]

제7조 기도처의 합병

헌법 정치 제12조 2항에 의해 기도처로 변경하기 어려운 때에는 그 인근 다른 지교회에 합병하도록 조정하여야 한다.

제8조 세례

부모 중 한 사람이 세례교인이면 유아세례를 줄 수 있고(웨스트민스터 신앙고백 28장 4절) 군대나 학원에서 군목이나 교목이 실시하는 세례와 그 교인의 관리는 군대는 군인교회에서, 학원은 교목의 지도 감독 아래 교목의 출석 교회 당회가 하고 학생의 거주 지역 교회에 그 명단을 통고해야 한다.

세9조 경유 [개정 2012.9.20]

1. 경유기관은 경유를 거부할 수 없으며 의견을 첨부하여 보고할 수 있다.
2. 헌법과 헌법시행규정에서 말하는 모든 조항의 경유 때도 이와 같다.

제10조 타 교단 교인 및 직원의 이명 접수

타 교단에서 이명해 오는 교인 및 직원에게 이명을 허락할 때는 본 교단의 헌법과 제 규정을 준수할 것을 당회 석상에서 서약케 한 후에 교인명부에 등록한다. 단, 목사의 경우에는 타 교단 노회의 이명증서를 직접 받을 수 없으며 타 교단 총회(폐회 중에는 임원회)의 경유서(확인서)가 첨부되어야 받을 수 있다. [개정 2012.9.20]

제11조 교인 및 직원의 이명 및 확인

1. 헌법 정치 제17조에 따라 처리하며 이명증서는 제3호 서식으로 한다.
2. 이명증서를 받아 교인 및 직원으로 등록되면 즉시 제4호 서식에 의해 이명 접수 통지서를 이명한 교회에 보내야 한다. [개정 2012.9.20]
3. 이명을 허락할 수 없을 경우에는 이명증서를 반송하여야 한다.
4. 목회자의 이명 시 신속한 업무처리를 위하여 이명청원서 송부를 본인 혹은 노회장이 요청했으나 2개월이 경과하여도 송부하지 않을 경우 노회장은 이명확인서를 발급(발송)할 수 있다. [신설 개정 2012.9.20]

제12조 이명과 직원

1. 이명증서를 제출하지 않은 교인은 교인으로 등록된 후 2년이 경과해야 교회의 집사와 전도사 등의 직원이 되거나 구역장, 교사, 찬양대원, 자치단체 임원 등의 직분을 맡을 수 있다. [개정 2012.9.20]
2. 항존직 선출 시 이명증서를 제출하지 않은 교인은 무흠기간을 본 교회 등록일로부터 새로 기산하여야 한다.

3. 이명증서를 요구했음에도 2개월 이내에 발부하지 않은 것을 부전지나 내용증명으로 제출한 경우는 제1항의 경우에 바로 직원이나 직분자가 될 수 있고, 제2항의 경우에 항존직은 종전 교회의 무흠기간과 현재 교회의 무흠기간을 합산하여 계산한다. [개정 2012.9.20]
4. 목사의 이명에도 3항을 준용할 수 있다. [신설 개정 2012.9.20]

제13조 교인의 복적

이명증서가 발급되었으나 3개월 이내에 반송되어 올 때에는 원 교적에 즉시 복적된다. 직원은 당회의 결의가 있어야 한다.

제14조 교인의 자격정지 및 복권

1. 헌법 정치 제19조에 의한 교인의 회원권 정지 또는 실종교인으로 교인의 자격을 정지시킬 때에는 당회장이 당회(당회가 없으면 제직회)의 결의에 의하여 행정행위로 그 처분을 선포하고 교회의 주보나 게시판에 공시함으로 그 효력이 발생한다. 단, 게시판에만 게시할 경우는 1개월 이상 게시하여야 한다. [개정 2012.9.20]
2. 헌법 정치 제20조에 의한 교인의 복권도 전항과 같다.

제15조 교회의 직원과 유급종사자, 은퇴자

1. 항존직에 있는 자가 정년 전에 은퇴하려면 소속 당회나 노회의 허락을 받아 은퇴할 수 있고 정년 전에 복직하려면 자의사직 목사, 장로의 복직절차에 따라 복직하지 않으면 시무할 수 없다.
2. 조기은퇴목사라도 설교는 할 수 있으므로 교회를 개척하여 노회에 가입할 경우 노회는 임시당회장을 파송하여 치리권을 행사

케 하고, 정년이 되는 연말까지 설교를 맡길 수는 있다.
3. 은퇴자는 은퇴와 함께 총대, 실행위원, 전문위원, 자문위원, 산하기관의 장, 이사장, 이사, 감사 등의 모든 공직이 종결된다. [개정 2012.9.20]
4. 교회의 직원(항존직, 임시직, 유급종사자 포함)은 근로자가 아니며, 노동조합을 조직하거나 가입할 수 없다.

제16조의 1 시무목사 청빙과 연임청원 [개정 2012.9.20]

1. 위임목사, 담임목사, 부목사를 청빙코자 하면 제5-1, 2호 서식에 의하여 시찰위원회를 경유하여 노회장에게 제출한다.
2. 위임목사의 위임 투표는 노회의 동일 회기 내에는 1회만 가능하며 부결 시 담임목사가 된다.
3. 위임목사, 담임목사, 개척지 교회의 전도목사가 자기의 후임목사(임시, 대리당회장 포함)를 청빙코자 할 때에는 대리당회장의 선임이나 파송 없이 본인이 당회장으로서 사회하고 결의할 수 있다.
4. 헌법 정치 제28조에 의거 목사(위임, 담임, 부목사, 전도, 기관) 청빙과 연임청원 시에 총회연금 계속납입 영수증을 별도로 첨부하여야 한다. [신설 개정 2018.9.13]

제16조의 2 전도목사 청빙

전도목사는 노회 경계 밖이라도 학원, 병원, 기타 전도 가능한 기관의 기관장(이사장)의 요청으로 파송할 수 있으며 제6-1, 2호 서식에 의한 요청서를 작성하여 노회장에게 제출해야 한다.

제16조의 3 시무목사 청빙 승인

목사 청빙 승인은 노회 소집통지서가 발송된 후에는 임원회와 정치부에서 할 수 없다.

제16조의 4 목사의 자격과 안수 [개정 2012.9.20, 2019.9.26]

1. 헌법 정치 제26조 1항 2호 중 2년 이상의 교역경험을 가진 자란 전임전도사 경력 2년 이상의 증빙서류를 첨부한 자를 말한다. 이 경우 신학대학원 졸업 후의 교육전도사의 시무기간은 4년, 준전임은 3년으로 인정한다.
2. 전항의 증빙서류는 제5-3호 서식에 의하며 당회장이 발부한다.
3. 목사안수 시 노회 전도사고시 합격증은 첨부하지 않아도 되며, 목사안수 시한은 목사고시 합격자로 총회에서 발표된 후 첫 노회로부터 5년 후의 가을노회 폐회 시까지 유효하다.

제16조의 5 미조직교회의 목사 청빙

당회 미조직교회나 당회원 1명인 교회의 목사 청빙(연임청원 포함)은 헌법 정치 제28조 3항과 제67조 4항에 의거 대리당회장의 사회와 제직회 참석 과반수로 결정하며 이 경우 대리당회장이 서명한 제직회의록으로 당회록을 겸한다.

제16조의 6 노회 폐회 시 목사 청빙 승인

헌법 정치 제29조 3항은 노회 폐회 시 그 교회에서 요청한 목사의 청빙 승인을 할 수 있음을 말함이므로 이외에는 노회 폐회 중이라도 정치부와 임원회는 헌법, 규정, 규칙, 총회나 노회의 결의에 의해 위임된 것에 한하여 폐회 중에 처리할 수 있고 노회에서 이미 결의 및 유안된 안건에 대하여는 다르게 처리할 수 없고 본회의에서만 처리할 수 있다.

제16조의 7 당회장 결원 시 임시당회장 및 위임(담임)목사 청빙 [개정

2012.9.20]
1. 헌법 정치 제67조 2항의 당회장 결원 시 노회 또는 노회 폐회 중 임원회에서 그 교회 당회원 과반수의 결의(합의 혹은 연명) 또는 당회가 없을 시 제직회의 과반수의 결의(합의 혹은 연명)와 요청이 있어야 임시당회장을 파송할 수 있다.
2. 전항의 결의(합의 혹은 연명)로 대리당회장을 청빙하여 당회(제직회)를 할 때는 노회에 요청하지 않아도 되나 3개월이 경과하여도 임시당회장을 요청하지 않거나 대리당회장을 청빙하지 않을 때는 노회(폐회 중에는 임원회)에서 임시당회장이나 대리당회장을 직접 파송하여 업무를 처리할 수 있다.
3. 제1항의 임시당회장의 임기는 그 교회에서 청빙한 시무목사가 노회 또는 노회 폐회 중 정치부와 노회 임원회의 결의로 청빙 승인되는 때까지이며 청빙된 시무목사가 헌법 정치 제67조 1항에 의거 바로 당회장이 된다.
4. 임시당회장의 파송 시까지는 대리당회장을 통해 업무를 처리하며 부목사의 연임청원도 할 수 있고, 이 경우의 대리당회장의 권한은 제30조 2항에 준하여 행사한다.

제16조의 8 당회장 유고 시 대리당회장 [개정 2012.9.20]
1. 헌법 정치 제67조 3항 당회장의 유고 및 기타 사정의 경우에는 결원이 아닌 상태이므로 노회 또는 폐회 중의 임원회는 임시당회장이나 대리당회장을 파송할 수 없다.
2. 전항의 경우 우선적으로 현 당회장이 대리당회장을 위임할 수 있다.
3. 전항의 위임 받은 대리당회장은 교회에 분쟁이 발생하여 수습전

권위원회가 구성, 파송이 되고 수습전권위원회의 요청으로 새로이 대리당회장이 파송되면 그 임무와 임기는 자동 만료된다.
4. 현 당회장이 대리당회장을 위임하지 않고 당회장이 행방불명, 질병, 출국이나 여행 등 장기 출타나, 고의적으로 당회를 소집하지 않거나 당회에 불참하여 6개월 이상 당회가 그 기능을 하지 못하면 당회원 과반수가 합의(연명)하여 노회 또는 폐회 중 임원회에 청원하여 파송 받은 대리당회장으로 업무를 처리하게 하며 이 경우의 대리당회장의 권한은 제30조 2항에 준하여 행사한다.

제16조의 9 재판계류 중의 당회장권

당회장이 재판에 계류 중일 때는 헌법 권징 제71조(판결 확정 전 무죄 추정)에 의거 최종 판결 확정 시까지 노회 임원회는 임시, 대리당회장을 파송할 수 없고 당회장이 계속 당회장권을 행사한다.

제16조의 10 유기책벌과 당회장권 [개정 2012.9.20]

1. 헌법 권징 제5조에 의한 당회장이 시무정지, 시무해임, 정직의 유기책벌을 선고 받고 최종 확정되면 유기책벌 기간에 한하여 당회원 과반수의 연명으로 청빙한 대리당회장이 제30조 2항에 의하여 권한을 행사하여야 한다.
2. 유기책벌이 만기 또는 해벌이 된 경우 위임목사는 즉시 당회장으로 복귀한다.
3. 유기책벌이 만기 또는 해벌이 된 경우 시무정지를 받은 담임목사는 즉시 당회장으로 복귀한다.
4. 시무해임이나 정직을 받은 담임목사는 남은 시무기간이 있을 때에는 즉시 복귀하여 남은 기간을 시무할 수 있다.

5. 전항의 경우 유기책벌 중에 시무기간이 경과할 때에는 반드시 연임 청원기간에 대리당회장이 당회 또는 당회 없을 시 제직회를 소집하여 의사를 물어야 한다.
6. 전항의 경우 출석과반수의 결의로 담임목사 연임청원이 부결되면 사임된 것으로 본다.
7. 부목사와 개척지 교회의 전도목사도 전항과 같다.

제16조의 11 유기책벌과 직무와의 관계
1. 시무정지, 시무해임은 책벌 받은 소속 치리회와의 관계이므로 총회, 노회, 산하기관, 유관기관, 연합기관 등의 직책이나 업무에 영향을 미치지 못하며 직무를 계속 수행할 수 있고, 청빙을 받아 타 교회나 기관에서 보직에 임할 수 있다. 단, 치리회(기관)의 법리부서나 감사부서에는 직무를 계속 수행할 수 없다.
[개정 2012.9.20]
2. 남은 책벌기간 동안은 책벌 내용대로 시무가 정지, 해임되고 만기가 되면 자동 해벌된 것으로 본다.

제16조의 12 정직과 직무와의 관계 [신설 개정 2012.9.20]
정직책벌을 받은 자는 정직기간 동안 모든 시무와 직원의 신분도 정지되므로 그 기간 동안 치리회(기관)의 직책이나 업무에 종사할 수 없으며 그 기간 만료 후에는 시무할 수 있다.

제16조의 13 면직 및 출교와 직무와의 관계
면직처분을 받은 자는 직원 신분이 박탈되었으므로 치리회(기관)에서 시무할 수 없으나 출교처분은 평신도는 교인명부에서, 목사는 노회원명부에서 제명하여 교회출석과 노회출석을 금지시키는 벌이므로 소속 교회(기관), 소속 노회를 벗어나면 다른 교회와 다른 노회로 이명하여 시무할 수 있다. [개정 2012.9.20]

제17조 위임식

1. 위임목사의 직무는 위임식을 거행함으로 시작되며 위임식 전의 목사의 칭호는 담임목사이다. 단, 위임식 전이라도 위임목사 청빙을 노회에서 허락하면 부목사의 청빙이나 연임청원을 할 수 있다. [개정 2012.9.20]
2. 위임식은 노회 승인 후 1년 이내에 하여야 한다. 단, 노회의 승인을 받으면 1년 동안 연장할 수 있다.

제18조 부목사, 전도사의 연임청원

1. 위임목사가 공석일 경우 임시당회장은 이미 시무 중인 부목사의 연임청원을 할 수 있으나 신규 청원은 하지 못한다. [개정 2012.9.20]
2. 담임목사는 부목사의 연임청원을 할 수 없으나 위임(담임)목사 공석 전부터 이미 시무 중인 부목사의 연임청원, 시무 중인 전도사의 목사 안수 및 청빙은 할 수 있다. [개정 2012.9.20]
3. 정상적인 당회가 개회되지 못하면 부목사의 임기는 자동 연장되며 부목사의 연임청원이 임기 만료 전에 당회에서 부결되면 그 후 처음 개회되는 정기노회 폐회일의 다음날부터 무임목사가 된다. [신설 개정 2012.9.20]
4. 부목사는 시무교회의 당회장(대리당회장)이 될 수 없고 제직회장도 될 수 없다.
5. 전도사의 소속은 당회이며, 헌법 정치 제23조에 의거 당회의 결

의로 연임할 수 있다.

제19조 무임목사 처리
1. 헌법 정치 제27조 10항에 의해 정당한 이유 없이 무임목사로 3년이 경과하면 노회장은 즉시 당사자에게 자동 해직이 됨을 통지하고 노회에 보고한 후 무임목사 명부에서 삭제한다.
2. 목사의 자격이 원인 무효로 확인되었을 때에도 또한 같다. [개정 2012.9.20]
3. 무임목사로 해직된 후 복직하려면 헌법 정치 제37조(목사의 복직) 절차를 준용한다.

제20조의 1 기관목사 [개정 2021.9.28]
1. 총회 산하기관의 기관목사는 노회장과 기관장의 허락 없이 교회 시무를 겸할 수 없다. [개정 2012.9.20]
2. 기관목사의 청빙 서식은 제7-1, 2호 서식에 의한다.

제20조의 2 교육목사 [신설 개정 2021.9.28]
헌법 정치 제27조 제7항의 교육목사에 관한 사항은 다음과 같다.
1. 교육목사는 노회의 언권회원이나, 당회원권과 제직회원권은 없다.
2. 조직교회 (위임, 담임)목사는 교육목사 안수청원 시 헌법 정치 제28조 제4항을 준용하여 청빙청원을 할 수 있으나, 미조직교회 담임목사는 안수청원을 할 수 없다.
3. 교육목사를 청빙하여 전임사역을 맡길 수 없다.
4. 조직교회에서는 당회 결의로, 미조직교회에서는 제직회의 결의로 교육목사 청빙 및 연임청원을 할 수 있다. 단, 교육목사는 위

임(담임)을 바로 승계할 수 없고 헌법 정치 제27조 제3항을 준용한다.
5. 교육목사의 청빙 서식은 제5-1호 서식을 준용한다.

제21조 원로목사
1. 헌법 정치 제27조 8항의 원로목사의 추대는 당회에서 발의하여 공동의회에서 투표 과반수로 가결하고 제8호 서식에 의하여 노회(폐회 중에는 정치부와 임원회)의 허락을 받아 추대한다. 기간의 계산은 그 교회에 실제로 처음 부임한 날부터 합산하여 20년 이상이면 된다. 예우에 관하여는 공동의회에서 가결되면 제직회를 통과한 것으로 본다. [개정 2012.9.20]
2. 예식은 당회가 주관하고 선포는 노회가 한다.

제22조 겸직과 무임의 범위
목사는 당회(당회가 없으면 제직회)의 청원과 노회(폐회 중에는 정치부와 임원회)의 결의로 총회 산하기관이나 교회에 겸직할 수 있으며 노회의 허락 없이 하는 모든 시무(교회, 기관)는 무임으로 간주한다. 단, 총회 산하기관이 아닌 외부기관일 경우에는 겸직 허락을 받을 필요가 없다. [개정 2012.9.20]

제23조 다른 교단의 목사청빙
1. 헌법 정치 제31조의 다른 교단 소속 목사의 청빙 절자는 다음과 같다. 다른 교단 목사가 본 교단 소속 교회나 기관에서 청빙을 받으면 그 노회에 가입을 청원하고(제9호 서식), 가입이 허락되면 추천을 받아(제10호 서식) 총회 직영 신학대학교(신대원)에 입학하여 소정의 과정(헌법 2학점을 포함한 30학점 이상)을 이

수하고 목사고시에 합격하여야 한다. [개정 2017.9.21]
2. 외국에서 임직된 장로파 및 개혁파 목사의 청빙 절차도 타 교단 목사와 같이 한다.
3. 타 교단 목사를 청목으로 받아들일 수 있는 교단은 다음과 같다. [개정 2012.9.20]
    1) 대한예수교장로회(합동) 목사로 총신대학원 졸업자
    2) 대한예수교장로회(고신) 목사로 고신대학원 졸업자
    3) 대한예수교장로회(대신) 목사로 대신대학원 졸업자
    4) 한국기독교장로회 목사로 한국신학대학원 졸업자
    5) 기독교감리회(기감) 목사로 감신대학원 또는 목원대학원 졸업자
    6) 기독교대한성결교회 목사로 서울신학대학원 졸업자
    7) 기독교한국침례회 목사로 침신대학원 졸업자
    8) 예수교대한성결교회(예성) 목사로 성결교신학대학원 졸업자
    9) 대한예수교장로회(합신) 목사로 합동신학대학원 졸업자
    10) 대한예수교장로회(백석) 목사로 기독신학대학원 졸업자
    11) 기독교대한하나님의 성회(기하성) 목사로 한세대학교 신학대학원 졸업자
4. 다음의 외국 교단의 직영 신학대학에서 신학석사과정(M. Div.)을 이수하여 목사 안수를 받고 우리 총회 소속 교회나 기관에서 청빙을 받게 될 경우, 본 교단 직영 신학대학교에서 헌법 2학점을 포함하여 30학점 이상을 이수하고 "목사고시에 합격하여야 한다". [개정 2012.9.20, 2014.9.25, 2017.9.21]
    1) 미국장로교회(Presbyterian Church〈USA〉)

2) 해외한인장로회(Korean Presbyterian Church Abroad)
   3) 캐나다장로교회(The Presbyterian Church in Canada)
   4) 캐나다연합교회(The United Church in Canada)
   5) 호주장로교회(The Presbyterian in Australia)
   6) 호주연합교회(The Uniting Church in Australia)
   7) 미국개혁교회(The Reformed Church in America)
   8) 뉴질랜드장로교회(The Presbyterian Church of Aotearoa New Zealand)
5. 청목 시 고려사항은 다음과 같다. [개정 2012.9.20, 2017.9.21, 2021.9.28]
   1) 위 3, 4항의 교단에서 목사 안수를 받았더라도 위 교단의 직영 신학대학원 졸업자에 한하여 청목과정으로 받아줄 수 있다.
   2) 3항의 교단과 학교를 졸업하고 4항의 교단에서 시무 중에 청목과정을 신청할 때는 3항의 학교를 우선하여 청목과정을 적용한다.
6. 해외한인장로회에서 신학을 이수한 경우는 한인들로 구성된 협력교단임을 감안하나 미국 나성(LA) 혹은 뉴욕(NY)에 소재한 해외한인장로회 직영 신학대학원(M. Div.) 본교에서 2년 이상 신학석사(M. Div.) 과정을 이수한 자에 한하여 청목으로 받아줄 수 있다. [개정 2021.9.28]
   1) 이 경우 본 교단 직영 신학대학원에서 청목과정 중에 헌법 2학점을 이수하고 행정기관 발행 가족관계증명서를 첨부하면 총회 목사고시 없이 총회 고시위원회의 면접으로 대신할 수 있다. [개정 2021.9.28]
   2) 2년 미만 수학 후 졸업자나 타 지역 또는 타국 소재 직영

신학대학원 졸업자, 또한 온라인 수강자는 불허한다. [개정 2021.9.28]

  3) 해외한인장로회 직영 신학대학원 중 미국 소재 해외한인장로회 직영 신학대학원 [미국 나성(LA) 혹은 뉴욕(NY)]에서 신학석사과정(M.Div.)을 이수한 전도사의 경우에도 본 교단 직영 신학대학원에서 청목과정 중에 헌법 2학점을 이수하고 행정기관 발행 가족관계증명서를 첨부하면 본 총회 직영 신학대학원 졸업자와 동등하게 대우하여 본 교단 소속 교회(기관)에 시무할 수 있고, 전도사의 소속은 당회이므로 당회장의 추천으로 총회 목사고시에 응시할 수 있다. [개정 2021.9.28]

7. 3항에 해당되는 교단이라 할지라도 반드시 해당 교단의 직영 신학대학원(M. Div.)을 졸업한 후 3항이나 4항에 해당되는 교단에서 안수를 받은 자만 청목과정이 가능하다.
8. 우리 총회 산하 노회에서 목사임직을 받고 해외 협력교단으로 이명해 간 자가 본 총회 소속 교회나 기관에서 청빙을 받게 될 경우 이명을 받을 수 있다.

제24조 직원의 전임과 사임

1. 목사의 전임에 따른 청원서는 제11-1, 2, 3호 서식에 의한다. 직원의 사임서도 이에 준한다. [개정 2012.9.20]
2. 헌법 정치 제35조 2항의 경우에는 반드시 먼저 본인의 자필 서명 사임서가 첨부되어야 하며 사임서 없이는 처리하지 못한다.

제25조 목사, 장로의 휴무

1. 헌법 정치 제36조의 사유로 목사가 휴무를 하려면 제12호 서식에 의한 청원서를 노회에 제출하여 허락을 받아야 한다.
2. 휴무 중에 있는 목사의 생활 대책은 당회가 정한다.
3. 목사의 휴무 시는 기간을 정하여야 하고 휴무가 끝나면 자동적으로 시무하며 휴무연장 허락을 받지 않을 경우 무임이 된다. [개정 2012.9.20]
4. 헌법 정치 제46조에 의하여 장로가 휴무하려면 제12호 서식에 의한 청원서를 당회에 제출하여 당회의 허락을 받아야 하고 휴무의 기간, 기간 연장, 자동 복귀, 무임에 관하여 전항을 준용한다. [신설 개정 2012.9.20]

제26조 직원 선택 [개정 2012.9.20, 2017.9.21, 2018.9.13, 2022.9.21]

1. 장로, 안수집사, 권사를 선택할 때 당회에서 후보자를 추천할 수 있다. 헌법 정치 제41조 2항(당회 추천)의 경우 반드시 당회장(대리당회장)이 참석하여야 하고, 헌법 정치 제64조 2항(세례교인 비례)을 지켜야 한다. 단, 최초 당회 조직 시 장로 2인을 동시 선택 못한 경우 혹은 1인이 결원일 경우에는 후에 1인을 선택할 수 있다. [개정 2022.9.21]
2. 당회에서 교육을 한 후에도 당회의 결의에 의하여 전항의 직원 임직을 보류할 수 있나.
3. 장로는 피택 된 후 1년 이내에 노회 장로고시에 응시하여야 하고, 만일 응시하지 못했거나 불합격한 경우에는 1차에 한하여 1년 이내에 다시 응시할 수 있으며, 이 경우에도 불합격하면 노회의 장로고시 허락을 다시 받아야 한다.
4. 장로는 고시에 합격한 후 1년 이내에 임직하여야 하며 만일 임직

하지 못할 경우에는 당회의 결의로 1년간 연기할 수 있다.
5. 장로, 안수집사, 권사를 선택하는 투표는 1회에 연속하여 혹은 한 노회 기간 동안 투표횟수를 합하여 3차까지 할 수 있고, 투표 방법(변경포함)은 남은 횟수에 한하여 당회와 공동의회가 투표장에서도 정할 수 있다. [개정 2022.9.21]
6. 같은 직임을 2인 이상 선출(투표)할 때에는 연기명으로 할 수 있다.
7. 헌법 권징 제4조 1항, 제6조 2항에 의거 목사, 장로, 안수집사, 권사를 신임 투표로 사임시킬 수 없다. [개정 2022.9.21]
8. 본 교단 소속 교회에서 이명한 장로는 당회의 장로선택 청원과 노회의 허락을 받은 후 당회의 결의와 공동의회에서 3분의 2 이상의 투표로 신임하며 노회 고시부의 면접 후 취임할 수 있고, 타 교단 소속 교회에서 이명한 장로의 경우는 처음 선택할 때의 절차를 거쳐야 하며 안수는 생략할 수 있다. 단, 세례교인 비례 범위 내에서 선택할 수 있다.
9. 항존직의 자격이 원인 무효로 확인되었을 때에 당회장은 즉시 당사자에게 자동 해직되었음을 통지하고 당회에 보고한 후 항존직 명부에서 삭제한다. 단, 귀책사유가 본인에게 있지 않을 때는 해직할 수 없다. [신설 개정 2012.9.20]
10. 이미 목사, 장로였던 자 중에서 당회 결의로 협동목사, 협동장로를 세워 당회에 협력하게 할 수 있으나 당회의 회원권(투표권, 결의권)은 없으며 당회의 결의로 언권을 행사할 수 있다. 어떤 경우에도 명예목사, 명예장로를 세우지 못한다. [신설 개정 2012.9.20]

11. 당회의 결의로 세례교인 중에서 협동(명예)안수집사, 협동(명예)권사를 세워 안수집사와 권사의 직무를 협력하게 할 수 있으나 안수는 하지 않는다. 정년까지 집사에 준하여 제직회원의 권리를 행사할 수 있다. [신설 개정 2012.9.20, 개정 2022.9.21]
12. 동성애자 및 동성애를 지지하고 옹호하는 자는 성경의 가르침에 위배되며 동성애자 및 동성애를 지지하고 옹호하는 자는 교회의 직원 및 신학대학교 교수, 교직원이 될 수 없다. [신설 개정 2017.9.21]
13. 당회원 중 2촌 이내의 자나 배우자가 당회의 과반수를 차지하지 못한다. [신설 개정 2018.9.13]

제27조 무흠의 기산과 적용

1. 직원의 자격 중 무흠의 기산은 책벌(교인은 수찬정지 이상, 직원은 시무정지 이상)을 받은 사실이 있는 경우에는 해벌된 날로부터, 국법에 의한 금고 이상의 처벌을 받은 사실이 있는 경우에는 형의 집행을 종료하거나 그 집행을 면제 받은 날로부터 새로 기산한다.
2. 헌법 정치 제26조 2항의 무흠의 의미는 헌법 제2편 정치와 제3편 권징의 모든 조문에 동일하게 적용된다는 뜻이다.
3. 무흠기간은 항존 직원(목사, 장로, 안수집사, 권사)으로 임직 시에 적용하고 이미 임직되어 시무 중인 자에게는 해당되지 않으므로 시무, 직분, 권리, 신분을 제한할 수 없다. [개정 2022.9.21]

제28조 목사후보생

1. 목사후보생은 무흠 세례교인(입교인)으로서, 당회장의 추천으

로 노회장의 허락을 받아 신학대학원에 재학 중이거나 졸업한 전도사로서 소속은 당회에 있고 노회 목사후보생지도위원회의 지도 감독을 받아야 하며, 목사안수 시 면접(시취)은 노회 정치부가 담당한다. 단, 신학대학원 졸업 전 담임전도사가 되려면 노회 정치부에서 면접을 거쳐야 한다.
2. 목사후보생이 학업과 신덕이 불량하거나 노회의 지도 감독을 따르지 아니할 때에는 노회장의 허락을 취소할 수 있다.

제29조 목사후보생의 이명

목사후보생이 소속 노회(당회)를 옮기려면 그 노회의 허락을 받고 이명하여야 한다. 이때 당회장과 노회장의 연명 확인서로 이명증서를 대신할 수 있다.

제30조 임시당회장과 대리당회장의 권한

1. 임시당회장은 헌법 정치 제68조의 권한을 행사한다.
2. 헌법 정치 제67조 3항(당회장의 유고 또는 기타 사정)에 의거 우선적으로 당회장이 대리당회장을 위임하거나 혹은 이 규정 제16조의 8의 4항의 사유로 당회원이 합의하여 대리당회장을 청한 경우, 대리당회장은 위임 받은 범위 내의 권한만을 행사하여야 한다. 그러나 범위를 정하지 아니하거나 포괄적으로 위임 받은 때에도 헌법 정치 제68조 4항 장로, 안수집사, 권사 임직권과 제7항 권징권, 제8항 부동산 관리권은 행사할 수 없다. 단, 당회의 결의로 집사를 임명하지 못하였을 경우에 한하여 임명할 수 있으며 그 외의 인사권은 행사할 수 없다. [개정 2012.9.20, 2022.9.21]

3. 대리당회장은 목사로서 사회권은 있으나 결의권(투표권)은 없다.

제31조 당회 폐지와 치리권

헌법 정치 제65조에 의하여 당회가 폐지되면 위임목사는 담임목사가 되고 해당 시무장로는 장로의 직은 유지되나 치리권은 행사할 수 없다. 3년 경과의 기산은 노회에 보고된 후 첫 정기노회로부터 시작된다. 장로가 1인일 경우에는 당회 미조직교회가 되며, 이 경우 첫 노회부터 시무장로는 치리권이 없다. 단, 당회 폐지 전까지 상회 총대권은 인정된다. [개정 2012.9.20]

제32조 노회의 분립, 합병

1. 헌법 정치 제82조에 의한 노회의 분립, 합병은 노회에서 결의한 후 제13호 서식에 의한 청원서를 작성하여 총회에 제출하여야 한다.
2. 노회 분립은 총회 승인을 받은 후 이 규정 제6조를 준용하여 처리한다.

제33조 교회 및 노회 수습

1. 분규가 발생한 교회를 수습하기 위하여 노회는 수습전권위원을 파송하여 수습케 할 수 있다. 노회 폐회 중에는 임원회가 수습전권위원회를 구성힐 수 없다.
2. 노회의 의뢰가 있고 상당한 이유가 있을 경우 총회(폐회 중에는 임원회)의 판단으로 개교회와 노회에 수습전권위원을 파송하여 수습케 할 수 있다.
3. 교회수습전권위원회는 필요한 경우 3개월 이내의 기간만 당회장권, 당회원권, 당회의 기능을 정지시킬 수 있고, 당회장권이

나 당회의 기능을 정지시켰을 때 당회장권이나 당회에서 요청한 대리당회장권은 동시에 정지(소멸)되고 노회 임원회는 수습전권위원회의 요청으로 대리당회장을 파송할 수 있으며 대리당회장의 권한은 제30조 2항에 준하여 행사할 수 있다. 단, 권한과 기능의 정지처분은 1차에 한하여 3개월 범위 내에서 연장할 수 있다. [개정 2012.9.20]
4. 기이 조직된 당회의 당회장권이나 당회원권이 정지되어도 조직교회이다.
5. 치리회의 사고 여부는 치리회장의 임기 만료 후에도 합법적으로 후임 치리회장이 선출되지 못한 경우 또는 이에 준하는 경우를 기준으로 판단한다. 이 경우 치리회 임원의 임기는 적법한 임원 개선 시까지 자동 연장된다. [개정 2012.9.20]
6. 수습전권위원 중에서는 대리당회장을 맡을 수 없다.
7. 사고노회로 규정된 노회는 직무를 포함한 그 기능이 정지되며 사고노회가 되는 시점의 노회 임원 및 분쟁의 당사자는 수습노회 시 피선거권을 제한한다. [개정 2017.9.21]
8. 교회나 노회의 수습은 관계자들을 주 안에서 신앙적으로 권유하여 화해에 의한 수습을 위해 우선적으로 노력하되 필요하다면 각종 회의록을 열람할 수 있고, 그 사본을 청구할 수 있다. 수습전권위원회가 업무를 수행하는 중 알게 된 범죄에 대하여는 그 교회나 노회에 추가 고발할 수 있으나 직접 기소는 하지 못한다. [개정 2012.9.20]
9. 노회수습전권위원회는 필요할 경우 총회장 명의로 수습노회를 소집하여 노회장 및 임원을 선출하여 노회를 정상화시킨다.

10. 총회수습전권위원회를 구성할 때는 헌법위원과 규칙부원 중 각 1인을 포함시켜야 한다.
11. 그 치리회의 수습전권위원회 활동시한은 최종 판결 전까지이며 최종 판결 즉시 자동 해체된다. 단, 판결 확정 후에 새로이 구성된 수습전권위원회는 정한 기한까지 계속 활동하고, 수습전권위원회가 추가 고발한 경우에는 그 사건의 판결 확정 시까지 계속 업무를 수행할 수 있다. [개정 2012.9.20]
12. 재판국의 판결과 다른 수습전권위원회의 결정은 판결 즉시 결정의 효력을 상실한다.
13. 수습전권위원회는 당회장권을 정지시켰을 때에라도 최종 판결 확정 시까지는 무죄 추정이므로 임시당회장을 파송할 수 없으며 제33조 3항에 의거 수습전권위원회의 요청이 있을 때 그 치리회(폐회 중에는 임원회)의 결의로 대리당회장을 파송할 수 있으며, 이때 대리당회장은 제30조 2항에 준하여 권한을 행사해야 한다. 당회원권을 정지시켰을 경우에는 헌법 정치 제67조 4항에 의하여 당회장이 제직회 혹은 공동의회를 소집하여 헌법과 이 규정에 정한 사항을 처리할 수 있으며 이 경우 당회를 통과한 것으로 간주한다. [개정 2012.9.20]
14. 당회 기능, 당회상권, 당회원권 정지에 대하여 수습전권위원회를 파송한 치리회의 재판국에 이의신청을 할 수 있고 재판국은 1개월 이내에 정지 여부에 대한 결정을 하여야 하며 정지해제 결정 즉시 정지는 해제된다. 노회 재판국에서 이의신청이 기각되면 재판서를 받은 날부터 10일 이내에 총회 재판국에 재이의신청을 할 수 있으며, 총회 재판국은 1개월 이내에 결정을 하여

야 한다. [개정 2012.9.20]

제34조 재산

1. 헌법 정치 제93~97조에 의거 총회와 노회와 당회는 상회에 헌납한 재산이나 유지재단에 편입한 재산 외의 자체 재산에 대하여는 민주주의의 기본인 사유재산제도를 인정하여 전권을 가지며 개별 치리회 명의로 등기할 수 있다.
2. 일반사립학교의 재산을 교단에 속하기 원할 경우 학교이사회 과반수의 결의서를 첨부하여 총회에 신청하고 총회(폐회 중에는 임원회) 과반수의 결의로 받을 수 있다. 또 교단에서는 이사를 3분의 1 이상 파송할 수 있다.

제35조의 1 헌법개정안의 노회수의 [개정 2021.9.28]

헌법 정치 제16장 헌법개정에 의한 헌법개정안의 노회수의의 정족수는 다음과 같다.

1. 제102조 2항의 "노회 과반수의 가결"은 총회 산하 전 노회수의 과반을 말하며, 노회에서의 가결 정족수는 노회원 과반수의 출석과 투표지 제출자의 과반수이다. "투표 총수의 과반"은 전 노회에서 집계표로 보고한 수를 합계한 총수의 과반수를 말한다. 노회는 집계표로 총회에 보고한 후 30일이 경과하면 투표지를 폐기할 수 있다.
2. 제103조 2항의 "노회 3분의 2 이상의 가결"은 총회 산하 전 노회수의 3분의 2 이상을 말하며, 노회에서의 가결 정족수는 노회원 과반수의 출석과 투표지 제출자의 과반수이다. "투표 총수의 3분의 2 이상"은 전 노회에서 집계표로 보고한 수를 합계한 총수의 3분의 2 이상을 말한다. 노회는 집계표로 총회에 보고한 후 30일

이 경과하면 투표지를 폐기할 수 있다.
3. 헌법개정안의 축조심의는 총회에서 했으므로 노회에서는 하지 않으며 노회의 수의 방법은 각 노회의 형편에 따르고 헌법 정치 제102조 3항, 제103조 3항에 의거 총회장에게 보고하는 것은 총회에서 정한 기한 내에 노회에 제출한 투표수를 보고하는 것이다.
4. 집계는 노회에서 제출한 총 투표수를 총회(폐회 중에는 임원회)에서 하는 것이며, 헌법 정치 제102조 4항, 제103조 4항에 의거 총회장은 즉시 가결 선포 및 공고하여 실시한다. 이는 회의를 거치는 재량적 행위가 아닌 즉각 실시하는 절차적 행위이므로 총회장의 가·부결 선포 및 공고 행위는 이의신청, 행정쟁송이나 책벌의 대상이 될 수 없다.

제35조의 2 총회 및 노회 개회 [신설 개정 2021.9.28]

치리회(총회, 노회) 준비 중 국가법(전쟁 및 소요, 천재지변, 감염병 등)에 의하여 개회가 불가능하거나, 현저히 곤란할 경우에는 온라인을 통하여 개회할 수 있다.

제36조 헌법위원회의 구성, 권한, 질의해석, 헌법개정 [개정 2012.9.20]

1. 총회 헌법위원회는 9인(목사 5, 장로 4)으로 조직하고 위원장과 서기는 호선하며 헌법과 이 규정을 연구, 해석, 판단하고 개정안을 제안한다.
2. 헌법에 관한 질의 시 반드시 총회 상임(특별) 부서장 혹은 노회장의 공문(임원회의 결의 혹은 노회장 직권)으로 질의할 수 있으며 거부 시 부전지 혹은 내용증명(복사본)을 첨부할 경우 헌법위원회는 접수하여야 한다. 재판계류 중이나 질의 중일 때

는 재판국 혹은 헌법위원회에 접수일부터 기간의 계산이 중지되고 선고나 답변서를 수령 후부터 계산되므로 재판이나 질의에 소요된 기간만큼 정해진 처리기간에서 자동 연장되는 것으로 본다.
3. 제1항의 판단이란 전항에 의한 유권해석의 질의나 판단의 요구가 있을 시에 하는 합헌과 위헌의 판단, 유효와 무효의 법리판단을 말한다. [신설 개정 2012.9.20]
4. 헌법위원회가 법리판단을 할 때 재판국의 판결에 관하여 법리판단을 할 수 있으며, 이 판단이 헌법 권징 제123조 제7항에 해당될 때 재심청구권자는 재심의 청구를 할 수 있다. [신설 개정 2012.9.20, 개정 2022.9.21]
5. 헌법(헌법시행규정 포함)과 규칙에 의하지 않고는 어떤 결의로도 헌법위원회나 규칙부에 질의 중이라는 이유로 재판절차를 중단시킬 수 없고, 총회 재판국에 계류 중이라는 이유로 헌법위원회나 규칙부의 해석절차를 중단시킬 수 없다. [신설 개정 2012.9.20]
6. 헌법해석 권한 있는 기관인 총회(폐회 중에는 헌법위원회)에서 해석한 건에 대하여 당사자나 해당 기관은 지체 없이 시행하여야 하고 총회 임원회는 즉시 질의한 기관에 통보해야 하며 통보하기 전에 이의가 있을 때는 헌법위원회에 재심의를 1회 요구할 수 있다.
7. 총회 공천위원회는 헌법위원회에 반드시 법학사 이상의 학위를 가진 자나 변호사를 1인 이상 공천하여야 하며 헌법위원회는 목사 또는 장로 중에서 3인 이내의 전문위원을 두되 법학사

이상의 학위를 소지한 자나 변호사 혹은 전임 헌법위원장 중에서 선임한다.
8. 헌법위원 공천 시 전국 5개 권역 중 1개 권역에서 2인을 초과하여 공천하지 못하며 총회 폐회 후 보선은 총회 임원회에서 한다.
9. 헌법개정안은 헌법위원회 혹은 헌법개정위원회가 총회 본회의에 상정한다. [신설 개정 2012.9.20]
10. 헌법위원회에서 제안한 헌법개정안이 상정되면 총회에서 헌법개정위원 15인 이상을 선임하여 헌법개정위원회를 구성하거나 또는 이를 총회 임원회에 위임하여 구성할 수 있다. [신설 개정 2012.9.20]
11. 헌법개정위원회는 총회에서 통과된 헌법개정안이 노회 수의를 거쳐 공포되고 헌법책 작업이 종료될 때까지 혼란을 방지하기 위하여 그 조직대로(위원 교체 없이) 계속 직무를 수행한다. [신설 개정 2012.9.20]

제37조 산하기관, 유관기관, 연합기관

1. 산하기관은 헌법 정치 제92조 1항 내지 4항에 의거 소속 치리회의 허락을 받아 설립한 기관이며 정관의 승인, 감독, 재정검사, 명령을 받는 기관이다. 다음의 법인기관 및 총회 직영신학대학교는 총회 산하기관이다. [신설 개정 2018.9.13, 개정 2021.9.28]
① 한국기독공보사
② 재단법인 대한예수교장로회 총회 유지재단
③ 사회복지법인 대한예수교장로회 총회 한국장로교복지재단
④ 재단법인 대한예수교장로회 총회 연금재단
⑤ 한국장로교출판사

⑥ 실로암시각장애인복지회
⑦ 재단법인 예수병원 유지재단
⑧ 재단법인 대구애락원
⑨ 학교법인 장로회신학대학교 [신설 개정 2021.9.28]
⑩ 학교법인 호남신학대학교 [신설 개정 2021.9.28]
⑪ 학교법인 한일신학(한일장신대학교) [신설 개정 2021.9.28]
⑫ 학교법인 영남신학대학교 [신설 개정 2021.9.28]
⑬ 학교법인 대전신학대학교 [신설 개정 2021.9.28]
⑭ 학교법인 부산장신대학교 [신설 개정 2021.9.28]
⑮ 학교법인 광명학원(서울장신대학교) [신설 개정 2021.9.28]
2. 제①항 내지 ⑮항에 해당한 총회 산하기관(단체 및 총회 직영 신학대학교)은 명칭변경, 해산시의 잔여재산 귀속 처분을 할 경우에는 대한예수교장로회 '총회' 승인을 얻어야 한다. [신설 개정 2021.9.28]
3. 총회 산하기관인 총회 직영신학대학교는 학교를 합병(통폐합)할 경우 대한예수교장로회 '총회' 승인을 얻어야 한다. [신설 개정 2021.9.28]
4. 총회 산하기관(단체)의 재산은 해당 법인기관 및 단체 이사회가 임의로 해외에 투자할 수 없고, 개인 혹은 특정 단체에게 무상증여, 보상, 분양, 증여할 수 없다. [신설 개정 2021.9.28]
5. 유관기관은 독립된 법인(기관)이지만 공익적 이익을 위해 총회나 노회가 이사회 구성이나 중요한 법인의 의사표시에 대해 일정한 부분의 감사권, 감독권, 승인권을 갖는 기관이다.
6. 총회의 산하기관이며 노회의 유관기관인 기관은 총회로부터는

1항, 노회로부터는 2항에 해당하는 의무를 이행하여야 한다.
7. 연합기관은 교단이나 노회에 속하거나 의무를 갖지 않으나 본 교단이나 노회에서 일정 인원이나 재정을 지원하는 기관으로서 총회(폐회 중에는 임원회)나 노회의 결의로 파송된 위원(이사)을 소환, 행정보류(재정 지원 보류 포함)할 수 있으며 1회 이상 시정을 요구하였으나 시정하지 않을 경우 총회나 노회의 참석 과반수 결의로 탈퇴할 수 있다.

제3장 권징

제38조 제척 · 기피 · 회피

1. 헌법 권징 제8조 제1항 제척사유 중 제2호의 친족은 민법 제777조 친족의 범위 ① 8촌 이내의 혈족, ② 4촌 이내의 인척, ③ 배우자로 한다.
2. 헌법 권징 제8조 제2항에 의한 기피신청은 권징 제1호 서식에 의한다.
3. 전항의 경우 재판회 석상에서는 구두로 할 수 있으며 그 사유를 구술하고 재판국 서기나 담당직원이 기록을 함으로써 서면신청에 길음한다.
4. 피고인의 변호인은 피고인이 명시한 의사에 반하지 아니하는 때에 한하여 재판국원에 대한 기피를 신청할 수 있으며 방법은 제2항, 제3항과 같다.
5. 기피사유는 신청한 날로부터 7일 이내에 서면으로 소명하여야 한다.

6. 기피신청이 있는 때에는 소송 진행을 정지하여야 한다. 단, 급속을 요하는 경우에는 예외로 한다.
7. 기피신청이 소송의 지연을 목적으로 함이 명백한 때에는 결정으로 이를 기각한다. 이 경우에는 소송 진행을 정지하지 아니한다.
8. 전항의 기각결정에 대하여 차상급 재판국에 불복 신청한 경우에 재판의 집행을 정지하는 효력이 없다.
9. 기피신청은 재판국원의 재적 3분의 1을 초과할 수 없다. 재적 3분의 2 이상의 출석과 출석인원 과반수의 찬성으로 결정하되 변론이나 토론 없이 무기명·비밀투표로 정한다. 기피신청된 국원은 투표할 수 없다.
10. 제척·기피·회피가 확정된 때에는 치리회(폐회 중에는 임원회)는 직권 또는 재판국의 신청에 의하여 즉시 재판국원을 보선하여 충원한다. 보선된 국원은 그 사건에 한하여 한시적으로 심판에 관여한다.

제39조 해명권·질문요청권

1. 헌법 권징 제12조 제2항 재판국장의 재판 진행에 있어서 재판국장은 소송관계를 분명하게 하기 위하여 당사자에게 사실상 또는 법규상의 사항에 대하여 질문할 수 있고 증명을 하도록 촉구할 수 있다.
2. 재판국원은 재판국장에게 알리고 제1항의 행위를 할 수 있다.
3. 당사자는 필요한 경우에 재판국장에게 상대방에 대하여 설명을 요구하여 줄 것을 요청할 수 있다.
4. 재판국장은 당사자가 간과하였음이 분명하다고 인정되는 법규상의 사항에 관하여 당사자에게 의견을 진술할 기회를 주어야

한다.

제40조 소송지휘권

헌법 권징 제12조 제2항 재판국장의 재판 지휘·감독에 있어서 재판국장은 발언을 허가하거나 그의 명령에 따르지 아니한 사람의 발언을 금지할 수 있다.

제41조 재판국원의 합의방법

1. 헌법 권징 제13조 의결방법 중 책벌의 종류와 내용을 결정하는 합의에 있어서 의견이 3설 이상 분립하여 각각 재적 3분의 2 이상의 출석과 출석인원 과반수에 달하지 못하는 때에는 과반수에 달하기까지 계속 협의한다.
2. 심판의 합의는 공개하지 아니한다.

제42조 전문위원

헌법 권징 제15조, 제21조에 의한 총회 재판국 및 노회 재판국의 전문위원은 총회 또는 노회 총대가 아닌 자에게도 이를 위촉할 수 있다. 전문위원은 총회의 다른 부서의 직무를 겸직할 수 있다.

제43조 재판비용

1. 헌법 권징 제28조에 의한 재판비용의 예납절차는 재판을 수행할 당해 치리회에 예납하고 그 영수증 사본을 첨부하여야 한다.
2. 헌법 권징 제28조에 의한 재판비용의 예납액은 다음과 같다.
   [개정 2019.9.25, 2019. 9. 26]
   ① 고소(고발)·위탁재판의 청구·쟁송 소제기
   　　　　　　　　　　　당회 : 금 일백만 원
   　　　　　　　　　　　노회 : 금 이백만 원

② 항소   총회 : 금 삼백만 원
노회 : 금 이백만 원
③ 상고   총회 : 금 삼백만 원
④ 이의(불복)신청 · 재심청구 · 항고 · 재항고
      당회 : 금 일백만 원
      노회 : 금 이백만 원
      총회 : 금 삼백만 원

3. 예납한 재판비용의 금액은 재판의 결과를 불문하고 반환하지 않고 그 치리회에 귀속한다. 그러나 다음의 경우에는 반환한다. [개정 2012.9.20]
　① 헌법 권징 제47조의 화해의 종용에 의하여 화해가 성립하여 그 효력이 발생하거나 이 법에 의하여 화해로 간주한 때
　② 헌법 권징 제88조 3항에 의하여 고소의 취하로 인한 기소기각의 판결을 한 때

4. 다음의 각 호의 경우에는 재판비용을 면제한다. [개정 2012.9.20, 2014.9.25, 2022.9.21]
　① 헌법 권징 제51조에 의한 치리회장과 임원이 고발을 할 때
　② 헌법 권징 제54조의 2에 의한 치리회장이 직권으로 기소의뢰를 할 때
　③ 헌법 권징 제90조 제1항에 의하여 기소위원장이 상소를 할 때
　④ 헌법 권징 제127조 제1항에 의하여 기소위원장이 재심청구를 할 때
　⑤ 수습전권위원회의 결정에 대하여 재판국에 이의신청을 할 때
　⑥ 수습전권위원회에서 고소(고발)할 때

⑦ 교회, 노회, 총회의 감사위원회가 치리회의 각부와 위원회 및 총회산하기관의 재정 및 행정 비리의 죄과 사실에 대하여 기소의뢰 혹은 고소·고발을 할 때

⑧ 총회 산하 단체와 기관 관련 100만 원 이상 재정 비리 및 부정행위 당사자에 대하여 총회 임원, 총회 산하 단체와 기관의 이사, 총회가 인정한 연금가입자회 임원이 고소·고발을 할 경우나 총회장이나 총회 산하 단체와 기관 이사회가 기소의뢰할 때

5. 헌법 권징 제64조 및 제65조에 의하여 항고·재항고의 경우에 경유기관인 당회 기소위원회 또는 노회 기소위원회가 제64조 제1항 후단 또는 제64조 제3항 후단에 의하여 그 결정을 시정하거나, 노회 재판국 또는 총회 재판국이 헌법 권징 제65조 제1항 제2호에 의하여 기소명령을 하면 상급 치리회는 그 예납된 재판비용을 차하급 치리회에 귀속시켜야 한다.

6. 위탁재판을 청원할 경우에 당회장은 고소인(고발인)으로부터 예납 받은 재판비용의 금액을 노회에 귀속시켜야 한다. 이 경우 노회는 예납할 재판비용의 차액을 당회나 고소인(고발인)으로부터 추가 징수하지 못한다. [개정 2012.9.20]

7. 위 4항 ①, ②의 경우, 당회에서 다시 노회에 위탁재판의 청원을 할 시에는, 제43조 2항 ①에 해당하는 재판 비용을 예납하여야 한다. [신설 개정 2014.9.25]

제44조 변호인 선임서

1. 헌법 권징 제29조에 의한 변호인의 선임은 심급마다 변호인과 연명 날인한 권징 제2호 서식을 재판국에 제출하여야 한다.

2. 기소제기 전의 변호인의 선임은 기소위원회에 할 수 있으며 제1심에도 그 효력이 있다.

제45조 답변서 · 준비서면

1. 헌법 권징 제31조에 규정한 답변서 또는 준비서면에 관하여 피고인은 기소장 부본을 송달 받은 후 제1회 재판기일 전까지 권징 제7-3호 서식에 의한 답변서를, 기소위원장은 제1회 재판기일 이후부터 권징 제7-5호 서식에 의한 준비서면을 제출할 수 있다.
2. 전항의 경우에 답변서, 기타 준비서면도 제출하지 않은 때에 재판국장은 10일의 간격을 두고 2회 이상 서면으로 답변서, 기타 준비서면의 제출을 명령할 수 있고, 이 경우에도 서면의 제출이 없고 출석하여도 변론하지 않으면 기소위원회의 경우에는 재판국이 이를 기소의 취소로 보아 기소기각의 결정을, 피고인의 경우에는 재판국이 이를 의제자백으로 보고 판결을 하여 재판을 종결할 수 있다. [신설 개정 2012.9.20]
3. 기소장 부본을 송달할 때 제1항의 취지를 피고인에게 고지하여야 한다.
4. 재판국은 답변서 또는 준비서면의 부본을 상대방에게 즉시 송달하여야 한다.

제46조 재판서

헌법 권징 제35조에 의한 재판서 중 판결문은 권징 제8-1호 서식, 결정문은 권징 제8-3호 서식으로 한다.

제47조 판결정정

1. 헌법 권징 제37조에 의한 판결정정의 결정을 하면 판결의 원본 및 정본에 부기한다.
2. 판결의 정본이 송달된 후에는 결정의 정본을 작성하여 당사자에게 송달한다.
3. 정정신청을 이유 없다고 기각하는 결정에 대하여 불복 신청할 수 없다.

제48조 재판조서
1. 헌법 권징 제39조 재판조서에 관하여 피고인은 재판조서의 열람 또는 등사를 청구할 수 있다.
2. 피고인이 재판조서를 읽지 못하는 때에는 재판조서의 낭독을 청구할 수 있다.
3. 제1항 또는 제2항의 청구에 응하지 아니한 때에는 그 재판조서는 유죄의 증거로 할 수 없다.
4. 차회의 재판기일에 있어서는 전회의 재판심리에 관한 주요사항의 요지를 조서에 의하여 고지하여야 한다. 기소위원장, 피고인 또는 변호인이 그 변경을 청구하거나 이의를 진술한 때에는 그 취지를 재판조서에 기재하여야 한다.
5. 전항의 경우에 재판국장은 그 청구 또는 이의에 대한 의견을 기재하게 할 수 있다.
6. 재판기일의 소송절차로서 재판조서에 기재된 것은 그 조서만으로써 증명한다.
7. 재판조서에는 재판국장과 서기가 서명날인함이 원칙이나 서기를 대신하여 행정업무를 보조하기 위해 참여한 담당직원이 서명날인한 경우에 담당직원은 헌법과 이 규정에 의한 책임을 지

지 아니한다.

제49조 속기록과 녹취기록
1. 헌법 권징 제40조에 의한 속기 또는 녹취를 한 후 지체 없이 속기록을 작성하거나 녹취록을 작성하여야 한다.
2. 속기록·녹취록의 전부 또는 일부를 조서에 인용하고 소송기록에 첨부하여 조서의 일부로 하는 조치를 취하여야 한다.
3. 속기를 한 경우 속기 원본의 내용을 읽어 주게 하여 진술자에게 그 정확여부를 묻고 내용의 증감 변경의 청구가 있으면 그 진술도 속기하여야 한다.

제50조 피고인 소환
1. 헌법 권징 제43조에 의한 피고인의 소환에는 권징 제3-1호 서식에 의하여 소환장을 송달하여야 한다.
2. 피고인이 기일에 출석한다는 서면을 제출하거나 출석한 피고인에 대하여는 다음의 재판기일을 정하여 출석을 명할 때에는 소환장의 송달과 동일한 효력이 있다.

제51조 증인적격의 제한
치리회의 임원 또는 임원이었던 자가 그 직무에 관하여 알게 된 사실에 관하여 직무상 비밀에 속한 사항임을 신고한 때에는 치리회장의 승낙 없이는 증인으로 신문하지 못한다.

제52조 증언거부
1. 교회의 항존직 또는 사회의 전문직에 종사하는 자 또는 종사하였던 자가 그 직무상 알게 된 사실로써 타인의 비밀에 관한 것은 증언을 거부할 수 있다. 단, 본인의 승낙이 있거나 공익상 필

요 있는 때에는 예외로 한다.
2. 증언을 거부하는 자는 거부사유를 소명하여야 한다.

제53조 증인소환 [개정 2019.9.26]
1. 증인에 대한 소환장은 일시와 장소를 명기하여 출석할 일시 7일 이전에 통지하여야 한다.
2. 증인이 재판정에 있는 때에는 당사자가 이의를 제기하지 않을 경우 소환 절차 없이 신문할 수 있다.
3. 재판국 또는 기소위원회의 신청에 의한 증인에게는 여비의 전부 또는 일부를 지급할 수 있다.

제54조 선서의 절차
1. 증인이 선서를 낭독하지 못하거나 서명을 하지 못하는 경우에는 재판국 서기 또는 담당직원이 이를 대행한다.
2. 재판국장은 선서할 증인에 대하여 선서 전에 헌법 권징 제45조 제5항에 따라 책벌을 받을 수 있다는 경고를 하여야 한다.
3. 선서는 기립하여 엄숙히 하여야 한다.

제55조 증인신문 참여 통지
1. 증인신문의 시일(時日)과 장소는 기소위원장, 피고인 또는 변호인에게 미리 통지하여야 한다. 단, 참여하지 아니한다는 의사를 명시한 때에는 예외로 한다.
2. 기소위원장, 피고인 또는 변호인이 증인신문에 참여하지 아니할 경우에는 재판국에 대하여 필요한 사항의 신문을 청구할 수 있다.
3. 피고인 또는 변호인의 참여 없이 증인을 신문한 경우에 피고인

에게 예기하지 아니한 불이익의 증언이 진술된 때에는 반드시 그 진술내용을 피고인 또는 변호인에게 알려 주어야 한다.

제56조 증인의 재판정 외 신문
재판국장은 증인의 연령, 직업, 건강상태, 기타의 사정을 고려하여 기소위원장, 피고인 또는 변호인의 의견을 묻고 재판정 외에 소환하거나 현재지(現在地)에서 신문할 수 있다.

제57조 증인신문사항의 서면제출 명령
재판국장은 필요하다고 인정할 때에는 증인의 신문을 청구한 자에 대하여 신문사항을 기재한 서면의 제출을 명할 수 있다.

제58조 증인의 인정신문
재판국장은 증인의 성명, 나이, 직분, 직업, 주소를 물어서 증인임에 틀림없음을 확인하여야 한다.

제59조 증인의 퇴정
신문하지 아니한 증인이 재정한 때에는 퇴정을 명하여야 한다.

제60조 고발인의 자격, 방식, 취하, 송달과 화해 [개정 2012.9.20]
1. 헌법 권징 제51조 1항의 고발인의 자격은 본 교단 소속 교인이면 누구나 가능하며 본 교단 소속 교인이 아니면 고발 시에 증인, 서증, 물증이 있어야(제출해야) 고발할 수 있다. [신설 개정 2012.9.20]
2. 헌법 권징 제48조와 제51조에 의한 고소(고발)는 권징 제4-1호 서식으로 하고, 치리회의 죄과로 인한 고소(고발)는 치리회를 피고소인(피고발인)으로 하되 치리회의 대표자인 치리회장의 인적 사항을 권징 제4-1호 서식에 기재한다.

3. 헌법 권징 제54조의 1에 의하여 고소(고발)장을 접수한 치리회장은 10일 이내에 피고소인(피고발인)에게도 이를 송달하여야 한다.
4. 고소(고발)의 취하는 권징 제4-2호 서식으로 한다.
5. 헌법 권징 제47조에 의한 화해의 당사자는 기소위원장과 피고인이며, 고소인(고발인)이 화해의 내용에 관하여 동의를 하여야 그 화해가 효력을 발생한다. [신설 개정 2012.9.20]
6. 화해가 성립하고 그 효력이 발생하면 재판국은 심급을 불문하고 판결로써 소송종결을 선언하여야 하고, 판결문의 주문에 "이 사건의 소송은 별도 화해조서와 같이 화해가 성립하고 그 효력이 발생하여 종료되었다."라고 기재한다. [신설 개정 2012.9.20]
7. 당사자가 합의한 내용은 화해조서를 작성하여 재판국장과 재판국 서기, 화해의 양 당사자, 그리고 고소인(고발인)이 서명 또는 기명날인하여야 한다. [신설 개정 2012.9.20]
8. 전항의 화해조서는 판결문과 동일한 효력이 있다. [신설 개정 2012.9.20]
9. 헌법 권징 제50조와 제52조에 의한 고소와 고발의 취하는 제1심 판결 선고 전에 하여야 하나, 제1심 판결 선고 후에 고소(고발)의 취하가 있는 경우 헌법 권징 제47조에 의한 화해의 종용에 의한 화해의 신청으로 보고 기소위원장과 피고인의 동의가 있으면 화해가 성립되어 그 효력을 발생하고 재판국은 심급을 불문하고 판결로써 소송종결 선언을 하여야 하고, 판결 주문에 "이 사건의 소송은 제1심 판결 선고 후 ○○년 ○○월 ○○일자로 고소(고발)의 취하를 하였으니 화해로 간주하여 종료되었다."

라고 기재한다. [신설 개정 2012.9.20]

10. 전항의 경우 화해조서의 작성과 그 효력은 제7항 및 제8항과 같다. [신설 개정 2012.9.20]

제61조 기소위원의 임기와 보선 및 제척, 기피, 회피

1. 기소위원의 임기와 연임은 각 노회의 규칙에서 자율적으로 정하며 노회의 규칙에서 정함이 없을 때에는 1년으로 하며 노회에서 연임을 허락할 수 있다.
2. 헌법 권징 제55조에 의한 노회 기소위원회에 결원이 생긴 때에는 노회(폐회 중에는 임원회)가 보선하며 보선된 기소위원의 임기는 전임자의 잔여기간으로 한다.
3. 헌법 권징 제8조 및 이 규정 제38조의 제척, 기피, 회피는 노회 기소위원회에 이를 준용한다. 단, 기피신청에 대한 결정은 노회 기소위원회가 하고 기피신청의 대상은 기소위원 1인에 한한다.

[신설 개정 2012.9.20]

제62조 피의자 신문

1. 헌법 권징 제57조의 1에 의한 피의자의 출석요구서는 권징 제3-2호 서식에 의하여 작성하고 10일 전에 통지한다.
2. 기소위원장이 피의자를 신문할 때에는 먼저 그 성명, 연령, 직업, 직분, 주소를 물어 피의자임에 틀림없음을 확인하여야 한다.
3. 기소위원장은 사실을 발견함에 필요한 때에는 피의자와 다른 피의자 또는 피의자가 아닌 자와 대질하여 신문할 수 있다.
4. 피의자의 진술은 조서에 기재하여야 한다.
5. 전항의 조서는 피의자에게 열람하게 하거나 읽어 들려주어야 하

며, 오기가 있고 없음을 물어 피의자가 증감·변경의 청구를 하였을 때에는 그 진술을 조서에 기재하여야 한다.
6. 피의자가 조서에 오기가 없음을 진술한 때에는 피의자로 하여금 그 조서에 간인(間印)한 후에 서명 또는 기명날인하게 한다.

제63조 이단적 행위와 적극적 동조행위의 기소 제한
헌법 권징 제58조에 의하여 기소위원회가 헌법 권징 제3조 제4항 이단적 행위와 이에 적극적으로 동조한 행위로 기소제기를 할 때에는 기소위원회가 총회 직영 신학대학교 해당 분야 교수 5인 이상에게 보낸 질의서 중 과반수의 이단적 행위와 이에 적극적 동조행위에 대한 인정 의견서를 첨부하여야 기소위원회가 기소할 수 있고, 그 외의 기소수행 및 재판절차는 헌법과 이 규정에 따른다.

제64조 기소제기의 방식
헌법 권징 제58조의 1에 의한 기소제기는 권징 제7-1호 서식으로 하며, 헌법 권징 제62조에 의하여 기소제기를 고소인(고발인)에게 통지할 때에는 권징 제7-2호 서식으로 한다.

제65조 기소사실의 기재
헌법 권징 제59조 제2항 제3호에 의한 기소사실의 기재는 범죄의 일시, 장소와 방법을 명시하여 사실을 특정할 수 있도록 하여야 한다.

제66조 기소취소와 재기소
헌법 권징 제60조 제2항에 의한 기소취소와 헌법 권징 제62조에 의한 기소취소의 통지는 권징 제7-8, 9호 서식으로 하며, 기소취소로 인하여 기소기각의 결정이 확정된 때에는 기소취소 후에 그 범죄

사실에 대한 다른 중요한 증거를 발견한 경우가 아니면 다시 기소를 제기하지 못한다.

제67조 불기소처분

1. 헌법 권징 제61조에 의하여 기소위원회가 불기소처분의 결정을 하는 경우에 그 주문(主文)의 형태는 다음 각 호와 같이 한다.
   ① 기소유예 : 피의사실이 인정되나 정상을 참작하여 소추를 필요로 하지 않는 경우
   ② 혐의 없음
      가) 범죄인정 안 됨 : 피의사실이 범죄를 구성하지 아니하거나 인정되지 아니한 경우
      나) 증거 불충분 : 피의사실을 인정할 만한 충분한 증거가 없는 경우
   ③ 죄가 안 됨 : 피의사실이 범죄구성요건에 해당하나 헌법과 규정 또는 법리상 범죄의 성립을 조각(阻却)하는 사유가 있어 범죄를 구성하지 아니한 경우
   ④ 기소권 없음
      가) 피의자에 관하여 재판권이 없는 경우
      나) 동일사건에 관하여 이미 기소가 제기된 경우
      다) 고소·고발이 무효 또는 취하된 경우
      라) 피해자가 처벌을 희망하지 아니하는 의사표시를 하거나 처벌을 희망하는 의사를 철회한 경우
      마) 피의자가 사망한 경우
   ⑤ 각 하
      가) 고소인(고발인)의 진술이나 고소(고발)장에 의하여 위

의 혐의 없음, 죄가 안 됨, 기소권 없음의 사유에 해당함이 명백한 경우
나) 자기 또는 배우자의 직계존속을 고소·고발한 경우
다) 고소·고발을 취하한 자가 다시 고소·고발한 경우
라) 동일사건에 관하여 기소위원회의 불기소처분이 있는 경우(다만 새로이 중요한 증거가 발견된 경우에 고소인(고발인)이 그 사유를 소명할 때에는 그러하지 아니하다.)
마) 고소권이 없는 자(피해자, 피해자의 사망 시 그 배우자, 직계친족, 형제자매가 아닌 자)가 고소한 경우
바) 고소(고발)장 제출 후 고소인(고발인)이 출석요구에 불응하거나 소재불명이 되어 고소·고발 사실에 대한 진술을 청취할 수 없는 경우
사) 전에 고소한 사건과 유사한 사건에 대하여 상습적으로 고소·고발을 한 경우
2. 기소위원회가 기소유예의 결정을 하는 경우에는 피의자를 엄중히 훈계하고 개과천선할 것을 다짐하는 서약서를 받아야 한다. 다만 경미한 사건의 경우에는 그러하지 아니하다.
3. 헌법 권징 제62조에 의하여 고소인(고발인)에게 불기소처분결정과 그 취지를 통지할 때에는 권징 제6-1호 서식으로 한다.
4. 헌법 권징 제63조에 의하여 고소인(고발인)에게 불기소처분결정의 이유를 통지할 때에는 권징 제6-2호 서식으로 한다.
5. 헌법 권징 제64조에 의한 항고 및 재항고는 권징 제6-3, 4, 5호 서식으로 한다.
6. 헌법 권징 제65조 제1항 제2호에 의한 기소명령을 받은 노회 기

소위원회 또는 당회 기소위원회가 결정서의 정본을 받은 날로부터 10일 이내에 노회 재판국 또는 총회 재판국의 기소명령을 이행하지 아니한 경우에 고소인(고발인)은 1차에 한하여 노회 재판국 또는 총회 재판국에 재차 항고 또는 재항고를 할 수 있으며 재차 기소명령을 받고도 10일 이내에 노회 기소위원회 또는 당회 기소위원회가 이를 이행하지 않으면 직접 재판하여 처리한다. [개정 2012.9.20]

제68조 증거조사
증거조사는 피고인에 대한 신문이 종료된 후에 하여야 한다. 단, 필요한 때에는 신문 중에도 이를 할 수 있다.

제69조 기소장의 변경
1. 헌법 권징 제77조에 의하여 기소위원장이 기소장을 변경하고자 하는 때에는 그 취지를 기재한 권징 제7-7호 서식에 의한 기소장 변경 허가신청서를 재판국에 제출하여야 한다.
2. 전항의 기소장 변경 허가신청서에는 피고인의 수에 상응한 부본을 첨부하여야 한다.
3. 재판국은 전항의 부본을 피고인 또는 변호인에게 즉시 송달하여야 한다.
4. 기소장의 변경이 허가된 때에는 재판국장은 재판기일에 기소위원장으로 하여금 제1항 기소장 변경 허가신청서에 의하여 기소장 변경의 요지를 진술하게 할 수 있다.
5. 재판국은 제1항의 규정에도 불구하고 피고인이 재정(在廷)하는 재판정에서는 피고인에게 이익이 되거나 피고인이 동의하는 경

우 구술에 의한 기소장 변경을 허가할 수 있다.
6. 재판국은 심리의 경과에 비추어 상당하다고 인정한 때에는 기소사실 또는 적용 규정의 추가 또는 변경을 요구하여야 한다.

제70조 변론의 분리 · 병합 · 재개

재판국은 필요하다고 인정한 때에는 직권 또는 기소위원장, 피고인이나 변호인의 신청에 의하여 결정으로 변론을 분리하거나 병합할 수 있으며 종결한 변론을 재개할 수 있다.

제71조 상소

1. 헌법 권징 제92조 제2항에 의한 항소·상고의 취하서 및 포기서는 권징 제9-2호 서식, 헌법 권징 제94조, 제107조에 의한 항소장·상고장은 권징 제9-1호 서식, 헌법 권징 제97조 제1항 및 제3항, 제110조에 의한 항소이유서, 상고이유서는 권징 제9-3호 서식, 답변서(항소·상고용)는 권징 제9-4호 서식으로 한다.
2. 헌법 권징 제96조 소송기록 접수와 통지에 있어서 상대방이라 함은 피항소인을 말하며 피고인이 항소하면 당회 기소위원장이 상대방(피항소인)이 되고 당회 기소위원장이 항소하면 피고인이 상대방(피항소인)이 된다. [신설 개정 2012.9.20]
3. 헌법 권징 제97조 항소이유서와 답변서 제2항과 제3항에 있어서 상대방이라 힘은 전항과 같다. [신설 개성 2012.9.20]
4. 총회 산하기관 및 단체의 부정이나 비리와 감사위원회의 고소(혹은 고발, 기소의뢰) 건에 대한 항소(상고) 건은 노회 기소위원장이 출석하여 재판 시에 변론한다. [신설 개정 2014.9.25]

제72조 위탁재판의 청원 · 책벌(권징) 적용과 범위

1. 헌법 권징 제120조에 의하여 당회장이 노회 재판국에 위탁재판을 청원할 때에는 권징 제10-1호 서식으로 한다.
2. 헌법 권징 제120조 1항에 의한 재판의 전례가 없어 재판하기가 극히 어려운 경우는 당회의 결의에 의하여 당회장이 위탁재판을 노회에 청원하여야 한다. [신설 개정 2012.9.20]
3. 헌법 권징 제120조 2항에 의한 당회나 교회의 분쟁으로 당회 재판국의 구성 또는 당회의 회집이 불가할 때에는 당회장이 직권으로 위탁재판을 노회에 청원하여야 한다. [개정 2012.9.20]
4. 헌법 권징 제120조 3항에 의한 기타 치리회의 사정상 당회 재판국에서 재판하기가 심히 어려운 경우에도 전항과 같으며 그 경우란 다음의 각호를 말한다. [신설 개정 2012.9.20]
   ① 당회장이 고소인(고발인)이 된 경우
   ② 당회장이 피고소인(피고발인)이 된 경우
   ③ 기타 당회 또는 제직회나 공동의회의 사정상 당회 재판국에서 재판하기가 심히 어려운 경우
5. 헌법 정치 제64조 1항에 의한 당회가 없는 미조직교회 또는 제65조에 의한 폐당회가 된 교회와 장로 2인 미달 교회와 당회가 폐지된 교회로 재판국의 구성이 불가할 때에는 제3항과 같다. [개정 2012.9.20]
6. 각 치리회나 총회 산하기관 및 단체에서의 부정이나 재정 비리 행위 당사자에 대하여 총회장 혹은 총회 산하기관 및 단체의 이사회, 치리회의 감사위원회가 결의하여 총회재판국에 고소(고발)하여 책벌할 수 있다. [신설 개정 2014.9.25, 개정 2022.9.21]
7. 책벌(권징) 적용과 범위 [신설 개정 2014.9.25]

① 헌법 권징 제5조(책벌의 종류와 내용) 3항에서의 직원이란, 헌법 정치 제21조(교회의 직원의 구분)의 직원뿐 아니라 노회・총회 유급 직원과 총회 산하단체와 기관의 이사를 포함한 범위를 말한다.
② 헌법 권징 제3조(권징의 사유가 되는 죄과) 15항의 상당한 손실, 제5조(책벌의 종류와 내용) 3항의 단서 조항의 상당한 비리나 부정, 제49조(고소기간)의 상당한 죄과 등의 범위는 100만 원 이상 재정 비리 또는 부정을 행한 죄과를 말한다.
③ 헌법 권징 제5조 1항 가중처벌의 불량한 죄질이란 상당한 뇌물 수수・횡령・공금 유용・배임과 성폭행 및 상습 폭행, 치리회원과 치리회 및 기관 단체의 개인 정보와 문서를 부정 유출한 죄과를 말한다.
④ 노회나 총회 직원과 총회 산하기관 및 단체의 이사나 직원으로 본 교단에 소속 교회를 출석하지 않는 자가 헌법 권징 제3조에 해당하는 죄과(부정과 재정 비리)를 범할 경우에 수도권 내의 본 교단 소속 노회(노회 직원은 근무하는 노회)에 고소・고발이나 기소의뢰를 하여 책벌을 받게 하고, 그 결과를 출석하는 교회와 소속 노회에 통지하여 처리하게 한다.
⑤ 헌법 권징 제3조의 죄과 사유로 책벌 받은 자가 3년 이내에 다시 죄를 범할 경우 누범을 적용하여 가중처벌한다.
⑥ 헌법 정치 제28조 6항을 위배한 해 치리회장에게는 상회총대 파송정지 이상의 책벌을 할 수 있다.
⑦ 헌법시행규정 제23조(다른 교단의 목사청빙)에 있어, 구비서류가 미비하거나 자격 요건이 불비함을 알고도 청빙과 청목

및 목사고시 응시 등을 묵인하거나 조건부 승인(허락)한 경우에는 해 당회장과 노회장에게는 상회총대파송정지 이상의 책벌을 할 수 있다.

제73조 재심청구 [개정 2012.9.20, 2017.9.21, 2019.9.26]

1. 헌법 권징 제127조의 재심청구권자가 재심청구를 함에는 재심청구의 취지 및 재심청구의 사유를 구체적으로 기재한 권징 제10-2호 서식에 의한 재심청구서에 원심판결의 등본, 증거자료 및 증명서를 첨부하여 원심치리회에 제출하고 재심청구를 접수한 원심치리회장은 이를 접수한 날로부터 5일 이내에 원심 재판국에 송부하여야 한다. 원심치리회라 함은 확정판결을 한 재판국이 소속한 치리회인 당회, 노회, 총회를 의미한다. [개정 2012.9.20, 2019.9.26]
2. 헌법 권징 제123조 재심사유 중 제1항, 제2항, 제4항, 제5항에서 "증명된 때"라 함은 그 증명이 공공기관의 증명이나 국가법원의 확정판결에 의한 것을 말한다.
3. 헌법 권징 제123조에 의한 재심의 청구는 책벌의 집행(시벌)을 정지하는 효력이 없다. 단, 재심 재판국은 재심사건 판결 선고 시까지 원심판결의 효력을 정지할 수 있다. [개정 2012.9.20, 2019.9.26]
4. 헌법 권징 제129조 제1항 "재판국은 그 심급에 따라 다시 심판하여야 한다."에서 "그 심급에 따라"라고 함은 제1심(당회 재판국 또는 노회 재판국)의 확정판결에 대한 재심은 제1심(당회 재판국 또는 노회 재판국) 재판절차에 따라 심판하고, 항소심(노회 재판국)의 파기자판의 확정판결에 대한 재심은 항소심 재판절차에 따라서, 상고심(총회 재판국)의 파기자판의 확정판결에 대

한 재심은 상고심 재판절차에 따라서 각각 심판한다는 의미이다. 상소심(항소심, 상고심)의 상소(항소, 상고)기각 판결의 확정으로 인하여 확정된 하급심의 원판결에 대한 재심은 그 하급심의 재판절차에 따라서 심판한다. [개정 2012.9.20]
5. 재심의 판결에 대하여 불복이 있을 경우에 헌법 권징 제5장 상소에 따라 다시 심급에 따라 상소할 수 있다. [개정 2012.9.20, 2019.9.26]
6. 재심의 청구가 재심관할 재판국에 접수되면 원심재판국장은 현 재판국원 중 다음 각호에 해당하는 재판국원이 있을 경우 그 명단을 10일 이내에 소속 치리회장에게 통보하고, 그 교체를 요구하여야 한다. [개정 2017.9.21]
   ① 그 사건과 관련하여 직권남용, 뇌물수수 등 부정행위를 한 사실이 확정 판결에 의하여 입증된 국원
   ② 헌법 또는 이 규정에 의하여 그 재판에 관여할 수 없는 재판국원
7. 재판국원의 교체 및 보선은 헌법 권징 제10조, 제17조, 제21조와 이 규정 제42조를 준용한다. [개정 2017.9.21]
8. 재판국장으로부터 제6항의 ①, ②를 통보 받은 치리회장은 통보를 받은 날로부터 10일 이내에 보선하여야 한다. [개정 2012.9.20, 2017.9.21]
9. 교체 및 보선된 재판국원은 그 재판에 한하여 한시적으로 직무에 종사한다. [신설 개정 2012.9.20, 개정 2017.9.21]
10. 제7항의 경우 원심재판국이 당회 재판국이면 당회원의 수가 부족하여 교체, 보선을 할 수 없을 때에는 노회 재판국에 위탁

재판청원을 하여야 한다. [신설 개정 2012.9.20, 개정 2017.9.21]
11. 제6항에 의한 재심 판결에 불복하여 상소한 경우에는 기존의 노회 재판국 또는 총회 재판국이 재심 판결의 상소사건을 심판한다. [신설 개정 2012.9.20, 개정 2017.9.21]
12. 헌법 권징 제124조의 재심 관할권이 있는 원심재판국이라 함은 재심을 받고자 하는 확정판결을 선고한 재판국을 의미한다. [신설 개정 2012.9.20, 개정 2017.9.21]
13. 상소심(항소심, 상고심)의 상소(항소, 상고) 기각판결에 재심사유가 있는 경우에 원심재판국이라 함은 상소심(항소심, 상고심)의 재판국을 말하며, 상소심(항소심, 상고심)의 상소 기각판결로 인하여 확정된 하급심의 판결에 재심사유가 있는 경우에 원심재판국이라 함은 하급심의 재판국을 말한다. [신설 개정 2012.9.20, 개정 2017.9.21]
14. 전항과 같은 두 개의 확정판결에 다 재심사유가 있어서 재심청구가 경합하는 경우에 원심재판국이라 함은 상소 기각판결을 한 상소심을 말하며, 이때 재심 재판국은 상소심(항소심, 상고심)의 판결과 상소 기각판결로 인하여 확정된 하급심의 판결을 모두 재심대상 판결로 간주하고 심판한다. [신설 개정 2012.9.20, 개정 2017.9.21, 2019.9.26]
15. 피고인만 청구한 재심에는 원심판결의 책벌보다 중한 책벌을 선고하지 못한다. [신설 개정 2012.9.20, 2019.9.26]
16. 헌법 권징 제128조의 재심청구의 기각결정문은 권징 제8-3호 서식으로 하고, 헌법 권징 제129조의 재심의 심판 중 권징책벌 사건의 판결문은 권징 제8-1호 서식으로 하고, 행정쟁송사건

의 판결문은 권징 제8-2호 서식으로 한다. [신설 개정 2012.9.20, 2019.9.26]
17. 재심재판국은 재심 인용 판결을 선고할 경우 헌법 권징 제123조의 재심사유 중 어느 사유에 의하여 재심청구를 인용하였는지를 판결(결정)이유에 명시하여야 한다. 재심재판국이 이를 판결(결정)이유에 명시하지 아니하였을 경우 그 치리회장은 재판국이 그 판결문을 보정할 때까지 당사자들에게 판결문을 송부하지 아니하고 판결의 집행을 보류할 수 있다. [신설 개정 2019.9.26]

※ 제74조(총회특별재심청원과 총회특별재심위원회의 구성과 절차)는 삭제 개정 : 2017.9.21.

제74조 행정소송의 대상범위

1. 헌법 권징 제141조의 치리회장이 행한 행정행위는 당회장, 노회장, 총회장이 행한 처분을 말한다.
2. 법리부서(규칙부, 재판국, 헌법위원회 기타 심판기관 포함)의 해석, 판결, 결정에 대하여는 행정소송을 할 수 없고 노회, 총회의 상임 부·위원회와 특별위원회의 장은 그 치리회의 보조기관이므로 행정행위를 외부에 표시하더라도 행성소송의 대상이 되지 아니한다. [개정 2012.9.20]
3. 당회장, 노회장, 총회장의 행정행위에 대하여 본 교단 헌법과 이 규정에 의한 재판국 또는 총회특별심판위원회의 최종 확정재판을 거치지 아니하고 국가기관(경찰, 검찰, 법원)에 고소, 소제기,

가처분신청 등을 하지 못한다. [개정 2012.9.20]
4. 전항을 위반한 경우 행정행위를 한 치리회(폐회 중에는 임원회)의 결의로 위반한 자의 소속 치리회의 임원회에 기소의뢰할 수 있고, 기소의뢰를 받은 소속 치리회의 임원회는 반드시 기소위원회에 기소의뢰하여야 한다. [신설 개정 2012.9.20]
5. 제2항, 제3항의 공무수행으로 인해 국가기관에 피소 시, 최종 확정 때까지의 관계기관 협조, 변호사 선임 등의 소요되는 제반 조치와 비용은 소속 치리회에서 부담한다. [신설 개정 2012.9.20]

제75조 행정소송의 방식과 판결

1. 행정소송의 원고는 권징 제5-1호 서식에 의한 소장을 행정처분을 한 치리회에 접수를 시키고, 치리회장은 10일 이내에 권징 제7-4호 서식에 의한 답변서를 첨부하여 차상급 치리회에 송부하여야 하고, 차상급 치리회는 재판국에 10일 이내로 이첩하여야 한다. [개정 2012.9.20]
2. 행정소송의 소송요건을 구비하지 못한 부적법한 소에 대하여 본안 심리를 거절하는 소각하 판결을 한다.
3. 본안 심리를 하여 원고의 청구가 이유 없다 하여 원고의 주장을 배척할 경우에는 청구기각판결을 한다.
4. 본안 심리를 하여 원고의 청구가 이유 있다고 하여 원고의 청구의 전부 또는 일부를 인용할 경우에는 취소판결 또는 무효 등 확인판결을 한다.
5. 행정소송의 판결문은 권징 제8-2호 서식으로 한다.

제76조 총회 특별심판위원회의 구성

1. 헌법 권징 제143조 제5항에 의한 총회 특별심판위원회는 총회의 상임 부장과 상임 위원장으로 구성한다.
2. 총회장과 각 상임 부장 또는 각 상임 위원장과의 연명으로 행한 행정행위에 관한 행정소송의 경우에는 해당하는 각 상임 부장, 각 상임 위원장은 전항의 특별심판위원이 되지 못한다.
3. 총회에 소제기가 접수된 날로부터 60일 이내에 총회 임원회는 제1항의 위원회를 구성하여 소장을 이첩하여야 한다.
4. 임원으로 위원장과 서기를 두며 임원은 위원의 호선으로 선임한다.
5. 위원에 결원이 있으면 신임 부장·위원장이 자동으로 위원이 된다.
6. 특별심판위원회의 회의는 위원 재적 3분의 2 이상의 출석과 출석인원 과반수의 찬성으로 의결한다.
7. 심판이 종결되면 위원회는 자동 해체된다.
8. 총회의 회기가 끝나면 위원회는 자동 해체되며 총회 임원회는 즉시 새로이 선임된 상임 부장과 상임 위원장으로 특별심판위원회를 신규로 구성하여 변론재개를 통하여 재판을 진행시킨다.
9. 특별심판위원회의 심판결정에 대하여 권징 제8-4호 서식에 의한 결정서를 받은 날로부터 10일 이내에 원고 또는 피고는 총회 임원회에 재심판을 청구할 수 있으며, 이 경우 총회 임원회는 새 심판청구를 받은 날로부터 30일 이내에 특별위원장들(상임부서장 겸임자 제외)로 특별심판위원회를 새로 구성하여 다시 심판·결정하게 한다. 이 결정에 대하여는 이의신청하지 못한다.

[개정 2012.9.20]

10. 새로 구성된 특별심판위원회는 제4항과 제6항을 준용하고 결원이 있으면 즉시 총회 임원회에서 보선하며, 재심판청구의 사건만을 처리하는 한시적 기관이다.
11. 제9항의 경우 헌법 권징 제123조의 재심사유의 제한을 받지 아니하며, 그 외에는 헌법 권징 제128조, 제129조, 제130조의 재심절차를 준용한다.

제77조 행정소송의 피고의 경정
1. 헌법 권징 제145조 제2항에 의한 피고경정의 결정이 있은 때에는 종전의 피고에 대한 소송은 취하된 것으로 본다.
2. 행정소송이 제기된 후에 헌법 권징 제145조 제1항 단서에 해당하는 사유가 생긴 때에는 재판국은 당사자의 신청 또는 직권에 의하여 피고를 경정한다. 이 경우 종전의 피고에 대한 소송은 취하된 것으로 보며, 새로운 피고에 대한 소송은 처음에 소를 제기한 때에 제기된 것으로 본다.

제78조 행정소송의 제3자의 소송참가
1. 헌법 권징 제146조에 의한 제3자의 소송참가에 있어서 재판국이 소송참가 결정을 하고자 할 때에는 미리 당사자 및 제3자의 의견을 들어야 한다.
2. 재판국이 당사자 또는 제3자의 소송참가의 신청을 각하한 결정에 대하여는 불복신청을 하지 못한다.
3. 재판국이 제3자의 소송참가를 결정하면 필수적 공동소송의 형태가 되며, 이 경우 공동소송인 가운데 한 사람의 소송행위는 모두의 이익을 위하여서만 효력을 가진다.
4. 전항의 공동소송에서 공동소송인 가운데 한 사람에 대한 상대방

의 소송행위는 공동소송인 모두에게 효력이 미친다.

제79조 취소소송의 제기기간

1. 헌법 권징 제147조 제2항에 의한 취소소송의 제기기간은 불변기간이다.
2. 헌법 권징 제147조 제2항 단서의 정당한 사유가 있는 경우란 천재, 지변, 전쟁, 사변, 그 밖에 불가항력 또는 해외출국, 장기입원 등으로 그 기간 내에 소송을 제기할 수 없는 경우를 말한다.
3. 전항의 사유가 소멸한 날로부터 10일 이내에 소송을 제기할 수 있으며, 다만 국외에서 소송 제기할 경우에는 그 기간을 30일로 한다.

제80조 행정쟁송과 소제기, 재심

1. 헌법 권징 제142조(행정소송), 제153조(결의취소의 소), 제154조(결의무효확인의 소), 제155조(치리회 간의 소송), 제157조(선거무효소송), 제158조(당선무효소송)에 의한 행정쟁송을 제기할 때에는 권징 제5-1, 2, 3, 4호 서식에 의하여 소장을 제출하고 재판비용의 예납영수증 사본과 피고에게 송달할 부본을 첨부하여야 한다.
2. 소장이 제출되면 재판국장은 직권으로써 소장의 필요적 기재사항, 재판비용 예납영수증 사본 첨부 및 피고에게 송달할 부본 첨부 등의 여부를 심사하고, 만약 이들을 흠결할 경우 상당한 기간을 정하여 그 흠결의 보정을 명하고, 그 기간 내에 보정하지 아니하면 명령으로써 소장을 각하하여야 한다.
3. 헌법 권징 제142조에 의한 행정소송과 제153조 및 제154조에 의한 결의 취소 등의 소송과 제155조에 의한 치리회 간의 소송의

확정판결에 대하여 헌법 권징 제123조에 의한 재심청구를 할 수 있다. [신설 개정 2012.9.20]
4. 헌법 권징 제157조에 의한 선거무효소송과 제158조에 의한 당선무효소송의 확정판결에 대하여는 전항의 재심청구를 할 수 없다. [신설 개정 2012.9.20]
5. 치리회장이 헌법 권징 제6조 2항의 권징절차법정주의를 모르고 행정처분으로 책벌을 한 경우에 피해 당사자가 피해를 회복하기 위하여 일반권징사건으로 고소(고발)장을 제출한 때에 재판국은 이를 행정소송의 소제기로 보고 재판한다. [신설 개정 2012.9.20]

제81조 행정소송의 선정대표자

1. 헌법 권징 제148조 제2항의 선정대표자에 있어서 다수의 원고가 공동으로 행정소송의 소제기를 하는 때에는 청구인 중 3인 이하의 대표자를 선정할 수 있다.
2. 선정대표자는 각기 다른 원고를 위하여 그 사건에 관한 모든 행위를 할 수 있다. 다만 소의 취하는 다른 원고들의 동의를 얻어야 하며, 이 경우 동의를 얻은 사실을 서면으로 소명하여야 한다.
3. 선정대표자가 선정된 때에는 다른 원고들은 그 선정대표자를 통하여서만 그 사건에 관한 행위를 할 수 있다.
4. 대표자를 선정한 원고들은 필요하다고 인정한 때에는 과반수의 결의로 선정대표자를 해임하거나 변경할 수 있으며 이 경우에 그 사실을 지체 없이 연명 날인한 서면으로 재판국에 통지하여야 한다.

제82조 행정소송의 청구변경

1. 헌법 권징 제149조에 의한 청구변경 신청은 권징 제5-5호 서식에 의한다.
2. 청구변경의 불허는 변론 없이 결정으로 한다. 단, 이 결정에 대하여 불복신청하지 못한다.

제83조 행정소송과 집행부정지 및 집행정지

1. 행정소송의 제기는 행정행위·처분 등의 효력이나 그 집행 또는 절차의 속행에 영향을 주지 아니한다.
2. 행정소송이 제기된 경우에 행정처분 등이나 그 집행 또는 절차의 계속 집행으로 인하여 생길 회복하기 어려운 손해를 예방하기 위하여 긴급한 필요가 있다고 인정할 때에는 그 소송이 계류되고 있는 재판국은 당사자의 신청 또는 직권에 의하여 처분 등의 효력이나 그 집행 또는 절차의 속행의 전부 또는 일부의 정지(이하 집행정지라 한다.)를 결정할 수 있다. [신설 개정 2012.9.20]
3. 집행정지는 지교회나 치리회의 공공복리나 질서유지에 중대한 영향을 미칠 우려가 있을 때에는 허용되지 아니한다. [신설 개정 2012.9.20]
4. 제2항의 집행정지의 결정을 신청할 때에는 그 이유에 대한 소명이 있어야 한다. [신설 개정 2012.9.20]
5. 집행정지결정이 확정된 후에 그 집행정지의 사유가 없어진 때에는 당사자의 신청 또는 직권에 의하여 결정으로 집행정지의 결정을 취소할 수 있다. [신설 개정 2012.9.20]

제84조 행정소송의 소 취하

1. 소의 취하는 권징 제5-6호 서식에 의한다. 다만 변론기일에 구두로 할 수 있다.
2. 소장을 송달한 후에는 취하의 서면을 상대방에게 송달하여야 한다.
3. 변론기일에 구두로 소 취하를 한 경우에 상대방이 출석하지 아니하면 그 기일의 조서등본을 송달하여야 한다.
4. 헌법 권징 제150조에 의하여 행정소송의 원고가 소를 취하하면 소가 처음부터 계속되지 아니한 것으로 보고 재판국은 소송종결 선언의 판결을 하고 판결 주문에 "이 사건의 소송은 ○○년 ○○월 ○○일자 소 취하로 종료되었다."라고 기재한다. [개정 2012.9.20]

제85조 준용규정

제75조(행정소송의 방식과 판결) 2항에서 5항까지, 제81조(행정소송의 선정대표자), 제82조(행정소송의 청구변경), 제83조(행정소송과 집행부정지 및 집행정지), 제84조(행정소송의 소 취하)의 규정은 헌법 권징 제8장(행정쟁송)의 제3절(결의취소 등의 소송), 제4절(치리회 간의 소송), 제5절(선거무효소송과 당선무효소송)에 준용한다.

제86조 집행과 종국판결 및 시벌

1. 헌법 권징 제119조에 의한 판결집행을 위하여 판결이 확정된 재판국이 속한 치리회장은 판결확정 후 30일 이내에 피고인(권징사건) 또는 피고(행정쟁송사건)가 속한 치리회장에게 권징 제8-5호 서식에 의한 판결집행문으로 통보하여야 한다. 통보 받은 소속 치리회장은 통보 받은 날로부터 15일 이내에 헌법 권징

제131조, 제132조에 의하여 시벌한다.
2. 판결이 확정된 재판국이 속한 치리회와 피고인 또는 피고가 속한 치리회가 동일한 경우에는 서식에 의한 통보를 요하지 아니하며 단지 판결이 확정된 날로부터 15일 이내에 헌법 권징 제131조, 제132조에 따라 바로 시벌한다.
3. 피고인이 시벌을 불이행할 시는 소속 치리회(폐회 중에는 임원회)의 결의로 판결이 확정된 재판국에 가중처벌을 의뢰할 수 있고, 그 재판국은 별도의 고소(고발) 및 기소 없이 즉시 판결로 가중처벌을 할 수 있고, 이 가중처벌에 대하여 이의신청, 상소 등 불복할 수 없다. [신설 개정 2012.9.20]
4. 피고인이 속한 치리회나 상급 치리회가 권징 제119조(집행과 종국 판결), 제131조(시벌 치리회), 제132조(시벌 방법)에 의하여 위 1, 2항대로 시벌을 불이행하거나 회피할 경우 확정 판결 이후 60일이 지나면 시벌 집행과 같은 효력이 발생한다. [신설 개정 2014.9.25]

제87조 재판계류와 교단탈퇴
1. 본 교단 헌법과 이 규정에 의한 재판국의 재판에 계류 중에 있는 자(교회, 단체 포함)가 총회나 노회를 탈퇴한 경우에는 변론없이 항존직원은 헌법 권징 제5조 제1항 제9호 면직책벌로 판결할 수 있으며 재판에 계류 중이 아닌 항존직원은 권고사직이 된 것으로 본다. [개정 2012.9.20, 2019.9.26]
2. 재판에 계류 중 여부와 관계없이 탈퇴한 자에 대하여는 행정적인 조치로 치리회에서 제명할 수 있으며 이 경우 명부에는 탈퇴로 인한 제명이라고 쓰며 이 제명의 효과는 재판에서 면직과

출교책벌을 병과하여 받은 것과 동일한 효력이 있다. [신설 개정 2012.9.20]

제88조 총회결의와 총회장의 행정처분의 효력 [개정 2012.9.20]

1. 총회의 결의 또는 총회장의 행정처분이나 행정지시를 위반·불이행한 자에 대하여 총회장은 총회 임원회의 결의에 의하여 그 시행을 권고할 수 있다.
2. 전항의 권고를 20일 이내에 시행하지 아니할 경우에 총회장은 총회 임원회의 결의로 10일 기간을 두고 2차 경고를 할 수 있다.
3. 전항의 2차 경고를 받고도 이를 시행하지 아니한 때에는 총회장은 총회 임원회의 결의를 거쳐 위반·불이행한 그 치리회를 헌법 권징 제3조 제2항의 죄과를 물어 총회 임원회의 서기로 하여금 총회 재판국에 고소(고발)하게 하여, 헌법 권징 제5조 4항 ① 상회 총대 파송정지의 책벌을 받게 할 수 있다.
4. 전항의 경우에 총회장은 그 치리회장과 그 치리회의 서기에게도 전항의 죄과를 물어 총회 임원회의 서기로 하여금 총회 재판국에 고소(고발)하게 하여, 헌법 권징 제5조 3항의 책벌을 받게 할 수 있다.
5. 제2항 내지 제4항의 경고나 제재방법 이외에 총회장은 총회 임원회의 결의를 거쳐 그 치리회에 다음의 행정처분을 할 수 있다.
   ① 총회가 집행 또는 주선하는 예산의 집행이나 수혜를 정지하는 처분
   ② 그 치리회에서 총회에 파송하는 총대의 전부 또는 일부에게 각 상임 부·위원회, 정기위원회의 임원, 산하기관의 이사·감사의 임직을 배제하는 처분. 단, 부총회장의 선거

권·피선거권, 총회 본회의의 출석, 발언, 표결권 기타 기본권을 제한하지 못한다.

제89조 서식
1. 헌법이나 이 규정에 의한 모든 헌법 정치, 권징 서식은 다음의 서식을 그 표준으로 삼는다.
2. 표준 서식과 다르더라도 의미가 통하거나 치리회장의 직인이 날인되었을 경우에는 유효하다. [개정 2012.9.20]
3. 표준 서식은 필요에 따라 헌법위원회의 결의로 수정, 추가할 수 있다. [개정 2012.9.20]

제90조 총회결의와 총회장의 행정처분 및 조치의 적용 범위 [신설 개정 2015.9.17]
1. 헌법시행규정 제88조 제1항 내지 제4항은 총회 산하기관 및 단체의 이사 개인이나 대표자에게도 적용할 수 있다.
2. 전 제1항의 경우는 총회 임원회의 결의로 서기가 소속치리회에 고소, 고발할 수 있고, 소속치리회 재판국은 재판에 의해 헌법 권징 제5조 제3항 또는 제4항 ①호의 책벌을 받게 할 수 있다. [개정 2021.9.28]
3. 전 제1항, 제2항의 책벌에 대하여 1회에 한하여 총회재판국에 이의신청을 할 수 있다.
4. 헌법시행규정 제88조 제1항과 제2항, 전 제1항의 총회장의 행정처분이나 행정지시, 행정명령의 1차는 권고, 2차는 경고를 뜻한다.
5. 총회가 파송하는 총회 산하기관 및 단체, 연합기관 등의 임원

(이사, 대표)이 총회 헌법 및 헌법시행규정, 총회 규칙 및 제 규정을 위배하거나 총회 결의에 반하는 행위를 할 경우 총회 임원회의 결의로 서기가 제2항의 절차에 따라 소속치리회에 고소, 고발할 수 있고, 노회의 기소위원회가 기소를 제기하면 총회장은 총회 임원회의 결의로 판결 확정시까지 그 당사자의 직무를 정지할 수 있다. [개정 2021.9.28]

제4장 부칙

제1조 이 규정은 공포한 날로부터 시행한다. [개정 2012.9.20]
제2조 2007년 6월 28일 이 규정이 제정 공포됨으로써 헌법조례는 폐지한다. [개정 2012.9.20]
제3조 이미 진행 중인 사안은 이 규정에 위배되지 않는 한 그대로 진행하고, 그 외에는 이 규정에 따른다.
제4조 구 헌법 제64조 2항에 의해 제92회 총회 시까지 폐당회가 유보된 당회는 헌법 정치 제65조에 의거 헌법 공포일(2007년 5월 15일)부터 4년 후 가을노회(2011년 가을노회) 전까지 1회라도 당회를 조직하지 못하면 폐당회가 된다.
제5조 안건 결의 시 계수를 필요로 할 때 혹은 인선 등 원칙적으로 비밀 무기명투표로 결의(결정)할 때에라도 찬성과 반대를 차례로 물었을 때 1인의 반대도 없으면 만장일치로 가결된 것으로 보고 계수나 투표를 생략할 수 있다. [개정 2012.9.20]
제6조 이 규정은 공포(제정)한 날로부터 3년 이내에는 개정하지 못한다.

제7조 헌법이나 이 규정의 시행유보, 효력정지 등은 헌법과 이 규정에 명시된 절차에 의한 조문의 신설 없이는 총회의 결의나 법원의 판결, 명령으로도 할 수 없다.

제8조 (개정헌법과의 관계) 헌법 개정안이 총회 본회의를 통과하고 노회 수의를 거쳐 시행 공고할 때까지 이 개정헌법시행규정과 현행 헌법이 상충될 경우에는 개정 전 헌법시행규정을 적용한다. [**신설 개정 2012.9.20**]

2007년 6월 28일 제정 공포
2012년 9월 20일 개정
2014년 9월 25일 개정
2015년 9월 17일 개정
2017년 9월 21일 개정
2018년 9월 13일 개정
2019년 9월 26일 개정
2021년 9월 28일 개정
2022년 9월 21일 개정

서식목록(정치)
서식목록(권징)

서식목록(정치)
(헌법시행규정 제89조)

서식번호	서식명
제1호 서식	교회 설립(가입) 신청서
제2호 서식	교회 분립(합병) 청원서
제3호 서식	교인 이명증서
제4호 서식	이명 접수 통지서
제5-1호 서식	(위임, 담임, 부)목사 청빙청원서
제5-2호 서식	청빙서
제5-3호 서식	전임전도사 경력확인서
제6-1호 서식	전도목사 파송요청서
제6-2호 서식	전도목사 청빙서
제7-1호 서식	기관목사 청빙청원서
제7-2호 서식	기관목사 청빙서
제8호 서식	원로목사 추대청원서
제9호 서식	노회 가입 청원서
제10호 서식	추천서
제11-1호 서식	목사(목사후보생) 이명 청원서
제11-2호 서식	목사(목사후보생) 이명 확인서
제11-3호 서식	사임서
제12호 서식	목사(장로)휴무 청원서
제13호 서식	노회 분립(합병) 청원서
별첨 1 서식	교세통계
별첨 2 서식	소속 교회 및 당회장 명단
별첨 3 서식	합의서
별첨 4 서식	○○ 교회 부동산 대장(예)

(정치 제1호 서식)

교회 설립(가입) 신청서

교 회 명 : (가칭)
주　　소 :
교회현황 : 1. 대　　　지 :　　　　　㎡
　　　　　2. 건물연건평 :　　　　㎡
　　　　　3. 소 유 형 태 : 본 교회 소유(　　) 임대(　　)
　　　　　4. 교 인 수 :

	남	여	계
원 입			
세 례			
학 생			
계			

　　　　　＊ 학생은 유치부부터 중고등부까지로 세례교인일지라도 교회학교 학생
　　　　　　이면 이 범주에 포함됨.
　　　　　5. 설립경위(가입경위) :
　　　　　6. 본 교단 이웃교회와의 거리(아파트 지역은 예외) :
　　　　　7. 교 역 자 : 성명 /　　　　(남, 여)
　　　　　　　　　　　 교직 /
　　　　　　　　　　　 임직 받은 교단 및 노회
첨　　부 : 교인서명부, 토지 건물 등기부 등본 1통, 임대차 계약서

위 교회를 설립(가입)히고자 하오니 허락하여 주시기 바랍니다.

　　　　　　　　　　년　　　월　　　일

　　　　　　　　　　　　설립(가입)자 대표　○○○ ㉑
　　　　　　　　　　　　경유　○○ 시찰위원장 ㉑

대한예수교장로회　○○ 노회장 귀하

(정치 제2호 서식)

교회 분립(합병) 청원서

1. 교회명과 현황

		분립 전(합병 후) 교회	제1교회	제2교회
교 회 명				
주 소				
부동산	소유형태			
	대 지(㎡)			
	연건평(㎡)			
	동 산			
교인	원입(남, 여)			
	세례(남, 여)			
	학생(남, 여)			
	계(남, 여)			
교역자	성 명			
	교 직			
	현 시무처			

* 소유형태 난에는 본 교회 소유인지, 임대인지를 기재함.
* 학생은 유치부부터 중고등부까지로 세례교인일지라도 학생이면 이 범주에 포함함.

2. 분립(합병) 경위 :
    첨부 : 교인서명부, 분립(합병)결의서, 토지·건물 등기부등본 1통, 임대차 계약서

위와 같이 교회를 분립(합병)코자 하오니 허락하여 주시기 바랍니다.

년   월   일

분립(합병)청원 교회 대표 ○○○ ㊞
경유 ○○ 시찰위원장 ㊞

대한예수교장로회 ○○ 노회장 귀하

(정치 제3호 서식)

교인 이명증서

○○ 교회 제   호
이명 교인 성   명 :   (남, 여)
　　　　주   소 :
　　　　주민등록번호 :
　　　　수 세 일 :   년   월   일
　　　　집 례 자 :
　　　　신   급 :
이명하는 교회 교단명 :   교회명 :
　　　　주   소 :

위 교인을 귀 교회로 이명하오니 사랑으로 지도해 주시기 바랍니다.

　　　　　년   월   일

　　　　　　　　　　　　　　　　　　　　　　　교 회
　　　　　　　　　　　　　　　　　　　당회장 ○○○ ㊞

대한예수교장로회 ○○ 교회 당회장 귀하

(정치 제4호 서식)

이명 접수 통지서

○○ 교회   제   호
이명 온 교인 성   명 :   (남, 여)
            주   소 :
            주민등록번호 :

위 교인을 본 교회에 이명해 주심을 감사드리며 이명증서를 접수하고 교인명부에 등재하였음을 알려드립니다.

년   월   일

교회
당회장 ○○○ ㊞

대한예수교장로회 ○○ 교회 당회장 귀하

(정치 제5-1호 서식)

(위임, 담임, 부)목사 청빙청원서

○○ 교회 제   호

본 교회는 다음의 사람을 본 교회 (위임, 담임, 부)목사로 청빙하고자 첨부 서류를 구비하여 청원하오니 허락하여 주시기 바랍니다.

1. 성   명 :   (남, 여)
2. 주민등록번호 :
3. 목 사 안 수 :   노회   안수일 :   년   월   일
4. 현 시 무 처 :

　첨부 : 위임목사 ① 청빙서 사본(공동의회 출석 세례교인 명 중 명의 서명)
　　　　　　　　② 이력서 ③ 가족관계증명서, 기본증명서, 혼인관계증명서
　　　　　　　　④ 주민등록등본 ⑤ 당회록 사본 ⑥ 공동의회록 사본
　　　　　　　　⑦ 연금가입증서   각 1부

　　　　담임, 부목사 ① 청빙서 사본 ② 이력서 ③ 가족관계증명서, 기본증명서,
　　　　　　　　혼인관계증명서 ④ 주민등록등본 ⑤ 당회록 사본
　　　　　　　　⑥ 제직회의록 사본 ⑦ 연금가입증서   각 1부

　　　　목사 임직 시 추가 ① 목사고시 합격증 사본 또는 합격증명서 ② 신학대학교
　　　　　　　　졸업증명서 ③ 교역증명서 ④ 가족관계증명서, 기본증명
　　　　　　　　서, 혼인관계증명서 ⑤ 주민등록등본

　　　　　　　　　　년   월   일
　　　　　　　　　　　　대한예수교장로회 ○○ 교회
　　　　　　　　　　　　임시(대리)당회장 ○○○ ㊞
　　　　　　　　　　　　경유 ○○ 시찰위원장 ㊞

대한예수교장로회 ○○ 노회장 귀하

(정치 제5-2호 서식)

청빙서

○○ 교회 제   호

하나님의 은총이 함께하시기를 기원합니다.
본 교회는 귀하가 신덕과 재능이 겸비하여 목사의 직무를 잘 감당하실 줄 알고 본 교회 (위임, 담임, 부)목사로 청빙하오니 승낙하여 주시기 바랍니다.
귀하가 본 교회에 부임하여 시무 중에는 주택을 제공하고 매월 생활비로 일금   원(년   개월)을 드릴 것이며 총회 연금에도 가입해 드리겠습니다.

년   월   일

대한예수교장로회 ○○ 교회
교인대표 ○○○ ㊞

○○○ 목사 귀하

(정치 제5-3호 서식)

전임전도사 경력확인서

(　　) 교회 제　　호

하나님의 은총이 함께하시기를 기원합니다.

본인은 다음의 사람에 대한 전임전도사 시무경력을 확인하오니 목사 안수에 참고하시기 바랍니다.

1. 성　　　명 :　　　　　(남, 여)
2. 주민등록번호 :
3. 전임전도사 시무경력
　　1)　　년　월　일 ~　　년　월　일 (　) 노회 (　) 교회
　　2)　　년　월　일 ~　　년　월　일 (　) 노회 (　) 교회
　　3)　　년　월　일 ~　　년　월　일 (　) 노회 (　) 교회
4. 신학대학원 졸업 후 교육전도사 시무경력(졸업년도의 1월 1일부터 인정 가능하며 교육전도사의 경력의 절반을 전임전도사의 경력으로 인정함.)
　　1)　　년　월　일 ~　　년　월　일 (　) 노회 (　) 교회
　　2)　　년　월　일 ~　　년　월　일 (　) 노회 (　) 교회
　　3)　　년　월　일 ~　　년　월　일 (　) 노회 (　) 교회

위와 같이 확인합니다.

　　　　　　　　　년　월　일

　　　　　　　　(　) 노회 (　) 교회 당회장 ○○○ ㊞
　　　　　　　　(　) 노회 (　) 교회 당회장 ○○○ ㊞
　　　　　　　　(　) 노회 (　) 교회 당회장 ○○○ ㊞

(정치 제6-1호 서식)

전도목사 파송요청서

○○ 노회 국내선교부 제   호

본 국내선교부는 다음의 사람을 전도목사로 파송하고자 첨부 서류를 구비하여 요청하오니 허락하여 주시기 바랍니다.

1. 성   명 :   (남, 여)
2. 주민등록번호 :
3. 목 사 안 수 :   노회   안수일 :   년 월 일
4. 현 시 무 처 :
5. 시무예정지 및 사역내용 :
   첨부 : ① 청빙서 사본
        ② 국내선교부 회의록 사본
        ③ 주민등록등본
        ④ 가족관계증명서, 기본증명서, 혼인관계증명서
        ⑤ 이력서

               년   월   일

                    대한예수교장로회 ○○ 노회
                    국내선교부장 ○○○ ㊞

대한예수교장로회 ○○ 노회장 귀하

(정치 제6-2호 서식)

전도목사 청빙서

○○노회 제   호

하나님의 은총이 함께하시기를 기원합니다.

본 노회 국내선교부는 귀하가 신덕과 재능이 겸비하여 목사의 직무를 잘 감당하실 줄 알고 본 노회 전도목사로 파송하고자 청빙하오니 승낙하여 주시기 바랍니다.

귀하가 전도목사로 시무 중에는 매월 생활비로 일금   원(년 개월)을 드리겠습니다.

　　　　　　　　년　　　월　　　일

　　　　　　　　　　　　대한예수교장로회 ○○노회장 ○○○ ㊞
　　　　　　　　　　　　　　　　　　　　국내선교부장 ○○○ ㊞

○○○ 목사 귀하

(정치 제7-1호 서식)

기관목사 청빙청원서

(기관문서번호) 제   호

본_____는 다음의 사람을 기관목사로 청빙하고자 하여 첨부 서류를 구비하여 청원하오니 허락하여 주시기 바랍니다.

1. 성   명 :   (남, 여)
2. 주민등록번호 :
3. 목 사 안 수 :   노회   안수일 :   년   월   일
4. 현 시 무 처 :
5. 사 역 내 용 :
6. 임   기 :   년
   첨부 : ① 청빙서 사본
          ② 청빙결의 회의록 사본
          ③ 주민등록등본
          ④ 가족관계증명서, 기본증명서, 혼인관계증명서
          ⑤ 이력서

년   월   일

○○ (기관대표) ○○○ ㊞

대한예수교장로회 ○○ 노회장 귀하

(정치 제7-2호 서식)

기관목사 청빙서

(기관문서번호) 제   호

 하나님의 은총이 함께하시기를 기원합니다.
 본 _____는 귀하가 신덕과 재능이 겸비하여 목사의 직무를 잘 감당하실 줄 알고 귀하를 본 기관의 목사로 (   )년간 청빙하오니 승낙하여 주시기 바랍니다.
 귀하가 본 기관에 부임하여 시무 중에는 본 기관의 급료 규정에 의해 생활비를 지급해 드리겠습니다.

     년   월   일

          ○○ (기관대표) ○○○ ㊞

○○○ 목사님 귀하

(정치 제8호 서식)

원로목사 추대청원서

성   명 : ○○○ 목사
주   소 :
주민등록번호 :
목사 임직 연월일 :   년   월   일
목사 임직 노회와 교회 : ○○ 노회   ○○ 교회
목사 시무기간 :
원로목사에 대한 예우 :
첨부 : 원로목사 추대에 대한 공동의회 결의서

위와 같이 원로목사로 추대하고자 공동의회의 결의를 거쳐 청원하오니 허락하여 주시기 바랍니다.

년   월   일

대한예수교장로회 ○○ 노회 ○○ 교회
당회장 ○○○ ㊞

대한예수교장로회 ○○ 노회장 귀하

(정치 제9호 서식)

노회 가입 청원서

1. 성　　　명 : ○○○ 목사
2. 주민등록번호 :
3. 현 소속교단 :
4. 본 교단에 가입하고자 하는 이유 :
　　첨부 : ① 가족관계증명서, 기본증명서, 혼인관계증명서, 주민등록등본
　　　　　② 학력증명서
　　　　　③ 목사고시 합격증
　　　　　④ 이력서

위와 같이 귀 대한예수교장로회 ○○ 노회에 가입하고자 청원합니다.

　　　　　　　　　　　년　　　　월　　　　일

　　　　　　　　　　　　　　　　○○○○ 소속 목사 ○○○ ㊞

대한예수교장로회 ○○ 노회장 귀하

(정치 제10호 서식)

추천서

○○ 노회 제   호
성   명 :
주민등록번호 :
주   소 :
소 속 교 단 :   교단   교회
교   직 : 목사
출신 신학대학원 :   학위
안수 년월일 :   년   월   일
추 천 내 용 : 총회 직영 신학대학원에 입학을 추천

위와 같이 추천합니다.

                    년   월   일

                    대한예수교장로회 ○○ 노회
                    노회장 ○○○ ㊞

○○ 신학대학교 총장 귀하

(정치 제11-1호 서식)

목사(목사후보생) 이명 청원서

○○ 노회 제   호

귀 노회 위에 하나님의 은총이 늘 함께하시기를 기원합니다.
본 노회는 다음 사람을 청빙하고자 이명을 청원하오니 허락하여 주시기 바랍니다.

1. 성   명 :   (남, 여)
2. 주민등록번호 :
3. 시 무 예 정 지 :
   첨부 : 청빙서 사본 1부

년   월   일

대한예수교장로회 ○○ 노회
노회장 ○○○ ㊞

대한예수교장로회 ○○ 노회장 귀하

(정치 제11-2호 서식)

목사(목사후보생) 이명 확인서

○○ 노회 제   호

귀 노회 위에 하나님의 은총이 늘 함께하시기를 기원합니다.
귀 노회의 청원에 따라 본 노회는 다음의 사람을 귀 노회로 이명하오니 접수하시고 사랑으로 지도해 주시기 바랍니다.

1. 성   명 :   (남, 여)
2. 주민등록번호 :
    첨부 : 목사명부 원부

            년   월   일

                            대한예수교장로회 ○○ 노회
                            노회장 ○○○ ㊞

대한예수교장로회 ○○ 노회장 귀하

(정치 제11-3호 서식)

사 임 서

교 회 명 : 대한예수교장로회 ○○ 교회
성 명 : ○○○ 목사
주민등록번호 :

본인은 위 교회에   년   월   일부터 (위임, 담임, 부)목사로 재직 중에 있는 바 금번 ○○○ 사정으로 사임코자 하오니 허락하여 주시기 바랍니다.

　　　　　　　　　　년　　　월　　　일

주소 :

　　　　　　　　　　　　　　　대한예수교장로회 ○○ 교회
　　　　　　　　　　　　　　　　위 ○○○ 목사 ㉑

　　　　　　　　　　　　　　　경유 ○○ 시찰위원장 ㉑

대한예수교장로회 ○○ 노회장 귀하

(정치 제12호 서식)

목사(장로)휴무 청원서

○○ 교회 제   호

다음 목사(장로)가 본 교회(기관)를 휴무하기 위하여 아래와 같이 청원하오니 허락하여 주시기 바랍니다.

1. 소속 교회(기관) :
2. 성   명 :   ㉑
3. 주민등록번호 :
4. 교회(기관)부임일 :   년   월   일
5. 휴 무 기 간 :   년   월   일 ~   년   월   일
6. 휴 무 사 유 :
   첨부 : 당회록(결의) 사본 1부

             년   월   일

                    ○○ 교회 대리당회장 ○○○㉑

                        경유 ○○ 시찰위원장 ㉑

대한예수교장로회 ○○ 노회장 귀하

※ 유의사항 : 장로의 경우 위의 난 중에서 해당하는 부분만 기입한다.

(정치 제13호 서식)

노회 분립(합병) 청원서

분립 전(합병 후) 노회명 :
        주 소 :
분립(합병)되는 노회
        제1노회명 :
        주 소 :
        제2노회명 :
        주 소 :
분립(합병) 이유 :
첨부 : 1. 분립(합병) 결의 노회록 사본
     2. 교세통계
     3. 소속 교회 및 당회장 명단
     4. 합의서
     5. 노회 관할 구역 및 경계지도

위와 같이 노회를 분립(합병)코자 하오니 허락하여 주시기 바랍니다.

년 월 일

대한예수교장로회 ○○ 노회
노회장 ○○○ ㊞

대한예수교장로회 ○○ 노회
노회장 ○○○ ㊞

대한예수교장로회 총회장   귀하

(정치 별첨 1 서식)

교세통계

노회명	교회수			시무목사	시무장로	세례교인	교인총수
	조직당회	미조직당회	계				

(정치 별첨 2 서식)

소속 교회 및 당회장 명단

노회명	교회명	구분(조직당회, 미조직당회)	당회장

(정치 별첨 3 서식)

합의서

1. 노회명칭 :

2. 노회구역 :

3. 재산처리
　　동　　산 :

　　부 동 산 :

4. 기관처리 및 이사 파송

5. 노회회기 계승 및 문부의 보관

6. 기타

년　　　월　　　일

합의자 서명날인

(정치 별첨 4 서식)

○○ 교회 부동산 대장(예)

일련번호	구분(지목, 건물 등)	용도	소재지	면적	소유형태(소유, 임대)	구입(임대) 년월일	구입(임대) 금액	현재 사용 여부	작성자 서명 날인

※ 가로로 양식을 만들어 사용할 수도 있음.
※ 구입(임대) 순서대로 기록함.
※ 토지대장, 등기부등본 등 증빙서류철을 별도로 보관함.

서식목록(권징)
(헌법시행규정 제89조)

서식번호	서식명
제1호 서식	재판국원(기소위원) 기피신청서
제2호 서식	변호인 선임서
제3-1호 서식	소환장(피고인, 피고, 원고용)
제3-2호 서식	출석요구서(피의자용)
제4-1호 서식	고소(고발)장(권징책벌용)
제4-2호 서식	고소(고발) 취하서(권징책벌용)
제5-1호 서식	소장(행정소송용)
제5-2호 서식	소장(결의취소 등 소송용)
제5-3호 서식	소장(치리회 간의 소송용)
제5-4호 서식	소장(선거소송용)
제5-5호 서식	청구변경 신청서(행정쟁송용)
제5-6호 서식	소취하서(행정쟁송용)
제6-1호 서식	불기소처분 결정 및 통지서
제6-2호 서식	불기소처분 이유 통지서
제6-3호 서식	항고장(당회 기소위원회 불기소처분 불복용)
제6-4호 서식	재항고장(항고 기각결정 불복용)
제6-5호 서식	재항고장(노회 기소위원회 불기소처분 불복용)
제7-1호 서식	기소장
제7-2호 서식	기소통지서
제7-3호 서식	답변서(권징책벌 피고인용)
제7-4호 서식	답변서(행정쟁송 피고용)
제7-5호 서식	준비서면(권징책벌 기소위원회용)
제7-6호 서식	준비서면(행정쟁송 원고용)

제7-7호 서식	기소장 변경 허가 신청서
제7-8호 서식	기소취소서
제7-9호 서식	기소취소통지서
제8-1호 서식	판결문(권징책벌용)
제8-2호 서식	판결문(행정쟁송용)
제8-3호 서식	결정문(권징책벌용 · 재심용)
제8-4호 서식	결정문(총회특별심판위원회 행정쟁송용)
제8-5호 서식	판결집행문
제9-1호 서식	항소(상고)장
제9-2호 서식	항소(상고) 취하(포기)서
제9-3호 서식	항소(상고)이유서
제9-4호 서식	답변서(항소 · 상고용)
제10-1호 서식	위탁재판 청원서
제10-2호 서식	재심청구서

(권징 제1호 서식)

재판국원(기소위원) 기피신청서

사건번호 :
사 건 명 :
신 청 인 : 피고인 ○○○ 또는 ○○ 기소위원장 ○○○
　　　　　(피고 ○○○ 또는 원고 ○○○)
피신청인 : ○○ 재판국원 ○○○
　　　　　(○○ 기소위원 ○○○, 총회특별심판위원 ○○○)
기피신청의 사유 : 1.
　　　　　　　　 2.
　　　　　　　　 3.
소명자료 : 1.
　　　　　 2.

위와 같이 기피신청하오니 허락하여 주시기 바랍니다.

　　　　　　　　　년　월　일

　　　　　　　　　　　　신청인(기소위원장, 피고인) ○○○ ㊞
　　　　　　　　　　　　　　　　　　(원고, 피고) ○○○ ㊞

대한예수교장로회 ○○ 재판국장 귀하
(대한예수교장로회 총회특별심판위원회위원장 귀하)

※ 유의사항 : 권징책벌사건인 경우에는 신청인 난에 피고인 또는 기소위원장을 기입하고, 행정쟁송사건인 경우에는 피고 또는 원고를 기입한다.

(권징 제2호 서식)

변호인 선임서

사건번호 :
사 건 명 :
변 호 인 : (이름) ○○○   나이   성별   직분
　　　　　주소　　　　　　　　　전화번호
　　　　　(소속) ○○ 교회 (○○ 기관)
피고인(피의자) : (이름) ○○○   나이   성별   직분
　　　　　주소　　　　　　　　　전화번호

위의 자를 ○○ 재판국(또는 ○○ 기소위원회)에 접수된 사건에 있어서 본인의 변호인으로 선임하였으므로 이에 변호인과 연명하여 변호인 선임서를 제출합니다.

　　　　　　　　년　월　일

　　　　　　　　　　　　　　　변호의뢰인 ○○○ ㊞
　　　　　　　　　　　　　　　변 호 인　○○○ ㊞

대한예수교장로회 ○○ 재판국장 귀하
(대한예수교장로회 ○○ 기소위원장 귀하)

※ 유의사항 : 행정쟁송사건인 경우에는 피고인(피의자) 난에 변호인을 선임하는 원고 또는 피고를 기입한다.

(권징 제3-1호 서식)

소환장
(피고인, 피고, 원고용)

사 건 번 호 :
사 건 명 :
기소위원회 : ○○ 기소위원회
고소인(고발인) : (이름) ○○○   나이   성별   직분
　　　　　　　　주소　　　　　　　전화번호
피 고 인 : (이름) ○○○   나이   성별   직분
　　　　　주소　　　　　　　전화번호

위의 사건에 대하여 아래와 같이 재판하오니 꼭 출석하여 주시기 바랍니다.

-아 래-

1. 재판일시 :   년   월   일   시
2. 재판장소 :

　　　　　　　　　년   월   일

　　　　　　　　　　　　　　대한예수교장로회 ○○ 재판국
　　　　　　　　　　　　　　재 판 국 장 ○○○ ㉑
　　　　　　　　　　　　　　재판국서기 ○○○ ㉑

○○○ 귀하

※ 유의사항 : 권징책벌사건인 경우에는 기소위원회, 고소인(고발인), 피고인의 난 모두를 기입하고, 행정쟁송사건인 경우에는 기소위원회, 고소인(고발인), 피고인의 난을 모두 삭제하고, 원고를 소환하려면 고소인(고발인)의 난에 원고 및 그 인적 사항을 기입하고, 피고를 소환하려면 피고인의 난에 피고 및 그 인적 사항을 기입하고, 원고, 피고 양자를 동시에 소환하려면 원고, 피고 및 그 인적 사항을 모두 기입한다.

(권징 제3-2호 서식)

출석요구서
(피의자용)

사 건 번 호 :
사 건 명 :
기소위원회 : ○○ 기소위원회
고 소 인 (고 발 인) : (이름) ○○○　　나이　　　성별　　직분
　　　　　　　　　　　주소　　　　　　　　전화번호
피고소인(피고발인) : (이름) ○○○　　나이　　　성별　　직분
　　　　　　　　　　　주소　　　　　　　　전화번호

위의 사건에 대하여 아래와 같이 고소인(피고소인)을 조사하고자 하오니 꼭 출석하여 주시기 바랍니다.

-아 래-

1. 조사일시 :　　년　　월　　일　　시
2. 조사장소 :

　　　　　　　　　년　　월　　일

　　　　　　　　　　　　대한예수교장로회 ○○ 기소위원회
　　　　　　　　　　　　　　기 소 위 원 장　○○○ ㊞
　　　　　　　　　　　　　　기소위원회서기　○○○ ㊞

○○○ 귀하

(권징 제4-1호 서식)

고소(고발)장
(권징책벌용-)

고 소 인 (고 발 인) : (이름) ○○○　　나이　　　성별　　　직분
　　　　　　　　　　　　주소　　　　　　　　전화번호

피고소인(피고발인) : (이름) ○○○　　나이　　　성별　　　직분
　　　　　　　　　　　　주소　　　　　　　　전화번호

죄과명 : 헌법 권징 제3조 제○항 ○○○○ 행위

피고소인(피고발인)의 죄과사실 : 1.
　　　　　　　　　　　　　　　　2.
　　　　　　　　　　　　　　　　3.

증거 : 1. 서증
　　　 2. 물증
　　　 3. 인증

첨부 : 재판비용 예납영수증 사본

위와 같이 고소(고발)를 하오니 처벌하여 주시기 바랍니다.

　　　　　　　　　년　　　월　　　일

　　　　　　　　　　　　　　　고소인(고발인) ○○○ ㊞

대한예수교장로회 ○○ 치리회장 귀하

(권징 제4-2호 서식)

고소(고발) 취하서
(권징책벌용)

사건번호 :
사 건 명 :
고 소 인 (고 발 인) : (이름) ○○○   나이   성별   직분
　　　　　　　　　　　주소　　　　　　　전화번호
피고소인(피고발인) : (이름) ○○○   나이   성별   직분
　　　　　　　　　　　주소　　　　　　　전화번호

죄과명 : 헌법 권징 제3조 제○항 ○○○○ 행위

위의 사건에 관하여 고소인(고발인)은 피고소인(피고발인)과 원만히 합의하였으므로 고소(고발)를 모두 취하합니다.

　　　　　　　　년　　월　　일

　　　　　　　　　　　　　　　고소인(고발인) ○○○ ㊞

대한예수교장로회 ○○ 재판국장 귀하

(권징 제5-1호 서식)

소 장
(행정소송용)

원　　　고 : (이름) ○○○　　나이　　　성별　　　직분
　　　　　　주소　　　　　　　　　전화번호
선정대표자 : (이름) ○○○　　나이　　　성별　　　직분
　　　　　　주소　　　　　　　　　전화번호
피　　　고 : ○○ 치리회장 ○○○　　　　　직분
　　　　　　주소　　　　　　　　　전화번호
행정소송의 종류 : (취소소송 또는 무효 등 확인소송)
행정행위의 내용 :
행정행위가 있은 날 :　　　년　　월　　일
행정행위가 있음을 안 날 :　　년　　월　　일
　　　　　　　　　청구의 취지
　　　　　　　　　청구의 원인
　　　　1.
　　　　2.
　　　　3.
　　　　　첨부 : 1. 재판비용 예납영수증 사본
　　　　　　　　2. 소장 부본

위와 같이 행정소송을 제기하오니 재판하여 주시기 바랍니다.

　　　　　　　　　년　　　월　　　일

　　　　　　　　　　　　　　　　원고 ○○○ ㊞
　　　　　　　　　　　　　　　　(선정대표자 ○○○ ㊞)

대한예수교장로회 ○○ 재판국장 귀하
(대한예수교장로회 총회특별심판위원회 위원장 귀하)

※ 유의사항 : 원고가 다수일 때 3인 이하의 대표를 선정한 경우에만 선정대표자의 난을 기입한다.

(권징 제5-2호 서식)

소 장
(결의취소 등 소송용)

원고 : (이름) ○○○　　나이　　성별　　직분
　　　　주소　　　　　　전화번호
피고 : ○○ 치리회장 ○○○　　　　직분
　　　　주소　　　　　　전화번호
소송의 종류 : (결의취소의 소 또는 결의무효확인의 소)
소송의 대상이 되는 결의의 내용 :
결의의 날 :　　년　　월　　일
　　　　　　　　　　청구의 취지
　　　　　　　　　　청구의 원인
　　1.
　　2.
　　3.
　　　첨부 : 1. 재판비용 예납영수증 사본
　　　　　　2. 소장 부본

위와 같이 결의취소 등의 소송을 제기하오니 재판하여 주시기 바랍니다.

　　　　　　　년　　월　　일

　　　　　　　　　　　　　원고 ○○○ ㊞

대한예수교장로회　○○ 재판국장 귀하
(대한예수교장로회 총회특별심판위원회 위원장 귀하)

(권징 제5-3호 서식)

소 장
(치리회 간의 소송용)

원　　　　　고 : ○○ 치리회장 ○○○　　직분
　　　　　　　　주소　　　　　　　　　　전화번호
원고 측 소송위원 : ① (이름) ○○○　　나이　성별　직분
　　　　　　　　주소　　　　　　　　　　전화번호
　　　　　　　　②
　　　　　　　　③
피　　　　　고 : ○○ 치리회장 ○○○　　직분
　　　　　　　　주소　　　　　　　　　　전화번호
소 송 의 　대 상 : (권한의 유무 또는 권한의 행사)

　　　　　　　　　청구의 취지
　　　　　　　　　청구의 원인
　　1.
　　2.
　　3.
　　　첨부 : 1. 재판비용 예납영수증 사본
　　　　　　2. 소장 부본

위와 같이 치리회 간의 소송을 제기하오니 재판하여 주시기 바랍니다.

　　　　　　　　년　　　월　　　일

　　　　　　　　　　　　　　　　　원고 ○○○ ㉑

대한예수교장로회 ○○ 재판국장 귀하

(권징 제5-4호 서식)

소 장
(선거소송용)

원고 : 후보자 (이름) ○○○　　나이　　　성별　　　직분
　　　주소　　　　　　　　　　　　전화번호
　　　선거인 (이름) ○○○　　나이　　　성별　　　직분
　　　주소　　　　　　　　　　　　전화번호
피고 : ○○ 노회 선거관리위원장 ○○○　나이　성별　직분
　　　주소　　　　　　　　　　　　전화번호
　　　총회 선거관리위원장 ○○○　나이　성별　직분
　　　주소　　　　　　　　　　　　전화번호
선거소송의 종류 : (선거무효소송 또는 당선무효소송)
선　거　일 :　　년　　월　　일
당선인 결정일 :　　년　　월　　일

　　　　　　　　　　　청구의 취지
　　　　　　　　　　　청구의 원인
　　　1.
　　　2.
　　　3.
　　　　첨부 : 1. 재판비용 예납영수증 사본
　　　　　　　2. 소장 부본
위와 같이 선거소송을 제기하오니 재판하여 주시기 바랍니다.

　　　　　　　　　　　년　　월　　일
　　　　　　　　　　　　　　　원고 후보자　○○○ ㊞
　　　　　　　　　　　　　　　(원고 선거인　○○○ ㊞)

대한예수교장로회 총회 재판국장 귀하

※ 유의사항 : 원고가 후보자이면 후보자의 난에, 선거인이면 선거인의 난만을 기입하고, 피고의 난도 주관 선거관리위원회에 따라 어느 하나만 기입한다.

(권징 제5-5호 서식)

청구변경 신청서
(행정쟁송용)

사건번호 :
사 건 명 :
원　　고 : (이름) ○○○　　나이　　　성별　　　직분
　　　　　주소　　　　　　　　　전화번호
피　　고 : ○○ 치리회장 ○○○　　직분
　　　　　주소　　　　　　　　　전화번호
　　　　　○○ 치리회 선거관리위원장 ○○○　　직분
　　　　　주소　　　　　　　　　전화번호

행정쟁송의 종류 : (행정소송, 결의취소 등의 소송, 치리회 간의 소송, 선거소송)

　　　　　　　청구 취지의 변경내용
　　　　　　　청구 원인의 변경내용

위와 같이 청구를 변경하오니 허락하여 주시기 바랍니다.

　　　　　　　　　년　　　월　　　일

　　　　　　　　　　　　　　　　　　원고 ○○○ ㊞

대한예수교장로회 ○○ 재판국장 귀하
(대한예수교장로회 총회특별심판위원회 위원장 귀하)

※ 유의사항 : 행정쟁송의 종류가 행정소송, 결의 취소 등의 소송, 치리회 간의 소송인 경우에는 피고의 난에 ○○치리회장의 인적 사항을 기입하고, 선거소송인 경우에는 ○○치리회 선거관리위원장의 인적 사항을 기입한다.

(권징 제5-6호 서식)

소취하서
(행정쟁송용)

사건번호 :
사 건 명 :
원　　고 : (이름) ○○○ 나이　　성별　　　직분
　　　　　주소　　　　　　　전화번호
피　　고 : ○○ 치리회장 ○○○　직분
　　　　　주소　　　　　　　전화번호
　　　　　○○ 치리회 선거관리위원장 ○○○　직분
　　　　　주소　　　　　　　전화번호

행정쟁송의 종류 : (행정소송, 결의취소 등의 소송, 치리회 간의 소송, 선거소송)

위 당사자 사이의 위 사건에 관하여 원고는 소를 전부(또는 일부) 취하합니다.

년　　　월　　　일

원고 ○○○ ㊞

대한예수교장로회 ○○ 재판국장 귀하
(대한예수교장로회 총회특별심판위원회 위원장 귀하)

※ 유의사항 : 행정쟁송의 종류가 행정소송, 결의 취소 등의 소송, 치리회 간의 소송인 경우에는 피고의 난에 ○○치리회장의 인적 사항을 기입하고, 선거소송인 경우에는 ○○치리회 선거관리위원장의 인적 사항을 기입한다.

(권징 제6-1호 서식)

불기소처분 결정 및 통지서

사 건 번 호 :
사 건 명 :
고소인(고발인) : (이름) ○○○　　나이　　　성별　　　직분
　　　　　　　　　주소　　　　　　　　　　전화번호
피고소인(피고발인) : (이름) ○○○　　나이　　　성별　　　직분
　　　　　　　　　주소　　　　　　　　　　전화번호

죄과명 : 헌법 권징 제3조 제○항 ○○○○ 행위
불기소처분결정의 주문형태 (□에 ∨한다)
☐ 기소유예
☐ 혐의 없음 - ☐ 범죄 인정 안 됨, ☐ 증거 불충분
☐ 죄가 안 됨
☐ 기소권 없음
☐ 각하
불기소처분결정일자 :　　년　　월　　일

　위 사건에 대하여 위와 같이 불기소처분을 결정하고 헌법 권징 제62조에 의하여 고소인(고발인) 및 피고소인(피고발인)에게 통지합니다.

년　　월　　일

대한예수교장로회 ○○ 기소위원회
기 소 위 원 장 ○○○ ㊞
기소위원회서기 ○○○ ㊞

고소인(고발인)　○○○ 귀하
피고소인(피고발인) ○○○ 귀하

(권징 제6-2호 서식)

불기소처분 이유 통지서

사 건 번 호 :
사 건 명 :
고소인(고발인) : (이름) ○○○   나이   성별   직분
　　　　　　　　　주소　　　　　　　　전화번호
피고소인(피고발인) : (이름) ○○○   나이   성별   직분
　　　　　　　　　　주소　　　　　　　　전화번호

죄과명 : 헌법 권징 제3조 제○항 ○○○○ 행위
불기소처분결정의 주문형태 (□에 ∨한다)
□ 혐의 없음 - □ 범죄 인정 안 됨, □ 증거 불충분
□ 죄가 안 됨
□ 기소권 없음
□ 각하
불기소처분결정일자 :   년   월   일

　　　　　　　　　　불기소처분 이유

　위 사건에 대하여 불기소처분의 이유를 고소인(고발인)의 청구에 따라 헌법 권징 제63조에 의하여 통지합니다.

　　　　　　　　　　년　　월　　일

　　　　　　　　　　대한예수교장로회 ○○ 기소위원회
　　　　　　　　　　기 소 위 원 장　○○○ ㊞
　　　　　　　　　　기소위원회서기　○○○ ㊞

고소인(고발인) ○○○ 귀하

(권징 제6-3호 서식)

항고장
(당회 기소위원회 불기소처분 불복용)

사 건 번 호 :
사 건 명 :
고소인(고발인) : (이름) ○○○   나이   성별   직분
　　　　　　　　 주소　　　　　　 전화번호
피고소인(피고발인) : (이름) ○○○   나이   성별   직분
　　　　　　　　 주소　　　　　　 전화번호

죄과명 : 헌법 권징 제3조 제○항 ○○○○ 행위
○○ 당회 기소위원회 불기소처분일 :　　년　　월　　일
(○○ 당회 기소위원회 불기소간주일 :　　년　　월　　일)
○○ 당회 기소위원회 불기소처분의 통지를 받은 날 :　년　월　일
불기소처분의 주문형태 : (① 기소유예 ② 혐의 없음(범죄 인정 안 됨 또는 증거 불충분) ③ 죄가 안 됨 ④ 기소권 없음 ⑤ 각하)

불복이유 : 1.
　　　　　 2.
　　　　　 3.
첨부 : 1. 재판비용 예납영수증 사본
　　　 2. 불기소처분결정 및 통지서 사본
　　　 3. 기타 증거자료
위 ○○ 당회 기소위원회의 불기소처분(또는 불기소간주)에 불복하여 항고합니다.

년　　월　　일

항고인(고소인 · 고발인) ○○○ ㊞
대한예수교장로회　○○○ 당회 기소위원회 경유 · 기소위원장 ○○○ ㊞

대한예수교장로회 ○○ 노회 재판국장 귀하

(권징 제6-4호 서식)

재항고장
(항고 기각결정 불복용)

사 건 번 호 :
사 건 명 :
고소인(고발인) : (이름) ○○○   나이   성별   직분
　　　　　　　　주소　　　　　　　　전화번호
피고소인(피고발인) : (이름) ○○○   나이   성별   직분
　　　　　　　　주소　　　　　　　　전화번호

죄과명 : 헌법 권징 제3조 제○항 ○○○○ 행위
○○ 당회 기소위원회 불기소처분일 :   년   월   일
(○○ 당회 기소위원회 불기소간주일 :   년   월   일)
○○ 당회 기소위원회 불기소처분의 통지를 받은 날 :   년   월   일
불기소처분의 주문형태 : (① 기소유예 ② 혐의 없음(범죄 인정 안 됨 또는 증거
　　　　　　　　불충분) ③ 죄가 안 됨 ④ 기소권 없음 ⑤ 각하)
○○ 노회 재판국의 결정주문 :
○○ 노회 재판국의 항고기각 결정문 통지 받은 날 :   년   월   일
불복이유 : 1.   2.   3.
첨부 : 1. 재판비용 예납영수증 사본   2. 불기소처분결정 및 통지서 사본
　　　3. 항고장 사본　　　　　　　4. 항고기각결정문 사본
　　　5. 기타 증거자료
위 ○○ 노회 재판국의 항고기각 결정에 불복하여 재항고합니다.

　　　　　　　　　　년　　월　　일

　　　　　　　　　재항고인(고소인·고발인) ○○○ ㊞
대한예수교장로회 ○○ 노회 기소위원회 경유·기소위원장 ○○○ ㊞

대한예수교장로회 총회 재판국장 귀하

(권징 제6-5호 서식)

재항고장
(노회 기소위원회 불기소처분 불복용)

사 건 번 호 :
사 건 명 :
고소인(고발인) : (이름) ○○○   나이   성별   직분
　　　　　　　　주소　　　　　　　　전화번호
피고소인(피고발인) : (이름) ○○○   나이   성별   직분
　　　　　　　　주소　　　　　　　　전화번호

죄과명 : 헌법 권징 제3조 제○항 ○○○○ 행위
○○ 노회 기소위원회 불기소처분일 :   년   월   일
(○○ 노회 기소위원회 불기소간주일 :   년   월   일)
○○ 노회 기소위원회 불기소처분의 통지를 받은 날 :   년   월   일
불기소처분의 주문형태 : (① 기소유예 ② 혐의 없음(범죄 인정 안 됨 또는 증거
　　　　　　　　　　　　불충분) ③ 죄가 안 됨 ④ 기소권 없음 ⑤ 각하)

불복이유 : 1.   2.   3.
첨부 : 1. 재판비용 예납영수증 사본
　　　 2. 불기소처분결정 및 통지서 사본
　　　 3. 기타 증거자료
위 ○○ 노회 기소위원회의 불기소처분(또는 불기소간주)에 불복하여 재항고
합니다.

　　　　　　　　　　　년   월   일

　　　　　　　　　　　재항고인(소고인 · 고발인) ○○○ ㊞
대한예수교장로회   ○○○ 당회 기소위원회 경유 · 기소위원장 ○○○ ㊞

대한예수교장로회 총회 재판국장 귀하

(권징 제7-1호 서식)

기소장

기 소 위 원 회 : ○○ 기소위원회
고소인(고발인) : (이름) ○○○　　나이　　성별　　직분
　　　　　　　주소　　　　　　　전화번호
피　　고　　인 : (이름) ○○○　　나이　　성별　　직분
　　　　　　　주소　　　　　　　전화번호

죄 과 명 : 헌법 권징 제3조 제○항 ○○○○ 행위
기소사실 : (범죄의 일시 · 장소 · 방법명시 사건의 특정화)
　　　　1.
　　　　2.
　　　　3.
적용규정 :

위 피고인은 위의 죄과로 기소하오니 재판하여 주시기 바랍니다.

　　　　　　　년　　　월　　　일

　　　　　　　　　　　대한예수교장로회 ○○ 기소위원회
　　　　　　　　　　　기 소 위 원 장 ○○○㊞
　　　　　　　　　　　기소위원회서기 ○○○㊞
　　　　　　　　　　　기 소 위 원 ○○○㊞
　　　　　　　　　　　기 소 위 원 ○○○㊞

대한예수교장로회 ○○ 재판국장 귀하

(권징 제7-2호 서식)

기소통지서

고소인(고발인) : (이름) ○○○　　나이　　　성별　　직분
　　　　　　　　주소　　　　　　　　　 전화번호
피　 고 　인 : (이름) ○○○　　나이　　　성별　　직분
　　　　　　　　주소　　　　　　　　　 전화번호

죄과명 : 헌법 권징 제3조 제○항 ○○○○ 행위

기소일자 :　　년　　　월　　　일

첨부 : 기소장 사본

위 사건에 대하여 위와 같이 기소함을 헌법 권징 제62조에 의하여 고소인(고발인)에게 통지합니다.

　　　　　　　　　　　　년　　　월　　　일

　　　　　　　　　　　　　　대한예수교장로회 ○○ 기소위원회
　　　　　　　　　　　　　　기 소 위 원 장　○○○ ㊞
　　　　　　　　　　　　　　기소위원회서기　○○○ ㊞

고소인(고발인)　○○○ 귀하

(권징 제7-3호 서식)

답변서
(권징책벌 피고인용)

사 건 번 호 :
사 건 명 :
고소인(고발인) : (이름) ○○○   나이   성별   직분
　　　　　　　주소　　　　　　전화번호
피 고 인 : (이름) ○○○   나이   성별   직분
　　　　　주소　　　　　　전화번호
기 소 위 원 회 : ○○ 기소위원회 기소위원장 ○○○   직분
　　　　　　　주소　　　　　　전화번호

죄과명 : 헌법 권징 제3조 제○항 ○○○○ 행위
　　　　　　답변 취지
　　　　　　답변 내용
　　　　(기소사실·고소원인사실에 대한 답변)
　　　　　　증거 방법
　　　　1. 서증
　　　　2. 물증
　　　　3. 인증

위 사건에 대하여 위와 같이 피고인은 답변합니다.

　　　　　　　년　　　월　　　일

　　　　　　　　　　　　　　　　피고인 ○○○ ㊞

대한예수교장로회 ○○ 재판국장 귀하

(권징 제7-4호 서식)

답변서
(행정쟁송 피고용)

사 건 번 호 :
사 건 명 :
원   고 : (이름) ○○○   나이   성별   직분
              주소   전화번호
피   고 : (이름) ○○○   나이   성별   직분
              주소   전화번호

행정쟁송의 종류 : (행정소송, 결의취소 등의 소송, 치리회 간의 소송, 선거소송)

청구취지에 대한 답변

청구원인에 대한 답변
    1.
    2.
    3.

위 사건에 대하여 위와 같이 피고는 답변합니다.

년   월   일

피고 ○○○ ㊞

대한예수교장로회 ○○ 재판국장 귀하
(대한예수교장로회 총회특별심판위원회 위원장 귀하)

(권징 제7-5호 서식)

준비서면
(권징책별 기소위원회용)

사 건 번 호 :
사 건 명 :
고소인(고발인) : (이름) ○○○　나이　성별　직분
　　　　　　　　주소　　　　　　전화번호
피　고　인 : (이름) ○○○　나이　성별　직분
　　　　　　 주소　　　　　　전화번호
기 소 위 원 회 : ○○ 기소위원회 기소위원장 ○○○　직분
　　　　　　　　주소　　　　　전화번호
　　　　　　　　변론준비내용
　　　　　　　1.
　　　　　　　2.
　　　　　　　3.
　　　　　　　　　　입증 방법
　　　　　　　1.
　　　　　　　2.
　　　　　　　3.

위 사건에 대하여 위와 같이 기소위원회는 변론을 준비합니다.

　　　　　　　　년　　월　　일

　　　　　　　　　　대한예수교장로회 ○○ 기소위원회
　　　　　　　　　　기 소 위 원 장　○○○ ㊞
　　　　　　　　　　기소위원회서기　○○○ ㊞

대한예수교장로회 ○○ 재판국장 귀하

(권징 제7-6호 서식)

준비서면
(행정쟁송 원고용)

사 건 번 호 :
사 건 　 명 :
원　　　　고 : (이름) ○○○　　나이　　　성별　　직분
　　　　　　　주소　　　　　　　　　전화번호
피　　　　고 : (이름) ○○○　　나이　　　성별　　직분
　　　　　　　주소　　　　　　　　　전화번호

행정쟁송의 종류 : (행정소송, 결의취소 등의 소송, 치리회 간의 소송, 선거소송)

　　　　　　　　　　변론준비내용
　　　　　　　　1.
　　　　　　　　2.
　　　　　　　　3.
　　　　　　　　　　입증 방법
　　　　　　　　1.
　　　　　　　　2.
　　　　　　　　3.

위 사건에 대하여 위와 같이 원고는 변론을 준비합니다.

　　　　　　　　년　　　월　　　일

　　　　　　　　　　　　　　　　　원고 ○○○ ㊞

대한예수교장로회 ○○ 재판국장 귀하
(대한예수교장로회 총회특별심판위원회 위원장 귀하)

(권징 제7-7호 서식)

기소장 변경 허가 신청서

사 건 번 호 :
사 건 명 :
고소인(고발인) : (이름) ○○○   나이   성별   직분
　　　　　　　　주소　　　　　　　　전화번호
피 고 인 : (이름) ○○○   나이   성별   직분
　　　　　주소　　　　　　　　전화번호

기소장 죄과명 : 헌법 권징 제3조 제○항 ○○○○ 행위
기소장 기소사실요지 : 1.　　2.　　3.
기소장 적용규정 :
기소장 변경내용 :

　　　　　　　　기소사실 및 적용규정 추가내용
　　　　　　　(기소사실 및 적용규정 철회내용)
　　　　　　　(기소사실 및 적용규정 변경내용)

위와 같이 기소장의 기소사실 및 적용규정을 변경하오니 허락하여 주시기 바랍니다.
　　　　　　　　년　　월　　일

　　　　　　　　　　　　　　대한예수교장로회 ○○ 기소위원회
　　　　　　　　　　　　　　기 소 위 원 장 ○○○ ㊞
　　　　　　　　　　　　　　기소위원회서기 ○○○ ㊞
　　　　　　　　　　　　　　기 소 위 원 ○○○ ㊞
　　　　　　　　　　　　　　기 소 위 원 ○○○ ㊞

대한예수교장로회 ○○ 재판국장 귀하

(권징 제7-8호 서식)

기소취소서

사 건 번 호 :
사 건 명 :
고소인(고발인) : (이름) ○○○   나이   성별   직분
　　　　　　　　주소　　　　　　　전화번호
피 고 인 : (이름) ○○○   나이   성별   직분
　　　　　　주소　　　　　　　전화번호

죄 과 명 : 헌법 권징 제3조 제○항 ○○○○ 행위
기 소 일 자 :   년   월   일

위의 사건에 관한 기소를 취소하오니 처리하여 주시기 바랍니다.

　　　　　　　　　년　 월　 일

　　　　　　　　　　　　대한예수교장로회 ○○ 기소위원회
　　　　　　　　　　　　기 소 위 원 장 ○○○ ㊞
　　　　　　　　　　　　기소위원회서기 ○○○ ㊞
　　　　　　　　　　　　기 소 위 원 ○○○ ㊞
　　　　　　　　　　　　기 소 위 원 ○○○ ㊞

대한예수교장로회 ○○ 재판국장 귀하

(권징 제7-9호 서식)

기소취소통지서

사 건 번 호 :
사 건 명 :
고 소 인 (고 발 인) : (이름) ○○○   나이   성별   직분
　　　　　　　　　　주소　　　　　　　전화번호
피고소인(피고발인) : (이름) ○○○   나이   성별   직분
　　　　　　　　　　주소　　　　　　　전화번호

죄　　과　　명 : 헌법 권징 제3조 제○항 ○○○○ 행위
기 소 일 자 :   년   월   일
기소취소일자 :   년   월   일

위 사건에 관하여 기소 취소함을 헌법 권징 제62조에 의하여 고소인(고발인)에게 통지합니다.

　　　　　　　　　　년　　　월　　　일

　　　　　　　　　　대한예수교장로회 ○○ 기소위원회
　　　　　　　　　　　　기 소 위 원 장 ○○○ ㊞
　　　　　　　　　　　　기소위원회서기 ○○○ ㊞

고소인(고발인) ○○○ 귀하

(권징 제8-1호 서식)

판결문
(권징책벌용)

사 건 번 호 :
사 건 명 :
피 고 인 : (이름) ○○○   나이   성별   직분
　　　　　주소　　　　　　전화번호
　　　　　변호인 (이름) ○○○   나이   성별   직분
　　　　　주소　　　　　　전화번호
기소위원회 : ○○ 기소위원회 기소위원장 ○○○   직분
　　　　　주소　　　　　　전화번호

변론종결일 :　년　월　일
판결선고일 :　년　월　일

　　　　　　　　　주　문
　　　　　　　　판결이유
　　　　　　1. 죄과될 사실
　　　　　　2. 증거의 요지
　　　　　　3. 헌법 또는 규정의 적용
위와 같이 판결한다.
　　　　　　　　년　　월　　일

　　　　　　대한예수교장로회 ○○ 재판국 재 판 국 장 ○○○㊞
　　　　　　　　　　　　　　　　　　재판국서기 ○○○㊞
　　　　　　　　　　　　　　　　　　재 판 국 원 ○○○㊞

※ 유의사항 : 항소재판국 또는 상고재판국의 판결문인 경우에는 당사자인 피고인과 기소위원회의 난에 괄호를 하여 항소인과 피항소인 또는 상고인과 피상고인을 당사자와 함께 병기한다.

(권징 제8-2호 서식)

판결문
(행정쟁송용)

사건번호 :
사 건 명 :
원　　고 : (이름) ○○○　나이　　성별　　직분
　　　　　　주소　　　　　　전화번호
　　　　　변호인 (이름) ○○○　나이　　성별　　직분
　　　　　　주소　　　　　　전화번호
피　　고 : ○○ 치리회장 ○○○　직분
　　　　　　주소　　　　　　전화번호
　　　　　○○ 치리회 선거관리위원장 ○○○　직분
　　　　　　주소　　　　　　전화번호
　　　　　변호인 (이름) ○○○　나이　　성별　　직분
　　　　　　주소　　　　　　전화번호
행정쟁송의 종류 : (행정소송, 결의취소 등의 소송, 치리회 간의 소송, 선거소송)
변론종결일 :　년　월　일
판결선고일 :　년　월　일

　　　　　　　　　주 문
　　　　　　　　　청구취지
　　　　　　　　　판결이유
　　　　1. 기초사실
　　　　2. 증거의 요지
　　　　3. 헌법 또는 규정의 적용
위와 같이 판결한다.

　　　　　　　　　년　　월　　일

　　　　　　　대한예수교장로회 ○○ 재판국　재 판 국 장　○○○㊞
　　　　　　　　　　　　　　　　　　　　　재판국서기　○○○㊞
　　　　　　　　　　　　　　　　　　　　　재 판 국 원　○○○㊞

※ 유의사항 : 행정쟁송사건 중 행정소송의 상고재판국(총회 재판국)의 판결문인 경우에는 당사자인 원고와 피고의 난에 괄호를 하여 상고인과 피상고인을 당사자와 함께 병기한다.

(권징 제8-3호 서식)

결정문
(권징책벌용 · 재심용)

사 건 번 호 :
사 건 명 :
피 고 인 : (이름) ○○○   나이   성별   직분
　　　　　주소　　　　　　전화번호
　　　　　변호인 (이름) ○○○   나이   성별   직분
　　　　　주소　　　　　　전화번호
기소위원회 : ○○ 기소위원회 기소위원장 ○○○   직분
　　　　　주소　　　　　　전화번호
결정고지일 :　　년　월　일

　　　　　　　주 문
　　　　　신청(청구)취지
　　　　　　 결정이유

위와 같이 결정한다.

　　　　　　년　　월　　일

　　　　대한예수교장로회 ○○ 재판국 재 판 국 장 ○○○㊞
　　　　　　　　　　　　　　　　　　　재판국서기 ○○○㊞
　　　　　　　　　　　　　　　　　　　재 판 국 원 ○○○㊞
　　　　　　　　　　　　　　　　　　　재 판 국 원 ○○○㊞

(권징 제8-4호 서식)

결정문
(총회특별심판위원회 행정쟁송용)

사 건 번 호 :
사 건 명 :
원　　　고 : (이름) ○○○　　나이　　성별　　　직분
　　　　　　주소　　　　　　　전화번호
　　　　　　변호인 (이름) ○○○　　나이　　　성별　　　직분
　　　　　　주소　　　　　　　전화번호
피　　　고 : 대한예수교장로회 총회장 ○○○
　　　　　　주소　　　　　　　전화번호
　　　　　　변호인 (이름) ○○○　　나이　　　성별　　　직분
　　　　　　주소　　　　　　　전화번호

행정쟁송의 종류 : (취소소송, 무효 등 확인소송, 결의 취소의 소, 결의 무효
　　　　　　　　확인의 소)

결정고지일 :　　년　　　월　　　일

주 문
청구취지
결정이유
위와 같이 결정한다.

년　　　월　　　일

대한예수교장로회 총회특별심판위원회 위 원 장 ○○○㊞
　　　　　　　　　　　　　　　　　　서　 기 ○○○㊞
　　　　　　　　　　　　　　　　　　위　 원 ○○○㊞
　　　　　　　　　　　　　　　　　　위　 원 ○○○㊞

(권징 제8-5호 서식)

판결집행문

사 건 번 호 :
사 건 명 :
성 명 : 피고인 ○○○ 피고 ○○ 치리회장 ○○○
　　　　　　　피고 ○○ 선거관리위원장 ○○○
소 속 교 회 : 대한예수교장로회 ○○ 노회 ○○ 교회
직 분 :
판 결 주 문 :
판결확정일 :　　년　　월　　일
판결확정재판국 : ○○ 당회 재판국(○○ 노회 재판국 또는 총회 재판국)
판결집행일 : 무기책벌 :　　년　　월　　일부터
　　　　　　　유기책벌 : 시기　년　　월　　일부터
　　　　　　　　　　　　 종기　년　　월　　일까지
　　　　　　　행정쟁송 :　　년　　월　　일
대한예수교장로회 헌법 권징 제119조에 의하여 판결을 집행하고 제132조에 의하여 소속 치리회장이 치리회 석상에서 선포·공시하고 또는 지상 공고하여 시벌하기 바랍니다.
　　　　　　　　　　　년　　월　　일
　　　　　　　　　　　　　　　　　　○○ 치리회장　○○○ ㊞

대한예수교장로회 ○○ 치리회장 귀하

※ 유의사항 : 유기책벌의 경우 시기(始期)는 판결확정일로 한다. 상소하지 않아 판결이 확정되는 때에는 판결송달수령일로부터 20일이 되는 날이 판결확정일이며 상소포기·취하한 때에는 포기·취하한 날이 판결확정일이며 총회재판국의 판결은 선고일이 판결확정일이다. ○○ 치리회장 ○○○㊞은 판결이 확정된 재판국이 속한 치리회를 말한다. 성명 난에 권징책벌사건인 경우에는 피고인 ○○○의 난만을, 행정소송, 결의취소 등의 소송, 치리회 간의 소송인 경우에는 피고 ○○치리회장 ○○○의 난만을, 선거소송의 경우에는 피고 ○○선거관리위원장 ○○○의 난만을 기입한다.

(권징 제9-1호 서식)

항소(상고)장

사 건 번 호 :
사 건 명 :
항소인(상고인) : 권징책벌용 : (피고인 또는 기소위원장) ○○○ 나이 성별 직분
　　　　　　　　주소　　　　　　　　　　　전화번호
　　　　　　　행정쟁송용 : (원고 또는 피고) ○○○　나이　성별　직분
　　　　　　　　주소　　　　　　　　　　　전화번호
피항소인(피상고인) : (위의 상대방 당사자) ○○○　나이　성별　직분
　　　　　　　　주소　　　　　　　　　　　전화번호
원심판결 송달 수령일 :　　년　　월　　일
첨부 : 1. 재판비용 예납영수증
　　　 2. 항소(상고)장 부본

　　　　　　　　　　　원심판결의 표시
　　　　　　　　　　　1. 주문
　　　　　　　　　　　2. 판결선고일
　　　　　　　　　　항소(상고)취지
　　　　　　　　　　항소(상고)이유
　　　＊추후 항소(상고)이유서 제출할 수 있음.
위와 같이 항소(상고)를 제기합니다.

　　　　　　　　　년　　　월　　　일

　　　　　　　　　　　　　　　항소인(상고인)　○○○ ㊞

대한예수교장로회 ○○ 재판국장 귀하

※ 유의사항 : 항소(상고)장은 원심재판국에 제출한다.

(권징 제9-2호 서식)

항소(상고) 취하(포기)서

사 건 번 호 :
사 건 명 :
항소인(상고인) : 권징책벌용 : 피고인 또는 기소위원장 또는 고소인(고발인)
　　　　　　　　○○○ 나이　　성별　　직분
　　　　　　　　주소　　　　　　　　　　전화번호
　　　　　　　행정쟁송용 : (원고 또는 피고) ○○○ 나이　성별　직분
　　　　　　　　주소　　　　　　　　　　전화번호
피항소인(피상고인) : (위의 상대방 당사자) ○○○ 나이　성별　직분
　　　　　　　　주소　　　　　　　　　　전화번호

원심판결의 표시 :
원심판결의 선고일 :　　년　　월　　일

위 사건에 관하여 항소인(상고인)은 항소(상고)를 전부 취하(포기)합니다.

　　　　　　　　　년　　월　　일

　　　　　　　　　　　　　　　　　(　　　) ○○○ ㊞

대한예수교장로회 ○○ 재판국장 귀하

※ 유의사항 : 취하는 항소(상고)재판국에, 포기는 원심재판국에 제출한다.

(권징 제9-3호 서식)

항소(상고)이유서

사 건 번 호 :
사 건 명 :
항 소 인 (상 고 인) : (이름) ○○○   나이   성별   직분
　　　　　　　　　　　주소　　　　　　　전화번호
피항소인(피상고인) : (이름) ○○○   나이   성별   직분
　　　　　　　　　　　주소　　　　　　　전화번호
원심판결의 선고일 :   년   월   일
원심판결 송달 받은 날 :   년   월   일
항 소 (상 고) 한 날 :   년   월   일
소송기록 접수통지를 받은 날 :   년   월   일
첨부 : 항소(상고) 이유서 부본

위 사건에 관하여 피고인(기소위원장) 또는 고소인(고발인) 또는 원고(피고)·항소인(상고인)은 다음과 같이 항소(상고)이유를 제출합니다.

　　　　　　　　　　항소(상고)이유
　　　　　　1.
　　　　　　2.
　　　　　　3.

　　　　　　년   월   일

　　　　　　　　　　　　　　(　　　) ○○○ ㊞

대한예수교장로회 ○○ 재판국장 귀하

※ 유의사항 : 항소(상고)장에 항소(상고)이유를 적지 아니한 때에는 항소인(상고인)은 소송기록 접수통지를 받은 날로부터 20일 이내에 항소(상고)이유서를 항소(상고) 재판국에 제출하여야 하고, 만약 위의 기간 안에 항소(상고)이유서를 제출하지 않으면 항소(상고)가 기각될 수 있다.

(권징 제9-4호 서식)

답변서
(항소·상고용)

사 건 번 호 :
사 건 명 :
항 소 인 (상 고 인) : (이름) ○○○ 나이   성별   직분
　　　　　　　　　　주소　　　　　　　전화번호
피항소인(피상고인) : (이름) ○○○ 나이   성별   직분
　　　　　　　　　　주소　　　　　　　전화번호
항소(상고)이유서를 받은 날 :   년   월   일
첨부 : 답변서 부본

위 사건에 대하여 피고인(기소위원장) 또는 고소인(고발인) 또는 원고(피고)·피항소인(피상고인)은 다음과 같이 항소(상고)에 대하여 답변서를 제출합니다.

　　　　　　　　답변 취지
　　　　　　　　답변 이유
　　　　　　1.
　　　　　　2.
　　　　　　3.

　　　　　　년　　　월　　　일

　　　　　　　　　　　　　　　(　　　) ○○○ ㊞

대한예수교장로회 ○○ 재판국장 귀하

(권징 제10-1호 서식)

위탁재판 청원서

고 소 인 (고 발 인) : (이름) ○○○   나이   성별   직분
　　　　　　　　　　주소　　　　　　　 전화번호
피고소인(피고발인) : (이름) ○○○   나이   성별   직분
　　　　　　　　　　주소　　　　　　　 전화번호

기 소 장   죄 과 명 : 헌법 권징 제3조 제○항 ○○○○ 행위

위탁재판 청원사유 : 헌법 권징 제120조 제○항 ○○○○의 경우
　　　　　　　　　 헌법시행규정 제72조 제○항 제○호 ○○○○의 경우

첨부 : 1. 재판비용 예납금액 송금 또는 납부확인증의 사본
　　　2. 고소(고발)장 사본

위 사건에 대하여 위의 사유로 위탁재판을 청원하오니 처리하여 주시기 바랍니다.

　　　　　　　　　　　년　　　월　　　일

　　　　　　　　대한예수교장로회 ○○ 교회 당 회 장 ○○○ ㊞
　　　　　　　　　　　　　　　　　　　　당회서기 ○○○ ㊞

대한예수교장로회 ○○ 노회장 귀하

(권징 제10-2호 서식)

재심청구서

사　건　명 :
기 소 위 원 회 : ○○ 기소위원회 기소위원장 ○○○　　직분
　　　　　　　주소　　　　　　　　　전화번호
원　　　　고 : (이름) ○○○　나이　성별　직분
　　　　　　　주소　　　　　　　　　전화번호
피　고　인 : (이름) ○○○　나이　성별　직분
　　　　　　　주소　　　　　　　　　전화번호
피　　　　고 : (이름) ○○○　나이　성별　직분
　　　　　　　주소　　　　　　　　　전화번호
원심판결 재판국명 : ○○ 재판국
원심판결 표시 : 1. 주문 2. 판결선고일
원심판결 확정일 :　　년　월　일
재심청구사유 : 헌법 권징 제123조 제○항 ○○○○의 경우
재심사유를 안 날 또는 헌법위원회 유권해석을 받은 날 :　년　월　일
증거서류 :
첨부 : 1. 재판비용 예납영수증 사본
　　　 2. 원심판결의 등본
　　　 3. 기타 증거자료
　　　　　　　　　　재심청구의 취지
　　　　　　　　　　재심청구의 사유
　　　　　1.
　　　　　2.
　　　　　3.
　　　　위와 같이 재심을 청구합니다.

　　　　　　　　　년　　월　　일

　　　　　　　　　　　　재심청구인　○○○ ㊞

대한예수교장로회　○○ 재판국장 귀하

※ 유의사항 : 권징책벌사건인 경우에는 당사자의 난 중에 기소위원회와 피고인의 난에만 기입하고, 행정쟁송사건인 경우에는 원고와 피고의 난에만 기입한다.

제4편

예배와 예식

예배와 예식

제1장 교회와 예배

1-1. 예배공동체로서의 교회

1-1-1. 교회는 예수 그리스도를 구세주로 영접한 하나님의 자녀들이 모이는 공동체이다. 이 교회는 성령님의 역사 아래서 예배와 선교, 교육, 봉사, 친교를 통하여 하나님을 영화롭게 하고 영원토록 그를 즐거워하는 데 그 존재의 목적을 두어야 한다.

1-1-2. 교회의 모든 성도들은 하나님의 자녀로 선택되어 구원에 이르게 하신 성부 성자 성령 되신 하나님의 은총 앞에 경건한 응답으로써 영광과 찬양과 감사를 드려야 한다.

1-1-3. 교회는 주님의 몸으로서 성령님의 역사를 통하여 계속적으로 바르게 말씀이 선포되고 성례전이 집례되어야 할 것이며 여기에 참예한 모든 성도들이 그리스도의 증인으로서 세상 속에 하나님의 뜻이 이루어지도록 해야 한다.

1-1-4. 교회는 이 사명을 감당하기 위하여 부름 받았음을 확인해야 한다. 그러나 이 소명은 교회공동체 구성원에게 각각 다른 분야를 섬기도록 하셨으며, 특히 목사에게는 예배를 인도하며 설교와 성례전의 집례를 통하여 하나님의 말씀과 은혜를 선포하는 특수한 임무가 부여되었다. 당회는 모든 회중들을 대표하여 예배의 준비와 질서를 맡아 수행해야 한다.

1-2. 예배

1-2-1. 기독교의 참된 예배는 하나님의 백성들이 하나님이 창조의 역사와 예수 그리스도를 통하여 구원의 역사를 이룩하신 사실을 깨닫고 감격하여 드리는 응답의 행위이다. 여기서 예배자들은 최상의 마음과 목숨과 뜻을 다하여(마 22 : 37) 경배와 찬양과 영광과 권세를 삼위일체 되신 하나님께 드려야 한다.

1-2-2. 이 예배는 어떤 경우도 인위적으로 드려질 수 없다. 예수 그리스도를 통하여 구속의 역사를 펴신 하나님이 예배의 주권을 행사하신다. 즉, 예배를 드리도록 부르시는 분도 하나님이시요, 예배를 받으시는 분도 하나님이시다. 그리고 예배를 통하여 감격과 은혜와 사랑과 새 힘을 주신 분도 하나님이시다.

1-2-3. 이 예배는 어떤 경우도 인간 중심으로 드려질 수 없고 오직 삼위일체 하나님만이 중심이 되고 대상이 되어야 한다. 그리스도인들은 오직 하나님의 은혜만을 생각하면서 예배를 드려야 하며, 성령님의 역사 아래서 성경말씀의 선포와 성례전이 진행되도록 해야 한다. 특별히 예수 그리스도를 구원의 주님으로 영접하는 믿음이 이 예배의 기본이 되어야 한다.

1-3. 예배의 시간

1-3-1. 예배의 날

1-3-1-1. 기독교는 사도시대부터 우리 주님 예수 그리스도께서 죽음으로부터 부활하신 안식 후 첫날을 주님의 날로 정하고 이 날에 예배를 드린다. 이날에 모든 성도들은 죽음을 정복하신 주님의 부활을 송축하며 부활의 기쁨을 경험한다. 또한 이날

은 하나님께서 창조의 역사를 시작한 날이며 창조 후에 새로운 출발을 가져온 날이다. 그리스도인들이 시간과 장소의 제한을 받지 않고 하나님을 예배할 수 있으나, 이상과 같은 깊은 의미를 가진 날에 그리스도인들이 삼위일체 되신 하나님의 창조의 은총과 부활의 승리를 송축하면서 예배를 드림으로 한 주간을 출발하는 것은 기독교의 역사적 전통이며 당연한 의무이다.

1-3-1-2. 그러므로 그리스도인들은 이날을 성별하여 이른 아침부터 육신의 생업을 중지하고, 모든 가족이 예배를 드릴 준비에 거리낌이 되는 생각이나 말이나 행동을 삼가야 한다. 그리고 하나님의 말씀을 묵상하고 예배를 인도할 하나님의 종을 위하여 기도하면서 그 예배 가운데서 하나님과 교통하는 특별한 은총을 받도록 준비해야 한다.

1-3-1-3. 주님의 날에 드리는 예배는 정한 시간에 한마음으로 모든 성도가 참예해야 하며 예배의 처음부터 끝까지 경건한 마음으로 질서를 지켜야 한다.

1-3-1-4. 공중예배를 마친 후에는 그 남은 시간을 영적인 성장을 위하여 기도, 찬송, 성경공부를 비롯하여 신앙의 대화나 경건한 서적을 읽도록 할 것이며 병자 위문, 가난한 자 구제, 불신자를 위한 전도 등을 하면서 예배를 통하여 받은 사랑과 은혜가 생활에 이어지도록 해야 한다.

1-3-2. 교회력

1-3-2-1. 주님의 몸된 교회는 예배가 형식이나 타성에 젖지 않도록 하기 위하여 신선한 의미가 주어지는 예배의 계획과 진행

은 매우 중요한 일이다. 이러한 목적을 위하여 세계교회와 같이 예수님의 생애에 맞춘 교회력과 성구집을 사용함이 합당하다.

1-3-2-2. 매 주일의 예배가 예수 그리스도의 구속의 역사에 초점을 두기 위하여 제정한 교회력은 다음과 같다.

대림절-주님의 재림을 고대하면서 주님을 사모하고 준비하고 기다리는 신앙을 고취시키는 절기이다.

성탄절-평화의 왕으로 찾아오신 우리 주님 예수 그리스도 앞에 경배와 찬양으로 새로운 기쁨과 희망을 갖도록 하는 절기이다.

주현절-하나님이 그리스도를 통하여 스스로 보여 주신 은총을 인식하면서 교회의 선교적 사명을 강조하는 절기이다.

사순절-그리스도인들이 참회와 절제와 깊은 명상으로 수난의 길을 택하신 주님을 새롭게 영접할 준비를 하는 절기이다.

고난주간-이 주간은 주님이 지신 십자가의 구속의 역사를 선포하고, 그 모진 고초를 생각하면서 경건한 삶의 훈련을 쌓고, 그리고 주님의 수난을 명상하는 주간이다.

부활절-죽음을 이기신 우리 주님의 권능과 부활의 승리가 우리에게 함께 있게 됨을 감사하고 부활의 신앙과 소망을 다짐하는 절기이다.

성령강림절-초대교회의 오순절에 임하신 성령님의 임재와 역사하심에 의하여 살아가는 성도들의 생동력 있는 삶을 강조하는 절기이다.

그 외에 주님의 생애를 기리는 중요한 날들로서 주님이 세례 받으신 주일, 주님의 변모주일, 주님의 승천주일, 삼위일체주일, 왕 되신 그리스도주일 등을 지켜 의미 깊은 예배가 되도록 한다.

1-3-3. 명절과 국경일

세계의 교회는 신앙에서는 통일성을 가지고 있으나 그들이 살고 있는 문화권은 각각 달리하고 있다. 문화는 자신들이 살고 있는 나라의 기본으로서 언어와 삶의 양태와 사고의 구조와 표현에 이르기까지 절대적인 영향을 끼치고 있다. 그러므로 우리나라의 민족이 오랫동안 지켜 온 명절과 국경일 등은 우리의 교회가 깊은 관심을 가지고 거기에 맞는 예배의 계획과 설교의 준비를 해야 할 것이다. 뿐만 아니라 민족의 심성이 담긴 내용과 음률이 표현된 찬송의 개발도 필요하다. 오직 복음에 손상을 끼치지 않은 범위 내에서 우리의 고유한 문화적 요소를 교회가 복음적 차원에서 보존하고 활용하도록 함이 타당할 것이다.

1-4. 예배의 장소

1-4-1. 하나님은 일정한 장소에 국한되어 예배를 받으시고 은총을 베푸시지 아니한다. 구약에서는 많은 사람들이 각각 다른 장소에서 하나님을 예배하였으며, 또한 거기서 하나님과의 만남을 가졌다. 그러나 이스라엘 백성들이 정착하기 시작하면서 성전을 세워 하나님을 섬기는 것이 예배의 전통이 되었다.

1-4-2. 예수께서도 성전이나 회당을 정기적으로 출입하면서 예배

하였으며 그 제자들도 그러하였다. 초기의 성도들은 환난과 핍박의 절박한 환경에서는 가정집이나 동굴과 같은 곳에서 하나님을 예배하였으나, 그들은 변함없이 시간과 장소를 정하여 하나님을 예배하였다.

1-4-3. 오늘도 교회가 자신들의 정성을 다하여 성전과 같은 예배의 장소를 봉헌하고 그 안에서 성도들이 예배를 드림은 당연한 일이다. 그러나 예배당을 갖지 못한 교회가 적절한 처소를 정하여 예배를 드려도 좋다. 다만 어떤 형태의 예배 장소가 되었던지 그곳에는 예배하는 회중이 모두 볼 수 있는 곳에 성경봉독과 설교를 거룩하게 행할 수 있고 세례와 성찬성례전을 정중하게 집례할 수 있는 기본 공간과 성구(聖具)를 갖추어야 한다.

1-5. 예배의 교육

1-5-1. 교회가 하나님이 원하시는 예배하는 공동체가 되기 위하여서는 삼위일체 하나님이 예배를 받으셔야 할 타당성을 비롯하여 예배하는 개인들과의 관계성에 대한 신학적인 이해를 정확히 할 수 있도록 교육을 해야 한다.

1-5-2. 교회는 성도들이 하나님을 어떻게 믿을 것인가에 대한 교육에 앞서서 하나님을 어떻게 예배하면서 섬겨야 하는지를 깨닫도록 교육해야 하며, 이러한 교육을 통하여 하나님을 예배하는 것이 삶의 최우선적인 것을 알아야 하며, 하나님을 영화롭게 하는 그리스도인의 기본 목적으로 하나님을 예배하도록 해야 한다.

1-5-3. 예배하는 성도들은 언제나 신령과 진정으로 예배를 드려야 하며, 예배의 의미와 역사와 드리는 각 순서의 뜻을 알고 능동적으로 드리는 예배가 되도록 교육을 해야 한다. 그러할 때 예배를 통하여 하나님과의 진정한 만남이 이루어지고 예배는 삶 속에 깊이 자리잡게 될 것이다.

제2장 예배의 기본 요소

2-1. 말씀의 예전

2-1-1. 기도

2-1-1-1. 예배준비를 위한 기도-예배에서의 기도는 그리스도인들이 하나님을 찾는 첫 행위로서 하나님 앞에 예배를 드리기 위하여 성전에 모인 예배자들이 가져야 할 가장 기본적인 행위이다. 이 기도와 함께 예배자들은 하나님의 백성으로서 예배의 자세를 가다듬어야 한다. 이때의 기도는 개인적인 소원을 하나님께 아뢰는 것이 목적이 아니라 하나님의 무한한 권세를 경배하며, 하나님의 말씀을 불순종했던 죄를 고백하는 내용이 먼저 있어야 한다. 그리고 죄인 된 자신이 예수 그리스도의 구속의 공로와 성령님의 은혜의 도우심 가운데 예배드릴 수 있도록 용납해 주실 것을 기도함이 마땅하다.

2-1-1-2. 목회기도-목회기도는 예배를 위하여 하나님 앞에 나아와 있는 회중들의 죄 용서와 소원을 구하는 중보적 의미를 가진 기도로서 목사에 의하여 드려진다. 목회기도에는 경배, 감사, 자복, 간구, 중보와 같은 요소들이 있어야 한다.

(1) 경배-하나님이 세상을 창조하시고 섭리하시는 가운데 예수 그리스도를 통한 구원의 섭리와 성령님의 역사 속에서 나타나신 그 영광과 완전하심을 경배해야 한다.
(2) 감사-하나님이 주신 창조의 은총과 예수 그리스도를 통하여 구원에 이르게 하심을 먼저 감사해야 한다. 그리고 오늘도 성령님을 통하여 하나님의 백성으로 은혜 아래 살도록 하심을 감사해야 한다.
(3) 자복-인간에게는 원죄와 그 원죄의 뿌리에서 나오는 죄의 본성 때문에 범하게 되는 죄가 허다하다. 하나님의 말씀을 불순종하고 이웃과 내 자신을 사랑하지 못한 죄를 비롯하여 순간적으로, 때로는 고의적으로 범한 죄에 대하여 그리스도를 통한 용서를 구해야 한다. 이 기도가 자복(自服)의 기도문으로 회중이 함께 드릴 때는 기도 후에 목사는 성경말씀으로 고백한 죄가 용서함 받은 확신을 갖도록 한다.
(4) 간구-여기서의 간구는 무엇보다도 예수 그리스도를 통하여 구속함을 받은 무리들이 하나님의 말씀에 순종하고 하나님의 나라와 의를 위한 책임을 수행할 수 있도록 능력을 구하는 내용이어야 한다. 그리고 세상에서 사는 동안 어떤 역경에서도 하나님의 사랑 속에서 우리 영육 간의 생활이 보호받도록 간구해야 한다.
(5) 중보기도-중보기도는 성도들이 자신을 위한 것보다 먼저 다른 사람을 위하여 드리는 기도이다. 이 기도에는 자신들의 이웃, 사회, 국가, 그리고 온 인류의 구원과 평화를 하나님께 구하는 내용이 있어야 한다.

2-1-1-3. 설교 전 기도-이 기도는 선포되어질 하나님 말씀의 경청을 위하여 성령님이 임재하시어 깨닫게 하시는 역사를 간구하는 기도이다. 이 기도에는 설교자가 말씀의 선포를 위한 순수한 도구가 되어 성령님에 의하여 유용하게 사용해 달라는 간구와 의탁이 있어야 한다.

2-1-1-4. 설교 후 기도-이 기도는 설교자가 선포한 하나님의 말씀이 성령님의 내적 역사에 의하여 말씀을 경청한 회중들에게서 귀한 결실을 맺도록 간구하는 기도이다.

2-1-1-5. 공중예배 순서에 평신도가 드리는 기도는 목회기도가 아니므로 그 내용은 경배와 감사와 찬양과 자복과 은혜의 말씀을 사모하는 내용으로서 목회기도와 중복되지 않도록 함이 좋다.

2-1-1-6. 공중예배에서 기도를 인도하는 목사나 평신도는 반드시 성경을 숙독하고 기도에 대한 서적을 읽고 묵상하며 하나님과 더불어 교제하기 위한 준비를 해야 한다. 그뿐 아니라 언제나 공중예배의 기도를 위하여 자기 마음을 안정하고 기도의 내용을 준비하여 마음과 몸의 자세를 경건하게 가져야 한다.

2-1-1-7. 공중예배의 기도에 참여한 모든 성도들의 자세는 기도 인도자와 더불어 경건한 태도이어야 하며 한마음으로 기도드리고, 아멘으로 응답한다.

2-1-1-8. 모든 기도는 예수님이 명하신 대로(요 15 : 16) 예수 그리스도의 이름으로 드려야 한다.

2-1-2. 말씀

2-1-2-1. 하나님의 말씀은 살아 계신 생명의 말씀이다. 하나님은

이 말씀 속에서 구속의 역사를 과거, 현재, 미래를 통하여 예수 그리스도 안에서 펼치신 것을 확실하게 보여 주시고 계신다.

2-1-2-2. 하나님의 말씀은 예배를 받으시는 하나님의 계시로서 성경과 설교와 성례전을 통하여 삶의 원천적인 근원을 제공해 준다.

2-1-2-3. 그러므로 기록된 하나님의 말씀은 예배 가운데 반드시 봉독되어야 한다. 성경봉독은 구약과 신약에 있는 하나님 말씀이 조화를 이루어 선포되기 위하여 구약과 서신서와 복음서가 가급적 봉독되도록 한다.

2-1-2-4. 봉독할 성경의 내용은 목사가 정하되 그 봉독은 목사나 목사의 허락을 받은 사람이 봉독한다. 그리고 봉독자는 미리 준비하여 경건하고 엄숙한 자세로 말씀을 정확하게 봉독해야 한다.

2-1-2-5. 설교는 말씀 선포를 위해 하나님으로부터 부름 받아 훈련 받은 종을 통하여 오늘의 회중들에게 바르게 선포되고 정확하게 해석되고 효율적으로 적용되는 하나님의 말씀이다. 예배 가운데서 선포되어진 이 말씀을 통하여 성도들은 하나님과 늘 새로운 만남을 가져야 하며 믿음 속에서 하나님의 자녀 되는 확신과 구원의 은총을 계속 받아야 한다.

2-1-2-6. 이토록 중요한 말씀의 사역을 맡은 설교자는 부름 받은 말씀의 종으로서 소명감과 함께 영적인 생활과 성경을 깊이 연구하는 생활을 계속하여야 한다. 그리고 그 말씀을 경청하게 될 회중의 삶의 장에 대하여 깊은 관찰을 계속하여 말씀이 효과적으로 적용될 수 있도록 해야 한다.

2-1-2-7. 예배 중의 설교는 봉독한 하나님의 말씀을 적당한 시간 내에 설교하되 설교자의 지식과 경험과 예화로 일관되지 않고 하나님과 그 말씀이 주종이 되어 회중들이 하나님과의 만남을 가져오도록 최선을 다해야 한다.

2-1-2-8. 교회는 담임목사나 당회의 허락 없이는 누구도 설교하는 것을 허락하지 아니한다. 담임목사나 당회가 없는 교회는 노회에서 설교자를 파송한다. 경건회나 기도회 또는 이에 준하는 기타의 예식에서는 성경봉독으로 설교를 대신할 수 있다.

2-1-2-9. 성례전은 행동으로 표현되는 보이는 하나님의 말씀이다. 글로 기록되어진 말씀과 선포되어진 말씀과 같이 성례전은 예수 그리스도를 행동으로 모든 사람에게 선포하는 하나님 말씀의 연속이다.

2-1-3. 시와 찬미와 찬양

2-1-3-1. 시와 찬미와 찬양은 하나님을 찬송하는 것으로 하나님의 영광을 위하여 모든 성도가 드려야 할 마땅한 본분이다.

2-1-3-2. 경배와 감사를 포함한 찬양을 하나님께 드릴 때, 찬양은 회중의 감정이나 경험 때문이 아니라 오직 하나님의 영광만을 위한 찬양이 되어야 한다.

2-1-3-3. 시편과 찬송은 모든 성도들의 기도와 찬양이 되어야 한다. 그러므로 성도들은 찬송을 부를 때 깊은 이해를 가지고 경건하고 적극적인 참여를 해야 할 것이며 모든 음악 순서는 그 예배의 목적과 일치되도록 해야 한다.

2-1-3-4. 당회는 시와 찬미와 찬양이 하나님께는 영광을, 예배의 참예자들에게는 감격스러운 은혜가 되기 위하여 예배순서

에 찬양과 연주를 맡을 찬양대원을 기준을 정하여 엄선해야 한다.

2-1-3-5. 주일예배에서의 찬송은 교회 전통에서 공인된 것을 부르도록 한다. 그리고 신앙의 향상을 위한 공인되지 않은 노래들은 기타 집회에서 불리어지고 활용될 수 있다.

2-1-3-6. 하나님을 찬양하는 시와 찬미와 찬양은 예배에서뿐만 아니라 성도들의 가정이나 일터에서도 계속하여 생활화되도록 해야 한다.

2-2. 성례전

2-2-1. 성례전

2-2-1-1. 성례전은 예수께서 친히 세우신 거룩한 예전으로 하나님이 사람에게 주시는 은총의 보이는 형태인데, 세례와 성찬을 의미한다. 성례전에 사용되는 물과 떡과 포도즙은 비록 물질로 만들어진 것이나 그것을 통하여 하나님과 그 백성들 간의 관계를 분명히 하고 예수 그리스도와 영적 교제를 가지고 그와 성도들과의 구속적 관계를 가지게 된다.

2-2-1-2. 성례전은 예수께서 친히 은혜를 베푸시는 방법으로 교회를 위하여 세우셨다. 그러므로 교회는 어디서나 이 예전을 자주 또 정당하게 거행하여 신령한 유익을 얻도록 한다.

2-2-1-3. 성례전은 어떠한 형편을 막론하고 평신도가 집례할 수 없고 반드시 이를 위해서 부르심을 받은 목사에 의해서 집례되어져야 한다. 그 집례의 장소는 교회가 되어야 함이 원칙이나 특별한 경우 그 외의 장소에서도 당회의 결정에 따라 교회

를 대표하는 교인들의 참석하에 집례할 수 있다.

2-2-2. 세례 성례전

2-2-2-1. 세례는 죄인이 죄의 용서를 받고, 그리스도의 사람이 되는 하나님의 은총의 표시이다. 세례는 그리스도의 보혈을 통한 죄의 씻음과 그리스도의 죽음과 부활에의 참여와 중생을 의미한다. 이로써 우리는 성령 안에서 그리스도와 연합하여 그의 몸의 지체가 되고, 우리 자신에 대하여 완전히 죽고 예수 그리스도 안에서 하나님을 위하여 사는 새로운 삶을 살게 된다. 이때부터 교회의 책임적인 구성원이 되어 의무와 권리를 갖게 된다.

2-2-2-2. 세례는 전체 교회의 행위이므로, 공중예배에서 회중의 참여 가운데 베풀어져야 한다. 이때 세례의 의미와 함께 말씀의 선포가 있어야 한다. 임종을 맞는 이의 경우, 목사의 인도로 신앙고백 후에 먼저 세례를 베풀고 후에 당회에 보고할 수 있다. 이때 세례자의 명단은 당회록에 기록해 두어야 하고, 세례교인 명부에도 기록해야 한다. 세례는 일생에 단 한 번만 받아야 하기 때문에 교단이 인정하는 타 교단의 교회에서 세례를 받은 자들에게는 다시 베풀지 아니한다.

2-2-2-3. 세례의 물은 십자가의 보혈과 천지창조, 노아 홍수, 출애굽 때의 물을 상징함으로서 죄 씻음과 하나님의 언약의 은총을 나타낸다. 세례의식에서 성부, 성자, 성령의 이름으로 세례반의 물을 한 번 또는 세 번 뿌리거나, 또는 흐르는 물에 잠글 수도 있다.

2-2-2-4. 구약시대에 할례를 베풀어 유아도 은총의 언약 아래 있

게 했던 것처럼 예수께서 세우신 새 언약에 들어가는 표인 세례를 유아에게 주는 것은 합당한 일이다. 유아세례는 그들이 신앙으로 응답할 수 있기 이전에도 하나님의 사랑을 받고 있는 자녀임을 증거하는 표이다. 이 세례는 부모 가운데 한 사람 이상이 세례교인일 때 베풀 수 있다.

2-2-2-5. 입교는 유아세례를 받은 사람이 장성해서 스스로 예수 그리스도를 구주로 고백하고 하나님의 은총에 대한 개인적인 응답을 하도록 하는 예식이다. 이 입교 예식을 통하여 교회는 그에게 교인으로서 의무와 권리를 부여한다. 목사는 세례의 문답을 통하여 당회 앞에서 신앙을 고백하도록 하며 회중 앞에서 이 사실을 확인하고 세례교인 됨을 공포해야 한다.

2-2-2-6. 성인세례는 유아세례를 받지 않은 사람이 성인이 된 후에 예수 그리스도를 구주로 영접하고 신앙을 고백하여 교인이 되고자 할 때 세례를 받도록 하는 것이다. 이 세례를 받기 전에 당회는 그에게 기독교 신앙의 본질과 거기에 수반되는 의무와 권리에 대한 교육을 받도록 하고 신앙고백을 포함한 적절한 문답을 한 후, 당회의 결의를 거쳐서 공중예배에서 세례를 받도록 하고, 교인 명부에 기록한다.

2-2-2-7. 회중들은 전 세계 교회를 대신하여 세례자들이 그리스도인의 생활을 영위하도록 기도와 사랑으로 노와야 할 책임이 있다. 유아세례의 경우도 부모는 수세자가 성장하여 자신의 신앙을 고백할 때까지 신앙공동체 안에서 양육과 지도의 책임을 진다.

2-2-3. 성찬 성례전

2-2-3-1. 세례 성례전을 통하여 교회의 일원이 된 성도들은 성찬 성례전에서 보이는 하나님의 말씀으로 성장한다. 이 예전의 주인은 성령님으로 임재하시는 예수 그리스도 자신이시다. 예수께서는 최후의 만찬에서 새 언약의 표로서 떡과 잔을 나누셨다.

2-2-3-2. 성찬 성례전은 예수께서 제정하신 것으로 그가 십자가의 수난을 당하시기 전날 밤 제자들과 유월절 식사를 하시면서, 떡은 자신의 몸이요, 잔은 그의 피라고 하셨다. 예수께서 상처를 입어 찢기시고 피를 흘리시게 된 것은 많은 사람들의 죄를 사하여 주시려는 약속의 표라고 하셨다. 그리고 성찬 성례전을 행할 때마다 주님의 십자가에서 흘리신 피를 생각하고 기념(회상, 재현)하라고 하셨고 다시 오실 때까지 이 예전을 행하라고 하셨다. 교회는 이와 같은 예수님의 말씀에 따라 초대교회 때부터 현재까지 성찬을 신령한 예전으로 지켜 오고 있다.

2-2-3-3. 성찬 성례전은 십자가에 달려 죽으시고 부활하신 주님과 함께 연합하는 증표이다. 성찬 성례전에서 교회는 하나님의 창조와 구속과 믿음과 성화시키시는 은혜에 대해 감사하고, 그리스도의 삶, 죽음, 부활, 재림의 약속을 기억하고, 성령님의 임재를 기원한다. 또한 이 예전은 그리스도 안에서 세례 받은 모든 성도와 함께 교제하고, 하나님 나라의 백성의 즐거운 잔치와 어린양의 혼인 잔치의 기쁨을 미리 맛보는 예전이다.

2-2-3-4. 성찬 성례전의 집례는 그리스도의 최후의 만찬(마 26 : 26-29,

막 14 : 12-26, 눅 22 : 15-20)과 바울이 기록한 만찬(고전 11 : 23-29)의 유형을 따라야 한다. 말씀과 성례전은 절대적 관계를 갖고 있기 때문에 성찬 성례전이 집례될 때마다 말씀을 읽고 선포하는 일이 선행되어야 한다.

2-2-3-5. 이 유형에 따라 먼저 성찬의 성물은 떡과 포도즙으로 해야 한다. 준비된 성찬상 앞에서 성령임재를 위한 기도를 드린 후 집례자는 떡을 손에 들고 주님이 말씀하신 대로 "이것은 너희를 위하는 내 몸이니 이것을 행하여 나를 기념하라"는 말씀을 한다. 떡의 분배는 집례자, 분병위원, 회중의 순으로 한다. 이어서 집례자는 잔을 손에 들고 주님이 말씀하신 대로 "이 잔은 내 피로 세운 새 언약이니 이것을 행하여 마실 때마다 나를 기념하라"는 말씀을 전한다. 잔의 분배도 집례자, 분잔위원, 회중의 순으로 한다.

2-2-3-6. 성찬 성례전의 참여자들은 준비된 성물을 나누는 가운데 주님의 말씀과 성별의 기도 속에 영적으로 임재하신 주님을 뵙는 경험을 갖도록 하며 그의 새 언약에 참여하면서 기쁨과 감사와 소망을 가지고 살아야 한다. 모든 참여자들은 죄를 회개하고 겸손한 마음으로 참여하도록 해야 한다. 이 예전을 집례하는 목사는 그리스도의 명령을 받아 집례하게 된 자신의 막중한 사명을 깨닫고 몸과 마음을 깨끗하게 해야 한다.

2-2-3-7. 이 성찬 성례전은 우리의 제한된 언어로 다 표현할 수 없는 역사가 이룩되는 순간이므로 그때마다 성령님의 도우심으로 우리 주님의 깊으신 사랑과 풍성하신 은혜를 경험하도록 준비한다.

2-2-4. 봉헌

2-2-4-1. 봉헌은 죄인을 구속해 주신 하나님의 은총에 대한 감사의 표시이며, 모든 것이 주께로부터 온 것임을 고백하는 신앙적 행위이다. 아무것도 가지고 온 것이 없었으나 오늘도 일용할 양식으로 채워 주신 하나님 앞에 우리의 물질뿐만이 아니라 우리의 몸과 마음과 정성도 드리는 것은 당연하다.

2-2-4-2. 성도들의 정성어린 예물은 하나님의 말씀대로 오직 기쁨과 감사의 응답으로 드려야 한다.

2-2-4-3. 예물의 봉헌은 예배 중의 순서로 정중히 행해져야 하며 목사는 이 순서 전이나 후에 드리는 기도 가운데 성도들의 정성을 하나님이 받아 주시기를 위해서 기도해야 한다.

2-2-4-4. 봉헌된 예물은 당회의 감독 하에 주님의 복음 사업에 사용되도록 특별히 주의를 기울일 것이며 모든 성도들이 그 과정과 결과를 알 수 있도록 해야 한다.

제3장 예배의 배열

3-1. 공중예배는 신령과 진정이 표현되는 질서의식이 내포되어야 한다. 목사는 예배가 성경적이 되도록 신약시대 교회의 예배에 대한 깊은 이해를 가져야 한다. 예배는 교회 전통과 일관성을 가지면서도, 목사와 더불어 온 회중이 참여하도록 공동예배의 성격이 드러나야 한다.

3-2. 공중예배의 기본 배열은 다음과 같이 구분할 수 있다.
첫째로, 하나님 앞에 나아가는 부분이다. 하나님의 부르심과 그 부르심에 응답하는 순서로 예배가 시작된다.

둘째로, 찬송과 고백과 기도이다. 인간의 마음속에서부터 하나님의 영광을 시와 찬미로 화답하고 그 거룩하신 하나님 앞에서 자신의 허물과 죄를 고백하는 참회의 기도와 율법이나 복음서의 성구로 용서 받은 것을 깨닫게 하는 용서의 확신이 있어야 한다.

셋째로, 말씀의 순서이다. 하나님 앞에 나온 성도들이 하나님의 말씀을 경청하는 부분이다. 이 순서는 성경봉독, 설교, 성례전을 통하여 예배드리는 성도들의 영혼에 새로운 영양소를 공급하는 소중한 부분이다.

넷째로, 감사와 응답의 순서이다. 예배는 하나님의 구원의 역사에 대한 우리의 응답이다. 여기서는 우리에게 선포된 말씀에 구체적인 응답으로서 찬송과 예물을 하나님께 드리면서 새로운 헌신과 결단을 보이는 부분이다.

다섯째로, 예배는 말씀과 성례전으로 이루어지므로 주일예배에는 성례전이 포함되도록 한다. 끝 부분은 찬송과 위탁의 말씀과 축도이다. 여기서는 신앙적 결단을 촉구하는 찬송을 부르고 믿음과 소망과 사랑으로 세상에서 그리스도의 증인으로 살 것을 다시 한번 부탁한 후 하나님이 내리시는 복을 목사가 선언한다. 이때의 축도는 성경대로 한다(민 6 : 24-26, 고후 13 : 13, 히 13 : 20-21, 살후 2 : 16-17).

제4장 예배의 분류

4-1. 교회는 하나님의 백성들이 모여서 하나님 앞에 예배를 드리는데 그 일차적인 존재 의의가 있으며, 어떤 예배에서나 하나님을 찬양하고 그의 말씀을 들으며 그의 은혜를 감사하고 새 삶을 결단하는 기도가 포함되어야 한다.

4-2. 주일예배 : 주일예배는 교회의 모든 예배 가운데 가장 기본적이고 필수적인 예배이다. 초대교회의 성도들로부터 시작된 이 예배는 기독교공동체를 이루면서, 기독교의 신앙을 형성하고 지탱해 왔다. 그리스도인들은 이 예배에서 주님의 말씀과 성찬을 통하여 주님의 생애를 회상하고 부활의 주님 안에 계시된 약속들을 확인하게 된다. 그러므로 주일예배는 교회에 속한 모든 성도들이 함께 참여하여야 하며, 시간과 장소를 포함하여 모든 예배의식에서 질서가 있어야 한다.

4-3. 찬양예배 : 주일 오후나 저녁에 모이는 찬양예배는 성도의 교제와 교회공동체의 역동성을 위해서 중요하다. 이 예배에서는 교인들의 신앙체험을 간증하고 고백하며, 서로 격려하여 신앙 성장으로 이끌며, 신앙생활을 통하여 얻은 기쁨을 찬양으로 표현하는 내용을 위주로 하여 예배를 드릴 수 있다.

4-4. 수요기도회 : 이 기도회에 교회의 회중들은 주일예배에서 가졌던 결단을 새롭게 다진다. 이 집회에는 회중들이 생활 현장에서 하나님의 말씀을 따라 살아가려고 할 때, 다가오는 여러 형태의 어려움을 극복할 수 있도록 체계적인 성경의 연구와 구체적인 기도의 시간이 포함되는 것이 좋다.

4-5. 새벽기도회 : 그리스도인의 신앙생활에 있어서 가장 기본적이고 필수적인 것은 기도이다. 기도를 통해서 하나님과 대화를 하고, 하나님의 뜻을 깨닫게 된다. 그러므로 성도는 하루의 삶을 기도로 시작함으로써 경건하고 성실한 그리스도인의 삶을 이루어야 한다. 새벽에 성도들이 함께 교회에 모여 하나님의 말씀을 따라, 가정이나 교회나 직장이나 국가를 위해서 기도하는 것이 신앙생활을 더 성장케 하고 풍요롭게 한다. 한국교회는 초창기부터 새벽기도에 힘쓰는 아름다운 전통을 가지고 있다. 이 전통을 살리도록 힘써야 한다.

4-6. 교회학교 예배 : 교회학교 예배는 교회학교 학생의 연령과 이해력에 맞춰 예배의 형식을 다양하게 할 수 있으나, 기도와 찬송과 말씀봉독과 말씀 선포의 시간이 포함되어야 한다. 또한 이 예배를 통하여 학생들로 하여금 유아세례에서 행한 서약을 확인할 수 있도록 하며, 또는 세례 받을 준비도 하게 하고, 장차 성찬에 참여할 준비를 하게 한다. 교회학교 예배는 주일예배와 분리해서 드리는 것이 아니라, 교회공동체 안에서 함께 드리는 예배로 이해되어야 한다. 따라서 교회의 온 성도가 함께 드리는 주일예배에 자주 참여하도록 한다.

4-7. 구역기도회 : 주중의 한 날을 정하여 한 장소에 모여 구역 안에 있는 교인들이 각 가정에서 일어나는 여러 가지 형편을 교환하면서 서로 격려하고 위로하고 기도로써 신앙생활의 강화를 도모함은 매우 유익한 일이다. 특히 구역기도회를 통하여 그리스도인들끼리의 교제를 두텁게 하는 동시에 교회의 일에도 힘을 합하여 적극적으로 협조함으로써 교회 성장에 큰 도

움이 되는 동시에 개인의 신앙생활과 그리스도인의 교제를 심화시킨다.
4-8. 가정기도회와 개인 기도생활 : 성도들이 은밀히 기도하는 것과 한 가족이 함께 모여 성경을 상고하면서 하나님을 경배하는 것은 개인과 가정의 신앙생활에 크게 유익한 일이다.
4-9. 이상과 같은 정기집회 이외에도 필요에 따라 교회는 특별집회를 가질 수 있다. 이런 집회는 성도들의 성경지식을 증진시키고 기도생활을 장려하고 경건한 생활을 할 수 있는 힘을 제공하여, 보다 깊이 있는 신앙생활을 하기 위한 것이다. 특별집회로서 사경회를 비롯하여 철야기도회, 금식기도회, 또는 교회봉사를 위한 기타 집회를 가짐이 유익하다.

제5장 교회예식

교회생활과 교인들의 생활에는 변화와 특별한 경우가 있는데, 이때에 적절한 예식으로서 하나님께 영광을 돌리는 것이 교회예식이다. 출생, 결혼, 죽음, 임직, 건축 등은 교인들의 삶과 직결되고, 이들과 관련된 모든 예식은 예배의 정신으로 행해져야 한다. 아래의 예식들은 한국교회가 몸담고 있는 문화적 요구를 깊이 고려한 가운데 행할 수 있는 예식들이다. 교회는 목회적 차원에서 당회와 개교회의 결정에 의하여 적절한 예식을 예식서의 순서에 따라 거행해야 하며, 모든 예식이 경건하게 실시되도록 기도로 준비하여 하나님께 영광을 돌릴 수 있어야 한다.

5-1. 임직예식

5-1-1. 교회는 선거를 통해 권사, 집사, 장로, 목사로 봉사하도록 부름 받은 사람들을 위하여 임직예식을 거행하며 기도와 안수함으로써 그들을 거룩하게 구별하여 세워야 한다.

5-1-2. 임직은 부름 받은 자에게 거룩한 명령을 수여하는 의식이며, 그가 교회의 사역에 평생 동안 목숨을 다할 존재임을 인정하는 엄숙한 교회예전 중의 하나이다. 이러한 임직은 단순한 서약이나 임명의 행위로 끝날 수 없으며, 성경에서 보여 준 대로 안수라는 특별한 의식을 가져야 한다(행 6 : 1-6, 13 : 1-3, 딤전 4 : 14, 딤후 1 : 6).

5-1-3. 임직예식은 말씀선포에 대한 응답으로서 주일예배 시에 거행할 수도 있다. 또한 임직예식은 예수 그리스도와 교회의 선교와 목회에 초점을 두고 말씀의 선포를 포함하는 특별예배 시 거행할 수도 있다.

5-2. 봉헌예식

5-2-1. 그리스도의 몸인 교회가 예배, 교육, 봉사 그리고 선교를 위하여 예배당과 교육관, 봉사관 그리고 선교관 등의 봉헌을 적절한 예식을 통하여 이행함이 타당하다.

5-2-2. 봉헌예식에는 기공예식, 정초예식, 입당예식 그리고 헌당예식이 있으며, 각 예식들은 순수한 봉헌에 초점이 맞추어져야 한다. 교회공동체는 이러한 봉헌의 과정에서 하나님 나라의 확장을 확인하며 주어진 사명을 새롭게 다짐해야 한다.

5-2-3. 교회공동체는 하나님께 봉헌된 예배당과 교육관, 봉사관

그리고 선교관에 나와서 예배드리며, 교육하고, 봉사활동을 할 때마다 하나님께 우리의 몸과 마음을 다 바치고 새로운 삶을 살기로 약속하면서 세상에 하나님의 공의와 사랑을 실천하도록 결단하여야 한다.

5-3. 결혼예식

5-3-1. 하나님께서 세상을 창조하실 때에 사람을 창조하시되 남자와 여자로 창조하셨고(창 1 : 24-27), 한 남자와 한 여자가 결합하여 한 가정을 이루는 것은 창조주 하나님의 섭리이다. 그러므로 하나님의 창조질서에 속한 결혼예식을 통하여 남자와 여자는 서로 돕는 배필이 되어(창 2 : 18) 하나님의 뜻을 함께 이루며 하나님의 영광을 드러내야 한다.

5-3-2. 결혼은 순결과 정조와 관계되는 일이므로 이 일에 흠이 없도록 깨끗하게 생활해야 하며, 결혼예식을 특별한 훈계와 적당한 기도로 행하기 위하여 목사나 그 밖의 목회자로 주례케 해야 한다. 주례자는 남녀가 각각 일정한 연령에 도달하여 부모나 그 후견자의 동의를 얻었을 때 이를 확인하고 집례해야 한다.

5-3-3. 교회의 모든 예식이 그러하듯이 결혼예식도 예배드리는 정신으로 하나님 앞과 여러 증인들 앞에서 진행되어야 하며, 이를 위하여 신부와 신랑은 상호 간에 평생을 같이 살기로 결심하고, 신앙공동체에 의해 공적으로 인정받아야 한다.

5-4. 장례예식

5-4-1. 그리스도인의 죽음과 부활은 기독교 신앙의 가장 핵심적

인 내용이며, 죽음에 대한 그리스도인들의 태도와 반응을 결정해야 한다. 죽음은 모든 사람들에게 상실감, 슬픔과 비애를 가져오나, 죽음에 직면하여 그리스도인들은 부활의 소망을 확인한다.

5-4-2. 그리스도인의 구원의 소망은 모두 부활하신 예수 그리스도에 근거한다. 예수님의 부활사건은 그리스도인들의 영원한 소망이요, 그 보증이다. 그러므로 주 안에서 죽는 자는 복이 있다. 주님 안에서 죽음은 종말이 아니라 영원한 생명의 시작이기 때문이다.

5-4-3. 장례예식은 바로 이런 부활의 소망을 확인하며 증거하는 예식이다. 그러므로 장례예식은 부활을 증거하기 위하여 예식을 갖는 장소에서 목회자의 집례 아래 거행되어야 한다.

5-4-4. 장례예식은 성경말씀을 봉독하고, 죽음을 지배하시는 하나님의 능력과 영원한 생명의 부활 신앙에 대한 말씀의 선포와 모든 성도의 교제를 확신케 하는 찬송 등을 부르는 것이 합당하다.

제6장 예배와 목회

6-1. 예배와 선교

6-1-1. 하나님은 교회를 세우사 예배하게 하시고 세상을 향한 선교에 참여하게 하신다. 예배는 하나님이 예수 그리스도 안에서 세상을 다스리고 계심을 알게 하는 행위이다. 그리스도인은 예배에서 말씀과 성례전을 통하여 세상에 대한 하나님의

통치를 확인한다. 그리스도인은 복음의 선포, 화해의 사역, 봉사의 삶, 그리고 청지기 직책을 감당함으로 하나님의 다스리심을 증거한다.

6-1-2. 예배에 참여한 회중은 날마다 세상에서 하나님의 부르심을 따라 살면서 만나는 사람들을 하나님 앞에 나아오도록 인도해야 한다. 그리고 그들로 하여금 하나님의 백성다운 삶을 나누도록 하고 예배에 참여하게 해야 한다. 예배 가운데 임재하시는 성령님은 예수 그리스도 안에서 하나님의 사랑을 나누는 신앙공동체로 인도하신다.

6-2. 예배와 화해

6-2-1. 교회는 예배에서 예수 그리스도의 구속의 역사를 통해 하나님 앞에 나아오고, 먼저 하나님과 인간의 화해를 이룬다. 그리고 교회는 예배에서 그리스도 안에 있는 화해를 다른 이들에게 선포하고, 실천하며, 또한 세계 안에서 하나님의 정의와 평화를 이룩하기 위한 결단을 한다.

6-2-2. 하나님 말씀의 선포에서 회중들은 화해를 방해하는 모든 죄악의 공포로부터 해방과 자유의 확신을 얻는다. 세례와 성찬에서 하나님의 백성들은 그리스도 안에서 연합하고, 성령님을 통해 교회 안에서 하나가 된다. 기도에서 회중들은 파괴와 폭력과 불의에 빠진 자들을 위해 중보의 기도를 드리며, 찬양을 통해서 그리스도 안에서 이룩된 정의와 평화를 감사하고, 예배 전체를 통하여 성화된 몸으로 화평케 하는 자가 될 것을 결단한다.

6-3. 예배와 목회적 돌봄

6-3-1. 그리스도인들은 예배를 통하여 경건의 삶을 배우고, 영적인 성장을 이루어 서로 간에 목회적 돌봄에 참여한다. 예배는 날마다 경건의 실천으로서 희로애락을 함께 나누고, 서로 용서와 화해를 이룩하면서 피차에 돌보도록 부름 받았다. 이와 같은 돌봄은 신앙공동체가 다 함께 예배드림으로 얻어진다.

6-3-2. 하나님 말씀의 선포는 서로의 필요를 깨닫게 해 주고 소망을 가져다준다. 예배에 참여한 회중은 기도를 통하여 감사와 중보와, 간구와 하나님의 임재와 능력을 인식하게 된다. 찬송, 주기도, 시편, 송영, 축도 그리고 그 밖의 모든 순서들을 통해 예배는 특별한 돌봄을 요청하는 모든 이들에게 하나님의 사랑과 은혜를 전달해 준다. 그러므로 예배는 목회적 돌봄의 사역을 위한 가장 적절한 현장이다.

6-4. 예배와 경건

6-4-1. 경건은 믿음 안에서 우리가 하나님을 알아가는 경험을 말하며, 우리가 믿음 안에서 살아가는 방식들이다. 경건은 우리가 하나님을 알아 감과, 하나님께 대한 우리의 응답으로서 믿음 안에서 행하는 사역을 말한다.

6-4-2. 그리스도인들의 경건은 예배에서 더욱 확실하게 경험된다. 그러므로 예배는 경건을 위한 중요한 기초이다. 그러므로 경건은 교회의 예배로부터 나오며, 회중은 신앙공동체의 삶의 중심인 예배를 통하여 더욱 깊은 경건을 이루어 간다.

참고사항 / 헌법개정연혁

참고사항 / 헌법개정연혁

본 헌법은
1. 1982년 제67회 총회에 상정된 개정안(정치, 권징, 예배와 예식)이 통과되어 1983년 8월 24일자로 공포되었다.
2. 1986년 제71회 총회에서 공포된 대한예수교장로회 신앙고백서를 교리편 제5부로 삽입하여 제작되었다.
3. 1988년 9월, 제73회 총회에서 헌법 정치 제3장 제14조 2항, 4항, 제5장 제25조 2항, 제8장 제51조, 제53조 중에서 주로 연령에 관한 개정안이 통과되어, 노회수의를 거쳐 1989년 7월에 개정된 것을 공포하였다.
4. 1988년 9월 이후에 발행된 헌법 책에는 총회헌법위원회 편 『헌법해석서』를 별책으로 제작하여 독자의 이해를 돕도록 하였다.
5. 1990년 9월 21일, 제75회 총회에서 헌법 제1편 교리 제5부 '대한예수교장로회 신앙고백서' 제3장 예수 그리스도 1항이 개정되었음을 공포하였다("그는 성령으로 잉태하사"를 삽입).
6. 1991년 9월, 제76회 총회에서 헌법 제1편 교리 제5부 '대한예수교장로회 신앙고백서' 제4장 '성령' 5항이 개정되었음을 공포하였다.
7. 1991년 9월, 제76회 총회에서 정치 제5장 제30조 3항이 통과되어, 노회수의를 거쳐 1992년 7월 개정된 것을 공포하였다.

8. 1992년 9월, 제77회 총회에서 정치 제5장 제25조 2항, 4항, 제16장 제100조, 제101조가 개정결의되어 노회수의를 거쳐 1993년 7월 개정된 것을 공포하였다.
9. 1994년 9월, 제79회 총회에서 여성안수 문제와 총대수를 1,500명으로 하는 등, 몇 조항을 보완한 헌의 안이 통과되고 노회수의를 거쳐 1995년 5월 27일 개정된 것을 공포하였다.
10. 1997년 제82회 총회에서 현행 헌법을 전반적으로 개정하기로 하고, 1998년 제83회 총회 결의로 우선 정치와 권징편의 개정안을 작성하여 노회수의를 거쳐 1999년 9월 13일 제84회 총회에서 공포하였다.
11. 2003년 제88회 총회에서 헌법을 전면적으로 개정하기로 결의하고, 헌법개정위원회를 구성하여 4년간(제88~91회기 동안) 준비한 끝에 정치의 약 3분의 1인 30개 조문, 권징은 전부인 92개 조문에 대하여 전반적으로 틀을 다시 짜서 171개 조문으로 대폭 개정하였으며, 제91회 총회에서 만장일치로 통과되고, 노회수의 결과 또한 만장일치에 가깝게 가결되었으므로 2007년 5월 15일 공포하고, 개정헌법 부칙에 의하여 조례를 대신하는 헌법시행규정 90개조와 부칙 7개조를 2007년 6월 28일 제정, 공포하였다.
12. 제91회 총회에서 개정된 헌법을 사용해 오던 중 미비짐을 보완하고, 상황에 따라 필요한 것을 반영하거나 개선해야 할 부분이 발견되어, 2010년 제95회 총회에서 전면 개정하기로 하고 헌법개정위원을 선임하여, 3년간의 연구와 수차례에 걸친 전국 각지에서의 순회공청회를 거쳐 2012년 제97회 총회에서

개정안을 만장일치로 가결하였다. 법규에 의거 헌법시행규정 개정안은 즉시(2012. 9. 20.) 공포, 시행하고 정치와 권징조항은 전국 65개 노회에서 수의하고 모든 조항이 평균 99% 찬성으로 가결되어 2012년 11월 16일 총회장이 공포하여 시행하게 되었다.

13. 2013년 제98회 총회에서 헌법위원회의 청원과 정치부 보고 시, 헌법개정위원회를 구성하여 헌법 개정을 연구하여 차기 총회 시 보고하도록 결의했고, 이에 따라 2014년 제99회 총회에서 헌법개정안을 가결하였다. 법규에 의거, 헌법시행규정 개정안은 즉시(2014. 9. 25.) 공포, 시행하고, 정치 제28조 6항, 제95조 등과 권징 제3조, 제5조 등의 조항은 전국 65개 노회에서 수의하고 모든 조항이 가결되어 2014년 12월 8일 총회장이 공포하여 시행하게 되었다.

14. 2015년 제100회 총회는, 헌법개정위원회가 1년간 연구하여 상정한 헌법 제1편 교리 개정안(제3부 요리문답, 제4부 웨스트민스터 신앙고백 개정안)과 헌법 제3편 권징 개정(안)에 대하여 만장일치로 헌법 개정을 가결하였다. 헌법시행규정 개정안은 즉시(2015. 9. 17.) 공포, 시행하고, 헌법 제1편 교리 개정안(제3부 요리문답, 제4부 웨스트민스터 신앙고백 개정안)과 헌법 제3편 권징 개정(안)은 전국 66개 노회에서 수의하고 모든 조항이 가결되어, 2015년 12월 8일 총회장이 헌법(권징)이 개정됨과, 교리 부분에 대해서는 헌법에 근거하여 차기 총회(제101회 총회)에 보고 후 공포, 시행함을 공포하였다.

15. 2017년 제102회 총회는 제101회 총회 결의로 헌법개정위원회

가 1년간 연구하여 상정한 헌법개정안 중, 권징 부분(총회특별재심 삭제)과 헌법시행규정 개정안에 대하여 만장일치로 헌법개정안을 가결하였다. 헌법시행규정 개정안은 즉시(2017. 9. 21.) 공포, 시행하고, 헌법 권징 개정(안)은 전국 67개 노회에서 수의하고 모든 조항이 가결되어 2017년 12월 19일 총회장이 공포하여 시행하게 되었다.

16. 2018년 제103회 총회는 제102회 총회 결의로 헌법개정위원회가 1년간 연구하여 상정한 헌법개정안 중, 정치 및 권징 부분과 헌법시행규정 개정안 중 일부를 만장일치로 헌법개정안을 가결하였다. 헌법시행규정 개정안은 즉시(2018. 9. 13.) 공포, 시행하고, 헌법 권징 개정(안)은 전국 67개 노회에서 수의하고 모든 조항이 가결되어 2018년 12월 20일 총회장이 공포하여 시행하게 되었다.

17. 2019년 제104회 총회는 제103회 총회 결의로 헌법개정위원회가 1년간 연구하여 상정한 헌법개정안 중, 성범죄로 처벌된 자의 복직 불가, 교회재산의 보존 조항 강화 등의 정치 부분 4개 조항과 죄과 항목 보완, 가중처벌 책벌 삭제, 재판국원 자격 보완, 재심사유 및 재심청구권자 보완, 재재심 절차 삭제 등의 권징 부분 11개 조항과 헌법시행규정의 재판비용 상향 조정, 재심절차 보완 등 5개 조항 개정안에 내하여 만장일치로 헌법개정안을 가결하였다. 헌법시행규정 개정안은 즉시(2019. 9. 26.) 공포, 시행하고, 헌법 정치 및 권징 개정(안)은 전국 68개 노회에서 수의하고 모든 조항이 가결되어 2019년 12월 19일 총회장이 공포하여 시행하게 되었다.

18. 2021년 제106회 총회는 제105회 총회 결의로 헌법개정위원회가 1년간 연구하여 상정한 헌법개정안 중, 아동세례교인 구분, 전도목사, 군종목사 규정, 노회원 자격 조정 등의 정치 부분 6개 조항과 사문화 조항 삭제 등 권징 부분 5개 조항과 헌법시행규정의 교육목사 지위, 타교단 목사 청빙 절차 보완, 총회 직영신학대학교의 총회 산하기관 삽입, 총회 결의와 총회장의 행정처분 위반 처벌절차 강화 등 6개 조항 개정안에 대하여 만장일치로 헌법개정안을 가결하였다. 헌법시행규정 개정안은 즉시(2021. 9. 28.) 공포, 시행하고, 헌법 정치 및 권징 개정(안)은 전국 69개 노회에서 수의하고 모든 조항이 가결되어 2021년 11월 29일 총회장이 공포하여 시행하게 되었다.

19. 올해 2022년 제107회 총회는 제106회 총회 결의로 헌법개정위원회가 1년간 연구하여 상정한 헌법개정안 중, 집사를 안수집사로, 서리집사를 집사로의 호칭 변경, 온라인 총회 회집 규정 등의 정치 부분 12개 조항과 총회재판국원 자격 강화, 총회재판국의 화해조정 역할 강조 등의 권징 부분 5개 조항과 헌법시행규정의 집사, 서리집사 호칭 변경, 부정,재정비리 행위자 처벌절차 간소화 등 6개 조항 개정안에 대하여 만장일치로 헌법개정안을 가결하였다. 헌법시행규정 개정안은 즉시(2022. 9. 21.) 공포, 시행하고, 헌법 정치 및 권징 개정(안)은 전국 69개 노회에서 수의하고 모든 조항이 가결되어 2022년 11월 17일 총회장이 공포하여 시행하게 되었다.

헌 법

개정3판 초판 발행 · 2023년 3월 10일
개정3판 4쇄 발행 · 2025년 7월 1일
편집인 · 대한예수교장로회총회
　　　　헌 법 개 정 위 원 회

발행인 · 강성훈
발행소 · 한국장로교출판사
주　　소 · 03128/서울 종로구 대학로3길 29, 신관 4층
　　　　　(연지동, 총회창립100주년기념관)
전화 · (02)741-4381/(F)(02)741-7886
등록 · No. 1-84(1951. 8. 3.)
ISBN 978-89-398-4472-8/Printed in Korea

값 25,000원